Mitwirkungsbefugnisse des Bürgers auf Seiten der Strafverfolgungsorgane in Deutschland und in Spanien im Rechtsvergleich

Schriften der Deutsch-Spanischen Juristenvereinigung

Band 19

PETER LANG
Frankfurt am Main · Berlin · Bern · Bruxelles · New York · Oxford · Wien

Sven Klaiber

Mitwirkungsbefugnisse des Bürgers auf Seiten der Strafverfolgungsorgane in Deutschland und in Spanien im Rechtsvergleich

PETER LANG
Europäischer Verlag der Wissenschaften

Bibliografische Information Der Deutschen Bibliothek
Die Deutsche Bibliothek verzeichnet diese Publikation in der Deutschen Nationalbibliografie; detaillierte bibliografische Daten sind im Internet über <http://dnb.ddb.de> abrufbar.

Zugl.: Passau, Univ., Diss., 2005

D 739
ISSN 1433-884X
ISBN 3-631-55021-9

www.peterlang.de

Für Susana

Vorwort des Verfassers

Die vorliegende Arbeit wurde im Wintersemester 2005/2006 von der juristischen Fakultät der Universität Passau als Dissertation angenommen. Mein besonderer Dank gilt Herrn Prof. Dr. Werner Beulke, der sie betreut, und Herrn Prof. Dr. Dr. h.c. Martin Fincke, der das Zweitgutachten übernommen hat.

Großen Dank schulde ich auch Herrn Abogado Eugenio German Mateos Cabanillas, Frau Abogada Pilar López López, Herrn Abogado César Lozano Molina, Frau Lda. Concepción Picas González sowie Herrn Abogado Alfredo Liñán Lafuente, auf die ich in Zweifelsfragen zum spanischen Recht immer zurückkommen durfte. Verbunden bin ich ferner der Universidad de Extremadura in Cáceres und dem Max-Planck-Institut für ausländisches und internationales Strafrecht in Freiburg, deren Bibliotheken meinen Recherchen stets offen standen. Dank verdienen weiter Frau Dipl.-Kauffr. Cathrin Amissah sowie Herr Regierungsrat Boris Wojtovicz für ihre Hilfe beim Korrekturlesen.

Der Deutsch-Spanischen Juristenvereinigung danke ich für die Aufnahme der Arbeit in ihre Schriftenreihe und für den großzügigen Druckkostenzuschuss. Bedanken möchte ich mich auch bei meinen Eltern, die sich an den Druckkosten ebenfalls erheblich beteiligten und mir auch sonst jedwede Hilfestellung zu Teil werden ließen. Dank gebührt in diesem Zusammenhang auch meinen Schwiegereltern für die stets gastliche Bewirtung und Fürsorge während meiner Spanienaufenthalte.

Widmen möchte ich die Arbeit aber meiner Frau Susana, die mich jederzeit tatkräftig unterstützt hat und ohne deren liebevolle Geduld die nachfolgenden Seiten nie abgeschlossen worden wären - entstanden sie doch weitgehend abends nach Dienstschluss und an den Wochenenden.

Inhalt

2. Abschnitt: Initiativrechte des Bürgers ohne Beteiligtenstellung 55

1. Abschnitt: Rechtshistorische Entwicklung

§ 1: Einleitung

Gegenstand dieser Untersuchung ist die Frage, welche Rolle Privatpersonen im deutschen und im spanischen Strafprozess neben den zur Übelahndung berufenen staatlichen Verfolgungsorganen zukommt. Der Übersichtlichkeit halber differenziert das Kernstück der Arbeit danach, ob die Mitwirkungsbefugnisse Privater sich in einer bloßen Verfahrensinitiierung erschöpfen[1] oder ob sie in einer mit verfahrensgestaltenden Mitwirkungsbefugnissen versehenen Beteiligtenstellung wurzeln[2]. Im ersten Fall ist das Recht der Strafanzeige und des Strafantrags zu nennen, die sich in beiden Rechtsordnungen in wesentlichen Punkten gleichen.
Schwieriger gestaltet sich ein Vergleich im zweiten Fall, ist doch der spanischen Strafprozessordnung ein staatsanwaltschaftliches Anklagemonopol fremd; vielmehr ist jeder Bürger als Sachwalter des Gemeinwesens durch Erhebung einer Popularklage zur Geltendmachung des staatlichen Strafanspruchs berufen. Demgegenüber muten die mit der *acción popular* nur marginal vergleichbaren deutschen Institute des Klageerzwingungsverfahrens und der Nebenklage nicht nur spärlich an, sie sind es auch. Denn das spanische System zeichnet sich durch ein weit tieferes Misstrauen gegenüber der Wahrnehmung strafprozessualer Aufgaben durch Träger von Hoheitsgewalt aus, als dies bei seinem deutschen Pendant der Fall ist. Dies erstaunt umso mehr, als die *Franco*-Diktatur daran keine Schuld trägt; schließlich datiert die Popularklage in ihrer heutigen Fassung bereits aus dem Jahr 1882.
Funktional und strukturell ähnlich ist schließlich in beiden Rechtsordnungen die Einbindung des Bürgers als Privatkläger - eine Einbindung, die in Deutschland das staatsanwaltschaftliche Anklagemonopol und in Spanien die Strafklagebefugnis des Popularklägers bzw. die des Staatsanwalts begrenzt. Keine gesonderte Aufmerksamkeit schenkt die Arbeit allerdings dem Adhäsionsverfahren, da dieses der Durchsetzung zivilrechtlicher Ausgleichsansprüche dient, nicht jedoch der hier allein interessierenden Geltendmachung des staatlichen *ius puniendi*. In dieser Hinsicht ist auf die rechtsvergleichende Analyse von *Wessing* zu verweisen, der die spanische *acción civil* bereits unter allen wesentlichen Aspekten durchleuchtet hat.
Der Darstellung und dem Vergleich dieser Rechtsinstitute vorangestellt ist ein Überblick über die rechtshistorische Entwicklung. Er beginnt mit der Strafrechtspflege der attischen Demokratie – nicht, weil viele im klassischen Griechenland die Wiege unserer abendländischen Zivilisation sehen; auch nicht, weil namhafte Autoren[3] der attischen Popularklage eine direkte Vorläuferrolle zur modernen spanischen *acción popular* im Sinne einer - letztendlich nicht nachweisbaren[4] - lückenlosen historischen Kontinuität attestieren wollen, sondern weil die strafprozessuale Bürgerbeteiligung im griechischen Stadtstaat Ausfluss eines radikalen Demokratiegedankens war – ein Aspekt, der hinsichtlich der Daseinsberechtigung der spanischen Popularklage immer wieder beschworen und fälschlicherweise auf unser modernes Zeitalter transferiert wird.

---

[1] Vgl. 2. Abschnitt
[2] Vgl. 3. Abschnitt
[3] Pérez Gil: S. 8 ff.; ihm folgend Oromí Vall-Llovera: S. 29
[4] Streitig diskutiert wird schon die Frage, ob die griechische Popularklage Spuren in ihrem römischen Pendant hinterlasen hat; vgl. dazu Winkel: Rev. Int. D.A. 1982, S. 291 m.w.N.

Der römische Strafprozess hingegen ist aus mehreren Gründen interessant – zum einen wurde er in Spanien im Spätmittelalter, in Deutschland in der frühen Neuzeit teilweise rezipiert, so dass hier tatsächlich von einer gewissen historischen Kohärenz - gerade auch hinsichtlich der spanischen Popularklage - gesprochen werden kann. Gleichzeitig verdeutlicht die Entwicklung zwischen der Popularklage der römischen Republik und dem Inquisitionsverfahren der Kaiserzeit einen wichtigen Aspekt, der sich wie ein roter Faden auch durch andere geschichtliche Epochen hinzieht: In Abhängigkeit von der Machtfülle, die das staatliche Lenkungsorgan in sich zu zentrieren trachtete, wuchs auch sein Bestreben, die Strafverfolgung den Händen Privater zu entreißen und seiner unmittelbaren Kontrolle unterstehenden Institutionen anzuvertrauen. Nicht nur die römischen Kaiser bemühten sich deshalb um eine möglichst umfassende Verfahrenseinleitung und -durchführung von Amts wegen, sondern auch die machtbewussten Karolinger – denen im Hinblick darauf, dass die gemeingermanische Tradition die Ahndung von Missetaten fast rundweg als reine Auseinandersetzung zwischen Privaten ansah, ein schwerer Stand beschieden war - und die noch machtbewussteren Fürsten des absolutistischen Zeitalters. Auch die Stadtkultur des Spätmittelalters, auf die sich auf Grund der demographischen Gegebenheiten Auseinandersetzungen zwischen Privaten in weit höherem Umfang störend auswirkten als in ländlichen Bereichen, trug das ihre zu einer Veröffentlichung des Strafrechts bei.
Dass diese Veröffentlichung mit dem inquisitorischen Prinzip einherging, störte erst die Denker der Aufklärung, die vehement für eine Trennung zwischen einer anklagenden und einer richtenden Institution eintraten. Mit Etablierung der Staatsanwaltschaft im Zuge des napoleonischen Ideologieexports stellte sich dann allerdings das Folgeproblem, für die regierungsunterworfene Anklagebehörde eine Kontrollinstanz zu finden. Zuflucht konnte nur im Bürger als verantwortungsbewusstem Mitglied der Rechtsgemeinschaft gefunden werden, denn die unmittelbare Kontrolle des Legalitätsprinzips durch ein Gericht hätte einen Rückschritt hin zum überkommen geglaubten Inquisitionsprinzip bedeutet. In Spanien besann man sich auf die Popularklage, während sich der deutsche Gesetzgeber zum Klageerzwingungsverfahren und zur Nebenklage durchrang.

§ 2: Antike

A. Griechenland

Bereits relativ gut informiert sind wir über die Rechtspflege im klassischen Griechenland. An dieser Stelle sei jedoch darauf hingewiesen, dass es angesichts der Zersplitterung der griechischen *Poleis* in zahlreiche Stadtstaaten ein einheitliches griechisches Recht nie gegeben hat[1]. Auch sind die der Wissenschaft zur Verfügung stehenden Rechtsquellen[2] stellenweise sehr dürftig, so dass häufig auf nichtjuristische Texte wie

---

[1] Carey: S. 1

[2] Überblick dazu: Todd, S. 30 ff.
Eine wichtige Quelle stellen die überlieferten Gerichtsreden dar, die jedoch mit dem Manko behaftet sind, dass es keinen professionellen Juristenstand gab und stellenweise zweifelhaft ist, ob die Rechtsinstitute, auf die sich der in seinem eigenen Interesse agierende Redner beruft, tatsächlich so anerkannt waren.

philosophische Traktate[1] und zeitgenössische Komödien, die sich mit dem Rechtssystem ironisch auseinandersetzen[2], zurückgegriffen werden muss. Da sich Philosophie und Literatur – im Unterschied z.B. zu Sparta - gerade im Athen der klassischen Zeit zu einer wahren Blüte entwickelt haben, sind wir über das Rechtssystem der attischen Demokratie am besten informiert. Deshalb soll der Schwerpunkt der Darstellung hier auf die athenische Rechtspflege gelegt werden (I), bevor kurz auf andere griechische *Poleis* eingegangen wird (II).

I. Athen

1. Die Zeit vor Solon (bis 595 v. Chr.)

Die erste historisch verbürgte Rechtskodifizierung in Athen erfolgte im Jahre 620 v. Chr. durch *Drakon*, als das Regierungssystem noch stark oligarchisch geprägt war. Unklar ist, ob *Drakon* autonom Normen gesetzt oder nur bereits bestehendes Gewohnheitsrecht kodifiziert hat[3]. Jedenfalls wird ihm das Verdienst zugeschrieben, durch die sprichwörtlich gewordene Rigorosität der Strafen das Rachewesen eingedämmt zu haben - eine Maßnahme, die sich in erster Linie gegen die herrschenden Adelscliquen gerichtet zu haben scheint[4].
Auswirkungen auf die Organisation der Rechtspflege hatten die *drakonischen* Reformen indes nicht[5]: Die Rechtsprechungskompetenz war nach wie vor zwischen dem *Areopag* und dem *Magistrat* aufgeteilt. Bei dem *Areopag* handelte es sich um ein aristokratisches Kollegialgremium, das wohl ursprünglich, d.h. vor der Substitution des monarchischen Systems durch das oligarchische, als Beratungsstab des Königs fungiert hatte[6]. Ihm war die Gerichtsbarkeit über schwerere Verbrechen wie z.B. Mord, Brandstiftung, Tyrannei und das Fällen von heiligen Olivenbäumen anvertraut. Der *Magistrat* bestand aus den ebenfalls dem Adel entstammenden *Archonten*, die ursprünglich dem König in einer - auf moderne Verhältnisse übertragenen - Rolle als Minister zur Seite standen und in späterer Zeit voll an dessen Stelle traten[7]. Die Gerichtsbarkeit oblag den *Archonten* für die leichtere Kriminalität.

---

[1] Insbes. Platons „Gesetze“ und Aristoteles` Werk über die Politik.
[2] In diesem Zusammenhang sind insbesondere die Komödien des *Aristophanes* (geboren um 445 v. Chr.) von Bedeutung.
[3] Carey: S. 2 f.
Ebenso unklar bleibt der Inhalt der drakonischen Gesetzgebung, da diese nur 25 Jahre später von *Solon* aufgehoben wurde. Lediglich die Bestimmungen zu den Tötungsdelikten wurden von *Solon* nicht geändert, so dass sich unsere heutigen Erkenntnisse darauf beschränken. (vgl. auch Dareste: S. 20; MacDowell: The Law in Classical Athens, S. 42).
[4] Meier: Athen, S. 69, der allerdings einräumt, dass von den Maßnahmen genauso die “kleinen Leute” betroffen waren.
[5] Carey: S. 3
[6] MacDowell: The Law in Classical Athens, S. 27
[7] MacDowell: The Law in Classical Athens, S. 25 f. ; einer der *Archonten* führte auch nach Abschaffung der Monarchie immer noch den Titel *"basileus"*, also König.

2. Die Zeit nach Solon (ab 595 v. Chr.)

Charakteristisch für die Zeit nach den gesellschaftlichen und politischen Umstrukturierungen durch *Solon* ist die vor dem Hintergrund der dadurch eingeleiteten Demokratisierung des Gemeinwesens stetig wachsende Einbeziehung des Bürgers auch in den Bereich der Rechtspflege. Das Novum, das die *solon`schen* Reformen in diesem Zusammenhang mit sich brachten, manifestiert sich in zweifacher Hinsicht: So führte *Solon* zum einen die Möglichkeit einer Popularanklage ein; zum anderen schuf er die Institution eines Volksgerichts.

a) Die Popularklage[1]

Durch Schaffung der Popularklage wurde das Recht, ein Strafverfahren vor Gericht zu bringen, auf den Bürger beschränkt[2]. Schon vor den Reformen konnte bei Delikten, die sich gegen individuelle Rechtspositionen richteten, ein Verfahren nur auf Betreiben des Opfers bzw. der Hinterbliebenen eingeleitet werden[3].
Dieser Gedanke setzte sich in dem System nach den Reformen fort[4]: Delikte, die Individualrechtsgüter verletzten wie z.B. Diebstahl, Körperverletzung, Sachbeschädigung aber auch Mord[5], konnten nach wie vor nur[6] von den Opfern verfolgt werden, die sich dazu eines für das betreffende Delikt spezifisch vorgesehenen Typus von Privatklagen (*idiai dikai*) bedienen mussten.
Eine andere Art von Klagen (*dikai demosiai*)[7] war im Zuge der Reformen für Delikte vorgesehen, die sich gegen das öffentliche Wohl bzw. gegen die Interessen des Gemeinwesens als Ganzes richteten, wie z.B. Sakrilegien, Desertion, Bestechungsannahme, Misshandlung von Waisen, Staatsbürgeranmaßung, etc[8]. Diese zu erheben stand grundsätzlich jedem zu, der wollte; er musste nur prozessfähig sein, d.h. es musste sich um einen männlichen[9] athenischen Vollbürger[1] handeln.

---

[1] *Ratio legis* der attischen Popularklage ist umstritten: Der Ansicht, die den Demokratiegedanken für allein maßgeblich hält, steht die Auffassung entgegen, die Sinn und Zweck der Popularklage auf den Schutz der sozial Schwächeren beschränkt; Nachweis bei Winkel: Rev. Int. D.A. 1982, S. 286.

[2] Gleichwohl gab es noch in ganz beschränktem Umfang Amtspersonen (*synegoroi*), die ein Verfahren gegen Beamte wegen Veruntreuungsdelikten einleiten konnten; diese rekrutierten sich jedoch aus den Reihen der Volksversammlung, wurden in der Regel nur temporär bzw. *ad hoc* eingesetzt und stellten die Ausnahme dar (Todd: The Shape of Athenian Law, S. 92; vgl. auch MacDowall: The Law in Classical Athens, S. 61 und 171).

[3] Carey: S. 3; Todd: The Shape of Athenian Law, S. 99

[4] Lipsius: S. 237 ff.

[5] Todd: The Shape of Athenian Law, S. 104 und 272; Lipsius: S. 600 ff.; a.A.: Dareste/Haussoullier/Reinach: S. 22

[6] MacDowall: The Law in Classical Athens, S. 58

[7] Auch unter der Bezeichnung *„graphe"* bekannt, vermutlich weil - zumindest in späterer Zeit – diese schriftlich eingereicht werden mussten.

[8] Todd (The Shape of Athenian Law, S. 110 ff.) versucht, diese Delikte in drei Gruppen einzuteilen, nämlich in Delikte, die von Amtsträgern begangen wurden, in solche, die zwar u.U. ein individuelles Recht verletzten, aber einen starken Bezug zur Öffentlichkeit aufwiesen und in diejenigen, die ein Rechtsgut verletzten, das über eine individuelle Sphäre hinaus allen gemeinsam zustehen sollte.

[9] Frauen mussten sich in der Regel von einem *kyrios*, der i.d.R. ein naher männlicher Anverwandter bzw. der Ehegatte war, vertreten lassen (Carey: S. 7 ff.).

Dieser musste vor Gericht in eigener Person auftreten, d.h. er konnte sich keines Beistandes bedienen. Überhaupt war das ganze Rechtssystem auf das Konzept eines Laien zugeschnitten, in dem ein Stand professioneller Rechtsberater keine Daseinsberechtigung hatte. Dem lag die Einstellung zu Grunde, dass derjenige, der sein Anliegen nicht selbst vorbringen könne, auch keine Schutzwürdigkeit als Vollbürger genieße. Ausnahmen wurden lediglich dann gemacht, wenn zwischen den Streitparteien ein krasses Ungleichgewicht herrschte[2]. Auf keinen Fall durfte sich der Prozessbeistand aber von finanziellen Beweggründen leiten lassen[3].
Die Kehrseite dieser Entwicklung bestand darin, dass die gesamte Strafrechtspflege auf das Vorhandensein einer als Ankläger fungierenden Privatperson angewiesen war. Erschwerend kam hinzu, dass sich potentielle Ankläger oft als Adressaten von Drohungen wiederfanden oder sich von drohenden Gegenanklagen von der Anklageerhebung letztendlich abschrecken ließen. Darüber hinaus war der Ankläger auf sich allein gestellt, es gab keine Ermittlungspolizei im heutigen Sinne, die er zu Hilfe hätte nehmen können[4]. Die Beweislast im Prozess lag bei ihm; wollte er die Aussage des Angeklagten oder eines Zeugen widerlegen, so musste er gegen diese Personen eine gesonderte Privatklage wegen Falschaussage anstrengen[5]. Um dem abzuhelfen und für die gesteigerte Motivation eines potentiellen Anklägers zu sorgen, wurde diesem im Falle einer Verurteilung des Angeklagten in der Regel die Hälfte der auferlegten Strafe bzw. ein Anteil des Verkaufserlöses aus den konfiszierten Gütern[6] zugesprochen.
Dass dieser Regelung wiederum selbst eine hohe Missbrauchsgefahr anhaftete, beweist die – gerade in zahlreichen Komödien parodierte[7] – Existenz der sogenannten *Sykophanten* und die gegen sie erlassenen Bestimmungen. Bei einem *Sykophanten* handelte es sich um eine Person, die eine Anklage aus unlauteren Motiven - in der Regel aus purem Gewinnstreben - anstrengte, um entweder in den Genuss der oben dargestellten Prämie zu kommen oder um die Anklage als Erpressungsmittel zu instrumentalisieren. Gerade vor dem Hintergrund, dass die Athener gegenüber jeder Art von Professionalität im Rechtswesen ein tiefes Misstrauen hegten, stellte das Treiben der *Sykophanten* ein demokratiefeindliches Unwesen dar, das es einzudämmen galt. Deshalb wurde zunächst eine Bestimmung getroffen, nach der jeder, dessen Anklage nicht von wenigstens 20% der Richterstimmen getragen wurde, eine Geldstrafe in Höhe von 1000 Drachmen[8] zu entrichten hatte.

---

[1] Inwieweit auch in Attika ansässigen Ausländern (*metoikoi*) Zugang vor Gericht gewährt wurde, ist unklar; aus der Tatsache, dass Fälle bekannt sind, in denen auch *Metöken* der *Sykophantie* angeklagt waren folgt zwingend deren vorheriges Auftreten als Ankläger (MacDowall: The Law in Classical Athens, S. 65; vgl. auch Carey: S. 8 f.).

[2] Etwa wenn eine Partei der griechischen Sprache nicht richtig mächtig, minderjährig oder vollkommen unerfahren war (Todd: The Shape of Athenian Law, S. 94).

[3] Todd: The Shape of Athenian Law, S. 94, der als instruktives Beispiel *Demosthenes* anführt, der sogar bei der Verteidigung seines eigenen Onkels in erhebliche Schwierigkeiten geriet, seine nichtfinanziellen Motive darzulegen.

[4] Todd: The Shape of Athenian Law, S. 79

[5] Carey, S. 11

[6] Es sind auch Fälle belegt, in denen der Angeklagte versklavt wurde; der Erlös hieraus floss zu einem Teil dem Ankläger zu (Carey, S. 11).

[7] Insbesondere Aristophanes in *Plutos*, 898 - 919

[8] Diese Summe entsprach mehreren Jahresgehältern eines Landarbeiters (Carey, S. 12).

Damit sollte vermieden werden, dass von vornherein evident aussichtslose Klagen vor Gericht gebracht wurden. Die gleiche Strafe traf denjenigen, der die Anklage zurücknahm, denn gerade die Rücknahme stellte in der Regel die „Gegenleistung" einer erfolgreichen Erpressung dar. Später wurde daraus dann ein eigenständiger Straftatbestand, der mit *graphe* angeklagt werden konnte[1] und dessen Strafandrohung zusätzlich den Verlust der Vollbürgerrechte umfasste[2].

b) Die Volksgerichte

Auch auf die zur Rechtsfindung befugten Organe wirkten sich die *solon`schen* Reformen und die durch *Kleisthenes* im Jahre 508 v. Chr. vorgenommene Weiterentwicklung der Demokratisierung insofern aus, als sich das Schwergewicht der Rechtspflege schließlich vollständig auf den *demos* bzw. dessen Vertreter verlagerte[3].

Neben der Einführung der Popularklage (s.o.) und der Schuldenreform wird der dritte Pfeiler des *solon'schen* Werks in der Möglichkeit eines jeden gesehen, „die *Eliaia* anzurufen" (*ephesis*). Bei der *Eliaia* handelt es sich nach hM um nichts anderes als um die Volksversammlung (*Ekklesia*), die immer dann unter der Bezeichnung *Eliaia*[4] tagte[5], wenn sie über Rechtssachen zu entscheiden hatte. Unklar ist heute, ob die Volksversammlung ursprünglich für alle Rechtssachen erstinstanzlich zuständig war, oder ob über Fälle leichterer Kriminalität nach wie vor die *Archonten* zu befinden hatten, gegen deren Urteile dann in der *Eliaia* Rechtsmittel eingelegt werden konnten, denn das Verb „anrufen" lässt beide Deutungsmöglichkeiten zu. Jedenfalls hat sich im Laufe der Zeit auch die Erstzuständigkeit für kleinere Delikte vollständig auf die *Eliaia* verlagert[6].

Gleichwohl verblieben den Magistratsbeamten – die später auch aus dem Kreis der Angehörigen der Volksversammlung stammten – noch zwei Aufgaben: Zum einen waren sie für die Entgegennahme der Anklage und einer ersten Anhörung der Parteien (*anakrisis*) zuständig. Zum anderen führte ein Magistratsbeamter den Vorsitz der *Eliaia*, ohne jedoch auf den Inhalt des Votums oder den Lauf der Verhandlung Einfluss zu haben[7].

---

[1] MacDowall: The Law in Classical Athens, S. 65; nach Lipsius (S. 450 f.) traten die Rechtsfolgen auch in diesem Fall *ipso iure* im Ausgangsverfahren ein (d.h. sie wurden vom Gericht gleich festgesetzt), ohne dass es einer gesonderten Geltendmachung durch *graphe* noch bedurft hätte.

[2] Zumindest in der Form, dass der Betroffene nie mehr eine Klage der gleichen Art anstrengen konnte (Lipsius: S. 449).

[3] Die Gerichtsbarkeit über Mord verblieb aber beim *Areopag*, dessen Mitglieder sich indes nach den Reformen auch aus Angehörigen des Volkes zusammensetzten.

[4] Auch *Heliaia* (z.B. bei Ver Steeg: Law in the Ancient World, S. 214).

[5] Dementsprechend war der Charakter des Gerichts durch und durch vom Demokratiegedanken geprägt und wurde als Ergänzung zu den rein politischen Aufgaben der *Ekklesia* verstanden. Andererseits dürfte sich dies auf eine klare Trennung zwischen politischen und juristischen Entscheidungen nicht fördernd ausgewirkt haben (vgl. auch Carey, S. 4).

[6] Der genaue Zeitpunkt, wann der letzte Magistrat ein Urteil fällte, ist unklar, dürfte aber spätestens zu Beginn des 4. Jahrhunderts v. Chr. stattgefunden haben (vgl. MacDowall: The Law in Classical Athens, S. 33).

[7] Christ: The Litigious Atheniens, S. 20

Um Angehöriger der *Eliaia* zu werden musste man männlicher athenischer Vollbürger[1] sein, das dreißigste Lebensjahr vollendet und den *Dikaiastischen Eid* geschworen haben. Aus Gründen einer geordneten und effektiven Rechtspflege[2] wurde die Zahl der *Eliaia*-Angehörigen im Laufe der Zeit auf eine Höchstzahl von 6000 Personen begrenzt, die per Losentscheid aus der Gesamtheit der Volksversammlung zu bestimmen waren. Diese wurden wiederum in mehrere Gerichte aufgeteilt, deren Größe - je nach Wichtigkeit des Falles[3] - in der Regel zwischen 200 und 500 Personen schwankte[4]. Um der Korruption vorzubeugen, wurde jeder Richter erst am Morgen der Verhandlung per Losentscheid auf eines dieser Gerichte aufgeteilt[5]. Rechtsmittel konnten gegen Urteile der Volksgerichte nicht eingelegt werden, wofür auch keine Notwendigkeit gesehen wurde, da jedes Urteil den demokratisch ermittelten Willen des Volkes verkörperte[6].

II. Andere griechische *Poleis*

Die anderen griechischen *Poleis* standen in der klassischen Zeit im Schatten des Dualismus Athen - Sparta, der insbesondere von dem Bestreben einer jeden der beiden Hegemonialmächte geprägt war, das eigene System zu exportieren.
Über das Rechtssystem in Sparta sind wir nur sehr unzulänglich unterrichtet, was unter anderem daran liegt, dass sich dieser Stadtstaat informationspolitisch geradezu abkapselte und auch keine nennenswerten literarischen Erzeugnisse hervorbrachte, die uns einen Einblick in das alltägliche Rechtsleben vermitteln könnten. Fest steht nur, dass Sparta insoweit den Gegenpol zu Athen bildete, als sein System durch und durch oligarchisch ausgerichtet war. Zwar existierte auch dort eine Volksversammlung; deren Funktion erschöpfte sich aber auf die eines Akklamationsorgans, dessen Mitgliedern ein individuelles Rederecht verwehrt war[7]. Die Verfolgung von Straftaten oblag dem sich aus Angehörigen des Altadels zusammensetzenden Ältestenrat (*Gerusia*)[8] sowie den *Ephoren*. Bei letzteren handelt es sich zwar um fünf Vertreter des Volkes, die für ein Jahr gewählt wurden; die ursprüngliche Funktion, ein Gegengewicht zum Adel zu bilden, ist aber angesichts der Kontrollaufgaben gegenüber den Bürgern und den anderen Staatsorganen dermaßen in den Hintergrund getreten[9], dass von einer Demokratisierung der Rechtspflege in Sparta keine Rede sein kann.

---

[1] Vor den perikleischen Reformen des Jahres 450 v. Chr. reichte es aus, wenn der Vater athenischer Bürger und die Mutter eine Freie war; danach mussten beide Elternteile die athenische Staatsangehörigkeit besitzen (Carey, S. 6).
[2] MacDowall: The Law in Classical Athens, S. 33 f.
[3] In diesem Zusammenhang bleibt anzumerken, dass Mordprozessen eine Sonderrolle zukam, die sich in einem Verfahren *sui generis* widerspiegelte (Überblick bei Todd: The Shape of Athenian Law, S. 271 ff. und MacDowall: The Law in Classical Athens, S. 118 ff.).
[4] Wobei auch Fälle überliefert sind, in denen 2500 Richter berufen waren (Todd: The Shape of Athenian Law, S. 83, Fn. 10).
[5] Todd: The Shape of Athenian Law, S. 84 f., der allerdings aus der Tatsache, dass die Richter in der Komödie "Wespen" von Aristophanes (422 v. Chr.) bereits im Voraus um den konkreten Prozess wussten, die Einführung des *täglichen* Losentscheid erst im dritten Jahrhundert v. Chr. ansiedelt. Vgl. auch MacDowall: The Law in Classical Athens, S. 36 ff.
[6] Ver Steeg: Law in the Ancient World, S. 216; MacDowall: The Law in Classical Athens, S. 40
[7] Weber: Die Spartaner, S. 183 ff.
[8] Link: Der Kosmos Sparta, S. 76
[9] Weber: Die Spartaner, S. 193

Die *Gerusia* war wohl hauptsächlich für Kapitalverbrechen zuständig, während die *Ephoren* Ermittlungsbehörde, Richter für leichtere Kriminalität und Sittenwächter in Personalunion waren[1]. Dadurch ist zwar nicht ausgeschlossen, dass der betroffene Bürger selbst ein Strafverfahren initiieren konnte; auf Grund der starken Stellung der *Ephoren* dürfte aber eindeutig der offiziöse Charakter des Strafverfahrens überwogen und sich durch das Fehlen formalakkusatorischer Elemente ausgezeichnet haben.

B. Rom

Die historische Entwicklung des römischen Strafprozesses lässt sich in vier Phasen aufteilen, in denen das inquisitorische und das akkusatorische Prinzip jeweils unterschiedliche Gewichtung erfuhren. Dies wiederum wirkte sich unmittelbar auf eine Bürgerbeteiligung im Strafverfahren aus, denn in einem inquisitorischen System ist für eine aktive Beteiligung wenig Raum, während die Mitwirkungsbefugnisse im akkusatorischen Strafprozess – je nachdem, ob bzw. inwieweit eine staatliche Anklagebehörde vorhanden ist – einer mehr oder weniger starken Ausprägung erst zugänglich sind. Dabei ist zu beachten, dass die Übergänge zwischen den gleich näher darzustellenden Phasen nicht scharf konturiert waren, sondern dass stets eine Überlappung stattfand, in der das vorangegangene System noch eine Zeit lang neben dem nachfolgenden koexistierte, bevor es dann nach und nach von diesem verdrängt wurde.

I. Die *cognitio* der monarchischen Zeit (bis Ende des 6. Jrh. v. Chr.)

Schon in der römischen Frühzeit begann sich eine Unterscheidung von Taten, die in die persönliche Sphäre des Einzelnen eingriffen und die der Ahndung durch die Sippe des Verletzten überlassen waren, zu solchen, die sich gegen die staatliche Gemeinschaft und gegen die sakrale Ordnung richteten (*crimina publica*), abzuzeichnen[2]. Das für die zweite Gruppe vorgesehene Verfahren, die *cognitio*, zeichnete sich durch seinen inquisitorischen Charakter aus, d.h. eine gesondert anklagende Institution war nicht vorgesehen[3].

II. Der Komitialprozess (*iudicium populi*) der frührepublikanischen Zeit

Dies änderte sich mit dem Verfassungswechsel Ende des 6. Jrh. v. Chr., der die Umformung des römischen Gemeinwesens in eine Republik bewirkte. Obwohl dieses System gerade im Hinblick auf das Klassenwahlrecht keine Demokratie im klassischen Sinne war[4], sondern stark oligarchische Züge aufwies, war der Bürger dennoch zur aktiven Mitarbeit im politischen Bereich aufgerufen – eine Entwicklung, die sich auch

---

[1] Mac Dowall: Spartan Law: S. 123 ff. und 137; Link: Der Kosmos Sparta, S. 67 f.

[2] Dulckeit/Schwarz/Waldstein: S. 66

[3] Barreiros: S. 17

[4] Volksabstimmungen erfolgten in der Regel in den sogenannten Zenturiatskomitien, in denen alle Bürger nach ihrer Zensusklasse in politische Einheiten eingeteilt waren. Dabei hatte jeder dieser Stimmkörper eine Stimme, wobei die ersten beiden gesellschaftlichen Klassen, d.h. Adels- und Ritterstand, auf Grund ihrer Stimmkörperzahl bereits über die absolute Mehrheit verfügten. (Dulckeit/Schwarz/Waldstein: S. 104 f.).

auf die Rechtspflege auswirken musste. Augenscheinlichste Errungenschaft[1] stellen in diesem Zusammenhang der sog. Komitialprozess und die *provocatio ad populum* dar, die mit einer Abkehr vom inquisitorischen hin zum akkusatorischen System verknüpft waren[2]:

1. Bei bestimmten öffentlichen Delikten, wie z.B. Hochverrat[3], war die Volksversammlung, die in der Regel in ihrer Eigenschaft als Zenturiatskomitien (*comitia centuriata*)[4] zusammentrat, zur Aburteilung berufen – terminologisch prägte sich deshalb neben der Bezeichnung *iudicium populi* der Begriff des „Komitialprozesses" für dieses Institut aus. Die *provocatio ad populum* sah die grundsätzliche Möglichkeit des betroffenen Bürgers vor, Entscheidungen, die ein Magistratsbeamter auf Grund seiner Polizeigewalt (*coercitio*) verhängte, vor die Volksversammlung bringen zu können[5]. Die unmittelbare Beteiligung der Bürger bei der Urteilsfindung stellte indes nicht die einzige revolutionäre Neuerung dar; vielmehr wurde auch bei der Ahndung von öffentlichen Delikten ein rein akkusatorisches System eingeführt, indem einem Magistratsbeamten[6] die Funktion des Anklägers zukam[7]. Zum ersten Mal wurde hier also klar getrennt zwischen einer richtenden und einer anklagenden Institution[8] - eine Entwicklung, die als wichtiger Zwischenschritt auf dem Weg hin zur Popularklage der spätrepublikanischen Zeit (s.u.) zu bewerten ist[9].

---

[1] Nach hM (z.B. Dulckeit/Schwarz/Waldstein: S.69) stellen diese Institute eine echte Errungenschaft der *plebs* in den Ständekämpfen zwischen dieser und der Adelsschicht dar. Nach einer anderen Ansicht (Santalucia: S. 17 f.) hingegen instrumentalisierte die Adelsschicht mit Einführung der *iudicia populi* das Volk lediglich für seine eigenen Zwecke, denn das *iudicium populi* sei die beste Gewähr gegen die Etablierung einer den vitalen Interessen der *nobilitas* zuwiderlaufenden Alleinherrschaft (*tyrannis*) gewesen.

[2] Über den genauen Zeitpunkt der Einführung dieser Institute herrscht Streit. Zwar findet sich in der Zwölftafelgesetzgebung ein Satz, wonach über das Leben eines Bürgers ausschließlich durch die Volksversammlung befunden werden durfte *(de capite civis nisi per maximum comitatum ne ferunto)*; da nach der Überlieferung die genaue Ausgestaltung der *provocatio* einer *Lex Valeria* zugeschrieben wird, gehen viele Autoren jedoch davon aus, dass das Zwölftafelgesetz in dieser Hinsicht keine eigenständige Neuerung gebracht hat. Kompliziert wird die Angelegenheit dadurch, dass im Laufe der Geschichte drei gleichnamige *Leges Valeriae* erlassen worden sein sollen. Demzufolge siedelt eine Ansicht (Barreiros: S. 17) die Einführung der *provocatio* im Jahr 509, eine andere (Santalucia: S. 18 f.) im Jahr 449 und eine dritte (Dulckeit/Schwarz/Waldstein: S. 69) im Jahr 300 v. Chr. an.

[3] Söllner: S. 77; Kunkel: S. 48 ff. und 130 f. Demgegenüber tritt Santalucia (S. 28 f.) für eine Zuständigkeit der Komitien zur Aburteilung auch der sogenannten gemeinen, also nicht öffentlichen Verbrechen, ein.

[4] Ursprünglich waren wohl - als Relikt aus monarchischer Zeit – die *comitia curiata* zuständig bevor sich dann um die Mitte des 5. Jrh. ein Wandel hin zu den *comitia centuriata* vollzog (Santalucia: S. 22 ff.).

[5] Das Verhältnis zwischen der *provocatio* und dem Komitialprozess ist umstritten: Nach Mommsen (Röm. Strafrecht, S. 167) war ein *iudicium populi* – gewissermaßen als zweite Instanz - stets von einer *provocatio* abhängig, während Kunkel (S. 24 ff. und 131) für eine generelle Unabhängigkeit beider Institute eintritt.

[6] Deshalb wird auch der Begriff *magistratisch-komitialer Prozess* verwendet.

[7] Santalucia: S. 28

[8] Barreiros: S. 18

[9] Dem anklagenden Magistrat kam mittelbar auch Einfluss auf das Strafmaß zu, denn das Volk entschied nur über die Schuldfrage; im Fall einer Verurteilung richtete sich die Strafhöhe nach dem vom Magistrat eingebrachten Vorschlag (Dulckeit/Schwarz/Waldstein: S. 68).

2. Gleichzeitig ist spätestens mit Abschluss der Zwölftafelgesetzgebung ein generelles Bestreben erkennbar, die Rache zwischen Privatpersonen verstärkt staatlicher Kontrolle zu unterstellen. Dies geschieht zum einen mit der grundlegenden Unterscheidung zwischen Privatdelikten (*delicta* oder *maleficia*) – also Delikten, die ausschließlich das Verhältnis der Bürger zueinander zum Gegenstand hatten und die der Betreffende im Privatprozess geltend zu machen hatte, was einem Verbot der Blutrache ohne Richterspruch gleichkam[1] - und öffentlichen Verbrechen (*crimina*), die vor die Volksversammlung in oben beschriebener Weise kamen. Zum anderen erfuhr gerade der Katalog dieser öffentlichen Delikte eine stetig fortschreitende Erweiterung[2].

Zusammenfassend lässt sich also festhalten, dass dem Bürger in dieser Phase der historischen Entwicklung bei der Verfolgung von öffentlichen Delikten keine Initiationsbefugnisse zustanden, während Privatdelikte nur auf Betreiben einer Partei geahndet wurden, wenn auch durch Einführung einer anklagenden Instanz der Weg zur späteren Popularanklage schon in diesem Stadium bereitet worden ist. Umgekehrt war das über Schuld und Unschuld zu befindende Organ hingegen bei den öffentlichen Delikten das Volk, also die Gesamtheit der abstimmungsbefugten Bürger, während die Privatdelikte von einem Geschworenenkollegium unter Vorsitz eines Magistratsbeamten abgeurteilt wurden.

III. Der öffentliche Prozess (*iudicium publicum*) und die Popularklage vor den Geschworenengerichten (*quaestiones*) - ca. Mitte des 2. Jrh. v. Chr. bis Anfang des 3. Jrh. n.Chr.

Eine tief greifende Änderung, die sich gerade auch auf die Stellung des Bürgers im Strafprozess auswirkte, erfuhr die geschichtliche Entwicklung mit der Einführung der sogenannten *quaestiones*, die den Komitialprozess spätestens um die Mitte des 1. Jrh. v. Chr. vollständig verdrängt hatten[3]. In bewusster Abkehr zum *iudicium populi* hat sich für die den *quaestiones* zu Grunde liegende Prozessart der Begriff *iudicium publicum* eingebürgert.

1. Für diesen Verdrängungsprozess lassen sich mehrere Gründe anführen[4]: So war die Volksversammlung mit ihrem langen und komplizierten Verfahren ein nur schwerfällig zu handhabendes Instrumentarium, das zudem auf Grund der sozialen Spannungen, die das Ende der punischen Kriege mit sich gebracht hatte, und der damit einhergehenden Proletarisierung der Bevölkerung dem ständig wachsenden Verfall preisgeben war. Die Volksversammlung verkümmerte mehr und mehr zur Bühne der politischen Auseinandersetzung zwischen den beiden rivalisierenden Gruppen - den Optimaten und den Popularen - die das Gremium einem verstärkten demagogischen Druck aussetzten, was eine objektiv orientierte Rechtsfindung zunehmend erschwerte. Hinzu kam schließlich eine schiere Überlastung dieses Organs, denn die Volksversammlung war ur-

[1] Zuständig war nach hM ein Geschworenengericht, das unter dem Vorsitz eines Prätors tagte, im Übrigen aber die Kompetenz für Zivilstreitigkeiten inne hatte (Dulckeit/Schwarz/Waldstein: S. 69; Kunkel: S. 34 ff. und 130; abw.: Santalucia: S. 28 f.).
[2] Santalucia: S. 32 ff.; Dulckeit/Schwarz/Waldstein: S. 68 f. und 71 f.
[3] Bauman: S. 5 und 21
[4] Santalucia: S. 48; Bauman: S. 21

sprünglich auf den Stadtstaat Rom zugeschnitten und spätestens ab den punischen Kriegen nicht mehr mit der Rolle des Gemeinwesens als führende Mittelmeermacht kompatibel – dies umso mehr, als – wie oben dargestellt – auch immer mehr Deliktstypen in den Katalog der *crimina publica* aufgenommen wurden.

2. Dementsprechend wurden erstmals im Jahre 186 v. Chr. sog. *quaestiones extraordinariae* gebildet. Dabei handelte es sich um Untersuchungsausschüsse, die Straftaten von besonderem gesellschaftlichen oder politischen Interesse aufklären und aburteilen sollten und die sich zunächst nur *ad hoc* konstituierten[1]. Im Jahre 149 v. Chr. wurde dann der erste *ständige* Gerichtshof (*quaestio perpetua*) für Erpressungsfälle eingeführt, dem weitere folgten, bis dann im Jahr 123 v. Chr. im Zuge der *gracch'schen* Reformen das System ständiger Gerichtshöfe zur Regel wurde. Diesen wohnte indes keine allumfassende Zuständigkeit inne, sondern jede *quaestio* war nur für einen ganz bestimmten Straftatbestand bzw. Deliktstypus vorgesehen. Galt dies anfangs nur für die Verfolgung von Amtspflichtverletzungen wie z.B. Provinzausbeutung, Wahlbetrug und Veruntreuung von öffentlichen Mitteln, so wurden u.a. im Zuge der Reformen unter *Sulla* (81 bis 79 v. Chr.) bald auch Gerichte für Mord, Testament- und Münzfälschung eingerichtet[2]. Größere Erweiterungen wurden dem Katalog der *quaestiones* dann unter *Caesar* und *Augustus* zu Teil, so dass schließlich[3] auch Gerichte für schwere Beleidigungen und Persönlichkeitsverletzungen, Gewaltverbrechen, Zins- und Kornwucher, Ehebruch, etc. existierten[4]. Hier zeichnet sich also eine Tendenz ab, die nach und nach auch die gemeinen Verbrechen, also die Delikte zwischen privaten Rechtssubjekten, dem öffentlichen Prozess vor den *quaestiones* unterwarf.
3. Die *quaestiones* setzten sich aus einem vorsitzenden Magistratsbeamten und den Geschworenen (*consilium*) zusammen. Die Rolle des Magistratsbeamten war auf den Vorsitz und die Verhandlungsleitung beschränkt, ein Stimmrecht bei dem abschließenden Votum kam ihm nicht zu[5]. Die konkrete Zusammensetzung der Geschworenen, deren Zahl i.d.R. 50 betrug, spiegelte im Laufe der Entwicklung die jeweiligen politischen Machtverhältnisse wider: Waren ursprünglich nur Senatoren für dieses Amt vorgesehen, rekrutierte sich das *consilium* ab 70 v. Chr. zu je einem Drittel aus Senatoren, Rittern und Angehörigen des unter den Rittern stehenden Standes[6]. Unter Caesar betrug der Anteil von Senatoren und Rittern dann jeweils die Hälfte[7]. Abgestimmt wurde nur über die Schuldfrage, denn das Strafmaß ergab sich unmittelbar aus dem Gesetz[8].

---

[1] Diese Ausschüsse wurden teils durch den Senat, teils durch Plebiszite eingesetzt, bis schließlich im Jahre 123 v. Chr. senatorisch eingesetzte Quästionen für ungesetzlich erklärt wurden (Santalucia: S. 49 f.).

[2] Bauman: S. 24

[3] Über die Schwierigkeiten einer exakten Datierung des Entstehungszeitpunktes der einzelnen *quaestiones* vgl. Santalucia: S. 59 ff.

[4] Mommsen: Röm. Strafrecht, S. 202 f.; Baumann: S. 24; Santalucia S. 62 ff.

[5] Santalucia: S. 67; abw. Bauman: S. 25 f.

[6] Sog. *tribuni aerarii*

[7] Santalucia: S. 65

[8] Mommsen: Röm. Strafrecht, S. 446; Santalucia: S. 67

4. Beibehalten wurde indes das akkusatorische Prinzip, das allerdings insoweit eine radikale Neuerung erfuhr, als die Anklageerhebung nicht mehr einer staatlichen Stelle – wie zuvor dem Magistratsbeamten im Komitialprozess - oblag, sondern einem beliebigen Privatmann (*quivis ex populo*)[1]:
   a) Die Entwicklung hin zu einer reinen Popularklage, in der es eines staatlichen Anklägers vollständig ermangelte, hatte sich bis spätestens 103 v. Chr. vollzogen[2]. Unbeachtlich war dann auch die Frage, ob es sich ursprünglich um öffentliche Verbrechen oder um Privatstraftaten handelte[3]. Denn der der Popularklage zu Grunde liegende Gedanke wurde in der Wahrnehmung der Interessen der Gemeinschaft[4] bis hin zu einer umfassenden Sachwalterschaft des einzelnen Bürgers für das Gemeinwesen[5] erblickt.
   b) Grundsätzlich konnte jeder männliche und volljährige Inhaber des römischen Bürgerrechts[6] die Anklage erheben. Generell ausgenommen waren jedoch fungierende Magistratsbeamte und Angehörige der Streitkräfte, selbst unter Anklage stehende Personen und solche, die bereits zwei Mal eine Anklage im nicht eigenen Interesse eingebracht hatten, sofern dies auch für die dritte Anklage galt. Ausgeschlossen bzw. eingeschränkt war eine Anklage auch in den Fällen, in denen ein Pietätsverhältnis zwischen Beschuldigtem und Ankläger bestand, wie z.B. das zwischen engen Verwandten. Einschränkungen schließlich ergaben sich für Freigelassene, die nur bei einem bestimmten Mindestvermögen als Ankläger zugelassen wurden sowie für diejenigen, deren Familienoberhaupt (*pater familias*) mit einer Anklage nicht einverstanden war[7].
   c) Eine Vertretung war prinzipiell nicht statthaft, denn nach der der *accusatio* zu Grunde liegenden *ratio legis* fungierte der Ankläger selbst schon als Vertreter, nämlich als Vertreter des Gemeinwesens[8]; eine Vertretung des Anklägers hätte deshalb nach römischem Verständnis eine sinnlose Untervertretung bedeutet, für die kein Bedarf gesehen wurde.

---

[1] Zum Streit, ob die römische Popularanklage von der griechischen beeinflusst worden ist: Winkel, Rev. Int. D.A. 1982, S. 291 ff m.w.N.

[2] Ursprünglich konnte gerade im Prozess, der die Ausbeutung von Provinzen zum Gegenstand hatte (*repetundae*), wohl nur ein Mitglied der *verletzten* Gemeinschaft Anklage erheben (Bauman: S. 23; Mommsen: Röm. Strafrecht: S.367).

[3] Es musste allerdings eine *quaestio* für das betreffende Delikt vorgesehen sein, s.o.
Mommsen (Röm. Strafrecht, S. 367) führt von diesem Grundsatz Ausnahmen wie Ehebruch, Kindesunterschiebung und schwere Persönlichkeitsverletzung an, die nur vom Verletzten selbst angeklagt werden konnten.

[4] Mommsen: Die Popularklagen, S. 3; Ders.: Röm. Strafrecht, S. 366

[5] Pérez Gil: S. 12, dessen Verständnis der römischen Popularklage auf dem Gedanken basiert, dass (auch) immer dann, wenn ein individuelles Rechtsgut verletzt ist, die Gemeinschaft in ihrer Gesamtheit einen Anspruch auf Ahndung haben sollte, um so den sozialen Frieden auch für jedes Individuum gewährleisten zu können (Verallgemeinerung des Privatinteresses).

[6] Darin spiegelt sich die oben dargestellte *ratio legis* der *accusatio* wider, denn ein Nichtbürger konnte das römische Gemeinwesen nicht vertreten. Frauen und Unmündige konnten jedenfalls dann als Ankläger zugelassen werden, wenn die Straftat gegen sie selbst oder gegen einen Angehörigen gerichtet war. (Mommsen: Röm. Strafrecht, S. 368f.).

[7] Vgl. zum Ganzen: Mommsen: Röm. Strafrecht, S. 370 ff.

[8] Mommsen: Röm. Strafrecht, S. 347

d) Die Anklageerhebung begann mit einem Vorverfahren (*postulatio*), in dem vor einem Magistratsbeamten die Zulässigkeitsvoraussetzungen insbesondere im Hinblick auf die Person des Anklägers und dessen Leumund geprüft wurden. Bei mehreren Anklägern wurde in einem gesonderten Verfahren (*divinatio*) der am besten geeignete ausgewählt; die übrigen konnten der Anklage dann lediglich beitreten (*subscriptio*). Im Anschluss daran vollzog sich die formale Präsentation der Anklage (*nominis delatio*) und deren Annahme durch den Magistratsbeamten (*nominis acceptio*)[1].

e) Die Verhandlung selbst zeichnete sich durch eine totale Passivität des Gerichts aus[2], die mit einer umfassenden Beibringungspflicht der Parteien (Ankläger und Angeklagter) korrespondierte. Insbesondere war es dem Gericht versagt, Zeugen zu befragen oder anderweitig Beweismittel in den Prozess einzuführen[3].

f) Die Schwächen, die dieses System barg, wurzelten primär in dem vollständigen Angewiesensein der Rechtsgemeinschaft auf eine als Ankläger agierende Privatperson. Ähnlich wie im griechischen Recht, das – wie oben dargestellt - mit derselben Problematik zu kämpfen hatte, wurden deshalb finanzielle Anreize für den sich zur *accusatio* bereit Erklärenden geschaffen. Diese bestanden in der sog. Delatorenprämie[4], d.h. im Falle einer Verurteilung winkte dem Ankläger ein Teil der Geldstrafe bzw. des konfiszierten Guts als Belohnung oder Aufwandsentschädigung.

Darin und in der Tatsache, dass viele für die Ämterlaufbahn Kandidierende in den Gerichtsverhandlungen die geeigneten Foren erblickten, ihre Redekunst unter Beweis zu stellen, wurde schon früh eine erhebliche Missbrauchsgefahr erkannt[5], der durch folgende Maßnahmen gegengesteuert werden sollte: Auf die Nichtzulassung als Popularkläger ohne eigenes persönliches Interesse nach bereits zwei erhobenen Anklagen wurde schon oben hingewiesen. Darüber hinaus wurde dem Angeklagten die eineinhalbfache Redezeit des Anklägers zugebilligt. Schließlich schützte noch eine Reihe von eigenständigen Straftatbeständen vor einer unredlichen Inanspruchnahme der *accusatio*, nämlich die *calumnia* (wissentlich grundlose Anklageerhebung), die *tergiversatio* (nicht gerechtfertigtes Fallenlassen der Anklage) und die *praecarivatio* (Kollusion zwischen Ankläger und Angeklagtem)[6].

IV. Die *cognitio extra ordinem*[7] der Kaiserzeit

Die oben dargestellten Probleme, die die Popularanklage mit sich brachte, waren indes nicht die einzigen Schwächen, die dem *iudicium populum* vor den *quaestiones* imma-

---

[1] Santalucia: S. 66

[2] Diese Passivität umfasste sowohl die Geschworenen, als auch den die Verhandlung leitenden Magistrat, der auf Maßnahmen zur Einhaltung der Ordnung bzw. zur Beseitigung von Störungen beschränkt war.

[3] Mommsen: Röm. Strafrecht, S. 421 f.

[4] Dulckeit/Schwarz/Waldstein: S. 71; Söllner: S. 79

[5] Mommsen: Röm. Strafrecht, S. 509 f; Christ: S. 116

[6] Mommsen: Röm. Strafrecht, S. 490 ff.

[7] Auch: *cognitio extraordinaria*

nent waren. Vielmehr führten auch die starken Veränderungen im politischen und staatsrechtlichen Bereich, die mit dem Übergang der Republik zur Staatsform des Prinzipats verhaftet waren, zu einer weitreichenden Umgestaltung der Strafrechtspflege. Denn der *princeps* hatte bei dem bestehenden Quaestionen-System keinerlei Einfluss auf die Auswahl der Geschworenen – ein Resultat, das sich mit den aus seiner machtpolitischen Stellung neu erwachsenen Möglichkeiten und Bestrebungen nicht mehr decken konnte.

Dazu kam die augenscheinliche Inflexibilität des *iudicium publicum*, das einer Einzelfallgerechtigkeit nicht zugänglich war. Denn die Strafhöhe stand *ex lege* starr fest, so dass eine Anpassung des Strafmaßes an die Schwere der Tat verwehrt war. Auf Grund der Tatsache, dass für jeden Deliktstypus erst eine eigene *quaestio* vorgesehen sein musste, war dieses System auch einer Fortbildung des materiellen Rechts hinderlich[1]. So kam es, dass trotz der Erweiterung, die das Quaestionen-System unter Augustus noch einmal erfuhr, in dessen Regierungszeit bereits der Grundstein für eine völlig anders geartete Verfahrensart gelegt wurde, die das *iudicium populum* vor den *quaestiones* ab dem Beginn des 3. Jrh. schließlich vollständig ersetzen sollte: die inquisitorische *cognitio extra ordinem*.

Im Zentrum der neuen Entwicklung stand die Person des Kaisers, der sich zum obersten Gerichtsherrn aufschwang und seine rechtsprechende Macht auf bestimmte Stellvertreter - in erster Linie auf den Stadtpräfekten (*praefectus urbi*), den Polizeipräsidenten (*praefectus vigilium*), den Kommandanten der Kaiserlichen Garden (*praefectus praetorio*) sowie auf die Statthalter in den Provinzen – delegierte, ohne sich allerdings des Rechts zu berauben, das Verfahren jederzeit (wieder) an sich reißen zu können[2].

Mit Einführung der *cognitio* vollzog sich eine Abkehr weg vom akkusatorischen Prinzip hin zum inquisitorischen[3]: So bedurfte es grundsätzlich keiner gesonderten anklägerischen Institution mehr, sondern das Verfahren wurde *ex officio* von dem betreffenden, mit der Rechtsprechung betrauten Magistrat eingeleitet. Zwar existierten anfangs noch vereinzelte Deliktsgruppen, für die eine förmliche Anklage einzuleiten war; der Ankläger rekrutierte sich dabei allerdings ausschließlich aus dem Kreis der Verletzten bzw. diesen nahestehenden Personen. Der Spielraum des Anklägers wurde durch zusätzliche Mechanismen wie z.B. die Ausweitung des Verleumdungstatbestands mehr und mehr eingeengt. Im Übrigen beschränkte sich die Anzeige von Delikten durch Privatpersonen auf eine bloße, an das Gericht adressierte Anregung, ermittelnd tätig zu werden[4]. Die Popularanklage der späten Republik war diesem System demnach vollkommen fremd, und spätestens ab dem 4. nachchristlichen Jrh. ist die *accusatio* vollständig von der historischen Bühne verschwunden[5].

Mit dieser Entwicklung harmonisierte dann konsequenterweise auch die aktive Rolle, die dem Richter während der Verhandlung zukam, indem er nicht nur die Verhandlung leitete, sondern in alle mit der Sachverhaltsaufklärung zusammenhängenden Fragen selbst eingriff[6], ohne dazu einer Anregung "von außen" zu bedürfen.

---

[1] Dulckeit/Schwarz/Waldstein: S. 245; Santalucia: S. 85

[2] Bauman: S. 5 und S. 51; Dulckeit/Schwarz/Waldstein: S. 245; Santalucia: S. 88

[3] Barreiros: S. 19; Santalucia: S. 96

[4] Santalucia: S. 96 ff.; Strachan-Davidson: S. 164

[5] Santalucia: S. 120

[6] Strachen-Davidson: S. 165

§ 3 Frühmittelalter

Das Frühmittelalter beginnt mit dem Abschluss der Völkerwanderung, die im Jahr 375 durch die Hunneneinfälle ausgelöst worden war und die zu den germanischen Reichsgründungen im 5./6. Jrh. führte. Auf dem Boden des heutigen Deutschlands und Frankreichs entwickelte sich ab ca. 500 n.Chr. das fränkisch Reich, das unter Karl d. Gr. seine höchste Machtentfaltung erfuhr, dann aber bereits im Jahr 888 auseinanderbrach und kurz darauf dem Heiligen Römischen Reich deutscher Nation Platz machte. In Spanien hingegen setzten sich ab dem 5. Jrh. die Westgoten fest, die zunächst noch von einer Basis im heutigen Toulouse aus operierten, bis sie dann auf Druck der stetig nach Westen expandierenden Franken im Jahre 507 auf die iberische Halbinsel abgedrängt wurden und ihr Machtzentrum in Toledo etablierten. Ein jähes Ende fand das Westgoten-Reich in der Eroberung durch arabische und berberische Einheiten im Jahre 711.

A. Deutschland zur fränkischen Zeit (500 bis 888 n.Chr.)

Das fränkische Recht ist von germanischen, römischen und christlichen Komponenten geprägt, wobei gerade die Gerichtsverfassung und der Rechtsgang im germanischen Recht verwurzelt waren und in der fränkischen Zeit nur relativ geringfügigen Modifikationen unterlagen[1]. Bevor diese dargestellt werden (II.) sind zunächst die germanischen Grundlagen des Strafprozesses zu beleuchten (I.).

I. Germanische Grundlagen[2]

1. Nur rudimentäre Unterscheidung zwischen privaten und öffentlichen Missetaten

Das germanische Recht kannte noch keinen Unterschied zwischen Zivil- und Strafrecht; jeder Rechtsbruch war eine Missetat, die nach Sühne verlangte[3]. Gleichwohl wurde bereits wie folgt unterschieden:

a) Normverstöße, die über die Sphäre der Sippe bzw. die der Familie nicht hinausreichten, unterlagen der Strafgewalt der täterangehörigen Sippe bzw. der des Familienoberhaupts und wurden nach billigem Ermessen geahndet[4].
b) Demgegenüber unterlag die Verfolgung von Taten zwischen Angehörigen verschiedener Sippen, die ein individuelles Rechtsgut verletzten (sog. *gemeine* Friedensbrüche), der Sippe des Geschädigten und war demnach eine reine Privatsache, die ausschließlich die beiden betreffenden Sippen etwas anging. Die Friedlosigkeit als Rechtsfolge der Tat betraf deshalb nur den Täter und dessen Sippe – terminologisch hat sich dafür der Begriff der *relativen* Friedlosigkeit eingebürgert - und beschäftigte die öffentliche Gewalt nur dann, wenn sie zur Streitbeilegung vor Gericht gebracht wurde[5]. Ansonsten zog sie als verrecht-

---

[1] Gmür/Roth: Rn. 82
[2] Zur Kritik an der Zuverlässigkeit der Quellen: Gmür/Roth: Rn. 26; Mitteis/Lieberich: S. 20.
[3] Mitteis/Lieberich: S. 45; Schröder/von Künssberg: S. 90 f.; Planitz/Eckhardt: S. 62; differenzierend: Planck: S. 357 ff.
[4] Conrad I: S. 46; Schröder/von Künssberg: S. 90; v. Bar: S. 68
[5] Schröder/von Künssberg: S. 79 f. und 85; Planitz/Eckhardt: S. 61

lichte Form der Rache die *Fehde* nach sich[1], die ihren eigenen Regeln gehorchte: So war es legitim, sich nicht nur an den Rechtsgütern des Täters zu vergehen, sondern auch an denen eines beliebigen Mitglieds der Tätersippe – in der Regel verwandelte sich sogar deren bester Mann zur Zielscheibe der Rache, auch wenn dieser an der Tat gar nicht beteiligt war[2]. Andererseits unterlag jede Vergeltungsaktivität der Offenlegung (sog. *Verklarung*), d.h. sie durfte nicht verheimlicht werden[3]. Eine gerichtliche Feststellung war grundsätzlich für den Beginn der Fehdeaktivitäten nicht vorgesehen[4]. Das Ende einer Fehde hingegen konnte gerichtlich oder außergerichtlich in einem sog. Sühnevertrag geregelt werden[5].

c) Darüber hinaus wurde indes schon in germanischer Zeit erkannt, dass diese *gemeinen* Friedensbrüche von solchen geschieden werden mussten[6], die das Gemeinwesen in seiner Gesamtheit berührten, also über die Sphäre des Einzelnen und dessen Sippe hinauswuchsen[7]. Diese sog. *firintaten*[8] lassen sich in zwei Gruppen aufteilen: So gab es einerseits Taten, die öffentliche - d.h. dem ganzen Volk zustehende – Rechtspositionen verletzten, worunter Landesverrat (Überlaufen zum Feind, Heeresflucht), Gräberraub und Gotteslästerung fielen. Andererseits wurde auch nahezu jede heimliche Begehensweise einer Missetat als das öffentliche Interesse berührend angesehen, denn eine solche wurde nicht nur als gefährlicher, sonder auch als feige und deshalb von ihrem Unwertgehalt als zutiefst verwerflich eingestuft. So wog z.B. ein Diebstahl noch bis ins Mittelalter hinein weit schwerer als ein (offen begangener) Raub[9]. Diese *firintaten* zogen die *Acht* – auch als *absolute* Friedlosigkeit bezeichnet - nach sich, d.h. der Täter konnte – ja musste – von jedermann erschlagen werden, der seiner habhaft wurde[10]. Der Schutz seiner eigenen Sippe blieb ihm versagt, er war aus jeder sozialen Verbundenheit ausgeschlossen[11] und wurde zum Waldgänger[12]. Sein Gut fiel der Wüstung anheim (*Fronung*)[13]. Diese Rechtsfolge trat wohl ursprünglich von selbst ein, ohne dass es dazu eines gerichtlichen Verfahrens bedurft hätte. Später jedoch galt dies nur noch für denjenigen, der auf frischer Tat

---

[1] Brunner I: S. 222

[2] Conrad I: S. 47; Brunner I: S. 224 ff.; Görg: S. 19 ff.

[3] So musste z.B. das Haupt des Getöteten gut sichtbar auf einen Pfahl gespießt oder dessen Leichnam an eine zureichend exponierte Stelle verbracht werden (Planitz/Eckhardt: S.61).

[4] Gmür/Roth: Rn. 24

[5] Schröder/von Künssberg: S. 86

[6] v. Bar: S. 52; Brunner I: S. 219

[7] Damit verbunden war wohl auch die Vorstellung, dass durch solche Taten die sakrale Ordnung gestört wurde, zu deren Wiederherstellung es der Sühne bedurfte. Dabei ist allerdings streitig, ob auch der Todesstrafe anfangs ein Opfergedanke zu unterstellen ist (vgl. zum Ganzen: Conrad I, S. 48 f.).

[8] Bei den Nordgermanen: *Neidingstaten* (Amira/Eckhardt II: S. 130 f.).

[9] Conrad I: S. 49 f.; Köbler: S. 78 f.; Schröder/von Künssberg: S. 80 und 84; Planitz/Eckhardt: S. 61 f.

[10] Er wurde zum Wolfsmenschen (Wer-Wolf), der wie das Tier als Feind der Menschheit angesehen wurde und dessen Tötung im Allgemeininteresse lag.

[11] Seine Frau wurde zur Witwe, seine Kinder zu Waisen, aus der Sippe war er ausgestoßen.

[12] Mitteis/Lieberich: S. 39 ff.; Conrad I: S. 49 f.; Köbler: S. 78 f.; Schröder/von Künssberg: S. 80 und 84; Planitz/Eckhardt: S. 61 f.

[13] Brunner I: S. 235 ff.

ertappt wurde (in den sog. *gemeinkundigen* Fällen), während bei der sog. *übernächtigten* Tat der Täter erst vom Gericht *friedlos gelegt* werden musste[1].

2. Rechtsgang

Zum Rechtsgang selbst, also zum Prozess vor einer erkennenden und richtenden Institution, kam es – wie oben angezeigt – demnach nur in zwei Fällen, nämlich in dem der Beilegung von Fehden und in dem der Achtverhängung über den nicht auf frischer Tat ertappten *firin*-Täter.

a) Das Gericht bestand in der Regel aus der Versammlung der männlichen Bürger (*Ding* oder *Thing*), die in regelmäßigen Zeitabschnitten tagte (sog. *echtes Ding*) oder sich bei Bedarf auch *ad hoc* konstituierte (sog. *gebotenes Ding*)[2].
b) Die Tendenz, wonach schon bei der außergerichtlichen Verfolgung der Missetat (Fehde) deren Initiative und Durchführung vollständig bei den Streitparteien verblieb, setzte sich auch im gerichtlichen Verfahren fort, das der absoluten Parteiherrschaft unterworfen und von der Verhandlungsmaxime beherrscht war[3]. Die Richter übten sich in strenger Zurückhaltung und sahen auch in der gerichtlichen Auseinandersetzung einen reinen Kampf[4] zwischen Privaten[5]. Das Inquisitionsprinzip und die Verfahrenseinleitung von Amts wegen waren dem germanischen Prozess fremd; lediglich bestimmte, gegen das Volk selbst gerichtete Missetaten dürften wohl *ex officio* eingeleitet worden sein[6].
c) Dementsprechend gab es auch keine staatliche Vollstreckung[7]. Die obsiegende Partei musste sich zur Durchsetzung der die Fehde beilegenden Sühne selbst helfen; einen mit der Acht belegten Vogelfreien konnte bzw. sollte jedermann erschlagen[8].

II. Neue Tendenzen in fränkischer Zeit

Der germanische Strafprozess lag in der oben dargestellten Weise auch der fränkischen Zeit zu Grunde. Zwar wirkten sich durch Kontakte mit der romanisierten Bevölkerung Galliens und Italiens auch römische Wertvorstellungen, und durch die unter

---

1 Conrad I: S. 51; Schröder/von Künssberg: S. 84 f.
2 Mitteis/Lieberich: S. 45; Planitz/Eckhardt: S. 46 f.; Conrad I: S. 27 f.
3 Wie eingefleischt ein Rechtsstreit i.S. eines Parteikampfs war, zeigt die sog. „Klage des toten Mannes", wonach die Leiche des Erschlagenen zur Verhandlung stets mitgebracht werden musste, denn dieser war der alleinige Kläger (vgl. Brunner II: S. 637).
4 Das spiegelt sich auch im Zweikampf wider, der ein legitimes Beweismittel (im Sinne eines Gottesurteils) darstellte.
5 Brunner I: S. 252 ff.; Planitz/Eckhardt: S. 63; Conrad I: S. 29
6 Amira/Eckhardt II: S. 144; Schröder/von Künssberg: S. 79; abweichend Brähmer, S. 39, die auch in diesen Fällen ein Verfahren nur auf Betreiben einer Partei für initiationsfähig erachtet. Dies mag für die heimlich begangenen *firintaten* gelten; es ist jedoch schwer vorstellbar, welche private Partei diese Rolle bei einem Delikt wie Gotteslästerung, Volksverrat oder Überlaufen zum Feind auszuüben vermochte.
7 Planitz/Eckhardt: S. 64
8 Brunner: S. 233; Mitteis/Lieberich: S. 41. Dabei wurde schon ansatzweise ein Begünstigungstatbestand geschaffen, denn wer einem absolut Friedlosen Obdach oder Nahrung gewährte, fiel selbst der Acht anheim.

Chlodwig[1] (481 bis 511) erfolgte Christianisierung auch christliches Gedankengut auf die Fortentwicklung des Rechts aus[2]; die römischen Einflüsse beschränkten sich aber überwiegend auf die schriftliche Fixierung des Rechts, das Wesen der Unfreien sowie auf die Institution des Kaisertums unter Karl d. Gr. Auch christliche Strömungen manifestierten sich insbesondere im Beweisverfahren und in der Strafzumessung[3], nicht jedoch in der hier interessierenden Thematik der Parteiherrschaft im Strafprozess.
Ein anderer, aus den neuen machtpolitischen Verhältnissen erwachsener Gedanke brachte indessen Veränderungen mit sich: Mit der Entwicklung einer ausgeprägten Staatsmacht reifte die Erkenntnis heran, dass Rechtsstreitigkeiten unter Privaten nicht mehr von vornherein als deren alleinige Angelegenheiten anzusehen waren, sondern dass die Beeinträchtigung des inneren Friedens auch die Staatslenkung interessieren musste. Denn zum einen konnte mit sich permanent befehdenden Untertanen weder innenpolitische Stabilität noch ein selbstbewusstes Auftreten nach außen hin erreicht werden. Zum anderen verstand sich der Staat zunehmend als Schutzmacht des Einzelnen, dessen Autorität mit der Figur eines auf rein private Selbsthilfe Angewiesenen nicht mehr kompatibel war[4].

1. Der fränkische Staat war darum in erster Linie um die Eindämmung des Fehdewesens bemüht. So wurde der zur Fehde berechtigte bzw. der von ihr betroffene Personenkreis stark eingeschränkt: Adressat der Rache durfte nur noch der Täter sein und nicht mehr ein beliebiges Mitglied aus dessen Sippe[5]. Auch durfte der Täter an bestimmten Örtlichkeiten wie z.B. auf seinem eigenen Hof oder auf dem Weg zur Kirche nicht mehr attackiert werden[6]. Darüber hinaus war die Vornahme bestimmter Racheakte wie z.B. die Wüstung nicht mehr zulässig[7]. Dies ging mit einem deutlichen Ausbau des sogenannten *Kompositionen*-Systems einher, d.h. es wurden detaillierte Bußgeldkataloge geschaffen bzw. ausgeweitet, mit deren Hilfe man sich eine beschleunigte Aussöhnung unter den Sippen versprach. Der Gedanke der Geldbuße als Ersatz für eine gewaltsame Rachehandlung war schon im gemeingermanischen Recht vorhanden; ihm haftete jedoch der Ruf des Anrüchigen an, denn er deckte sich nicht mit der gängigen Ehrvorstellung, wonach sich eine Sippe die Rache nicht „abkaufen lassen" dürfe.[8] Um den Abschluss eines Sühnevertrages attraktiver zu gestalten, wurde deshalb die Höhe der Ersatzleistungen in merowingischer Zeit heraufgesetzt, bis dann in karolingischer Zeit demjenigen, der eine angebotene Buße ausschlug, sogar Verbannung drohte (*Sühnezwang*)[9]. Zu einer vollständigen Unterbindung der Fehde führten diese Maßnahmen jedoch nicht.[10].
2. Diese Entwicklung hielt Schritt mit einer Ausweitung des Katalogs der öffentlichen Delikte. Da gleichzeitig an die Stelle der Acht-Verhängung, die die Vollstreckung ja einer beliebigen Privatperson anheim stellte, immer mehr von der

[1] Gerade in der älteren Literatur auch als *Chlodovech* bezeichnet.
[2] Gmür/Roth: Rn. 82
[3] Conrad I: S. 147; Schröder/von Künssberg: S. 370; Mitteis/Lieberich: S. 102; Köbler: S. 101 f.
[4] Görg: S. 27 ff.; Schröder/von Künssberg: S. 390; Planitz/Eckhardt: S. 109
[5] Schröder/von Künssberg: S. 372 f.
[6] Conrad I: S. 168 f.
[7] Brunner II: S. 695 f.
[8] Brunner I: S. 227; Görg: S. 26
[9] Görg S. 31 unter Hinweis auf das *Capitulare Haristallense* (um 780 n.Chr.).
[10] Mitteis/Lieberich: S. 98

Staatsmacht verhängte Strafen wie Todes-, Freiheits-, Verstümmelungs- bzw. Leibesstrafen traten und sogar eine echte Geldstrafe, die der Staatsmacht (bzw. dem Gericht) verfiel, entstand[1], kann auch in diesem Sinne von einem signifikanten Schritt hin zur Veröffentlichung des Strafrechts gesprochen werden.

3. Trotz der nach wie vor starken Ausprägung der Verhandlungsmaxime im fränkischen Prozess - der immer noch stets ein Strafprozess war[2] - erfuhr die Parteiherrschaft dennoch gewisse Einbußen: So wurde zum einen die Passivität der richtenden Instanz insoweit vermindert, als neben die ursprünglich allein nötige Ladung des Beklagten durch den Kläger (*mannitio*) nunmehr eine gerichtliche Ladung (*bannitio*) treten konnte[3]. Zum anderen drang in der Karolingerzeit mit Einführung der sog. *Rügezeugen* (*testes rogati*)[4] vor dem Königsgericht[5] die rudimentäre Figur eines Anklägers von Amts wegen, verbunden mit einem inquisitorischen Element, in den Strafprozess ein. Dabei handelte es sich um renommierte Männer, die unter Eid verpflichtet waren, in ihrem Bezirk begangene Missetaten zu rügen. Der gerügte Täter wurde dann von Amts wegen vorgeladen, und zwar unabhängig davon, ob der Verletzte das Verfahren (weiter)betreiben wollte oder nicht, denn der Beschuldigte befand sich in der gleichen Lage, als ob eine rechtsförmliche Klage gegen ihn erhoben worden wäre[6].

B. Spanien unter der Westgotenherrschaft (507 bis 711)

Ab 507 n.Chr. kontrollierten die Westgoten – mit Ausnahme Galiziens – fast die gesamte iberische Halbinsel, nachdem sie von den Franken aus ihrem vormaligen Herrschaftsbereich in Südwestfrankreich um das heutige Toulouse[7] nach Westen abgedrängt worden waren.

Die oben zum gemeingermanischen Recht gemachten Angaben (Punkt A. I.) trafen zunächst auch auf die Westgoten als einen ostgermanischen Stamm zu, d.h. Unrechts-

---

[1] Conrad I: S. 170 ff.

[2] Gmür/Roth: Rn. 66

[3] Conrad I: S. 146; Brunner II: S. 450 ff.; Schröder/von Künssberg: S. 390; Köbler: S. 101

[4] Häufig auch *Rügegeschworene* genannt; dabei darf aber nicht übersehen werden, dass sich deren Stellung im Prozess auf die eines Zeugen belief, der mit keinen besonderen Hoheitsrechten ausgestattet war.

[5] Die oben dargestellte Entwicklung spiegelt sich auch durch die Neuordnung der Gerichtsverfassung gerade in karolingischer Zeit wider, die auf Straffung und höhere Effizienz ausgerichtet war. So wurde die Bedeutung der allgemeinen Gerichte (*Gaugerichte, Ding*) herabgestuft, indem nur noch drei *echte Dinge* pro Jahr – unter Vorsitz eines Grafen, woraus sich die Bezeichnung *Grafengericht* ergibt - zugelassen und die herkömmliche Figur des *gebotenen Dings* insoweit unterbunden wurde, als an dessen Stelle ständige Schöffen (*scabini*) traten, deren Mitglieder sich aus dem Kreis angesehener Vasallen rekrutierten. Neben dieser ordentlichen übte der König selbst eine außerordentliche, in der Regel auf Billigkeit fußende Gerichtsbarkeit aus bzw. delegierte diese an bestimmte Stellvertreter (*Königsgericht*; auch: *Hofgericht*, *Pfalzgericht*, oder *Pfalzgrafgericht*, weil i.d.R. der Pfalzgraf den König vertrat). Näheres dazu: Amira/Eckhardt II: S. 154 ff.; Brunner II: S. 185 ff.; Schröder/von Künssberg: S. 175 ff.; Conrad I: S. 140 ff.

[6] Brunner II: S. 640 f.; Schröder/von Künssberg: S. 415 f.; Görg: S. 32 f.; Mitteis/Lieberich: S. 111, der darin den Ursprung des modernen Staatsanwaltes sieht. Teilw. abl. Elling: S. 8 f., der in der Figur der Rügegeschworenen keine formellen Ankläger, sondern den Eidhelfern ähnelnde Auskunftspersonen erblickt.

[7] Sog. *Tolosanische Reich*.

ahndung galt grundsätzlich als eine reine Auseinandersetzung zwischen Privaten, die entweder außergerichtlich mit Fehde und anschließendem Sühnevertrag oder vor Gericht in einem der reinen Parteiherrschaft unterworfenen Verfahren ausgetragen werden konnte, sofern die Straftaten nicht das Gemeinwesen als solches betrafen (in der gotischen Sprache: *fairina*[1]).
Im Gegensatz zu den Franken wirkte sich der Kontakt mit der gallo- bzw. iberoromanischen Urbevölkerung auch auf das Recht der Westgoten nachhaltig aus, obwohl noch bis zur Mitte des 7. Jrh. eine strikte Rechtstrennung zwischen Goten und Romanen (für die ausschließlich das römische Vulgärrecht galt) stattfand. Dennoch strahlten bereits während der Zeit der Rechtstrennung römische Wertvorstellungen auf das gotische Recht aus:
So sahen sich die Goten schon früh veranlasst, römischem Vorbild entsprechend ihr Recht zu kodifizieren[2]. Bereits um 470 n.Chr. entstand der *Codex Euricianus* (= *C. Eurici* oder *C. de Tolosa*)[3], der nur auf Streitigkeiten zwischen Goten bzw. auf solche zwischen diesen und Romanen anwendbar war. Für die Romanen wurde 506 eine eigenständige Rechtsordnung, die sog. *Lex Romana Visigothorum* geschaffen. Erst die Vereinheitlichungsbestrebungen um die Mitte des 6. Jrh. führten neben dem Übertritt der Goten zum Katholizismus mit der Schaffung der *Lex Visigothorum* (= *Liber Iudiciorum*) auch zum Ende der Rechtsspaltung[4]. Diese Gesetzeskompilation, die unter dem Namen *Lex Visigothorum Vulgata* (auf span. *Fuero Juzgo*)[5] 694 n.Chr. noch einmal eine Neufassung erfuhr, galt für beide Bevölkerungsgruppen des Reichs und enthielt sowohl germanische als auch – überwiegend[6] - römische Elemente.
Bereits vor der Rechtsvereinheitlichung finden wir im kodifizierten Straf- und Prozessrecht auch inhaltliche Komponenten, die uns aus der späteren römischen Kaiserzeit bekannt sind. Diese frühe Rezeption römischen Rechts korrespondierte mit dem Gedanken, dass das gemeingermanische Recht christlichen Wertvorstellungen und vor allen Dingen dem Konzept einer autoritär ausgerichteten Hoheitsmacht zuwiderlief[7], so dass sich auch in Rechtsgebieten außerhalb des Staats- und Verwaltungsrechts eine Anlehnung an das kaiserlich-römische System empfahl.
So bestand das richtende Organ nicht aus einer Versammlung freier Männer, sondern aus einem dem König hierarchisch untergeordneten Beamten[8]. Dieser leitete die Verhandlung nach dem Vorbild der *cognitio extra ordinem*[9], was dem Prozess ein inquisitorisches Gepräge gab: Ein Ankläger war – zumindest im Bereich der schwereren Kriminalität[10] – nicht nötig[11]; Einleitung und Betreiben des Prozesses erfolgten - eben-

---

[1] Amira/Eckhardt II: S. 130
[2] Überblick bei V. Rauchhaupt: „Geschichte der spanischen Gesetzesquellen", S. 24 ff.; Wohlhaupter: ZADR 2 (1935), S. 860.
[3] Neufassung *(Codex Revisus)* unter *Leovigild* (572 – 586).
[4] A.A.: E. Mayer: ZRG (Germ. Abt.) 40 (1919), S. 236, für den es eine Rechtseinheit zwischen Goten und Romanen nie gegeben hat.
[5] Unter König *Rekkewind* (649 – 672); zu den Schwierigkeiten, die wahre Urheberschaft der einzelnen Bestimmungen zu ermitteln: V. Rauchhaupt, S. 33 ff.
[6] Hinojosa: S. 299
[7] Hinojosa: S. 285
[8] Lalinde Abadía: S. 637; V. Rauchhaupt: S. 39
[9] Lalinde Abadía: S. 637
[10] Zur Privatanklage in den Fällen leichterer Kriminalität: Dahn, S. 263 ff.
[11] Zumindest das *Fuero Juzgo* sah auch Fälle einer privaten Anklage, die bis hin zur subsidiären Popularklage reichten, vor. So wird z.B. in Buch V, Titel 6 eine Bestimmung getroffen, der zufolge in

so wie die Vollstreckung – von Amts wegen durch das Gericht[1]. Gleiches galt für die Ladung der Beteiligten, deren Ausbleiben mit einer Geldstrafe bewehrt war[2]. Auf einen privaten Ankläger konnte im Bereich der Schwerkriminalität verzichtet werden, da die Bevölkerung einerseits durch eine entsprechende Anzeigepflicht, andererseits durch Delatorenprämien zur Mitteilung strafwürdiger Sachverhalte an die Obrigkeit angehalten war[3].

Ein weiteres Indiz für das Ausmaß der Marginalisierung der Parteiherrschaft bietet eine Bestimmung des *Fuero Juzgo*, nach der es dem Richter gestattet war, einflussreiche Beteiligte aus dem Gerichtssaal zu entfernen, um sich nicht der Gefahr einer Einschüchterung aussetzen zu müssen[4].

Wie sehr der Amtsermittlungsgrundsatz in den Vordergrund gerückt ist zeigt auch der Einsatz der Folter: Während dem gemeingermanischen Prozess die Folter zur Ermittlung der objektiven Sachlage weitgehend unbekannt war[5] und sich statt dessen die Wahrheitsfindung vorwiegend auf den Eid und auf das Gottesurteil stützten, nahm die Folter gerade im Inquisitionsprozess der römischen Kaiserzeit eine herausragende Rolle ein. Im Gegensatz zu anderen germanischen Rechtsordnungen, die dieses Institut nach Kontakt mit den Römern übernahmen[6], beschränkte sich die Folter bei den Westgoten nicht auf die Unfreien, sondern wurde auch – freilich restriktiv - auf Freie und Adlige angewandt[7].

Darüber hinaus waren auch die Rechtsfolgen, die an die Missetat anknüpften, öffentlich-rechtlicher Natur: Die Fehde als autonome Vergeltungshandlung wurde komplett untersagt; an Stelle privater Rachehandlungen traten – zumindest nach dem kodifizierten Recht – vollumfänglich Sanktionen, die ausschließlich von der Staatsgewalt verhängt wurden (öffentliche Strafen)[8], wie z.B. Geldbußen, Vermögenseinziehung, Leib- und Ehrenstrafen, Gefängnis sowie Verknechtung. Adressat der strafrechtlichen Maßnahme war nur der Missetäter; eine Sippen- oder Familienhaftung, wie sie dem gemeingermanischen Recht zu eigen war, lag den westgotischen Kodifikationen fern[9].

Ob sich neben diesen römisch-geprägten Kodifikationen gemeingermanisches Straf- und Prozessrecht als gewohnheitsrechtliche Quelle erhalten hat, ist ungeklärt. Obwohl

---

Mordfällen die Anklage in Ermangelung eines Angehörigen des Opfers von jedermann erhoben werden konnte: *Mandamos a los parientes mas propincos del muerto quien puedan acusar aquel, quien fizo el omezillo; y si por ventura aquellos no lo quisieren acusar, o tardaren, por lo fazer, dalli adelantre todos los otros parientes lo pueden acusar, e los otros estrannos* (vgl. auch Pérez Gil: S. 32)

[1] Dahn: S. 265 f.; Hinojosa: S. 305; V. Rauchhaupt: S. 46; Lalinde Abadía: S. 637 ff.; teilw. a.A. Barreiros: S.26

[2] V. Rauchhaupt: S. 39

[3] Dahn: S. 262 f.

[4] V. Rauchhaupt: S. 40

[5] Schröder/von Künssberg: S. 339 f.

[6] Zur alleinigen Herkunft der Folter aus dem römischen Rechtskreis: Trusen, S. 33 ff. (Zusammenfassung auf. S. 44).

[7] Schröder/von Künssberg: S. 339 f.

[8] Dahn: S. 259; Wohlhaupter: ZADR 2 (1935), S. 863; Hinojosa: S. 300; V. Rauchhaupt: S. 45 f., Schröder/von Künssberg: S. 373

[9] Lalinde Abadía: S. 580; Hinojosa: S. 311 ff.

die *Lex Visigothorum* (II, 1, 13)[1] dem Richter die eigenmächtige Entscheidung über einen nicht normierten Rechtsfall ausdrücklich verbot[2], wird dies überwiegend für wahrscheinlich gehalten[3]. Die Verfechter dieser These weisen darauf hin, dass nach der Zäsur, die die arabisch-berberische Zerschlagung des Westgotenreichs hinterließ, auffallend viele typisch germanische Rechtsinstitute[4], die den westgotischen *Kodifikationen* fremd waren, nun plötzlich in den wiedereroberten Territorien auflebten. Dies könne eine Erklärung nur in der durch Gewohnheitsrecht vermittelten Kontinuität altgermanischer Rechtsdenkmäler durch das westgotische Reich hindurch finden.

§ 4: Hoch- und Spätmittelalter (10. bis 15. Jrh.)

A. Deutschland

I. Sporadische Ansätze des Offizial- und Inquisitionsprinzips im weltlichen Prozess

Der Strafprozess zu Beginn des Hochmittelalters war immer noch stark vom karolingischen Rechtsgang gekennzeichnet[5]. So wurde nach wie vor nicht zwischen Zivil- und Strafrecht geschieden, und das Verfahren basierte immer noch auf dem akkusatorischen Prinzip, dem das Konzept eines Parteistreits zu Grunde lag[6]. Dennoch zeichnet sich eine Weiterentwicklung der karolingischen Ansätze eines öffentlichen Strafrechts – wenn auch nur punktuell - ab[7]:

1. Eindämmung der Fehde

Verstärktes Augenmerk wurde auf die Eindämmung des Fehdewesens gelegt. Dieses hatte nach Zusammenbruch des Karolingerreichs eine erneute Blüte erlebt, was in erster Linie an der Lehensverfassung gelegen haben dürfte. Denn diese sah seit Ludwig dem Frommen (814 – 840) die Erblichkeit des Lehens vor, was wiederum eine Schwächung der Zentralgewalt nach sich zog und mit Aufkommen der Ritterschaft der Entstehung einer Kriegerkaste, die in der Fehde ihren Lebensinhalt sah[8], förderlich war.

Nachdem der nichtadeligen Bevölkerung die Fehde bereits untersagt wurde[9] und ein absolutes Fehdeverbot unter *Barbarossa* (1152) sich als nicht durchsetzbar erwies[1],

---

[1] *Nullus iudex causam audire presumat, que in legibus no continetur, sed ... conspectui principis utrasque partes presentare procuret, quo facilius et res finem accipiat et potestatis regie discretione tractetur qualiter exortum negocium legibus inseratur.*
[2] Vgl. auch Brunner (I, S. 426), der darin allerdings eine Antiqua sieht.
[3] Hinojosa: S. 282 ff.; ihm folgend: Wohlhaupter: ZADR 2 (1935), S. 859 ff.; ders.: ZRG (Roman. Abt.), 66 (1948), S. 175 ff.; Lalinde Abadía: S. 641; offengelassen: E. Mayer: ZRG (Germ. Abt.) 40 (1919), S. 236 f.; abl.: V. Rauchhaupt: S. 51 f. (teilw. widersprüchlich zu S. 74 und 77).
[4] Vgl. dazu unten Punkt § 4 B
[5] Mitteis/Lieberich: S. 197
[6] Planck: S. 170 ff.; Conrad I: S. 389; Schröder/von Künssberg: S. 830
[7] Planitz/Eckhardt: S. 225
[8] Görg: S. 38 f.
[9] Mitteis/Lieberich: S. 305; Planitz/Eckhardt: S. 225

entwickelte die kaiserliche Gewalt mit Unterstützung der Kirche ein abgestuftes "Maßnahmenpaket" zur Bekämpfung der Fehde: die Gottes- und Landfriedensbewegung. Der Gottesfriede beschränkte die Zulässigkeit von Fehdehandlungen auf bestimmte Personen, Örtlichkeiten und sachliche Vergeltungsziele[2] (*pax*) bzw. auf bestimmte Wochentage und Jahresabschnitte (*treuga*). Der Landfriede sah zwingend die Erfordernisse einer Ankündigung von Fehdemaßnahmen und – seit dem *Mainzer Landfrieden* (1235) – eines vorherigen gerichtlichen Sühneversuches vor[3]. Höhepunkt der Bewegung bildete schließlich der *Ewige Landfrieden* von 1495, der das Fehderecht im gesamten Deutschen Reich gänzlich beseitigte.
Zusammenfassend lässt sich hier gerade im Hinblick auf außergerichtliche Vergeltungsmaßnahmen die konsequente Weiterentwicklung des Konzepts eines im öffentlichen Interesse[4] liegenden Rechtsfriedens, den zu regeln die öffentliche Gewalt schließlich einen ausschließlichen Anspruch erhebt, erkennen.

2. Ansatzweise Verfahrenseinleitung von Amts wegen

Darüber hinaus zeitigt auch das gerichtliche Verfahren schon vereinzelt eine Abkehr vom Konzept eines reinen Parteienstreits hin zu einem *ex officio* einzuleitenden Verfahren auf inquisitorischer Grundlage[5]:

a) Die Figur der karolingischen Rügegeschworenen lebte in den Femegenossen vor den Westfälischen Femgerichten[6] weiter. Diese waren verpflichtet, alle ihnen bekannt gewordenen Rechtsbrüche im Gerichtsbezirk mit der Femerüge (*vemewroge*) vor Gericht zu bringen. Der Gerügte wurde dann durch das Gericht von Amts wegen geladen und verfiel bei seinem Ausbleiben dem Tod durch den Strang[7].
b) In Bayern und Österreich kam ab dem 13. Jrh. die sog. *Landfrage* (= *stille Frage*, *Geräune* oder *consilium secretum*)[8] auf. Dabei forderte der Landesherr die Bevölkerung zur Anzeige aller als gewohnheitsmäßige Raubritter bekannten Leute auf[9].
c) Rechtsbrüche innerhalb eines Stadtgebietes wurden in vielen Städten durch eine städtische Klagebehörde von Amts wegen vor Gericht gebracht[10], eine Entwicklung, die sicher nicht zuletzt durch die Tatsache gefördert wurde, dass ein geographisch eng zusammengedrängtes Gemeinwesen wie eine mittelalterliche

---

[1] Mitteis/Lieberich: S. 305
[2] Z.B. durften im Rahmen von Fehdeaktivitäten weder Pflüge noch Mühlen beschädigt werden.
[3] Zum Ganzen: Gmür/Roth: Rn. 214; Mitteis/Lieberich: S. 305; Schröder/von Künssberg: S. 830 ff.; Planitz/Eckhardt: S. 225; Conrad I: S. 390
[4] Vogt: ZRG, Germ. Abt., 68 (1951), S. 249 ff.
[5] Dabei handelte es sich nach hM noch nicht um eine Einflussnahme des römischen Rechts, sondern um eine Anpassung an immer verworrenere Verhältnisse der Sozialrealität, der sich die Obrigkeit nur durch verstärktes autoritäres Eingreifen zu erwehren wusste (a.A.: Trusen: S.29 ff.; Zusammenfassung S. 118).
[6] Zum Begriff: Gmür/Roth: Rn. 225
[7] Elling: S. 9; Mitteis/Lieberich: S. 256 f.; Schröder/von Künnsberg: S. 625 ff.
[8] Die Beinamen ergeben sich aus der Nichtöffentlichkeit des Verfahrens.
[9] Planitz/Eckhardt: S. 230; Conrad I: S. 390
[10] Planitz/Eckhardt: S. 230; Conrad I: S. 391; am Beispiel Frankfurts a. M. eingehend: Vogt, ZRG, Germ. Abt., 68 (1951), S.273 ff.

Stadt geneigt war, Rechtsbrüche automatisch als Störung des öffentlichen Friedens anzusehen, gegen die es kraft eigener Autorität einzuschreiten galt.

d) Ebenfalls von Amts wegen wurden vielerorts Verfahren gegen sog. landschädliche Leute (*nocivi terrae*) eingeleitet[1], eine Maßnahme, die sich in erster Linie[2] gegen notorische Gewaltverbrecher und marodierende Banden richtete, die den Handel gefährdeten und deshalb zunehmend ins Visier der Hoheitsgewalt gerieten. Nur durch eigenmächtiges Eingreifen sah sich die Obrigkeit in der Lage, diesem Unwesen Herr zu werden.

II. Der inquisitorische Prozess des kanonischen Rechts

Parallel zum weltlichen Recht und seiner Gerichtsbarkeit hatte sich seit dem 9. Jrh. das kirchliche Recht (kanonisches Recht) als eine eigenständige Rechtsordnung herausgebildet, die zu der weltlichen in einem gewissen Konkurrenzverhältnis stand[3]. Gefördert wurde diese Entwicklung durch das Erstarken des Papsttums, das den Bischof von Rom zum kircheninternen Gesetzgeber emporhob. Dieser bediente sich dabei der Form der Dekrete, die von *Gratian* im Jahre 1140 zu einem Rechtsbuch zusammengefasst wurden und noch heute als historische Grundlage des kanonischen Rechts gelten[4].

Das kanonische Recht beschränkte sich jedoch nicht darauf, die Beziehungen innerhalb des Klerus zu regeln, sondern war zumindest dann auf Laien anwendbar, wenn diesen Missetaten vorgeworfen wurden, die auch einer Subsumtion unter den Begriff der „Sünde" im biblischen Sinne zugänglich waren (z.B. Ehebruch, Blutschande, Blasphemie aber auch Wucher)[5].

Das gerichtliche Verfahren war von Anfang an überwiegend[6] inquisitorischer Natur: Bereits seit dem 9. Jrh. ist die Figur der Rügegeschworenen (*testes synodales*) vor dem kirchlichen Sendgericht bezeugt[7]. Aber auch sonst konnte der Richter bei jeder Kenntnisnahme eines Vergehens (*diffamatio*) – sei sie durch Rügegeschworene, Gerücht oder konkrete Anzeige erfolgt – ein Verfahren von Amts wegen einleiten und durchführen[8]. Dahinter steckte zum einen die Idee der *plenitudo potestatis*, also des allumfassenden Herrschaftsanspruchs des Papstes[9], die sich schwer mit dem Gedanken einer auf Privatinitiative fußenden Verbrechensbekämpfung vertrug und schließlich in der Vorstellung gipfelte, dass die Kirche selbst durch jede Sünde die Stellung des Verletzten innehaben müsse[10]. Zum anderen konnte das Strafverfahren im kirchlichen Recht

---

[1] Trusen: S. 77; Vogt: ZRG, Germ. Abt., 68 (1951), S. 241 f.; Planitz/Eckhardt: S. 230;

[2] Eine genaue tatbestandliche Konkretisierung dieses Deliktstypus gelang erst der CCC (Art. 128) von 1532 (Conrad II: S. 409).

[3] Zur allg. Entwicklung des kanonischen Rechts in Deutschland: v. Bar, S. 71 ff.

[4] Zum Ganzen: Conrad I: S. 633 ff.

[5] Schröder/von Künssberg: S. 633 ff.; Mitteis/Lieberich: S. 258 f.

[6] Zumindest tauchte anfangs für bestimmte Vergehen noch die Figur eines Privatanklägers auf, die allerdings spätestens zu Beginn des 13. Jrh. vom uneingeschränkten Offizialprinzip verdrängt wurde (Brähmer: S. 55 f.; zur *accusatio* im kanonischen Recht: Pérez Gil, S. 33 f.).

[7] Conrad I: S. 383; Schröder/von Künssberg: S. 634

[8] Pérez Gil: S. 33 f.

[9] Pérez Gil: S. 33

[10] Brähmer: S. 55

vor dem religiös fundierten Vergeltungsgedanken[1], der die Läuterung der Schuld durch Strafe beinhaltete, nicht mehr als eine Auseinandersetzung zwischen Täter und beeinträchtigtem Rechtsgutinhaber gesehen werden. Zuletzt darf nicht verkannt werden, dass das kanonische Recht schon lange vor der Rezeption (ab dem 12. Jrh.) starken römischen Einflüssen ausgesetzt gewesen war[2], so dass die für die objektive Wahrheitsermittlung sehr effiziente *cognitio extra ordinem* der späten Kaiserzeit als ideales Vorbild herhalten konnte.

III. Trennung zwischen Zivil- und Strafprozess im Spätmittelalter

War die oben dargestellte Entwicklung hin zur Veröffentlichung des Strafprozesses auf das kanonische Recht und im weltlichen Recht auf Einzelerscheinungen beschränkt, so zeichnet sich im Spätmittelalter eine übergreifende Abspaltung des Strafprozesses vom Zivilprozess ab. Man unterschied nun allgemein zwischen bürgerlichen und peinlichen Klagen: Waren die bürgerlichen Klagen im Rahmen der Geltendmachung zivilrechtlicher Ansprüche auf Leistung gerichtet, so bestand das einzige Ziel der peinlichen Klage in der Bestrafung des Täters[3]. Diese stellte eine Abkehr von dem zivilrechtlich motivierten Kompositionen- und Wergeldsystem dar, indem sie eine rein auf Sühne ausgerichtete Sanktion ("peinliche Strafe") beinhaltete[4]. Dementsprechend erfuhr die Erforschung der objektiven Wahrheit einen höheren Stellenwert, so dass sich das Schwergewicht der prozessualen Aktivitäten auf das gerichtliche Ermittlungsverfahren konzentrierte[5] – ein weiterer Meilenstein hin zum rein inquisitorischen, d.h. auf Amtsermittlung und Instruktion fußenden Prozess der Neuzeit[6].

Ein Grund dafür findet sich in einer neuen, auf Rationalisierung von Rechtsbruch und Rechtsfolge beruhenden Sichtweise. Denn neben dem der Gottes- und Landfriedensbewegung entnommenen Gedanken, das Opfer am besten durch harte Bestrafung des Täters zu einem Absehen von Selbstjustiz zu motivieren, reifte die Erkenntnis heran, dass die Ahndung von Missetaten nicht mehr der freien Entscheidung einer Privatperson überlassen bleiben sollte. Vielmehr trat auf die Rechtsfolgenseite eine Sanktion mit einem neuen, vom Privatverhältnis losgelösten Sinngehalt, der in der Abschreckung der Allgemeinheit und im Unschädlichmachen des Täters erblickt wurde. Das Postulat, dass sich die *ratio* des Strafrechts von Aspekten der Spezial- und Generalprävention leiten lassen muss, schlug sich nicht nur symptomatisch in einer drastischen Verschärfung der Strafen nieder – einer der Gründe, warum das Mittelalter immer noch als "finstere Zeit" gilt -, sondern barg auch die Notwendigkeit, die prozessuale Verfolgung der Missetat nicht mehr per se einer Privatperson zu überlassen[7]. Angesichts der komplizierten gesellschaftlichen und demographischen Verhältnisse des

---

[1] Köbler: S. 136; Mitteis/Lieberich: S. 194 f.

[2] Conrad I: S. 368

[3] Planitz/Eckhardt: S. 228; daneben gab es sog. gemischte Klagen, die je nach Einzelfall auf Leistung oder auf Bestrafung bzw. auf beides gerichtet sein konnten.

[4] Mitteis/Lieberich: S. 305

[5] Köbler: S. 136; Gmür/Roth: Rn. 221; Mitteis/Lieberich: S. 307; Conrad I: S. 391; Vogt: ZRG, Germ. Abt., 68 (1951), S. 243; skeptisch: Trusen, S. 80 ff.

[6] Der privatstrafrechtliche Sühneprozess war noch keinesfalls verdrängt, sondern lebte je nach regionaler Rechtslage noch bis ins 16. Jrh. neben dem Inquisitionsprozess fort (Görg: S. 50 f.).

[7] Gmür/Roth: Rn. 217 f.; Köbler: S. 137

ausgehenden Mittelalters wäre eine auf rein privater Basis erfolgende Unrechtsahndung weitgehend unmöglich gewesen[1].
Nicht zu unterschätzen ist schließlich auch der Einfluss des kanonischen Rechts auf die weltliche Strafverfolgung[2], obwohl beide Rechtsordnungen nach wie vor eigenständig koexistierten. Denn mit dem vom kanonischen Recht propagierten Sühnegedanken tritt als weiterer Strafgrund der universale, von der Privatinitiative losgelöste Vergeltungsgedanke in Erscheinung[3].

B. Spanien

I. Geschichtlicher Überblick

Das Hoch- und Spätmittelalter auf der iberischen Halbinsel ist geprägt von der stetig voranschreitenden Rückführung der seit dem Jahr 711 unter muslimische Herrschaft gebrachten Territorien in den christlichen Herrschaftsbereich, der sogenannten *Reconquista*[4]. Dieses geschichtlich einzigartige Phänomen auf europäischem Boden begann schon kurz nach der Zerschlagung des Westgotenreichs, als sich 718 in den unzugänglichen Bergregionen Nordspaniens versprengte christliche Elemente unter dem - wahrscheinlich gotischen - Anführer *Pelagius* (span.: *Pelayo*) zum ersten Widerstand formierten. Im Nordwesten entstand nach der erfolgreichen Schlacht von *Covadonga* (722) mit Asturien das erste christliche Königreich, das im Königreich von León aufging und schon bald den ganzen Nordwesten der Iberischen Halbinsel umfasste. Davon spaltete sich 930 das ständig expandierende und nach seinen Wehrburgen (*castillos*) benannte Kastilien ab. Diese Macht, der es mehrmals gelang, den gesamten christlichen Nordwesten – mit Ausnahme Portugals, das seit 1109 seinen Sonderweg als unabhängige Grafschaft begann - zu vereinen[5], war eine der beiden Keimzellen des späteren spanischen Königreichs.
Im Nordosten bildeten sich schon in einer frühen Phase die Königreiche von Navarra und Aragón; aus der von Karl d. Gr. eroberten Spanischen Mark erwuchs die Grafschaft Barcelona, die 1136 durch Heirat an Aragón fiel[6].
Die Grenze des muslimisch kontrollierten Gebietes wanderte relativ zügig nach Süden: 1085 fiel Toledo, und bereits kurz nach der Schlacht von *Las Navas de Tolosa*[7] (1212) war die Maurenherrschaft auf das Gebiet des heutigen Südostandalusiens (Emirat von Granada) beschränkt[8]. Als 1469 die beiden christlichen Machtblöcke durch die Heirat *Isabels* von Kastilien mit *Fernando* von Aragón (*Los Reyes Católicos*) zusammenfielen und 1492 durch die Eroberung Granadas das Zeitalter der *Reconquista* seinen Ab-

---

[1] In diesem Sinne auch v.Bar: S. 113.
[2] Köbler: S. 136; Trusen: S. 76; teilw. abl. Schmidt: FS-Siber, S. 157; ihm folgend: Vogt: ZRG, Germ. Abt., 68 (1951), S. 244
[3] Gmür/Roth: Rn. 218; Mitteis/Lieberich: S. 194 f.
[4] Überblick dazu: Wohlhaupter: ZADR 2 (1935), S. 861; vertiefend: Lomax: „Die Reconquista".
[5] Von 1037 bis 1157, jedoch endgültig erst ab 1230.
[6] Navarra geriet 1234 unter den Einfluss Frankreichs.
[7] Im Grenzgebiet der heutigen Autonomen Regionen Castilla - La Mancha/ Andalucía.
[8] Deshalb ist der häufig gehörte Satz, Spanien hätte sich „fast 8 Jahrhunderte unter maurischer Herrschaft" befunden, weitgehend unzutreffend, bedenkt man zusätzlich, dass der äußerste Norden – von einigen Raubzügen abgesehen - *nie* unter gefestigte muslimische Herrschaft geraten ist.

schluss fand, betrat mit dem Königreich Spanien eine neue europäische Großmacht die Weltbühne[1].

Die *Reconquista* war kein einheitlich geführtes Unternehmen[2]; allzu oft kämpften Christen gegen Christen[3] und scheuten sich nicht, auch auf muslimische Verbündete zurückzugreifen. Eine Folge des Fehlens einer einheitlichen christlichen Willensbildung war u.a. auch die Zersplitterung des Rechts, denn in jedem Herrschaftsgebiet kam es zu eigenständigen, örtlich verwurzelten Rechtsentwicklungen[4]. Gefördert wurde diese Rechtspartikularisierung durch das sog. *Foralsystem*, das zu unterschiedlichen Rechtsordnungen innerhalb eines jeden christlichen Staatsgebildes führte[5]. Dieser Begriff leitet sich von *fueros*[6] ab, die sich grob mit Land- oder Stadtrechten übersetzen lassen. Die *fueros* verdanken ihre Existenz den Schwierigkeiten, mit denen die Wiederbesiedlung des rückeroberten Gebiets verhaftet war. Denn eine genau abgesteckte Grenze zwischen christlichem und muslimischem Einflussgebiet gab es nicht, allenfalls eine Grauzone, ein Niemandsland (*La Fontera*)[7], in denen die christlichen Siedler ständig von muslimischen Raubzügen (Razzien)[8] bedroht waren (wie übrigens auch *vice versa*). Um für eine ausreichende Motivation der für die *Reconquista* unerlässlichen Wiederbesiedlung zu sorgen, wurden den neu entstehenden Städten und Regionen eigenständige Rechtsordnungen – die *fueros* - bewilligt[9].

Erst *Alfonso X. el Sabio - der Weise* – (1253 bis 1284) bemühte sich um eine Rechtsvereinheitlichung in seinem kastilischen Reich: So schuf er im Jahre 1255 zunächst den *Fuero Real*[10], eine Kodifikation, die die gebräuchlichsten und die sich als am wirkungsvollsten erwiesenen Einzelbestimmungen der unterschiedlichen *fueros* in einem gemeinsamen rechtlichen Rahmen vereinte[11]. Trotz des Vereinheitlichungswillens wies das Werk jedoch große Lücken auf und scheiterte schon 1272 endgültig am Widerstand des Adels[12]. Wesentlich längerer Erfolg war seinem zweiten Anlauf beschert, den sog. *Siete Partidas*, mit deren Ausarbeitung 1256 begonnen wurde und die spätes-

---

[1] Wie sehr sich allerdings die Zeit der politischen und rechtlichen Zersplitterung in das Bewusstsein des spanischen Staatsgedankens eingebrannt hat, zeigen die im Plural gehaltenen Formulierungen der frühen spanischen Verfassungskultur. So bezeichnet das Statut von Bayona - die erste moderne Verfassung aus dem Jahr 1808 – die spanische Krone in Art. 2 als *Corona de las Españas*, und in der Präambel der sog. „Verfassung von Cádiz" (1812) führt der König den Titel *Rey de las Españas*.

[2] Eine der wenigen Ausnahmen, als die Heere von Kastilien, Aragón und Navarra Seite an Seite fochten, führte zum Sieg bei *Las Navas*. Zur Frage des der *Reconquista* innewohnenden „Geistes" vgl. teilw. abl. Lomax: S. 64 ff.

[3] Gerade die häufige Zersplitterung der christlichen Reiche durch Erbteilung und die damit einhergehenden Streitigkeiten der Prinzen war ein die *Reconquista* ständig verzögernder Prozess.

[4] Wohlhaupter: ZRG, Rom. Abt., 66 (1948), S. 183 f.

[5] Teilweise werden auch die Rechtsordnungen der christlichen Königreiche selbst als *fuero* bezeichnet, z.B. der *Fuero* von Aragón, von Navarra, von Castilla.

[6] Von lat. *forum*

[7] Auch heute noch in vielen Ortsnamen ersichtlich, z.B. Jérez de la Frontera, Jimena de la Frontera, Cortes de la Frontera, etc.

[8] Von arab. *ghazâ* = angreifen.

[9] Sanchez Goyanes: S. 63; chronologischer Überblick bei V. Rauchhaupt : S. 75 f.

[10] Auch: *Fuero Castellano* oder *Flores de las Leyes*.

[11] V. Rauchhaupt: S. 98

[12] V. Rauchhaupt: S. 104 f.

tens[1] 1348 im Rahmen des *Ordenamiento de Alcalá* in Kraft traten[2]. Bei den *Partidas* handelt es sich um das wichtigste Gesetzgebungswerk, mit dem das römische Recht in Spanien rezipiert wurde[3].
In Aragón hingegen blieb eine Rezeption des römischen Rechts aus, was nicht zuletzt an einem Konflikt zwischen *Jaime I.* und Papst *Gregor X* lag, der eine Ablehnung gegen das kanonische Recht und damit gleichzeitig gegen jegliche römisch-rechtliche Elemente provozierte[4].
Der Vollständigkeit halber sei erwähnt, dass die muslimische Herrschaft allenfalls marginale Spuren in der spanischen Rechtsentwicklung hinterlassen hat[5], die allerdings für den Strafprozess keine Rolle spielen[6]. Es entsprach nämlich der unter der arabischen Herrschaft fast durchweg praktizierten Idee des einträchtigen Zusammenlebens von Juden, Christen und Muslimen (*convivencia*), jeder Konfessionsgemeinschaft ihre eigenständige Jurisdiktion zu belassen. Lediglich wenn Muslime in einen Rechtsstreit verwickelt waren fand islamisches Recht auch auf Nichtmuslime Anwendung. Nach der Wiedereroberung wurde der assimilierten Bevölkerung - den sog. *mozárabes*[7] - häufig eigene *fueros* bewilligt, die aber nicht an islamische Rechtstradition, sondern in der Regel an den *Fuero Juzgo*, also an die spätere westgotische Gesetzgebung, anknüpften[8].

II. Die Zeit der Rechtspartikularisierung während der früheren Reconquista (9. – Mitte d. 13. Jrh.)

Während der *Fuero Juzgo*, also die *Lex Visigothorum Vulgata*[9], in den neu entstandenen christlichen Königreichen[10] zunächst – wenn auch unter Einbüßung seines Charakters als allgemeines und höherrangiges Gesetz – offiziell fortbestanden zu haben scheint[11], fällt das Wiederaufleben zweier gemeingermanischer, den westgotischen Kodifikationen konträr entgegenstehender Rechtsinstitute ins Auge:
Zum einen taucht die Friedlosigkeit, und zwar sowohl in ihrer relativen als auch in ihrer absoluten Form, als Sanktion einer jeden Missetat wieder auf. Wer sich an privaten Rechtsgütern verging musste mit der Fehde durch die Sippe des Verletzten rechnen; wer sich einer *fairintat* schuldig machte, verfiel der Acht. In diese Entwicklung

---

[1] Zur umstrittenen Frage, ob die *Siete Partidas* schon vor 1348 als verbindlich angesehen wurden: V. Rauchhaupt, S. 115 f. und 126 ff.
[2] Häufig wird als Entstehungszeitpunkt auch 1265 als das Jahr der redaktionellen Fertigstellung der *Partidas* angegeben.
[3] Im Gegensatz zum Deutschen Reich erfolgte die Rezeption des röm. Rechts in Spanien nicht *in complexu*, sondern seit der Spätantike in sukzessiven Schritten (Wohlhaupter: ZRG, Röm. Abt. (66), 1948, S. 215). Die Funktion der *Partidas* ist deshalb primär in der Untermauerung der Rezeption durch staatliches Recht zu sehen (V. Rauchhaupt: S. 125).
[4] Lalinde Abadía: S. 648; V. Rauchhaupt: S. 107 f.
[5] Zu den interessanten Ausnahmen im Zivilrecht: V. Rauchhaupt, S. 164 f.
[6] Barreiros: S. 27 f.
[7] Von arab. *musta'aribûn* (= die Arabisierten).
[8] V. Rauchhaupt: S. 162
[9] Nicht zu verwechseln mit den späteren Stadt- und Landrechten (*fueros*) des Foralsystems.
[10] Die Könige von Asturien nannten sich der *Chronik von Albelde* zufolge „die Westgotischen Könige von Oviedo", so dass die Ideologie eines Kontinuitätsgedankens nicht von der Hand zu weisen ist (vgl. Lomax: S. 64 ff.).
[11] V. Rauchhaupt: S. 57 ff.

fügt sich auch die in den vormals westgotischen Legislationen verschwundene Sippen- bzw. Familienhaft ein[1].

Zum anderen war die zur Schlichtung von Rechtsstreitigkeiten berufene Institution nicht mehr ein dem König untergeordneter Einzelrichter, sondern eine Versammlung freier Männer, also ein *Ding*[2]. Der Prozess, dem eine Unterscheidung in Privat- und Strafrecht unbekannt war, wurde germanischer Tradition gemäß als Streit zwischen zwei Parteien angesehen, die das Verfahren auf eigene Initiative betreiben mussten[3]. Darüber hinaus deuten auch die unter stärkster Kasuistik elaborierten Wergeld- und Kompositionenkataloge auf das Verständnis von einem auf privaten Ausgleich gerichteten Rechtsstreit zweier Parteien hin, der das öffentliche Element einer Strafe grundsätzlich vermissen lässt[4].

Diese Grundsätze schlagen sich zunächst – mit freilich örtlich unterschiedlicher Gewichtung – auch in den Stadt- und Landrechten des Foralsystems nieder, die bis zum 12. Jrh. grundsätzlich keine eigenständigen Neuerungen brachten[5]. Da eine umfassende Darstellung hier nicht möglich ist, sollen einige Beispiele[6] zur Erhellung genügen:

- Das Fehderecht lag - unter mehr oder weniger einschneidenden Restriktionen – z.B. den *fueros* von Sepulveda (1076), von Cuenca (1189), von Meinaceli (12. Jrh.), von Madrid (1202), Calatayud (1131), Daroca (1142) und Teruel zu Grunde.
- Nach dem *fuero* von Balbas (1135) musste die geschädigte Partei die Missetat vor Gericht bringen; eine Strafe wurde aber nicht verhängt, wenn sich die Parteien gütlich einigen konnten[7]. Ähnliches galt für die *fueros* de Villavicencio (1226) und Penamacor (1209). In Navarra war eine gütliche und damit sanktionslose Einigung nur bei Mord ausgeschlossen.
- Im Hinblick auf die prozessführungsbefugte geschädigte Partei gab es ebenfalls regionale Abstufungen: So legte der *fuero* von Brihuega (1242) die Reihenfolge der den Tod des Opfers vor Gericht bringenden Verwandten minutiös fest[8]. Im *fuero* von Teruel war in Ermangelung Verwandter auch der Eigentümer des Hauses, in dem das Opfer erschlagen wurde oder derjenige, der diesem besondere Dienste geleistet hatte, zur Anklage legitimiert.

Stellenweise kam in einigen *fueros* jedoch schon verstärkt der Gedanke an eine im Dienst des öffentlichen Interesses stehende Ahndung von Missetaten auf. So war nach den *fueros* von Zaragoza (1019), Padrón (1164) und Molina die Verhängung der öffentlichen Acht[9] auch bei gegen rein private Rechtsgüter gerichteten Vergehen wie

---

[1] Hinojosa: S. 287 ff. und S. 300 ff (der darauf hinweist, dass das unmittelbar gotische Erbe in den Nordwestregionen León, Kastilien und Portugal am stärksten ausgeprägt war, während es sich nach Osten hin [Navarra, Aragón, Barcelona] zunehmend abschwächte; vgl. auch Mayer: ZRG, Germ. Abt., 40 [1919], S. 237); ihm folgend: Wohlhaupter, ZRG, Rom. Abt., 66 (1948), S. 201 ff.; Lalinde Abadía: S. 641.

[2] Hinojosa: S. 298 f.

[3] Lalinde Abadía: S. 642; Pérez Gil: S. 31 f.

[4] Wohlhaupter: ZRG, Rom. Abt., 66 (1948), S. 201 und 204

[5] Hinojosa: S. 288 f.

[6] Nach Hinojosa: S. 300 ff.

[7] *Nullus vestrum respondeat de aliqua causa vel querella sine rancuroso.*

[8] Sohn – Vater - Bruder – Neffe – Vetter – übrige Verwandte.

[9] In der Regel bestand diese in der Wüstung von Haus und Hof des Täters durch die Allgemeinheit.

Gewalttaten und Hausfriedensbruch vorgesehen[1]. Im *fuero* von Leon kam bei Mord oder Raub der Staatskasse eine Geldstrafe zugute, ohne dass die Angehörigen des Opfers freilich ihres Rechts auf Rache beraubt worden wären, denn in diesem Fall liefen Privat- und öffentliche Strafe parallel zueinander[2].
Nicht zuletzt unter dem Einfluss der über Katalonien auch auf die Iberische Halbinsel dringenden Landes- und Gottesfriedensbewegung[3] entstand zunehmend ein Verlangen, auch sich lediglich innerhalb der Sphäre zweier Privatsubjekte belaufende Rechtsbrüche als Störung des öffentlichen Friedens anzusehen. Wie in Deutschland hatten gerade die Städte ein weitest gehendes Interesse an der Friedenswahrung innerhalb ihres eng begrenzten Gemeinwesens[4]. Deshalb fanden mit dem Instrumentarium der richterlichen *pesquisa* (Nachforschung) seit dem 11. Jrh. bei schweren, gegen den Frieden des Gemeinwesens gerichteten Delikten vereinzelt die ersten inquisitorischen Elemente in den Strafprozess Eingang[5]. Diese Entwicklung erleichterte später - zusammen mit den Einflüssen, die auch in Spanien vom kanonischen Recht ausgingen – die Entstehung des Inquisitionsprozesses unter den *Siete Partidas*.

III. Rechtsvereinheitlichung unter *Alfonso X.* (1252 – 1284) in Kastilien

1. Der Fuero Real (1255)

Dem *Fuero Real* lassen sich unter dem Aspekt der Entwicklung hin zu einem zunehmend im öffentlichen Interesse liegenden Straf- und Strafverfahrensrecht drei bedeutsame Neuerungen entnehmen:
Erstens wurden an die Rechtmäßigkeit einer Fehde strenge formelle Voraussetzungen gestellt. Private Vergeltungsaktionen waren demnach im gesamten kastilischen Hoheitsgebiet nur noch nach vorheriger Ansage (*diffidamentum*) bzw. gerichtlicher Verhängung zulässig. Jeder Verstoß gegen diese Formalien wurde als öffentliches Vergehen angesehen und mit der Acht belegt[6].
Zweitens traf das dem *Fuero Real* immanente System bereits eine rudimentäre Unterscheidung in öffentliche und private Strafsachen: Als öffentliche Strafprozesse galten Verfahren, an deren Ende eine Todes- oder Leibstrafe, Verbannung oder Güterkonfiszierung drohte. Der Privatstrafprozess hingegen war auf die Geltendmachung einer Geldbuße gerichtet und folgte den Regeln des Zivilprozesses[7].
Drittens waren verstärkt auch nicht durch die Tat verletzte Untertanen zur gerichtlichen Ahndung legitimiert. Dabei handelte es sich um eine bei Fehlen bzw. Verhinderung des Verletzten subsidiäre Popularklagemöglichkeit[8], deren Zielsetzung sich im Rahmen einer möglichst lückenlosen Verfolgung von Rechtsbrüchen belief[1].

---

[1] Hinojosa: S. 336 f., der allerdings darin kein Novum zu erblicken vermag.
[2] Hinojosa: S. 311
[3] Zum Ganzen: Wohlhaupter, Gottes- und Landfrieden in Spanien, S. 313 ff.
[4] Wohlhaupter: ZADR 2 (1935), S. 863 f.
[5] Lalinde Abadía: S. 642
[6] Hinojosa: S. 305
[7] Pérez Gil: S. 36 (Fn. 13)
[8] Zwar wird gemeinhin angenommen, dass der *Fuero Real* noch keine Vorwegnahme oder Vorbereitung der Rezeption des römischen Rechts, wie sie den *Siete Partidas* zu Grunde liegt, darstellt (vgl. V. Rauchhaupt: S. 98). Auch nach *Pérez Gil* (S. 35) erschöpft sich das Wesen dieser frühspanischen Popularklage auf ein machtpolitisches, auf das Interesse des Königs reduziertes Instrumentarium, das

2. Die Siete Partidas (spätestens ab 1348)

Die *Partidas* stellen das Kernstück der Rezeption römischen Rechts in Spanien[2] dar. Im Hinblick auf den Strafprozess, der nun klar vom Zivilprozess getrennt wurde[3], vollzog sich die Rezeption zunächst zweigleisig: So wurde zum einen die Figur des Akkusationsprozesses der spätrepublikanischen Zeit mit der ihm immanenten Popularanklage übernommen. Parallel[4] dazu trat in den *Partidas* auch die *cognitio extra ordinem* der römischen Kaiserzeit in Erscheinung[5], der ein inquisitorisches Verfahren zu Grunde lag, und die die Mitwirkungsbefugnisse des Bürgers grundsätzlich auf die bloße Anzeigemöglichkeit beschränkte. Dementsprechend konnte ein Bürger einen Strafprozess entweder durch Anklage (*accusatio*) oder durch Anzeige (*denuntia*) initiieren[6]:

a) Die accusatio[7]

Ausweislich des Gesetzeswortlauts[8] wurde die Ratio der Popularanklage primär in ihrer Abschreckungsfunktion gesehen, denn man versprach sich bereits von der abstrakten Möglichkeit, gerade nicht nur vom Verletzten, sondern von jedermann[9] mit einer Anklage überzogen werden zu können, eine deutliche Sperrwirkung auf die Psyche potentieller Täter. Die Zielsetzung ging also deutlich über den Bereich der Rache oder Genugtuung des Verletzten hinaus und verrät ein klar konturiertes öffentliches Verständnis der Strafverfolgung.

Wie detailgetreu sich die *accusatio* am römischen Vorbild orientierte zeigen die nahezu identischen persönlichen Ausschließungsgründe: So konnten Frauen, Minderjährige (unter 14 Jahren), bestimmte Träger von Hoheitsgewalt und Unfreie, sowie Personen, die bereits zum dritten Mal eine *accusatio* anstrengen wollten, zum Angeklagten in einem im Dienst- oder Verwandtschaftsverhältnis wurzelnden Pietätsverhältnis standen oder deren Vermögen eine gewisse Grenze nicht überschritt, nicht als Ankläger

---

seine Existenz einer praktischen Notwendigkeit verdankte. Gerade hinsichtlich des Erfordernisses und der Ausgestaltung der *inscriptio*, des Verbots der Prozessvertretung und das der eigenmächtigen Klagerücknahme weist dieses Rechtsinstitut jedoch schon frappierende Ähnlichkeiten zur späteren Popularklage der *Siete Partidas* auf (s.u.).

[1] Pérez Gil: S. 35 ff.

[2] In Aragón wurde das von den *Partidas* immer noch nachhaltig geprägte kastilische Recht erst 1707 eingeführt.

[3] Lalinde Abadía: S. 648

[4] Pérez Gil: S. 47 m.w.N.

[5] Lalinde Abadía: S. 648

[6] Als subsidiäres Verfahren fungierte die sog. *pesquisa*, wonach der Prozess unter bestimmten Umständen *ex officio* weiterbetrieben werden konnte, wenn der Verletzte mit der Anklageerhebung keinen Erfolg hatte (Pérez Gil: S. 47, Fn. 51). Eingehend zur *pesquisa:* Cerdá Ruíz-Funes, AHDE 1962, S. 483 ff.

[7] Vgl. im Folgenden: Pérez Gil: S. 38 ff.

[8] Partida VII, Titel 1, Gesetz 2: *...los otros omes que lo oyeren, guardarse han despues de fazer cosas, por que puedan ser acusadas.*

[9] Eine Ausnahme stellte das Verfahren wegen Ehebruchs dar, das nur vom Betroffenen selbst betrieben werden konnte.

auftreten. Auch die Tatsache, dass sich nur eine einzige Person als Kläger registrieren lassen konnte, begegnete uns schon in der römischen *accusatio quivis ex populo*.
Um eine missbräuchliche Handhabung der *accusatio* zu unterbinden wurden zum Schutz des Beklagten eine Reihe von Garantien etabliert: Erstens musste sich der Ankläger durch Einschreibung (*inscriptio*) registrieren lassen. Dabei hatte er sich nicht nur schriftlich und deshalb eindeutig auf die Person des Täters und das diesem vorgeworfene Verhalten festzulegen, sondern musste auch bestätigen, die Anklage nicht wissentlich falsch oder aus unlauteren Motiven zu erheben. Erwies sich die Anklage als haltlos, fiel der Ankläger nach dem Talionsprinzip selber der Strafe anheim, mit der der Täter bei seiner Verurteilung zu rechnen gehabt hätte[1]. Das Erfordernis der *inscriptio* galt jedoch nur für den nichtverletzten Ankläger, denn bei dem Verletzten wurde eine redliche Absicht vermutet. Zweitens konnte der Ankläger die Anklage nur mit richterlicher Zustimmung zurücknehmen[2] und durfte sich auch nicht durch Untervertretung seiner oben beschriebenen Haftung entziehen.

b) Die denuntia[3]

Die Anzeige konnte von jedermann mit gutem Leumund erstattet werden und brachte im Gegensatz zur *accusatio* keine Beteiligtenstellung mit sich, da das Gericht das Verfahren von Amts wegen betrieb. Dementsprechend war auch eine *inscriptio* nicht nötig. Da die Falschanzeige gleichwohl einen eigenständigen Straftatbestand erfüllte, wurde es dem Anzeigenden unter Einfluss des kanonischen Rechts gestattet, selbst in das Verfahren einzugreifen und zu seinem Schutz eigenständig Beweismittel einzuführen (*inquisitio cum promovente*).
Da sich die prozessuale Stellung des Anzeigenerstatters dadurch de facto an die des Anklägers annäherte, aber mit weit weniger Risiken behaftet war, begann sich in der Praxis die *denuntia* gegenüber der *accusatio* schon bald durchzusetzen[4], bis letztere schließlich voll verdrängt wurde und nahezu in Vergessenheit geriet. Deshalb wird im Allgemeinen rundweg das inquisitorische Verfahren als das für die *Partidas* charakteristische erachtet[5].

c) Die Wurzeln des modernen Staatsanwalts[6]

Mit der Institutionalisierung eines *patronus fisci*[1] gelten die *Partidas* auch als Geburtshelferinnen der modernen Staatsanwaltschaft in Spanien. Dabei handelte es sich

---

[1] Partida VII, Titel 1, Gesetz 1 und 26: *...que deve aver el acusador la pena que deve aver el acusado...*
Von dieser Haftung ausgenommen war der Ankläger von Delikten, die unmittelbar die Staatsmacht betrafen, wie z.B. Münzfälscherei (vgl. Gimeno Sendra: RDP Ib 1976, S. 57 f.).
[2] Die richterliche Zustimmung wurde in der Regel dann erteilt, wenn der Ankläger nachweisen konnte, nicht in böser Absicht gehandelt zu haben oder wenn der angeklagten Tat im öffentlichen Interesse befindliche Rechtsgüter zu Grunde lagen.
[3] Vgl. dazu Pérez Gil: S. 47 ff m.w.N.
[4] Daran konnte auch die schon früh erfolgte Abkehr vom Talionprinzip, an dessen Stelle eine finanzielle Sicherheitsleistung trat, nichts mehr ändern (vgl. Gimeno Sendra: La fianza del acusador particular, RDP Ib, S. 56 ff.).
[5] Lalinde Abadía: S. 648
[6] Zum Ganzen: Conde-Pumpido Ferreiro: S. 29 ff.; Lanzarote Martínez: RDP 1994 (Nr. 2), S. 240 ff.

ursprünglich um eine Person, die vor Gericht die vermögensrechtlichen Interessen der Krone zu wahren hatte[2]. Schon bald fand eine Funktionserweiterung auf die Wahrnehmung der allgemeinen Interessen der Krone statt, und bereits ab 1433 konzentrierte sich die Rolle des *procurador fiscal* – wie er sich nun nannte - hauptsächlich[3] darauf, Verbrechen gerichtskundig zu machen[4].

§5: Neuzeit (16. bis 21. Jrh.)

A. Deutschland

I. Die Rezeption des römischen Rechts

Obwohl sich die Wiederentdeckung des römischen Rechts in Italien bis zum 11. Jahrhundert zurückdatieren lässt,[5] vollzog sich dessen nachhaltige Verankerung im deutschen Recht erst ab dem ausgehenden 15. Jrh.[6], und zwar wegen der im ganzen Deutschen Reich vorherrschenden Rechtszersplitterung mit regional unterschiedlich akzentuierter Auswirkung[7].
Das Kernstück der Rezeption[8] des römischen und kanonischen Rechts in der Strafrechtsentwicklung findet sich in der 1532 unter Kaiser Karl V. (1519 – 1556) erlassenen peinlichen Gerichtsordnung, der *Constitutio Criminalis Carolina* (CCC)[9], die ihrerseits eine selbständige Weiterentwicklung der Bamberger Halsgerichtsordnung (*Constitutio Criminalis Bambergensis*, CCB)[10] von 1507 darstellt[1]. Trotz der sog. sal-

---

[1] Darin ruht die etymologische Herkunft der spanischen Bezeichnung *fiscal* für Staatsanwaltschaft, die in dieser Form 1387 zum erstenmal urkundlich erwähnt wurde.

[2] Partida IV, Titel 18, Gesetz 12: *...ome que es puesto para razonar e defender en juicio todas las cosas, e los derechos que pertenecen a la Cámara del Rey.*

[3] Allerdings ging die vermögensrechtliche Komponente nicht unter; *Phillip II.* (1556 – 1598) ordnete schließlich die Existenz zweier *fiscales* an, wovon der eine für Straf- und der andere für Zivilsachen zuständig war.

[4] *... que los facedores perpetradores ... sean acusados e denunciados por el promutor fiscal ante los alcaldes.*

[5] Allg. zur Rezeption des römischen Rechts: Schildt, Jura 2003, S. 450 ff.

[6] In der 1495 erlassenen Reichskammergerichtsordnung, nach der die Hälfte der Beisitzer beim gleichnamigen Gericht mit im römischen Recht ausgebildeten Juristen zu besetzen war, wird die entscheidende Sanktionierung der Rezeption kraft staatlichen Hoheitsakts gesehen (vgl. Conrad II: S. 341).

[7] Conrad II: S. 339 ff.

[8] Da in die CCC auch einheimische mittelalterliche Elemente Eingang gefunden haben, herrscht über das quantitative Ausmaß der römisch-rechtlichen Einflussnahme Uneinigkeit. (vgl. Köbler: S. 176; für den Schwerpunkt auf einer Weiterentwicklung mittelalterlicher Rechtsinstitute: Planitz/Eckhardt [S. 306]; i.H.a.d. Inquisitionsprozess gar für eine eigenständig deutsche Entwicklung: Vogt, [ZRG, Germ. Abt., 68 (1951), S. 244], Kleinheyer [S. 23] und E. Schmidt [FS-Siber, S. 97 ff.]; für eine Rezeption bereits vor der CCB und CCC: Trusen [S. 32 ff.]).

[9] Offizieller Titel: *Des allerdurchleuchthigsten großmechtigste unüberwindlichsten Keyser Karls des fünften und des heyligen Römischen Reichs peinlich gerichts ordnung*. Wie aus dem Namen hervorgeht war die CCC ein Gesetz des Deutschen Reichs und fand deswegen in Spanien keine Anwendung, obwohl Kaiser Karl V., der schon seit 1516 den Titel *Rey de Castilla y Aragón* führte, Deutscher Kaiser und spanischer König in Personalunion war.

[10] Zur Entstehungsgeschichte der CCB: Trusen, S. 92 ff.

vatorischen Klausel, nach der die CCC im Verhältnis zu den landesrechtlichen Partikulargesetzen nur subsidiäre Anwendung beanspruchte, setzte sich deren Inhalt bei der Entwicklung des Strafverfahrens in allen Reichsteilen durch[2].
Inhaltlich umfasste die CCC neben zahlreichen Normen des materiellen Strafrechts detaillierte Verfahrensvorschriften, denen ein Strafprozess zweierlei Natur zugrunde lag: So konnte[3] zum einen im sog. Akkusatioprozess[4] eine Privatperson das Verfahren durch Klageerhebung initiierten (Art. 11 ff. CCC)[5] und haftete dem Angeklagten bei dessen Freispruch bzw. musste eine Sicherheitsleistung erbringen (vgl. Art. 12, 14, 61 CCC). Zum anderen konnte das Verfahren auch von Amts wegen[6] im sog. Inquisitionsprozess eingeleitet werden (Art. Art. 6 ff CCC)[7]. Nach ganz hM äußerte sich dieser Unterschied aber nur hinsichtlich der Prozesseinleitung, denn das Verfahren selbst folgte in jedem Fall, also auch nach Anklage durch eine Privatperson, einer von der Offizialmaxime beherrschten Instruktion durch das Gericht[8]. Das Schwergewicht des Prozesses lag bei der Ermittlung der objektiven Wahrheit, der Ankläger konnte seinen Teil dazu beitragen, musste aber nicht[9].
Obwohl der römischen Einteilung[10] entsprechend das Akkusationsverfahren aus rein dogmatischer Sicht den Normalfall (*processus ordinarius*) und das Inquisitionsverfahren nur den außergewöhnlichen Fall (*processus extraordinarius*)[11] darstellte[12], kehrte die Praxis diesen Grundsatz schon bald um, was nicht zuletzt am Mangel an privaten Anklägern gelegen haben dürfte, für die eine Anzeige aus haftungsrechtlichen Grün-

---

[1] Zur Entstehungsgeschichte der CCC: Conrad II, S. 406 ff., Planitz/Eckhardt: S. 259 und Trusen, S. 106 ff.

[2] Görg: S. 67; Conrad II: S. 359 und 415 f.

[3] Nur bei Entführung, Notzucht, Ehebruch (Art. 118 ff.) und Diebstahl unter engeren Erben und unter Ehegatten (Art. 165) war die Privatklageerhebung zwingend vorgeschrieben (Prozess auf peinliche Beklagung hin). Zur dogmatischen Einordnung: Köhler, S. 5; Brähmer, S. 59 f.

[4] *Vonn annemen eines angegebenen vbeltaters, So der clager Rechts begert.*

[5] Art. 11CCC: ... *Item So der klager die oberkeit oder Richter anrufft, ymanndt zu strenngem peinlichem Rechtenn zu gefenngknuss zu legen, so soll derselbig ancleger die vbelthat vnd derselben Redlichen Argkwon vnnd verdacht, die peinlich straff vff jnen tragen, zuforderst annsagen, vnangesehen ob der anclager den angeclagten vff sein that gefencklich eintzulegen oder sich zu dem beclagten zu setzen begeren vnd erpieten wurde ...*

[6] *Annemen der angegebenn vbelthatter vonn der oberigkeit vnnd Ampts wegen.*

[7] Art. 6 CCC: ... *Item so jemandt einer vbelthat durch gemeynen leymuth berüchtiget oder ander glaubwirdig anzeigung verdacht vnd argwenich vnd derhalb durch die obrigkeit Ampts halben angenommen wirdt, der soll doch mit peinlicher frag nit angegriffenn werdenn, Es sey dan zuvor Redlich vnnd derhalb genugsame anzeigung vnd vermuttunge von wegen derselbenn missenthat uff jnen glaubwirdig gemacht ...*

[8] Conrad II: S. 413; Mitteis/Lieberich: S. 404; Planitz/Eckhardt: S. 306; E. Schmidt: Einführung, S. 126; ders.: Inquisitionsprozess und Rezeption, S. 5; a.A.: Trusen, S. 112 ff., der den Kontrast der der hM zugrunde liegenden Sichtweise zu den mit einer haltlosen Anklage verknüpften Entschädigungsregeln ins Felde führt.

[9] Nach Görg (S. 63) war die weitere Mitwirkung des Klägers im Prozess sogar unerwünscht, was zumindest in dem Fall, in dem der Kläger durch eigene Beweismittel zur Erforschung des Sachverhalts beitragen konnte, so pauschal nicht richtig sein dürfte. Für Unterstützungshandlungen des Klägers auch Kleinheyer: S. 22.

[10] Kleinheyer: S. 21; teilw. abl. Görg: S. 61, der im Akkusationsprozess ein Relikt altgermanischer Denkweise erblickt.

[11] Wohl in Anlehnung an die *cognitio extra ordinem* der Spätantike.

[12] Rüping in Landau/Schroeder (Hg.): S. 168

den wesentlich gefahrloser war als eine Anklage[1]. Die sich zu den *Siete Partidas* in Kastilien analog vollziehende Entwicklung ist hier offenkundig[2].

II. Das Zeitalter des Absolutismus (Mitte 17. Jrh. bis Ende 18. Jrh.)

1. Die Verdrängung des Akkusationsprozesses im Dienst der absolutistischen Staatsidee

a) Gründe für den Verdrängungsprozess

Obwohl die CCC als formelles Reichsgesetz noch bis zum Ende des Hl. Römischen Reichs Dt. Nation (1806) Geltung beanspruchte und gerade auch im Hinblick auf die zweigleisige Verfahrenseinleitung – Akkusationsverfahren und Inquisitionsprozess - vom gemeinen Partikularrecht der Territorialstaaten zunächst weitgehend kopiert wurde[3], zeigte sich mit dem Aufkommen absolutistischer Regierungsformen im Gefolge des Dreißigjährigen Krieges rasch die Inkompatibilität des auf Bürgerinitiative beruhenden Anklageprozesses mit dem der neuen Ordnung zu Grunde liegenden Staatsgedanken[4]. Die in der Person des Monarchen vereinte Staatsgewalt war nach diesem Konzept absolut, d.h. losgelöst[5] von jeglicher Kontrollinstanz. Auf Grund ihrer damit einhergehenden Unteilbarkeit musste die Aufspaltung in eine anklagende und eine richtende Instanz als sinnwidrig empfunden werden, was für einen staatlichen wie für einen privaten Ankläger gleichermaßen galt:

- In Deutschland trat bereits seit dem 16. Jrh. vereinzelt die Figur des *Fiskals* auf[6], dessen Aufgaben sich ursprünglich[7] auf die vermögensrechtliche Wahrnehmung der Staatsinteressen beschränkt hatte. Als diese Aufgaben allmählich auch die Strafverfolgung mit einschlossen[8], bemühten sich die Träger der absolutistischen Staatsidee um eine Rückgängigmachung dieser Entwicklung. In Preußen z.B. verlagerte sich der Tätigkeitsschwerpunkt des Fiskals ab dem Tode Friedrichs d. Gr. auf allgemeine, hauptsächlich polizeiliche Aufgaben, bis 1809 die Wiederbesetzung vakanter Fiskalstellen völlig untersagt wurde[9].
- Den Bürger hingegen konnte man mit der Einleitung eines Verfahrens schon deshalb nicht betrauen, weil sich seine Stellung im absolutistischen Staat auf die eines Objekts beschränkte, das als unmündig angesehen wurde und für das eine aktive Rolle im Gemeinwesen – vom strikten Befolgen der staatlich vorgegebenen Regeln abgesehen – nicht vorgesehen war. Eine weitere Rolle kam in dieser Hinsicht wohl auch einem gewandelten Verständnis der Straffunktion zu: Stand vorher der Gedanke der im Dienste des Rechtsfriedens staatlich zu gewährenden Genugtuung des Opfers im Vordergrund, beschränkt sich der Straf-

---

[1] Mitteis/Lieberich: S. 404
[2] S.o.
[3] Conrad II: S. 415; Planitz/Eckhardt: S. 306
[4] Zum Ganzen Görg: S. 69 ff.; Elling: S. 15
[5] Lat. *absolvere* = ablösen, loslösen.
[6] Hessen (1535), Pommern (1568), Magdeburg (1625), Mühlhausen (1730).
[7] Vgl. dazu die parallele Entwicklung in Spanien, s.o.
[8] Z.B. nach der Peinlichen Gerichtsordnung von Hessen-Darmstadt (1726) bzw. Hessen-Kassel (1748); Erste Kammergerichtsordnung von Preußen (1709).
[9] Zum Ganzen vgl. Elling: S. 10 ff.

zweck nun allein auf general- und spezialpräventive Aspekte. Das Opfer von Selbstjustiz abzuhalten wurde nicht mehr als dringlich angesehen, denn der Staat sah die Kontrolle seiner Untertanen ohnehin als gefestigt an[1].

b) Auswirkungen

Praktisch äußerte sich der Verdrängungsprozess des Akkusationverfahrens im gemeinen Recht mit regional leicht modifizierten Nuancen, wofür folgende Beispiele angeführt seien[2]:

- Der *Codex Juris Bavarici Criminalis* (CJBC) von 1753 sah bei Fehlen eines Anklägers die Einleitung eines Prozesses von Amts wegen vor[3].
- In Österreich war nach der *Constitutio Criminalis Theresiana*[4] von 1768 ein Akkusationsprozess nur in engen Ausnahmefällen statthaft, bevor er von der *Kriminalgerichtsordnung*[5] Josephs II. 1788 vollständig beseitigt wurde.
- In Brandenburg-Preußen beschränkten das *Landrecht* von 1721[6] und später die *Allgemeine Gerichtsordnung*[7] von 1793 das Privatklageverfahren bei fehlendem öffentlichem Interesse auf die sog. Injuriensachen.

2. Beginnende Einflüsse der Aufklärungsphilosophie:

Gegen die alles vereinnahmende Institution des absolutistischen Machtapparats richtete sich die im 18. Jrh. aufkommende Idee der Aufklärung, deren Kritik insbesondere auch am Straf- und Strafverfahrensrecht ansetzte[8]. Neben den immer noch extrem harten Strafsanktionen geriet gerade das Inquisitionsverfahren in den Mittelpunkt der Auseinandersetzung, was hauptsächlich auf zwei Gründe zurückzuführen ist: Zum einen entsprach die Konzentration einer verfahrenseinleitenden und einer richtenden Instanz auf eine einzige Behörde, die dem Monarchen zudem weisungsunterworfen war, nicht dem von den Aufklärungsphilosophen propagierten Grundsatz der Gewaltenteilung, was – neben einer unabhängigen Justiz – das Postulat einer davon getrennten staatlichen Anklagebehörde zur Folge hatte. Dabei war es in Deutschland insbesondere *Feuerbach*, der für die Schaffung eines Kronfiskals als Ankläger eintrat[9].
Zum anderen wird das Individuum als Träger unveräußerlicher Rechte entdeckt, deren Existenz sich mit dem dem Absolutismus eigenen Konzept einer Objektstellung des Bürgers weder auf Beschuldigten- noch auf Verletztenseite vertrug. Der Verletzte begann sich aus seiner puren Statistenrolle herauszulösen, eine Entwicklung, die sich

---

[1] Görg: S. 78
[2] Conrad II: S. 430 ff., Görg: S. 77 ff., Elling: S. 16; zu weiteren Beispielen vgl. auch Brähmer, S. 62 ff.
[3] Teil II, Kap. 2, § 7
[4] Art. 23, § 2; Art. 24, § 3
[5] 1. Hauptstück, § 1
[6] Teil III, Buch 6, Titel 1, Art. IV, § 1
[7] Titel 34
[8] Allgemein dazu Fischl: „Einfluss der Aufklärungsphilosophie auf die dt. Strafrechtsentwicklung".
[9] Conrad II: S. 453; Görg: S. 82 f.; zur allgemeinen Einflussnahme Feuerbachs auf das deutsche Strafrecht: Blohm.

zum ersten Mal im *preußischen Allgemeinen Landrecht* (ALR) von 1794 manifestiert[1]: Dort fanden private Motive des Verletzten bei der Strafverfolgung insoweit Berücksichtigung, als bei den Delikten des Haus- und Familiendiebstahls (II 20, Art. 1133 ff.), der geringen Körperverletzung (II 20, Art. 776) und der Injurien (II 20, Art. 649) ein Strafantrag erforderlich war. Notzucht (II 20, Art. 584 f.) und Verführung (II 20, Art. 1028 ff., 1060) wurden zwar grundsätzlich von Amts wegen verfolgt, der Verletzte konnte das Verfahren durch Einlegen einer Rüge jedoch verhindern.
Gleichwohl darf nicht übersehen werden, dass diese Tendenz eine frühe Einzelentwicklung darstellt; die Einflussnahme der Aufklärung auf den Inquisitionsprozess war vor dem 19. Jrh. noch äußerst marginal[2].

III. Der reformierte Strafprozess des deutschen Partikularrechts

Erst im Gefolge der französischen Revolution und deren ideologischen "Exports" im Rahmen der napoleonischen Feldzüge durchdrang eine neue, im Sinne der Aufklärungsphilosophie veränderte Auffassung von Staat und Gesellschaft die gebildeten Schichten der deutschen Teilstaaten, die man schon früh als Liberalismus bzw. als "bürgerliches Zeitalter" bezeichnete. Denn allen rückläufigen Versuchen der Restauration[3] zum Trotz rückte neben der Forderung nach staatlicher Gewaltenteilung jetzt die mit Eigenverantwortlichkeit ausgestattete Person des Bürgers in den Mittelpunkt jeglichen Staatsverständnisses[4].
Obwohl die staatsrechtliche Umsetzung dieses Konzepts den Zielen der Bewegung noch in weitem nachstand – man denke an die oktroyierte Verfassung in Preußen mit ihrem Dreiklassenwahlsystem und fehlender parlamentarischer Regierungskontrolle oder an die gescheiterte Paulskirchenverfassung von 1849 -, hinterließ das darin enthaltene Gedankengut dennoch deutliche Spuren in den deutschen Rechtsordnungen.
Im Vordergrund der von der Literatur – allen voran *Mittermeier* und *Zachariae*[5] vorgebahnten Reformbemühungen des Strafprozesses stand die Kritik an dem am Staatsmonismus ausgerichteten Inquisitionsprozess. Der Aufklärungsphilosophie entsprechend glaubte man dem Prinzip der Gewaltenteilung nur durch Verlagerung der Ermittlungshandlungen auf eine von der richtenden Instanz unabhängige staatliche Anklagebehörde[6], die dann im Hauptverfahren als Gegenpol zum Angeklagten auftrat[7], gerecht werden zu können. Neben einer größeren Verfahrenstransparenz[8] versprach

---

[1] Brähmer: S. 68 f.; Maiwald: GA 70, S. 37 f.
[2] Gmür/Roth: Rn. 338; Conrad II: S. 453; Fischl: S. 205
[3] Die von den meisten Partikularstaaten getragene Restaurationsbewegung, deren Ursprung auf den Wiener Kongress von 1815 zurückgeht, hatte sich zum Ziel gesetzt, die unter napoleonischer Besetzung erfolgten Reformen in Gesellschaft und Staat weitgehend rückgängig zu machen bzw. die davon ausgehenden liberalen Ideen zu unterdrücken.
[4] Elling: S. 49 ff.; Köbler: S. 200
[5] Zusammenfassend: Görg, S. 86; E. Schmidt: Einführung, S. 290 ff.
[6] So sie der Forderung nach einer unabhängigen Justiz nachkam, hatte auch die Staatsmacht ein Interesse an einer das Gericht kontrollierenden Institution. Zur Einführung des sog. Rekurrenten-Staatsanwalts in Preußen und Baden bzw. zu den öffentlichen Anwälten in Hannover vgl. Elling: S. 31 f.
[7] Gmür/Roth: Rn. 374; Elling: S. 27 ff.
[8] Schon dem inquisitorischen Prozess lag eine Verfahrenszweiteilung zugrunde, wonach in einem Vorverfahren (Generalinquisition) Verdächtige ermittelt werden sollten, während das Anliegen der Spezialinquisition im Anschluss daran auf die eigentliche Überführung gerichtet war. Obgleich dies

man sich davon gerade eine objektivere Handhabung durch das Gericht, das den Tätigkeitsschwerpunkt auf die Urteilsfindung und nicht mehr auf die Sachverhaltsermittlung legen konnte.

Im Zuge der Umbruchstimmung der ausgehenden ersten Jahrhunderthälfte und der damit zusammenhängenden Reformen hatten spätestens um 1860[1] weitgehend alle deutschen Staaten das Institut eines staatlichen Anklägers eingeführt. Nur wenige Staaten wie die beiden mecklenburgischen Herzogtümer, Lippe-Detmold und Schaumburg-Lippe hielten zunächst noch am alten Inquisitionsprozess fest [2].

Technisch vereinfacht wurde die Einführung eines staatlichen Anklägers dadurch, dass seit dem unter Napoleon in den Rheinländern eingeführten *Code d'Instruction Criminelle* von 1808 in dem französischen *ministère public* bereits ein konkretes Modell[3] existierte, an das bei der Schaffung der Staatsanwaltschaft Anlehnung gesucht werden konnte[4]. Als äußerer Katalysator dieser Entwicklung dürfte nicht zuletzt die Empörung über die gemeinhin als abstoßend empfundene gerichtliche Handhabung der ab 1819 einsetzenden "Demagogenverfolgung"[5] gedient haben.

Da bei Einführung der Staatsanwaltschaft primär die Kritik am Inquisitionsprozess maßgeblich war, wurde hauptsächliches Augenmerk zunächst auf die Kompetenzverteilung zwischen richterlichen und staatsanwaltlichen Befugnissen gelegt; die Frage der Bürgerbeteiligung stellte sich – abgesehen von der Übernahme der Antragsdelikte aus dem ALR und deren allmählichen Ausweitung[6] – zunächst nicht. Erst mit der Durchsetzung des Anklagemonopols, das die Strafverfolgung einzig der Staatsanwaltschaft anheim stellte, wurde die Frage einer entsprechenden Kontrollinstitution virulent[7]. Als geeigneter Anknüpfungspunkt für die Überprüfung mangelnden staatsanwaltschaftlichen Engagements kam die Person des Verletzten mit seinem Interesse an einer möglichst effizienten Strafverfolgung ins Bild. So gewährte z.B. die Strafprozessordnung des Königreichs Sachsen (1855)[8] dem Verletzten die Durchführung eines behördeninternen Überprüfungsverfahrens, wenn der Staatsanwalt die Strafverfolgung ablehnte. Die Strafprozessordnung des Herzogtums Braunschweig (1849)[9] und die des Großherzogtums Baden (1864)[10] sahen sogar eine entsprechende gerichtliche Überprüfung vor. Diese Entwicklung war jedoch nur punktuell; anderen Rechtsordnungen wie

---

zweiten Stufe eingesetzt werden konnte, erregte insbesondere die Nichtöffentlichkeit des Verfahrens Kritik, der es mit einem öffentlich auftretenden Ankläger abzuhelfen galt (vgl. Elling: S. 26; gegen einen notwendigen Zusammenhang zwischen Akkusations- und Öffentlichkeitsprinzip: E. Schmidt, Einführung, S. 27; zur General- und Spezialinquisition: Conrad II, S. 430 f.).

[1] Abgesehen vom Großherzogtum Baden, das erst 1864 nachzog.

[2] Carsten: S. 20 ff. und 39; Köbler: S. 225; Görg: S. 87 ff.; Elling: S. 64 ff.; Wohlers: S. 49; Hölzel: S. 15 f.

[3] Zum *ministère public*: E. Schmidt: Einführung, S. 32; Wohlers: S. 63 ff.; Elling: S. 57 ff.

[4] Gmür/Roth: Rn. 372 ff.; Elling: S. 55 ff

[5] Rüping: S. 308; E. Schmidt: Einführung, S. 324

[6] Zur Entwicklung des Antragsrechts in den einzelnen Strafprozessordnungen: s.u. sowie Brähmer, S. 77 ff. und Lichtner: Anhang nach S. 220.

[7] Zur Diskussion im Schrifttum: Carsten: S. 42 ff.

[8] Art. 24, 26, 30

[9] § 4

[10] § 61

z.B. der des Königreichs Preußen[1] oder Hannover blieb eine solche Kontrollbeschwerde trotz Verwirklichung des Anklagemonopols fremd[2].
Darüber hinaus hatten in Anlehnung an das ALR schon zu Beginn des 18. Jahrhunderts alle deutsche Staaten ein mehr oder weniger stark ausgeprägtes Strafantragsrecht eingeführt, und zwar in der Regel für die leichte Körperverletzung, Injurien, Vermögensverletzung im Familienkreis und teilweise auch für Hausfriedensbruch, Nötigung, Verführung sowie Notzucht[3]. Obwohl eine kritische wissenschaftliche Auseinandersetzung über das Wesen und die Ratio der Antragsdelikte erst relativ spät, nämlich in der zweiten Jahrhunderthälfte, einsetzte[4], lässt dieses Institut in seiner Gesamtschau bereits früh eine dreifache gesetzgeberische Motivation erkennen. Denn neben einem abgeschwächten Verfolgungsinteresse bei geringfügiger sozialer Transzendenz bezweckte das Antragserfordernis durch Berücksichtigung verwandtschaftlicher Verhältnisse zwischen Täter und Opfer auch den Schutz des Familienfriedens sowie das Bedürfnis nach Geheimhaltung des tatbestandlichen Geschehens, das im Prozess an die Öffentlichkeit zu kommen drohte[5]. Letzter Aspekt erfuhr gerade durch die Industrialisierung und die zunehmende wirtschaftliche Verflechtung mit dem damit einhergehenden Konkurrenzdruck eine enorme Aufwertung, was sich gerade in der Einführung von Antragsdelikten wie der Verletzung von Fabrikgeheimnissen[6], der Fälschung von Waren- und Geschäftshauszeichen[7] und dem Gebrauch fremder Fabrikzeichen[8] manifestiert[9]. Stellenweise ist schon eine Tendenz zur Verfahrenseinleitung *ex officio* im Fall einer Störung der öffentlichen Ruhe und Ordnung erkennbar[10].
Damit war die Grundlage für das heutige Strafverfahrensrecht bereits fest umrissen; die Aufgabe des Reichsgesetzgebers bestand nur noch darin, im Zuge der Rechtsvereinheitlichung den gemeinsamen Nenner herauszuarbeiten.

IV. Die Strafprozessordnung des Deutschen Reiches von 1877[11]

Spätestens nach der Errichtung des Norddeutschen Bunds (1867) werden konkrete Bemühungen um eine Rechtsvereinheitlichung auf den Gebieten des Straf- und Strafprozessrechts ersichtlich. Der *Entwurf einer Strafprozess-Ordnung für den Norddeutschen Bund* von 1870[12] sah für den Fall der Nichtbefolgung einer Anzeige durch die Staatsanwaltschaft in § 155 Abs. 1 eine Bescheidungspflicht an den Anzeigeerstatter vor. Dieser konnte sich dagegen nach Abs. 2 mit einer Beschwerde an den vorgesetzten Beamten der Staatsanwaltschaft zur Wehr setzten, wobei ein weiterer Rechtsbehelf gegen dessen Entscheidung ausgeschlossen war. Die §§ 371 bis 381 etablierten eine

---

[1] Ein Gesetzesentwurf, der 1862 in Preußen eine gerichtliche Beschwerde des Verletzten vorsah, blieb im Vorbereitungsstadium stecken.
[2] Zum Ganzen Görg: S. 87 ff.; Wohlers: S. 70 ff.; Carsten: S. 42 ff.
[3] Lichtner: S. 56 ff und Anhang nach S. 220 (Überblick über die einzelnen Delikte).
[4] Zum damaligen Meinungsstand: Lichtner, S. 88 ff.
[5] Lichtner: S. 98 f.; zu den Motiven der Partikulargesetzgeber ausführlich: S. 62 ff.
[6] Z.B. § 341 des bayerischen StGB von 1861.
[7] Z.B. § 252 sächsisches StGB von 1838.
[8] Z.B. § 444 des badisches StGB von 1845.
[9] Beispiele nach Lichtner: Anhang XIII.
[10] Brähmer: S. 78 m.w. Beispielen.
[11] In Kraft getreten am 1. Oktober 1879.
[12] Abgedruckt bei Schubert/Regge, S. 50 ff.

prinzipale[1] Privatklage des Verletzten bei Beleidigung und Körperverletzung, die §§ 381 ff regelten den Anschluss des Verletzten als Nebenkläger und die §§ 390 ff. normierten unter der Überschrift „Anschluß des Verletzten als Civilkläger" das Adhäsionsverfahren.
Dieser Entwurf wurde jedoch schon kurz darauf von der geschichtlichen Entwicklung überholt, denn mit der Gründung des Deutschen Reichs im Jahre 1871 musste ein neuer, diesmal für das ganze Reich geltender Vereinheitlichungsanlauf unter Einbeziehung der frisch geschaffenen Reichsorgane Bundesrat und Reichstag unternommen werden. Für die hier zu behandelnde Thematik ist zunächst die – mit Geburtswehen verbundene – Lösung des Spannungsverhältnisses zwischen der bürgerlichen Kontrolle des Legalitätsprinzips und dem Anklagemonopol der Strafverfolgungsbehörden durch Einführung des Klageerzwingungsverfahrens von Bedeutung (1.), bevor im Anschluss daran auf die ebenfalls neu eingeführten, aber von der Debatte über das Klageerzwingungsverfahren weitgehend in den Hintergrund gedrängten Institute der Privatklage (2.) und der Nebenklage (3.) einzugehen ist:

1. Die Kontrolle des Legalitätsprinzips: Popularklage vs. Klageerzwingungsverfahren[2]

a) Die Normierung des Legalitätsprinzips

Die Verankerung des lediglich durch die prinzipale Privatklage im Rahmen der Beleidigungs- und Körperverletzungsdelikte beschränkten Anklagemonopols der Staatsanwaltschaft stieß bei allen am Gesetzgebungsverfahren beteiligten Organen auf breiten Konsens, zumal dieses schon im Entwurfsstadium an das Legalitätsprinzip gekoppelt wurde: Nachdem der dem Bundesrat von *Otto v. Bismarck* vorgelegte erste *Entwurf einer Deutschen Strafprozeß-Ordnung* vom Januar 1873 in § 130[3] die Staatsanwaltschaft als das zur Erhebung der öffentlichen Klage berufene Organ bestimmte, wurde diese Vorschrift (nach der Neunummerierung: § 134)[4] im Bundesrat auf Betreiben Württembergs[5] um einen weiteren Absatz ergänzt, der bei hinreichendem Tatverdacht eine *Verpflichtung* der Staatsanwaltschaft zur Strafverfolgung vorsah[6]. Dieser wurde

---

[1] Unter der prinzipalen Privatklage verstand man in den Gesetzgebungsdebatten eine vom Verhalten der Staatsanwaltschaft unabhängige Klageerhebung durch Privatpersonen.
[2] Überblick zu den die einzelnen Gesetzgebungsstadien bei Görg: S. 102 f.; zum Klageerzwingungsverfahren ders.: S. 118 ff.; Carsten: S. 57 ff.
[3] *§ 130: Zur Erhebung der öffentlichen Klage ist die Staatsanwaltschaft berufen.* (abgedruckt in Schubert/Regge: S. 113 [126]).
[4] In den Beratungen des Justizausschusses im Mai/ Juni noch § 133 (zur Nummerierungs-Synopse nach der Beschlussfassung vgl. Schubert/Regge: S. 441).
[5] Abgedruckt bei Schubert/Regge: S. 381 f.
[6] *§ 133 Abs. 2: Dieselbe* [gemeint ist die Staatsanwaltschaft] *ist, soweit nicht gesetzlich etwas Anderes bestimmt ist, verpflichtet, wegen aller gerichtlich strafbaren und verfolgbaren Handlungen einzuschreiten, wofern zureichende thatsächliche Anhaltspunkte vorliegen.* (abgedruckt in Schubert/Regge: S. 430 f.; zur Annahme durch das Bundesrat-Plenum: S. 449).

im Reichstag - sowohl in den Lesungen der Justizkommission[1] als auch im Plenum[2] – inhaltlich unverändert[3] angenommen.

b) Die Frage nach der Sicherung des Legalitätsprinzips

Gegenstand einer heftigen Auseinandersetzung war jedoch von Anfang an die Frage, wie im Hinblick auf die verfahrenseinleitende Monopolstellung der Staatsanwaltschaft die Einhaltung des Legalitätsprinzips kontrolliert werden sollte. Dabei standen sich mit der Reichsregierung und dem von Preußen stark beeinflussten Bundesrat einerseits und dem Reichstag andererseits zwei verfeindete Lager gegenüber[4]:

aa) Der Entwurf der Reichsregierung

Die Vorlage von *Bismarck* sah in Anlehnung an den Entwurf zur StPO des Norddeutschen Bundes[5] in § 142 bei der Nichtverfolgung von Straftaten durch die Staatsanwaltschaft eine Bescheidungspflicht an den Anzeigenerstatter mit anschließender Beschwerdemöglichkeit an den vorgesetzten Beamten der Staatsanwaltschaft vor[6]. Die vom Bundesrat eingesetzten Kommission übernahm diese Vorlage, schränkte allerdings den Kreis der zur Beschwerde Berechtigten auf die Person des Verletzten ein, sofern dieser einen Strafantrag gestellt oder Bescheid über den Ausgang des Verfahrens begehrt hatte[7]. Darüber hinaus sah der Entwurf in § 282 noch eine subsidiäre Privatklage des Antrags- oder Bußberechtigten vor, die allerdings ebenfalls auf die Person des Verletzten beschränkt blieb[8].

bb) Ablehnung durch die Justizkommission des Reichstags (erste Lesung)

In der Justizkommission des Reichstags hingegen war man sich einig, dass es mit einer rein *behördeninternen* Überprüfung staatsanwaltschaftlicher Verfolgungsunterlassung nicht getan sei; vielmehr müsse sich dem Bürger eine Möglichkeit eröffnen, in solchen Fällen ein unabhängiges *Gericht* zu befassen. Gemeinsamer Eckpfeiler der Kritik war dabei die in § 118 des Entwurfs zum GVG vorgesehene hierarchische Struktur der Staatsanwaltschaft und deren damit zusammenhängende Weisungsunterworfenheit unter die Regierung. Streit herrschte allerdings über die genaue gesetzliche Ausgestal-

---

[1] Protokoll vom 26. Juni 1875 (49. Sitzung), S. 198 (abgedruckt in Hahn I, S. 712); Protokoll vom 10. Juni 1876 (147. Sitzung), S. 887 (abgedruckt in Hahn II: S. 1281 f.).

[2] Protokoll vom 30. November 1876 (21. Sitzung), S. 484 (abgedruckt in: Hahn II, S. 1839) und vom 20. Dezember 1876 (35. Sitzung), S. 977 (abgedruckt in Hahn II: S. 2075 f.).

[3] Nach erneuter Umnummerierung: § 152 RStPO.

[4] Zur im Vorfeld und parallel zum Gesetzgebungsverfahren erfolgten Diskussion der Literatur vgl. zusammenfassend Görg: S. 104 ff. und 114 ff. sowie Carsten: S. 42 ff. und 49 ff., jeweils m.w.N.

[5] S.o.

[6] *§ 142: Wenn die Staatsanwaltschaft einer von dem Verletzten gemachten Anzeige keine Folge leistet, oder wenn sie nach dem Abschluss der Ermittlungen die Zurücklegung der Akten verfügt, so hat sie den Anzeigenden unter Angabe der Gründe zu bescheiden.*

Diesem steht die Beschwerde bei dem vorgesetzten Beamten der Staatsanwaltschaft zu. Eine weitere Beschwerde findet nicht statt

(abgedruckt in Schubert/Regge: S. 19).

[7] Nach redaktioneller Änderung § 145 des Entwurfs (abgedruckt in Schubert/Regge: S. 319).

[8] S.u.

tung einer richterlichen Überprüfung. Prinzipiell kristallisierten sich in der Justizkommission des Reichstags anfangs zwei sich konträr gegenüberstehende Anschauungen heraus:

(1) Der Vorschlag einer subsidiären Popularanklage des Abgeordneten v. Gneist

So verfocht die Gruppe um den Abgeordneten *v. Gneist* die Einführung einer Popularanklage, wonach im Falle fehlender staatsanwaltschaftlicher Verfahrenseinleitung jedermann zur Anklage befugt sein müsse ("subsidiäre Privatklage"[1])[2].
Bereits wenige Wochen zuvor hatte *v. Gneist* seine Beweggründe auf dem 12. Deutschen Juristentag (DJT) ausführlich dargestellt: Die auf Grund der Gefahr politischer Einflussnahme erforderliche Kontrolle staatsanwaltschaftlicher Verfolgungstätigkeit könne nur auf zwei Arten ermöglicht werden: Entweder billige man der Staatsanwaltschaft richterliche Unabhängigkeit oder dem Bürger die Option einer Popularanklage zu[3]. Da sich die erste Möglichkeit als Rückschritt in Richtung auf den historisch überkommenen Inquisitionsprozess verwehre, komme nur die zweite Alternative in Betracht[4]. Dahinter stehe die Idee, dass in jeder Überschreitung strafrechtlich gebotener Normen das Gemeinwesen verletzt sei, so dass auch jedermann als Träger dieses Gemeinwesens eine Einflussnahme auf die Strafverfolgung zukommen müsse; eine Beschränkung auf den Verletzten verbiete sich im Hinblick darauf, dass die Berücksichtigung privater Genugtuungsinteressen ein geschichtlich überwundener Anachronismus sei[5]. Dem Einwand, staatliche Strafverfolgung müsse auch von Trägern von Hoheitsgewalt ausgeübt werden, begegnete er damit, dass auch sonst der Bürger mit öffentlichen Funktionen betraut sei, wie dies z.B. im Wahlrecht zum Ausdruck komme[6]. Im übrigen stehe dem Monopol einer staatlichen Anklage das Postulat entgegen, dass ein freies Staatswesen keine absolute Gewaltenteilung dulde; dies gelte umso mehr im Strafprozess, als die Verletzung von strafrechtlichen Verbotsnormen absolute Gebote der Rechtsordnung seien, deren Verfolgung nicht allein in das Ermessen einer Behörde gestellt werden könne[7]. Dieser Vorschlag war auf dem DJT mit großer Mehrheit ange-

---

[1] Wegen der personell nicht eingegrenzten Klagebefugnis ist dieser in der gegenständlichen Debatte der Justizkommission verwendete Begriff nicht zu verwechseln mit der ursprünglich in § 282 des ersten Entwurfs vorgesehenen subsidiären Privatklage des verletzten Antragsstellers oder Bußberechtigten. Deshalb wird hier im Folgenden der Terminus Popularklage gebraucht.

[2] § a des Entwurfs: *Wird ein Antrag auf Verfolgung einer strafbaren Handlung von der Staatsanwaltschaft ... abgelehnt oder nach dem Abschluss der Ermittlungen die Einstellung des Verfahrens beschlossen, so ist jeder im Besitz der Ehrenrechte befindliche, prozessfähige Antragsteller befugt, eine Privatanklage auf eigene Verantwortung zu erheben.*

Diese Befugnis erlischt, wenn sie nicht binnen drei Monaten nach Zustellung des Bescheids der Staatsanwaltschaft oder nach Einstellung des Verfahrens ausgeübt wird.

(Protokoll der Justizkommission im Reichstag vom 18. September 1875, 1. Lesung (75. Sitzung), S. 627 [abgedruckt in Hahn I: S. 1067]).

[3] Gleichwohl macht *v. Gneist* deutlich, dass er sich dabei nicht von der römischen *actio popularis* hat leiten lassen, sondern dass sein Konzept sich vielmehr an die Figur der *denuntia* anlehne, bei der jede prozessuale Tätigkeit unter der Verantwortlichkeit des Gerichts ausgeübt worden sei; vgl. Verhandlungen des 12. DJT, 3.Bd., S. 201 f.

[4] Verhandlungen des 12. DJT, 3.Bd., S. 199 ff.

[5] Verhandlungen des 12. DJT, 3.Bd., S. 194 f.

[6] Verhandlungen des 12. DJT, 3.Bd., S. 200f.

[7] Verhandlungen des 12. DJT, 3.Bd., S. 201

nommen worden[1]. Im Reichstag ergänzte v. Gneist seine Erwägungen noch um den Punkt, dass die Gerichte im Falle einer bloßen gerichtlichen Beschwerdemöglichkeit überlastet zu werden drohen, was bei einer auf eigene Verantwortung zu erhebenden Klage auf Grund der gesteigerten prozessualen Anforderungen nicht der Fall sein würde[2].

Die Reichstagsabgeordneten, bei denen die *gneist'sche* Forderung Anklang fand[3], führten zusätzlich psychologische Erwägungen ins Feld: Dem unter der Bevölkerung grassierenden Vorurteil, die von der Regierung kontrollierte Staatsanwaltschaft würde von ihrer Anklageermächtigung gegenüber Regimekritikern häufiger Gebrauch machen als gegenüber regierungslinienkonformen Bürgern könne am besten bereits durch die bloße Existenz der Popularklage entgegengetreten werden[4]. Außerdem stelle die alternativ zur Debatte stehende gerichtliche Klageerzwingung im Gegensatz zur Popularklage einen Rückschritt hin zum Inquisitionsprozess dar und fördere das Querulanten- und Denunziantentum[5].

(2) Der Vorschlag einer gerichtlichen Klageerzwingung des Abgeordneten Wolffson

Demgegenüber plädierte die sich um den Abgeordneten *Wolffson* scharende Gruppe[6] der Parlamentarier für die strukturelle Beibehaltung der von Reichsregierung und Bundesrat vorgeschlagenen Beschwerde, allerdings mit dem signifikanten Unterschied, dass das letztendlich darüber zu befindende Organ ein Gericht sein müsse. Die Popularklage lehnte sie kategorisch ab. Der sich im öffentlichen Interesse belaufende staatliche Strafverfolgungsanspruch könne nämlich nicht in die Hand von Privatpersonen gelegt werden, zumal diese immer nur ihre eigenen partikulären Interessen vertreten würden. Nur der Staat könne einer sachgerechten Verfolgung der Verletzung öffentlichen Rechts, was das Strafrecht der Natur seiner Sache nach ja sei, gerecht werden. Eine privat erhobene Klage untergrabe demgegenüber die dafür notwendige staatsanwaltschaftliche Autorität. Schließlich wurde auf die Gefahr einer Demotivierung der – nach beiden Ansichten unstreitig zur Strafverfolgung primär berufenen – Staatsanwaltschaft hingewiesen, wenn sie die Erfahrung mache, dass die Strafverfolgung sowieso von einem Privaten betrieben werden würde[7].

---

[1] Verhandlungen des 12. DJT, 3.Bd., S. 211; der noch weitergehende Antrag von *Schütze*, der keine subsidiäre, sondern eine *ab initio* mit der Staatsanwaltschaft konkurrierende Privatklage forderte, fand bei den Delegierten des 12. DJT keinen Rückhalt.

[2] Protokoll der Justizkommission im Reichstag vom 18. September 1875, 1. Lesung (75. Sitzung), S. 640 (abgedruckt in Hahn I: S. 1076 f.).

[3] *Puttkamer*, *v. Schwarze* und teilw. auch *Reichensperger*

[4] So der den gneist'schen Vorschlag im Ergebnis allerdings ablehnende Abgeordnete *Reichensperger* im Protokoll der Justizkommission im Reichstag vom 18. September 1875, 1. Lesung (75. Sitzung), S. 636 f. (abgedruckt in Hahn I: S. 1073 f.).

[5] *Puttkammer*, Protokoll der Justizkommission im Reichstag vom 18. September 1875, 1. Lesung (75. Sitzung), S. 631 f. (abgedruckt in Hahn I: S. 1069 f.).

[6] Insbes. die Abgeordneten *Bähr*, *Klotz*, *Hanauer*, *Krätzer*, *Völk* und im Ergebnis auch *Reichensperger*.

[7] Protokoll der Justizkommission im Reichstag vom 18. September 1875, 1. Lesung (75. Sitzung), S. 630 ff. (abgedruckt in Hahn I: S. 1068 ff.).

Darüber hinaus wurde von einer Seite die auf Grund des Kostenrisikos zu erwartende geringe praktische Inanspruchnahme einer Popularklage hervorgebracht[1]. Sich inhaltlich dazu in Widerspruch setzend kam von anderer Seite der Einwand, dass die Popularklage eine Spielwiese für „Gehässigkeit und Verfolgungslust" eröffnen würde, der auch mit noch so strengen Anforderungen an prozessuale Garantien nicht Einhalt geboten werden könne[2].

(3) Ergebnis

Die sich an die Debatte anschließende Abstimmung der Justizkommission ergab schließlich eine Mehrheit für das von *Wolffson* vorgeschlagene Modell eines gerichtlichen Klageerzwingungsverfahrens[3].

cc) Auf dem Weg zum Kompromiss zwischen Bundesrat und Reichstag

Der Bundesrat, dessen interner Entscheidungsprozess zunächst noch unter dem beherrschenden Einfluss der preußischen Regierungsvertreter stand, lehnte das Modell einer gerichtlichen Klageerzwingung ab und beharrte auf dem Regierungsentwurf einer rein *behördeninternen* Überprüfung staatsanwaltschaftlicher Einstellungsverfügungen[4]. Bestärkt wurde die Länderkammer in ihrer ablehnenden Haltung durch eine Stellungnahme von Reichskanzler Bismarck, der in einem behördenexternen Verfahren die Gefahr eines Forums für politische Agitation sah[5]. Durch eine Annahme des Reichstagsvorschlags werde „der kalumniatorischen Verfolgung der Beamten, namentlich der höchsten Staatsbeamten, aus Parteifanatismus oder politischer Chikane Thür und Thor geöffnet und den Gegnern der Regierung eine Angriffswaffe bei Parteikämpfen gegeben". Da die Justizkommission des Reichstags an ihrem Vorschlag eines *gerichtlichen* Klageerzwingungsverfahrens festhielt und auch einige Landesregierungen mit diesem Modell zu sympathisieren begannen[6], war schließlich auch die preußische Staatsregierung zur Kompromissbereitschaft gezwungen.
Auf Anregung des Reichstagsabgeordneten *Miquel*[7] wurde ein Konsens schließlich über den zur Beschwerde legitimierten Personenkreis gefunden: Der Bundesrat gab sich mit dem *wolffson'schen* Klageerzwingungsverfahren vor Gericht einverstanden, wenn sich die Beschwerdebefugnis auf die Person des Verletzten beschränkte. Mit der

---

[1] So der Abgeordnete *Bähr* im Protokoll der Justizkommission im Reichstag vom 18. September 1875, 1. Lesung (75. Sitzung), S. 632 (abgedruckt in Hahn I: S. 1070).
[2] So der Abgeordnete *Hanauer* im Protokoll der Justizkommission im Reichstag vom 18. September 1875, 1. Lesung (75. Sitzung), S. 635 f. (abgedruckt in Hahn I: S. 1072 f.).
[3] Protokoll der Justizkommission im Reichstag vom 18. September 1875, 1. Lesung (75. Sitzung), S. 642 (abgedruckt in Hahn I: S. 1078).
[4] Protokoll der Sitzung vom 31. Oktober 1876 (2. Lesung), zum Beschluss Nr. 18 (abgedruckt in Schubert/Regge: S. 641) und vom 12. Dezember 1876, Punkt 2. C. II zum Beschluss Nr. 18, (abgedruckt in Schubert/Regge: S. 662 f.).
[5] Protokoll der Sitzung des Staatsministeriums vom 6. Dezember 1876 (abgedruckt in Schubert/Regge: S. 647 [649]).
[6] Görg: S. 153 m.w.N.
[7] Abgedruckt in Schubert/Regge: S. 666.

Annahme dieses Kompromisses durch die Plena von Bundestag[1] und Bundesrat erhielt das Klageerzwingungsverfahren in den §§ 169 ff. RStPO[2] seine im wesentlichen bis heute geltende Fassung[3].

2. Die Privatklage[4]

Von Anfang an herrschte unter den am Gesetzgebungsverfahren Beteiligten ein gewisser Grundkonsens dahingehend, dass das Anklagemonopol durch das Institut der Privatklage eine noch näher zu definierende geringfügige Limitierung erhalten sollte. In Konkretisierung dieses Gedankens sah der erste Entwurf der Reichsregierung einerseits in § 282 eine zur staatsanwaltschaftlichen Verfahrenseinleitung subsidiäre Privatklage des verletzten Antragsstellers oder Bußberechtigten vor[5]. Darüber hinaus stand dem Opfer einer Beleidigung oder Körperverletzung in den §§ 305 ff. der Vorlage die Erhebung einer prinzipalen Privatklage zu[6].
In Folge der grundsätzlichen Entscheidung der Reichstagskommission für das Modell einer gerichtlichen Klageerzwingung[7] wurde der subsidiären Privatklage eine eigenständige Daseinsberechtigung abgesprochen und aus dem weiteren Diskussionsstoff ausgeschieden[8]. Die prinzipale Privatklage wurde dabei nicht berührt; ihr wurde jedoch im Laufe der hitzigen Auseinandersetzung um die konkrete Ausgestaltung des Klageerzwingungsverfahrens und deren Durchsetzung gegenüber dem Bundesrat eine eher stiefmütterliche Behandlung zu Teil[9], so dass sie im Wesentlich unverändert in die Regelung der §§ 414 ff. RStPO[10] einfloss[11].

3. Die Nebenklage

a) Die Diskussion einer Nebenbeteiligung des Verletzten im Vorfeld[12]

Obwohl bereits zur Jahrhundertmitte in etlichen Partikularrechtsordnungen eine die Strafverfolgungsbehörde unterstützende und letztendlich auf materiellen Ausgleich

---

[1] Protokoll der dritten Lesung im Reichstag vom 20. Dezember 1876 (35. Sitzung), S. 977 (abgedruckt in Hahn II, S. 2076) sowie vom 21. Dezember 1876 (36. Sitzung), S. 983 (abgedruckt in Hahn II: S. 2084).
[2] Während der Lesung im Reichstag noch §§ 170 ff.
[3] Abgedruckt in Schubert/Reggae: S. 692 f.
[4] Überblick zum Ganzen vgl. Muttelsee: S. 11 ff. und v. Schacky: S. 8 ff.
[5] In Anlehnung an die §§ 487 ff. der preußischen StPO, §§ 49, 343 der thüringischen StPO und §§ 277 f. der lübeckschen StPO; vgl. auch § 347 des StPO-Entwurfs für den Norddeutschen Bund (abgedruckt in Schubert/Regge: S. 96).
[6] Abgedruckt in Schubert/Regge: S. 140 f.
[7] S.o.
[8] Durch Annahme des Vorschlags von *Wolffson*, der die – mittlerweile in den §§ 335 ff. des Entwurfs vorgesehene – subsidiäre Privatklage zu eliminieren beantragt hatte; vgl. Protokoll der Justizkommission im Reichstag vom 18. September 1875, 1. Lesung (75. Sitzung), S. 642 (abgedruckt in Hahn I: S. 1078.).
[9] So auch Görg: S. 116.
[10] Abgedruckt in Schubert/Regge: S. 727 ff.
[11] Muttelsee: S. 15
[12] Zum Ganzen vgl. Hölzel: S. 12 ff.

gerichtete prozessuale Nebenrolle des Verletzten etabliert war[1], wurden in der wissenschaftlichen Diskussion über eine prozessuale Verletztenbeteiligung neben dem Staatsanwalt kaum Reflexionen angestellt, zu sehr war die Diskussion noch auf das Anklagemonopol und die damit zusammenhängende Sicherung des Legalitätsprinzips zentriert[2]. Neue Impulse gingen jedoch vom 1. und 2. DJT sowie von der 1868 erlassenen sächsischen StPO aus: Wurde auf dem DJT das Institut einer Nebenbeteiligung in nur abstrakten Zügen als sachdienlich erachtet,[3] ging § 30 b der sächsischen StPO[4] schon so weit, dem antragsberechtigten Verletzten eine konkrete Rechtsmittelbefugnis bei Verfahrenseinstellungen oder Freispruch durch das Gericht zuzubilligen[5]. Die Motive des RStPO-Entwurfs wiesen auf die Ähnlichkeit dieser Bestimmung zur geplanten Nebenklage ausdrücklich hin[6].

b) Das Gesetzgebungsverfahren

Die konkrete Ausgestaltung der Nebenklage unterlag im wesentlichen nur in einem Punkt einer heftigen Kontroverse, nämlich in dem des anschlussberechtigten Personenkreises:

Mit nur geringfügigen Modifikationen zu den beiden Vorentwürfen[7] beschränkte die schließlich der Justizkommission des Reichstages zugeführte Vorlage[8] den Kreis der Anschlussberechtigten auf den zur prinzipalen Privatklage Berechtigten[9] bzw. neben dem prinzipalen auch den subsidiären Privatkläger (im Falle einer Verfahrensübernahme durch die Staatsanwaltschaft)[10], den Bußberechtigten[11] und den Bußkläger[12], sowie in bestimmten Fällen die Verwaltungsbehörde[13].

Eingedenk der Tatsache, dass die Justizkommission des Reichstags auf die Einführung einer subsidiären Privatklage zu Gunsten des Klageerzwingungsverfahrens verzichtet hatte[14], wurden umgehend Stimmen laut[15], die als Kompensation dafür eine Erweite-

---

[1] Z.B. die Strafprozessordnungen von Kurhessen (1849), Braunschweig (1849), Österreich (1853), Thüringen (1850), Sachsen (1855), Hannover (1850), Lübeck (1862). Eine Sonderstellung dazu nimmt die StPO von Baden (1845) ein, die dem Opfer als einzige eine Nebenbeteiligung ausdrücklich auch unabhängig von der Geltendmachung einer Entschädigung einräumte.

[2] Zu den Ausnahmen vgl. Hölzel: S. 18 f.

[3] Strittig blieb dabei lediglich die Frage, ob der Nebenkläger nur parallel, oder auch konträr zum staatsanwaltschaftlichen Vorgehen agieren könne.

[4] Abgedruckt bei Hahn I: S. 281.

[5] Hölzel: S. 21 ff m.w.N.

[6] Hahn I: S. 281

[7] §§ 314 ff. des ersten Entwurfs vom Januar 1873 (abgedruckt in Schubert/Regge: S. 141) sowie die §§ 320 ff. des zweiten Entwurfs (abgedruckt in Schubert/Regge: S. 347 f.); zur geringen Resonanz im Schrifttum vgl. Hölzel S. 34 ff.

[8] Abgedruckt bei Hahn I: S. 4 ff.

[9] § 366 Abs. 1 Alt.1

[10] § 355 Abs. 2 bzw. §§ 365 Abs. 1 i.V.m. 355

[11] § 366 Abs. 1 Alt. 2

[12] § 367

[13] § 392 Abs. 2

[14] S.o.

[15] Vgl. die Anträge der Abgeordneten *Wolffson* und *Bähr*; zustimmend *Eysoldt*, *v. Gneist*, *Grimm* und *Klotz* (Protokoll der Justizkommission im Reichstag vom 22. September 1875, 1. Lesung [78. Sitzung], S. 675 ff. [abgedruckt in Hahn I: S. 1105 ff.]).

rung der Nebenklageberechtigten auf sämtliche Verletzte[1] - d.h. ohne Beschränkung auf den Kreis prinzipaler Privatkläger, Bußberechtigter oder Bußkläger - für notwendig erachteten: Denn wenn man dem Verletzten über das Klageerzwingungsverfahren die Möglichkeit zur Durchsetzung der Verfahrenseinleitung verschaffe, müssten ihm auch im Verfahren selbst Beteiligungsbefugnisse zustehen; dies gelte umso mehr, als die bloße Amtsstellung eines u.U. widerwillig zur Klageerhebung gezwungenen Staatsanwalts keine Gewähr für ein zielstrebig durchgeführtes Verfahren biete. Gerade der Verletzte bringe in einem Fall mangelnder amtlicher Verfolgungsbereitschaft die nötige Energie auf, eine sachgerechte Verfahrensdurchführung zu fördern.
Die Gegenansicht[2] lehnte die generelle Ausweitung der Anschlussberechtigten auf den Verletzten als systemwidrig ab. Darüber hinaus lasse sich der Verletztenbegriff ohnehin schwer konturieren, so dass bei bestimmten, die Allgemeinheit berührenden Delikten die Anzahl der Nebenkläger ins Unermessliche ausufern und für chaotische Verfahrensverhältnisse sorgen würde, im Extremfall - d.h. bei widerstreitenden Interessen der einzelnen Nebenkläger - sogar mit kontraproduktiver Auswirkung. In der Abstimmung zur ersten Lesung setzt sich diese Anschauung durch[3].
Gleichwohl konnte sich die in der ersten Lesung obsiegende Abgeordnetengruppe der Argumentation, wonach der im Klageerzwingungsverfahren erfolgreiche Verletzte auch im anschließenden Verfahren mit Mitwirkungsbefugnissen ausgestattet sein müsse, letztendlich nicht verschließen und stimmte einem modifizierten Vorschlag[4], der die allgemeine Verletzteneigenschaft mit einem erfolgreich durchgeführten vorherigen Klageerzwingungsverfahren kombinierte, mit großer Mehrheit[5] zu[6].
Mit In-Kraft-Treten des RStGB am und der RStPO am 1. Oktober 1879 waren der Strafantrag, das Klageerzwingungsverfahren, die Privat- und die Nebenklage im deutschen Strafverfahrensrecht einheitlich verankert. Trotz zahlreicher Reformbemühungen und Novellierungen haben sich diese Institute in ihrer Grundstruktur bis heute erhalten[7].

[1] Sofern die Rechtsgüter Leben, Gesundheit, Freiheit, Ehre, Personenstand oder Vermögensrechte betroffen sind.
[2] Vgl. die Ausführungen der Abgeordneten *Amsberg*, *v. Schwarze*, *Hanauer*, *Öhlschläger*, *v. Forcade de Biaix* und *Reichensperger* (Protokoll der Justizkommission im Reichstag vom 22. September 1875, 1. Lesung [78. Sitzung], S. 676 ff. [abgedruckt in Hahn I: S. 1106 ff.]).
[3] Protokoll der Justizkommission im Reichstag vom 22. September 1875, 1. Lesung [78. Sitzung], S. 681 ff. [abgedruckt in Hahn I: S. 1110]).
[4] Eingebracht von *Lasker* (Protokoll der Justizkommission im Reichstag vom 21. Juni 1876, 2. Lesung [154. Sitzung], S. 1055 f. [abgedruckt in Hahn II: S. 1422 f.]).
[5] Dagegen: *Hanauer* (Protokoll der Justizkommission im Reichstag vom 21. Juni 1876, 2. Lesung [154. Sitzung], S. 1056 f. [abgedruckt in Hahn II: S. 1424 f.]).
[6] Protokoll der Justizkommission im Reichstag vom 21. Juni 1876, 2. Lesung (154. Sitzung), S. 1058 (abgedruckt in Hahn II: S. 1424).
[7] Zur Weiterentwicklung dieser Institute im 20. Jrh. vgl. zum Strafantragsrecht Brähmer (S. 84 ff.), zum Klageerzwingungsverfahren Görg (S. 158 ff.), zur Privatklage Muttelsee (S. 20 ff.) und zur Nebenklage Hölzel (S. 46 ff.).

B. Spanien

I. Die frühere Neuzeit (16. bis 18. Jrh.)

Im 16. und 17. Jrh., den sog. *siglos de oro*[1], erlebte das gleichsam über Nacht[2] zur führenden Weltmacht aufgestiegene Spanien eine Periode innerer politischer Stabilität und Reichtum nie zuvor gekannten Ausmaßes. Auch als 1701 die auf den Tod des kinderlosen Habsburgerkönigs *Carlos II* folgende Thronvakanz Europa in den Sog des *Spanischen Erbfolgekriegs* riss und sich im Anschluss daran unter den *Bourbonen* die – freilich schon früher eingeleitete - weltpolitische Bedeutungslosigkeit immer deutlicher abzuzeichnen begann, blieb Spanien im Inneren von Machtkämpfen und sozialen Unruhen weitgehend verschont.
Dementsprechend ist diese Periode von nur geringfügigen Änderungen im strafprozessualen Bereich geprägt. Äußere Kontinuität vermittelten dabei die inhaltlich weiterhin Gültigkeit beanspruchenden *Siete Partidas*, die in den *Leyes de Toro* (1505) bestätigt wurden und Eingang in die *Nueva Recopilación* (1567) und in die *Novísima Recopilación*[3] (1805) fanden[4].

Die somit formell noch vorhandene, in der Koexistenz von Akkusations- und Inquisitionsprozess zum Ausdruck kommende Zweispurigkeit des Strafverfahrens blieb zwar grundsätzlich erhalten, war aber auf das Theoretische beschränkt. In der Praxis sah sich die Grenze zwischen beiden Instituten einer kontinuierlich zunehmenden Verwischung ausgesetzt, die in der bereits oben dargestellten Figur der *denuntia cum promovente* ihren Anfang genommen hatte. Hinzu kam der Usus, potentielle Denunzianten durch Delatorenprämien zur Anzeige zu animieren[5]. Die damit verbundenen Missbrauchsgefahr wurde alsbald durch Aufbürdung der Beweislast auf den Anzeigeerstatter und eine Pflicht zur Sicherheitsleistung[6] zu korrigieren versucht, so dass dem An-

---

[1] Goldene Jahrhunderte

[2] Fast zeitgleich zur letzten Schlacht der *Reconquista* und nur 23 Jahre nach der Vereinigung von Kastilien und Aragón entdeckte *Cristobal Colón* (*Columbus*) 1492 im Auftrag der *Reyes Católicos* die Neue Welt, wodurch sich Spanien den Grundstein für ein koloniales Reich gigantischer Ausdehnung schuf. Unter der Herrschaft König *Carlos I.*- personenidentisch mit *Karl V.*, Kaiser des Heiligen Römischen Reiches Deutscher Nation - , fielen bereits 1521 das Aztekenreich und 1534 das Inkareich an die spanische Krone. Sein Nachfolger *Felipe II* (*Phillip II.*) erweiterte den Besitzstand in Übersee (insbes. in Ostasien) und verfolgte auch in Europa eine aggressive Außenpolitik.

[3] Bei den *Recopilaciones* handelte es sich jeweils um die redaktionelle Neuordnung der bereits bestehenden Rechtslage mit dem Ziel, durch Eliminierung von Widersprüchen, missverständlichen Wortfassungen und obsoleten Vorschriften für größere Rechtsklarheit zu sorgen (zur *Nueva Recopilación* V. Rauchhaupt: S. 181 ff.; zur *Novísima Recopilació*: ders.: S. 196 ff.).

[4] V. Rauchhaupt: S. 129; Lalinde Abadía: S. 657; Silvela: S. 477; Gimeno Sendra: RDP Ib. 1976, S. 58 f.

[5] Diese belief sich nach Gimeno Sendra (RDP Ib. 1976, S. 60, Fn. 10) auf ein Drittel der verhängten Geld- oder Vermögensstrafe, wobei die anderen beiden Drittel jeweils zur Hälfte dem Richter und der Krone verfielen.

[6] Nach der am 28. Juni 1619 von *Felipe III* erlassenen Verordnung, die in die NC (Buch XII, Bd. 33, Gesetz 7) Eingang fand: ... *mandamos que no se admitan memoriales, que no se den firmados de persona conocida , y entregandoles la misma parte personalmente, ... obligándose y dando fianzas primero y ante todas cosas a probar y a averiguar lo en ellos contenido...*

zeigenerstatter im Inquisitionsprozess Pflichten erwuchsen, die ursprünglich in die klassische Domäne des Anklageprozesses fielen[1].
Umgekehrt drängte der Staat auch im Anklageprozess den Bürger aus seiner angestammten Rolle, indem er das Tätigkeitsfeld der *promotores fiscales* immer weiter ausdehnte. So musste schon zu Beginn des 17. Jrh. immer ein *fiscal* an der Seite des privaten Anklägers agieren, bis die *Real Cédula* vom 8. November 1787 den *fiscal* ausschließlich mit der öffentlichen Klage betraute, so dass zu Beginn des 19. Jrh. die Privatklage trotz ihres theoretischen Fortbestehens[2] nicht mehr zur Anwendung kam[3].
Dabei darf nicht übersehen werden, dass die Verfahrensherrschaft auch im auf Betreiben eines *fiscals* initiierten Anklageprozess voll beim untersuchenden Gericht verblieb, zumal dieses ein Verfahren jederzeit selbst einleiten konnte[4]. Die Übernahme der Strafverfolgung durch einen staatlichen Ankläger bedeutete demnach nicht etwa eine Vorwegnahme späterer liberaler Anschauungen, sondern zielte - konform mit dem absolutistischen Gedankengut jener Zeit[5] - auf die Eliminierung jeglichen privat gefärbten Verständnisses von Strafe und ihrer Verfolgung ab[6]. Der Strafprozess blieb deshalb in seiner Gesamtschau ein inquisitorischer[7].

II. Die Kodifikationen des 19. Jrh.

1. Geschichtlicher Hintergrund

Wie im restlichen Europa hinterließen die napoleonischen Eroberungszüge auch in der spanischen Geschichte eine einschneidende Zäsur. Setzte die französische Besetzung der deutschen Staaten jedoch antizentrifugale Kräfte frei, die auf nationale Einheit und die Verbreitung liberalen Gedankentums gerichtet waren, so versank Spanien im sich daran anschließenden Jahrhundert in einen Zustand politischer Anarchie. Allein in der Zeit zwischen 1833 und 1936 gab es 8 verschiedene Verfassungen (begleitet von 3 Entthronungen, 4 Attentaten auf Herrscher sowie 4 Ermordungen von Ministerpräsidenten), 11 Regimewechsel (darunter 2 Diktaturen, 2 Republiken, 6 Monarchien) und 109 Regierungen[8].
Mit den ständigen politischen Wechselgüssen war auch die Straf- und Strafprozessrechtsentwicklung einer beeindruckenden Diskontinuität unterworfen, in deren Laufe sich eine auf offiziöse Elemente fixierte Anschauung mit einer liberalen, den Bürger in den Vordergrund des Verfahrens rückenden Geisteshaltung mit wechselndem Glück erbitterte Gefechte lieferte, bis letztere 1882 mit der Verankerung der Popularklage in

[1] Gimeno Sendra: RDP Ib 1976, S. 60; Pérez Gil: S. 51 ff.
[2] Im Widerspruch zu der in der o.g. Cédula von 1787 zum Ausdruck kommende Praxis verbot die NC (Buch XXII, Titel 33, Gesetz 5) grundsätzlich die Ernennung eines *fiscals* bei Anwesenheit eines Privatklägers (vgl. Silvela: S. 466 f.).
[3] Pérez Gil, S. 49 und 52 f.; a.A. Gimeno Sendra: RDP Ib 1976, S. 58 ff, der davon ausgeht, dass die *accusatio* nicht außer Übung gekommen sei, auch wenn er sich auf S. 62 über die unzureichende gesetzliche Regelung moniert.
[4] Silvela: S. 466 f.
[5] Zum aufgeklärten Absolutismus (*despotismo ilustrado*) im Spanien des 18. Jrh.: Lalinde Abadía, S. 537 ff.
[6] Gimeno Sendra: RDP Ib 1976, S. 59
[7] Volkmann-Schluck: S. 26
[8] Volkmann-Schluck: S. 27, Fn. 54

der heute noch gültigen Strafprozessordnung (LECrim) einen überraschenden Sieg davontrug. Diese Entwicklung kurz darzustellen soll Gegenstand folgender Ausführungen sein[1].

2. Der Weg zur LECrim von 1882 – offiziöses Prinzip vs. Popularklage

Die erste Erwähnung des Terminus *acción popular* findet sich in dem *Decreto de Cortes N° 66* vom 22. April 1811, mit dem die Folter abgeschafft und diese selbst zu einer mittels Popularklage verfolgbaren Straftat erklärt wurde[2]. Damit wird bereits die sich in fast allen weiteren Kodifikationen fortsetzende Tendenz zu einem primär auf die strafrechtliche Überwachung von Amtsträgern zugeschnittenen Konzept der Popularklage vorgegeben. So erweiterte die im Folgejahr erlassene, ganz im Zeitgeist der Befreiungskriege gehaltene Verfassung (sog. *Constitución de Cádiz*) in Art. 255 Ziff. 2 die Statthaftigkeit einer Popularklage auf die Fälle der Bestechungsdelikte und Rechtsbeugung von Richtern[3]. Konkretisiert wurde diese verfassungsrechtliche Bestimmung durch das Dekret vom 21. Dezember 1813, nach der es grundsätzlich jedem Spanier offen stand, neben den oben genannten Delikten u.a. auch die jeweils von Richtern begangene Verführung weiblicher Prozessbeteiligter und Untersuchungshäftlinge, wiederholte Trunkenheit oder Erregung öffentlichen Ärgernisses anzuklagen.
Obwohl *Fernando VII.* die Verfassung bei seiner Rückkehr nach Spanien (1814) zurückwies und die Unterdrückung liberaler Elemente einzuleiten begann, gelang es ihm erst 1823, nach einem dreijährigen liberalen Intermezzo (dem sog. *Trienio Constitucional*), die alte Ordnung absolutistischer Couleur zu restaurieren[4]. In diese drei Jahre liberaler Renaissance fällt das *Proyecto de Código de Procedimiento Criminal* von 1821, das neben der in Art. 4 normierten Privatklage im Folgeartikel detaillierte Regeln zur Popularklage aufstellte[5]. Danach war neben den zur Strafverfolgung berufenen staatlichen Organen grundsätzlich jeder Inländer zur Erhebung einer Popularklage befugt - mit der Ausnahme folgender Personen: die sich nicht im Vollbesitz ihrer Bürgerrechte Befindlichen, diejenigen, die einmal eine bereits eingelegte Popularklage gegen Geld oder eine sonstige Belohnung hatten fallen lassen oder schon zwei Klagen eingereicht hatten (solange eine davon noch anhängig war), sowie Jugendliche unter

---

[1] Ausführlich dazu Pérez Gil: S.55 ff.

[2] Pérez Gil: S. 56 f.

[3] Art. 255.2 : *El soborno, el cohecho y la prevaricación de los magistrados y juezes producen acción popular contra los que los cometan.*

[4] Vgl. dazu Sánchez Goyanes: S. 17 ff.

[5] Art. 5: *La acción criminal, respecto de los delitos públicos, corresponde, no sólo a los funcionarios encargados de la ley, sino también a cualquier español, exceptuándose en general las personas siguientes:*
1° El que no es ciudadano en el ejercicio de sus derechos
2° El que conste judicialmente haber usado de la acción popular y separándose de ella por dinero u otra recompensa
3° El que hubiese deducido dos acciones de esta clase mientras estuviere pendiente cualquiera de ellas
4° El menor de catorce anos
5° Las mujeres
6° Los Juezes
7° Los eclesiásticos
(abgedruckt bei Silvela, RGLJ Nr. 73 [1888], S. 472).

14 Jahren, Frauen, Richter und Geistliche. Neben dem in Art. 7 normierten Verbot der Klagerücknahme zeigen gerade diese Ausschlussgründe eine auffallende Parallelität zur römischen Popularklage der spätrepublikanischen Zeit[1].
Eine völlig entgegengesetzte Position nimmt das *Proyecto de Código Criminal* von 1830 ein, indem es in Art. 432 die Popularklage ausdrücklich ausschließt[2] und in Anlehnung an das französische Vorbild in Art. 429 der Staatsanwaltschaft ein nur durch die Privatklage des Verletzten durchbrochenes Anklagemonopol zubilligt[3]. Erwähnenswert ist allerdings die Möglichkeit eines gerichtlichen Klageerzwingungsverfahren durch den Verletzten in Art. 430. Ohne größere inhaltliche Abweichungen finden sich diese Bestimmungen im *Proyecto de Código Criminal* von 1833 unter Art. 423 ff wieder.
Nach dem Tode *Fernandos VII* oktroyierte dessen Witwe 1834 eine neue Verfassung, den *Estatuto Real*[4], der in Art. 45 die Popularklage für richterliche Bestechungsdelikte und Rechtsbeugung wiederbelebte. Das daraufhin erlassene *Reglamento Provisional para la Administración de Justicia* von 1835 enthielt eine verwirrende und unzulängliche Regelung, nach der jeder Inländer eine gegen seine Person, Ehre oder Eigentum gerichtete Straftat mittels Anzeige oder Anklage verfolgen konnte, ohne dass sich eine nähere Begriffsbestimmung dieser Institute oder eine genauere Abgrenzung zur nach Art. 101 grundsätzlich allzuständigen Staatsanwaltschaft finden ließe[5]. Eine Popularklage sollte dadurch wohl ausgeschlossen werden.
Drei weitere Gesetzesvorhaben aus den Jahren 1844[6], 1853[7] und 1857[8] kehrten wieder zum prinzipiellen, nur durch die Privatklage des Verletzten eingeschränkten Anklagemonopol der Staatsanwaltschaft zurück. Das *Proyecto de Ley de Enjuiciamiento Penal* von 1858 brachte demgegenüber nur insoweit eine Neuerung hervor, als es dem Verletzten oder seinen Angehörigen (bzw. seinem Vormund) in Art. 5 eine die Staatsanwaltschaft unterstützende aktive Nebenbeteiligung[9] einräumte[10].
Im Gegensatz zu den beiden vorangegangenen Verfassungen aus den Jahren 1837 und 1844[11] enthielt die wieder auf liberalen und demokratischen Vorstellungen[12] fußende

---

[1] S.o. Dementsprechend wurde die Popularklage von der *Audiencia de Castilla* als „römischer Anachronismus" bezeichnet. Auch sonst stieß die Regelung auf kritische Stimmen aus der Praxis: So ergebe sich weder ein sachlicher Grund für das Verbot, eine Anklage fallen zu lassen, noch für den Ausschluss nach zweimal erhobener Klage. Auch die persönliche Ausnahme von Geistlichen sei trotz ihrer prinzipiell zur Sanftmut verpflichteten Haltung nicht nachvollziehbar. Darüber hinaus sei das Verhältnis zwischen Strafantrag, Privat- und Popularklage unklar (Überblick dazu bei Pérez Gil: S. 58 ff. m.w.N.).
[2] Art. 432: *No ejerciéndose la acusación privada por la parte que haya recibido daño u ofensa en el delito, ninguna otra persona puede deducirla...*
[3] Zur Entwicklung der Staatsanwaltschaft allgemein Lanzarote Martínez: La Ley 1998 (Bd. 1), S. 1821; Volkmann-Schluck: S. 37 f.; Conde-Pumpido Ferreiro, S. 31 ff.
[4] Zum *Estatuto Real*: Sánchez Goyanes, S. 21 f.
[5] Pérez Gil: S. 62 f.
[6] *Proyecto de Enjuiciamiento Criminal de Pena Aguayo*
[7] *Proyecto de Código de Enjuiciamiento Criminal* von *Ortiz de Zúñiga*
[8] *Bases de Enjuiciamiento Criminal* der *Comisión General de Codificación*
[9] *...coadyuvantes del Ministerio Fiscal...*
[10] Pérez Gil: S. 65
[11] Vgl. dazu Sánchez Goyanes: S. 22 ff.
[12] García de Cortázar/González Vesga: S. 437

Constitución de 1869 (*La Gloriosa*)[1] in Art. 98 Abs. 2[2] eine Bestimmung, nach der jeder Inländer zur öffentlichen Klage gegen Richter für die in Ausübung ihres Amtes begangenen Straftaten berechtigt war. Eine einfachgesetzliche Konkretisierung erfuhr diese Verfassungsnorm in Art. 245 der *Ley Provisional sobre la Organización del Poder Judicial* von 1870, die allerdings nach Art. 838 in den übrigen Fällen ausschließlich die Staatsanwaltschaft und – im Rahmen der Privatklage – den Verletzten mit der Strafverfolgung betraute. Weitere Popularklagen ergaben sich jedoch aus dem Nebenstrafrecht jener Zeit, wie z.B. dem Wahlgesetz (*Ley Electoral de 1870*)[3] für Wahldelikte sowie aus der Gemeindeordnung (*Ley Municipal de 1870*)[4] für die Verfolgung von Delikten städtischer Amtsträger[5].

Erweitert auf die Geltendmachung sämtlicher Delikte wurde die Popularklagebefugnis durch die – wenn auch unter Missachtung parlamentarischer Formvorschriften zustande gekommenen und unter dem Vorbehalt einer späteren endgültigen Festlegung stehende – *Ley Provisional de Enjuiciamiento Penal* (LPECrim) von 1872. Denn diese statuierte in Art. 2 uneingeschränkt: "Die Strafklage ist öffentlich. Sie kann von allen spanischen Bürgern nach den Vorschriften dieses Gesetzes ausgeübt werden."

Obwohl diese Vorschrift in der *Compilación General* von 1879[6] inhaltlich noch einmal voll aufrecht erhalten wurde, trachtete eine erste Vorlage für die – noch heute geltende – *Ley de Enjuiciamiento Criminal* (LECrim)[7] aus dem gleichen Jahr nach der Beschränkung jedweder Prozessbeteiligung auf den Verletzten[8]. In bewusster Anlehnung an das mittlerweile im Deutschen Reich eingeführte Institut der Nebenklage[9] konkretisierte ein überarbeiteter Entwurf des Jahres 1881 diese Mitwirkungsbefugnis im Rahmen der Offizialdelikten auf eine die Staatsanwaltschaft unterstützende Position, ließ aber eine Popularklage im Hinblick auf Amtsdelikte von Richtern zu.

Diese restriktive Handhabung der Popularklage steht im unmittelbaren Zusammenhang mit der Wiedereinführung der monarchischen Staatsform durch die Verfassung von 1876[10] und der Tatsache, dass eine verstärkte Bürgerbeteiligung im Strafprozess der amtierenden konservativen Regierung suspekt war – eine Konstellation, die sich schlagartig in ihr Gegenteil verkehrte, als 1881 die Regierungsgewalt an die Liberalen überging[11] und sich der Gesetzgeber bei der Verabschiedung der LECrim im Folgejahr in den Art. 100 und 270 auf das Prinzip der Popularklage in ihrer heute noch geltenden Form festlegte. Über die Details im parlamentarischen Entscheidungsprozess dieser erneuten Kehrtwende herrscht in Ermangelung einer lückenlos durchgeführten Dokumentation bis heute Unklarheit; es ist jedoch davon auszugehen, dass der für seine Kompromissbereitschaft bekannte Justizminister *Alonso Martínez* die Frage, ob der

---

[1] Der Verfassung vorausgegangen war die von *Prim* und *Topete* veranlasste Absetzung Königin *Isabels II.*

[2] Art. 98 Abs. 2: *Todo español podrá entablar acción pública contra los juezes o magistrados por los delitos que cometieren en el ejercicio de su cargo.*

[3] Art. 178

[4] Art. 24

[5] Zum Ganzen vgl. Pérez Gil: S. 67 ff.

[6] Art. 235

[7] Eingehend dazu Pérez Gil: S. 78 ff.

[8] Art. 7 des Entwurfs: *Los perjudicados por un delito o falta ... podrán mostrarse parte en la causa ...*

[9] Pérez Gil: S. 79 m.w.N.

[10] Zur Verfassung von 1876 Sánchez Goyanes: S. 26 ff.

[11] Volkmann-Schluck: S. 30 f.

Popularklage ein von der staatsanwaltschaftlichen Anklage unabhängiges Eigenleben zukommen oder ob die Staatsanwaltschaft den privaten Ankläger durch Intervention jederzeit aus seiner Stellung herausdrängen solle, bewusst offengelassen hatte, um möglichst zügig ein von allen parlamentarischen Gruppierungen getragenes Ergebnis zu erreichen[1].

Dementsprechend entzündete sich der Streit über Sinn und Unsinn einer Popularklage nach In-Kraft-Treten der LECrim mit der bereits aus dem Vorfeld des Gesetzgebungsverfahrens bekannten Heftigkeit[2]. Schon bei Einführung der LPECrim hatten die Befürworter einer Popularklage neben dem Demokratiegedanken[3] insbesondere das Erfordernis einer möglichst lückenlosen Kontrolle der staatlichen Strafverfolgungsorgane[4] ins Felde geführt, eine Kontrolle, die weder auf die Verfahrenseinleitung, noch auf die Person des Verletzten beschränkt werden dürfe, sondern nur durch eine zur Staatsanwaltschaft parallel verlaufende und von dieser unabhängige Verfahrensbeteiligung des Bürgers erzielt werden könne[5]. Darüber hinaus komme in der aktiven Betreibung des Verfahrens der Inbegriff bürgerlichen Selbstverständnisses zum Ausdruck, indem die Solidarität von öffentlichem und privatem Interesse zum Vorteil des Staates und damit auch des Einzelnen verwirklicht werde[6]. Konsequenterweise plädierte diese Gruppe auch nach Verabschiedung der LECrim für eine von der Staatsanwaltschaft unabhängige Popularklagebefugnis[7].

Demgegenüber hatten die der Popularklage kritisch gegenüberstehenden Stimmen auf die nicht unbedingt mit dem Wesen eines öffentlichen Strafanspruchs harmonisierenden potentiellen privaten Motive des Popularklägers und die damit verbundene Missbrauchgefahr hingewiesen. Außerdem widerspreche eine zusätzlich neben der staatlichen Anklage vorgesehene Popularklage dem Grundsatz der Prozessökonomie und wirke sich jedenfalls verfahrensverschleppend, wenn nicht verfahrensobstruierend aus[8]. Darüber hinaus sei eine Popularklage in Anbetracht der Tatsache, dass niemand ein tatsächliches oder theoretisches Interesse an einer Verfolgung von an Dritten begangenen Straftaten haben könne, ein praktisch höchst unwirksames und deshalb überflüssiges Instrumentarium – dies umso mehr, als sich potentielle Ankläger in der Regel durch das mit der Unhaltbarkeit des Anklagevorwurfs verbundene Haftungsrisiko von vornherein abschrecken ließen[9]. Diese der Popularklage gegenüber skeptisch eingestellte Ansicht trat nach Einführung dieses Instituts für eine im Vergleich zur Staatsanwaltschaft nur subsidiäre Rolle des Popularklägers ein, konnte sich aber letztendlich nicht durchsetzen[10].

---

[1] Pérez Gil: S. 80 ff.

[2] Pérez Gil: S. 82 ff.

[3] Valladares: RGLJ N° 42 (1873), S. 140 ff.

[4] Rodríguez Martín: RGLJ N° 44 (1874), S. 297 f.

[5] Serrano: RGLJ N° 47 (1875), S. 322 ff.

[6] Rodríguez Martín: aaO.; Serrano: aaO.

[7] Vgl. insbesondere Silvela: RGLJ N°. 73 (1888), S. 479 ff.

[8] Audiencia de Madrid: Archivo CGC, Legajo 5 de Enjuiciamiento Criminal, S. 21 f.; Audiencia de Sevilla: Archivo CGC, Legajo 5 de Enjuiciamiento Criminal, Doc. 15, S. 21 f.

[9] Pacheco: S. 129; Gómez de la Serna/Montálban: S. 10

[10] Pérez Gil: S. 85

2. Abschnitt: Initiativrechte des Bürgers ohne Beteiligtenstellung

Gegenstand nachfolgender Untersuchung sollen die Regelungen sein, unter denen der Bürger ein Strafverfahren in Gang setzten kann, ohne dass ihm dabei die Rolle eines echten Verfahrensbeteiligten erwächst[1]. Im deutschen Recht beschränkt sich eine solche Initiativoption auf die Rechtsinstitute der *Strafanzeige* und des *Strafantrags*; das spanische Recht hält demgegenüber die Möglichkeit einer *denuncia* bereit, die in Abhängigkeit vom Einzelfall entweder als Anzeige oder als Strafantrag fungiert.

§ 1:Darstellung der Rechtslage in Deutschland und Spanien

A. Die Strafanzeige im deutschen Recht

I. Definition

Unter einer Strafanzeige im Sinne des § 158 Abs. 1 StPO versteht man nach einhelliger Meinung die Mitteilung eines Sachverhaltes an die Strafverfolgungsbehörden, der nach Ansicht des Mitteilenden Anlass zur Strafverfolgung bietet. Sie stellt damit eine Anregung dar zu prüfen, ob ein Ermittlungsverfahren einzuleiten ist oder nicht[2]. Es handelt sich demzufolge um eine *Wissens*mitteilung an die Behörden; im Gegensatz zum Strafantrag muss der Strafanzeige kein *Wille* zur Strafverfolgung anhaften.

II. *Ratio legis* und Funktion

Die Strafanzeige ist jedoch mehr als eine bloße faktisch-objektive Erkenntnisquelle der Strafverfolgungsorgane; die dem § 158 Abs. 1 StPO zu Grunde liegende Befugnis, (vermeintliche) Straftaten anzuzeigen, stellt vielmehr eine subjektive Rechtsposition dar und korrespondiert mit der Pflicht der Behörden, sich mit der Anzeige zu befassen. Als Ausfluss des Rechtsstaatsprinzips[3] ist diese Pflicht verfassungsrechtlich geboten, und zwar in zweierlei Hinsicht:

1. Im Lichte des grundsätzlichen Verbotes der Privatgewalt und der damit verbundenen Verstaatlichung der Rechtsdurchsetzung ist es dem Bürger in der Regel verwehrt, Selbsthilfe in Anspruch zu nehmen. Dies bedingt auf der anderen Seite aber, dass dem Bürger auch ein Instrumentarium zur Verfügung gestellt werden muss, mit dessen Hilfe er ein staatliches Verfahren initiieren kann. Genau diese Funktion erfüllt die Strafanzeige und stellt spiegelbildlich zur Verpflichtung des Staates, für die Sicherheit seiner Bürger zu sorgen und die Beachtung

---

[1] Zur Stellung des Bürgers als Verfahrensbeteiligter: vgl. Abschnitt 3.

[2] Beulke: Rn. 309; KMG: § 158, Rn. 2; AK-Schöch: § 158, Rn. 3; Pfeiffer: § 158, Rn. 2; KK-Wache: § 158, Rn. 2; BayObLG: NJW 1986, S. 442; RGSt 74, 102 (103)

[3] BVerfGE 74, 257

ihrer Rechte sicherzustellen, ein Individualrecht oder zumindest ein verfassungsmäßig geschütztes Individualinteresse dar[1].

2. Aber auch losgelöst von diesem Individualaspekt ist die Anzeige im Rechtsstaatprinzip insoweit zementiert, als zu der Vielfalt der Einzelprinzipien, die in ihrer Gesamtheit das "Rechtsstaatsprinzip" ausmachen, auch die abstrakte Verpflichtung des Staates gehört, eine funktionierende Strafrechtspflege zu gewährleisten[2]. Dabei spielt die Anzeige eine nicht zu unterschätzende Rolle, denn der Rechtsstaat ist bei der Aufklärung von Straftaten auf die Mitwirkung der Bürger angewiesen; die Strafanzeige stellt deshalb ein unverzichtbares Element der funktionierenden Strafrechtspflege dar[3].

III. Verpflichtung zur Anzeige?

Wie oben dargestellt, liegt der Vorschrift des § 158 Abs. 1 StPO ein *Recht* des Bürgers zu Grunde. Fraglich ist, ob der Bürger auch *verpflichtet* ist, (vermeintliche) Straftaten anzuzeigen. Die allgemeine Meinung verneint dies, auch wenn es sich um Schwerstkriminalität handelt[4]. Lediglich in zwei Konstellationen wird eine Anzeigeverpflichtung angenommen:

1. So ist der Bürger zunächst verpflichtet, nach § 138 StGB bestimmte Katalogstraftaten zur Anzeige zu bringen. Dabei handelt es sich aber nicht um eine Ausnahme zum oben bezeichneten Grundsatz, denn die dem Bürger in § 138 StGB auferlegte Verpflichtung stellt ein *Aliud* zur Strafanzeige im Sinne des § 158 Abs. 1 StPO dar: Dient § 158 StPO der Strafverfolgung und ist somit im repressiven Bereich anzusiedeln, verfolgt der Gesetzgeber in § 138 StGB rein präventive Absichten. Dies folgt daraus, dass eine Pflicht zur Anzeige nach dieser Vorschrift nur während des "Vorhabens" und während der "Ausführung" einer Katalogstraftat mit Strafe bewehrt ist. Dabei definiert sich der Begriff "Vorhaben" als ernsthafte Planung einer entsprechenden Tat, während die "Ausführung" den gesamten Zeitraum zwischen Versuchsbeginn und Vollendung umfasst bzw. bis zur Beendigung andauert, wenn noch ein weiterer Erfolg eintreten kann[5]. Daraus folgt, dass die Vorschrift jedenfalls nach Beendigung der Straftat nicht mehr anwendbar ist. Sie kann deswegen nicht der Strafverfolgung dienen, sondern lediglich dem Schutz der durch die Katalogstraftaten geschützten Rechtsgüter[6]. Dies korrespondiert mit dem Gedanken, dass das Interesse an einer Verbrechensverhinderung mindestens ebenso schwer wiegt wie das an der Verfolgung[7]. Die Ansicht[1], die als das von § 138 StGB geschütz-

[1] BVerfGE aaO. S. 261 f.
[2] BVerfGE 46, 212 (222)
[3] BVerfGE 74, S. 262
[4] Beulke: Rn. 309; Roxin: § 37, Rn. 5; AK-Schöch: § 158, Rn. 15; KK-Wache: § 158, Rn. 25; Pfeiffer: § 158, Rn. 1
[5] TF: § 138, Rn. 6 und 7; Sch/Sch-Cramer: § 138, Rn. 6; LK-Hanak: § 138, Rn. 8
[6] Sch/Sch-Kramer: § 138, Rn. 1
[7] Maurach-Schröder II: § 98 II, Rn. 6

te Rechtsgut die Funktionstüchtigkeit der Strafrechtspflege angesehen hatte und mit der man zumindest die *ratio* dieser Vorschrift auch in den repressiven Bereich hätte verlagern können, lässt sich mit diesen Erwägungen schwer vereinen und wird auch heutzutage nicht mehr vertreten.

2. Eine weitere Ausnahme von dem Grundsatz, dass für den Bürger prinzipiell keine Verpflichtung zu einer Anzeige besteht, wird von der hM[2] für den Fall nicht ausgeschlossen, in dem ein Angehöriger der Strafverfolgungsorgane – sei es der Staatsanwaltschaft, sei es der Polizei - losgelöst von seiner Amtsstellung auf rein privatem Weg Kenntnis von einer Straftat erlangt. Zwar handelt es sich hier streng genommen nicht um eine Anzeigepflicht im technischen Sinne, da die Strafverfolgungsorgane grundsätzlich selbst Adressaten einer Anzeige sind; vielmehr spricht man von einer Verpflichtung, ermittelnd tätig zu werden. Die Sachlage gleicht aber einer Verpflichtung zur Anzeige, so dass es unter systematischen Gesichtspunkten nicht verfehlt ist, diesen Aspekt hier zu behandeln.

    a) Zwar verkennt die hM nicht den Konflikt, in dem sich die betreffende Person befindet: Einerseits gehöre diese Person den Strafverfolgungsbehörden an, und sei – als Ausdruck des Legalitätsprinzips - nach § 152 Abs. 2 StPO "immer" verpflichtet, bei entsprechenden Informationen strafrechtlich einzuschreiten. Dass zwischen privater und dienstlicher Kenntnisnahme nicht unterschieden werden könne, ergebe sich aus dem Wortlaut des § 160 Abs. 1 StPO, der ausdrücklich auch die Möglichkeit einer Kenntniserlangung "auf anderem Wege" vorsehe.

    Andererseits würde durch eine rigorose Einhaltung des Legalitätsprinzips bei rein privater Kenntnisnahme von Anhaltspunkten einer Straftat die verfassungsrechtlich geschützte Privatsphäre insoweit unzumutbar beeinträchtigt, als die betreffende Person Gefahr laufe, keine ungezwungenen sozialen Kontakte mehr pflegen zu können.

    Einigkeit innerhalb der hM herrscht dahingehend, dass eine Abwägung im Einzelfall stattfinden müsse, um zu einem gerechten Ausgleich zwischen der Intensität der Beeinträchtigung der Privatsphäre des Amtsträgers und der Schwere des Deliktes bzw. der Gefährdung der Allgemeinheit gelangen zu können. Über die Frage, welche Kriterien dazu heranzuziehen sind, herrscht jedoch alles andere als Einigkeit: Die Rechtsprechung will sich nicht auf griffige Kriterien festlegen und hält ihre Formulierung allgemein; eine Anzeige- bzw. Verfolgungspflicht sei dann zu bejahen, wenn es sich um Delikte handle, die "die Belange der Öffentlichkeit und der Volksgemeinschaft in besonderem Maße" berührten, wie z.B. gemeinschaftlicher Raub[3]. Die Literatur bemüht sich hingegen um eine weitergehende Konkretisierung und stellt teils auf die Katalogtaten des § 138 StGB[4], teils auf die des § 100a StPO[1] ab oder differenziert

[1] Nachw. bei LK-Hanak: § 138, Rn. 2

[2] Beulke: Rn. 91; Roxin: § 37 A I 2; Schlüchter (3. Aufl.): S. 34; Krey II: Rn. 209; Kramer: "Grundbegriffe des Strafverfahrensrecht", S. 180; BGHSt 5, 225 ff.; St 12; 277 ff.

[3] BGHSt 5, 225 (229); St 12, 277 (280)

[4] Roxin: § 37 A I 2; Schlüchter: S. 34

zwischen Verbrechen und Vergehen[2]. Das BVerfG hat jedenfalls in einer jüngeren Entscheidung[3] kundgetan, dass es die Eröffnung eines Wertungsraumes durch das von der Rechtsprechung entwickelte Kriterium der schweren Straftat aus verfassungsrechtlichen Gründen nicht für beanstandungswürdig hält, soweit dem Persönlichkeitsrecht des Beamten hinreichend Rechnung getragen wird[4].

b) Der hM kann nicht gefolgt werden: Schon die grundsätzliche Berufung auf das Legalitätsprinzip scheint in diesem Fall aus juristischer Sicht problematisch: Denn Legalitätsprinzip bedeutet ja gerade, dass ein Verfolgungszwang für *alle* Delikte besteht[5] und insoweit ausnahmefeindlich ist; lediglich der Gesetzgeber hat dem Legalitätsprinzip durch das Opportunitätsprinzip vereinzelt Grenzen gesetzt, die hier nicht einschlägig sind. Durch die Abwägung im Einzelfall würde das Legalitätsprinzip aber einer solchen, nicht vom Gesetzgeber vorgesehenen Ausnahmeregelung unterworfen[6].

   Auch aus dem Wortlaut der §§ 152 Abs. 2 und 160 Abs. 1 StPO lässt sich nichts Gegenteiliges herleiten: § 152 Abs. 2 trifft keine Aussage darüber, dass die Staatsanwaltschaft "immer" verpflichtet sei, einzuschreiten, denn diese Vorschrift bezieht sich nur auf "alle" verfolgbaren Straftaten – ohne dass dem Wortlaut eine *zeitliche* Komponente zu entnehmen wäre. Der Satz, wonach der Staatsanwalt immer im Dienst sei, kann darauf also nicht gestützt werden. Auch aus der Tatsache, dass § 160 Abs. 1 StPO von einer Kenntnis des Staatsanwalts ausgeht, die "auf anderem Wege" als auf Grund einer Anzeige erworben wurde, kann nicht begriffsnotwendig gefolgert werden, dass damit die private Kenntnisnahme gemeint ist, denn erfasst werden vom Wortlaut der Vorschrift z.B. auch innerdienstliche Informationen oder weitere, in einem anderen Ermittlungsverfahren zu Tage tretende Erkenntnisse.

   Selbst wenn man entgegen der hier vertretenen Auffassung von einer Stütze der hM aus den §§ 152, 160 StPO ausginge, verstieße die Differenzierung der hM immer noch gegen das Grundrecht des Art 2 Abs 1 i.V.m. Art 1 Abs. 1 GG, da durch eine solche Betrachtung die Privatsphäre und damit das allgemeine Persönlichkeitsrecht unzumutbar beein-

---

[1] Kramer: S. 180

[2] Krey II: Rn. 209

[3] BVerfG, 2 BvR 2202/01 vom 21.11.2002; veröffentlicht unter http://www.bundesverfassungsgericht.de/entscheidungen/frames/rk20021121_2bvr220201 (29.04.2005)

[4] In seiner Begründung sah das BVerfG die Belange des Beamten zumindest dann als nicht überwiegend schutzwürdig an, wenn die Informationen über die Begehung einer Straftat selbst aus einer Straftat des Beamten herrühren. In einem *obiter dictum* machte es hingegen deutlich, dass Informationen, die dem Beamten unter dem Mantel der Verschwiegenheit anvertraut werden, im Rahmen der Abwägung zu einer höheren Schutzwürdigkeit führen.

[5] Laubenthal: JuS 1993, S. 911

[6] So i.E. auch Krause: JZ 1984, S. 548 ff.

trächtigt wird[1]. Ausschlaggebend ist dabei die mangels Verhältnismäßigkeit fehlende verfassungsmäßige Rechtfertigung eines solchen Eingriffs in das oben genannte Grundrecht, denn der Eingriff deckt sich schon nicht mit einem verfassungsmäßig legitimen Ziel des Gesetzgebers: Die besonderen Dienstpflichten des Amtsträgers (insbesondere die §§ 152, 160 StPO) sind ausschließlich das Korrelat[2] dafür, dass Amtsträgern - und zwar nur in ihrer Funktion als solchen – besondere Mitwirkungsbefugnisse im Strafverfahren eingeräumt werden – aber mehr nicht. Mit anderen Worten: Würde man auch private Mitwirkungspflichten erfordern, würde dies nicht mehr diesem gesetzgeberischen Zweck entsprechen, und dem Eingriff in die Privatsphäre von Angehörigen der Strafverfolgungsbehörden wäre der legitime Zweck und damit die Verhältnismäßigkeit geraubt.

Darüber hinaus widerspricht die hM nicht nur der Verkehrsauffassung, die jedermann irgendwann das "Recht auf Dienstende" einräumt, sondern auch dem Gleichheitssatz: Nach dem oben angeführten Korrelat der amtlichen Mitwirkungspflichten zu den ebenfalls amtlichen Mitwirkungsbefugnissen verbietet es sich, einen sachlicher Grund der Ungleichbehandlung zu anderen Beschäftigten bzw. Berufsgruppen allein auf Grund der Tatsache anzunehmen, dass die betreffende Person beruflich den Strafverfolgungsorganen angehört (dies umso mehr, als auch im allgemeinen Beamtenrecht genau zwischen Verhalten im Dienst und außerhalb davon unterschieden wird[3]).

Aber auch die Art und Weise, wie die hM – mit ihren sämtlichen Abwandlungen – eine Einzelabwägung vornimmt, findet zumindest im Gesetz keine Stütze und ist verfassungsrechtlich nicht unbedenklich: Die Rechtsprechung, die insoweit auf ein besonderes Berühren der "Belange der Öffentlichkeit und der Volksgesamtheit" abstellt, entwickelt kein genaues Abgrenzungskriterium und fördert dadurch die Entstehung von "*case law*" – ein sehr unbefriedigendes Ergebnis nicht zuletzt im Hinblick auf den Grundsatz *nulla poena sine lege*, bedenkt man, dass sich die Verpflichtung der Strafverfolgungsorgane zum Einschreiten mit der – bei deren Unterlassen strafbewehrten - Verpflichtung des § 258a StGB deckt[4].

Auch den Katalog des § 138 StGB bzw den des 100a StPO herzunehmen findet im Gesetz keine Stütze, sondern erscheint willkürlich ausgewählt[5]. Denn Kataloge, die – unstreitig - schwere Kriminalität enthalten, finden sich noch an anderen Stellen im Gesetz: Warum nicht den Katalog des § 100c Abs 1 Nr. 3 StPO hernehmen oder den des § 98a Abs. 1 StPO oder

[1] Pawlik: ZStW 111, S. 335 ff; Krause: JZ 1984, S. 550; SK-Hoyer: § 258a, Rn. 6; LöRo-Rieß: § 160, Rn. 29
[2] SK-Hoyer: § 258a, Rn. 6
[3] Krause: JZ 1984, S. 549
[4] Krause: JZ 1984, S. 549
[5] LöRo-Rieß: § 160, Rn. 29; Laubenthal: JuS 1993, S. 110 f.; Krause: JZ 1984, S. 549

§ 261 StGB? Eine Antwort darauf muss die herrschende Literaturmeinung schuldig bleiben.
Schließlich stehen auch rechtshistorische Überlegungen der hM entgegen: Der frühere § 346 StGB, dessen Regelung der des heutigen § 258a StGB entspricht, geht zurück auf § 321 des preußischen StGB von 1851, der seinerseits auf dem Titel 20, Teil II des ALR beruht, in dem selbst keine Verpflichtung zur Strafverfolgung begründet worden war[1]. Dies und die Tatsache, dass auch der Vorgänger der §§ 158 ff. StPO, nämlich § 106 der Preußischen Kriminalordnung, eine Veranlassung des entsprechenden Organs zur Strafverfolgung nur dann statuierte, wenn die eigene Wahrnehmung "bei Ausübung seines Amtes" erfolgte[2], lassen den Rückschluss zu, dass zumindest auch hinsichtlich des gesetzeshistorischen Werdegangs von einer Ermittlungsverpflichtung bei privater Kenntnisnahme der Strafverfolgungsbehörden nicht die Rede sein kann.

Zusammenfassend lässt sich feststellen, dass es dem deutschen Recht einer Verpflichtung zur Anzeige von bereits begangenen Straftaten ermangelt.

IV. Formelle Anforderungen an die Strafanzeige

1. Nach § 158 Abs. 1 StPO bedarf die Anzeige keiner besonderen Form, d.h. sie kann schriftlich oder mündlich erfolgen; der Urheber muss nicht unbedingt erkennbar sein (so dass anonyme Anzeigen Strafanzeigen im Sinne dieser Vorschrift sind)[3]. Auch das Beurkundungsgebot des § 158 Abs. 1 S. 2 StPO bei mündlichen Anzeigen ist keine Wirksamkeitsvoraussetzung, sondern lediglich eine Ordnungsvorschrift im Dienste einer möglichst lückenlosen Dokumentation seitens der Strafverfolgungsbehörden[4].
2. Auch an die Person des Anzeigenden sind keine hohen Anforderungen zu stellen: Zum einen ist zum Beispiel eine Geschäftsfähigkeit nicht erforderlich, so dass auch Kinder, Geisteskranke und Personen unter Alkohol-, Medikamenten- oder Drogeneinfluss eine Anzeige erstatten können[5]. Dies beruht darauf, dass die Anzeige gerade keine Willenserklärung, sondern eine reine Wissensmitteilung darstellt und ein Schutzbedarf für diesen Personenkreis insoweit nicht ersichtlich ist. Zum anderen ist die Anzeige kein höchstpersönlicher Akt; der Anzeigende kann ganz im Dunkeln bleiben, sich vertreten lassen oder sich eines Boten bedienen[6].
3. Adressaten der Anzeige sind nach § 158 Abs. 1 StPO die Staatsanwaltschaft, das Amtsgericht sowie die Behörden und Beamten des Polizeidienstes. Bei letzteren handelt es sich um alle Behörden und Beamten mit allgemeinen sicher-

---

[1] Krause: GA 1964, S. 110 f.
[2] Krause: GA 1964, S. 110 f.
[3] KMG: § 158, Rn. 10; AK-Schöch: § 158, Rn. 12
[4] AK-Schöch: § 158, Rn. 13
[5] KK-Wache: § 158, Rn. 6; Pfeiffer: § 158, Rn. 3; AK-Schöch: § 158, Rn. 6
[6] AK-Schöch: § 158, Rn. 6; KMG: § 158, Rn. 14

heitspolizeilichen Aufgaben, nicht jedoch um solche mit speziellen sicherheitsrechtlichen Befugnissen wie z.B. die Bahn-, Wasser- oder Gesundheitspolizei. Diese Behörden sind nur insoweit zur Entgegennahme einer Anzeige zuständig, als ihr spezieller Aufgabenbereich betroffen ist. Gleichwohl sind diese speziellen Behörden auf Grund des Legalitätsprinzips verpflichtet, auch andere bei ihnen eingehende Anzeigen an die allgemeinen Polizei- und Sicherheitsbehörden weiterzuleiten[1].

V. Rechtswirkungen der Strafanzeige

1. Erstens bewirkt die wirksam gestellte Anzeige die Verpflichtung des Anzeigeadressaten, diese *entgegenzunehmen* - eine logische Konsequenz aus ihrer Stellung als zuständige Behörde[2].
2. Zweitens ist nach § 158 Abs. 1 S. 2 StPO die Anzeige zu *beurkunden*, wobei dafür eine spezielle Form nicht vorgeschrieben ist[3], denn es handelt sich lediglich – wie oben gesehen – um eine Ordnungsvorschrift, die die Behörden zu einer möglichst umfassenden Dokumentation anhalten soll.
3. Drittens ist die entsprechende Behörde verpflichtet, die Anzeige zu *bearbeiten*. Darunter ist allerdings noch nicht die Aufnahme von Ermittlungen zu verstehen, sondern lediglich die Pflicht zur inhaltlichen Prüfung. Nur wenn diese Prüfung nach Lage des Falles einen Anfangsverdacht ergibt bzw. wenn sich daraus Hinweise auf weitere Erkenntnisquellen ergeben, die einen Anfangsverdacht begründen können, zwingt das Legalitätsprinzip die Behörde zur Vornahme von Ermittlungshandlungen. Daraus folgt spiegelbildlich, dass z.B. eine inhaltlich nicht genügende Anzeige keine Verpflichtung zu weiteren Nachforschungen auslöst, wenn sonstige verdachtsbegründende Anhaltspunkte nicht ersichtlich sind[4].
4. Viertens muss der Anzeigeadressat – sofern dieser wie in der Praxis meist üblich die Polizei war – die Anzeige auf alle Fälle an die Staatsanwaltschaft *weiterleiten*[5], denn diese ist "Herrin des Vorverfahrens" und nur dieser steht das Anklagemonopol zu; nur sie ist zuständig für die Frage, ob das Verfahren nach § 170 Abs. 2 StPO eingestellt, oder ob nach Abs. 1 Anklage erhoben wird.

Als Zwischenergebnis ist demnach festzuhalten, dass der Adressat einer Anzeige verpflichtet ist, diese entgegenzunehmen, zu beurkunden, zu bearbeiten und – so es sich um Beamte der Polizei handelt – diese an die Staatsanwaltschaft weiterzuleiten. Fraglich ist allerdings, ob diese vier Verpflichtungen des Anzeigeadressaten so wie oben dargestellt rigorose Allgemeingültigkeit in Anspruch nehmen können, oder ob es Fallgruppen gibt, die eine gewisse Modifikation rechtfertigen. In diesem Zusammenhang werden drei Problemfelder (zumindest an)diskutiert, nämlich das der Anzeigeerstat-

[1] KK-Wache: § 158, Rn. 12; AK-Schöch: § 158, Rn. 11
[2] KMG: § 158, Rn. 7; KK-Wache: § 158, Rn. 13; Pfeiffer: § 158, Rn. 4; LöRo-Rieß: § 158 Rn. 18
[3] KK-Wache: § 158, Rn. 17; KMG: § 158, Rn. 10
[4] LöRo-Rieß: § 158, Rn. 20; AK-Schöch: § 158, Rn. 3
[5] LöRo-Rieß: § 158, Rn. 20

tung durch sogenannte "offensichtlichen Querulanten", das der "anonymen Anzeige" und das der "vertraulichen Anzeige".

- Was die Anzeige des "offensichtlichen Querulanten" betrifft, so soll diese nach einer Ansicht[1] "gegenstandslos" sein, also nicht die oben beschriebenen Rechtswirkungen entfalten. Als wenig stichhaltige Begründung wird auf eine Entscheidung des BVerfG[2] verwiesen, die keinerlei Aussage über die Qualifizierung der Anzeige eines Querulanten trifft. Vielmehr ging es in der Entscheidung lediglich um die Frage, ob ein wegen seiner querulatorischer Veranlagung bereits Entmündigter die Fähigkeit hat, Verfassungsbeschwerde einzulegen, also einzig und allein um die Auslegung des Begriffs "Prozessfähigkeit" im Verfassungsprozessrecht, der ausdrücklich im BVerfGG nicht geregelt ist. Nicht nur, dass das BVerfG die entsprechende Anwendung von Bestimmungen anderer Verfahrensordnungen in der zitierten Entscheidung geradezu verbietet, so dass keinerlei Verbindungen zwischen diesen Verfahrensordnungen (unter die auch die StPO fallen kann) und dem BVerfGG bestehen und Rückschlüsse von der einen auf die andere unzulässig sind, sondern in diesem Fall hatte die querulatorische Veranlagung des Antragstellers zur Entmündigung wegen Geisteskrankheit geführt. Ein Geisteskranker ist aber, wie oben dargestellt, durchaus fähig, eine Anzeige zu erheben.

  Eine Ausnahme von dieser Regel vorzunehmen, würde auch dem Sinn und Zweck des § 158 Abs. 1 StPO zuwiderlaufen. Denn der eigentliche Grund, der die Gegenstandslosigkeit der Anzeige eines Querulanten als naheliegend erscheinen lassen kann, ist – überspitzt ausgedrückt – der alte Satz: "Wer einmal lügt dem glaubt man nicht, und wenn er auch die Wahrheit spricht". Gerade diese abstrakte Möglichkeit, dass vielleicht doch ein Körnchen Wahrheit an der Anzeige dran sein könnte, lässt es insbesondere im Lichte der rechtsstaatlich gebotenen funktionierenden Strafrechtspflege und der spezifischen Bedeutung, die die Anzeige darin spielt, als nicht hinnehmbar erscheinen, wenn nach dem obigen Satz Verhalten aus der Vergangenheit ("einmal Querulant") einen ausschließlichen Geltungsanspruch auch für eine Prognose in der Zukunft ("immer Querulant") beansprucht. Mit dem Legalitätsprinzip sind solche Gedanken ebenfalls schwer vereinbar; deshalb ist der wohl hM[3] zuzustimmen, die auch bei gerichtsbekannten Querulanten keine Abstriche hinsichtlich den Verpflichtungen der Anzeigenadressaten zulässt. Lediglich in dem Fall, in dem es sich nur um die Wiederholung eines bereits früheren, als haltlos erwiesenen Vorwurfs handelt, kann die Anzeige durch eine interne Verfügung abgelehnt werden, denn eine erneute Prüfung wäre dann ein sinnloser Formalismus.

- In Anbetracht der Tatsache, dass es sich bei der Anzeige lediglich um eine Wissensmitteilung handelt und die Strafverfolgungsbehörden bei entsprechenden Anhaltspunkten für den Verdacht einer Straftat nach dem Legalitätsprinzip verpflichtet sind, ermittelnd tätig zu werden, kann es nach einhelliger Ansicht[4]

[1] KMG: § 158, Rn. 12
[2] BVerfGE 1, 87
[3] KK-Wache: § 158, Rn. 7; LöRo-Rieß: § 158, Rn. 11; Pfeiffer: § 158, Rn. 3
[4] GMK: § 158, Rn. 12; Pfeiffer: § 158, Rn. 3; KK-Wache: § 158, Rn. 6

nicht darauf ankommen, ob sich die Identität des Anzeigenden verifizieren lässt oder ob die Anzeige anonym abgegeben wurde. An den oben dargestellten vier Verpflichtungen der Behörden ändert sich insoweit nichts.

- Bei einer "vertraulichen Anzeige" handelt es sich um eine Anzeige, die unter der Bedingung der Geheimhaltung des Anzeigeerstatters gestellt wird[1]. Eine solche wird aus rechtspolitischen Gründen – trotz der Öffentlichkeits-Maxime im Strafprozess - grundsätzlich für zulässig erachtet, denn vertrauliche Anzeigen sind ein wichtiges Mittel bei der Aufklärung von Straftaten[2]. Das heißt die Behörden[3] können eine solche Anzeige grundsätzlich nicht mit dem Hinweis ablehnen, eine Geheimhaltung könne nicht zugesichert werden. Dies setzt allerdings voraus, dass sich die Geheimhaltung nur auf den Namen und nicht auch auf die mitgeteilten Tatsachen bezieht, und ist im übrigen nur zulässig, wenn der Anzeigeerstatter als (späterer) Zeuge entbehrlich erscheint[4]. Liegen diese Voraussetzungen vor, dann bleibt es uneingeschränkt bei den oben angeführten vier Verpflichtungen der Strafverfolgungsbehörden[5].

VI. Rücknahme der Strafanzeige

Die Rücknahme einer Strafanzeige ist nach allgemeiner Meinung irrelevant[6]. Das folgt schon aus ihrer Funktion als reine, vom Willen des Anzeigenden unabhängige *Wissens*mitteilung in Verbindung mit dem Legalitätsprinzip. Dabei verhält es sich – bildlich gesprochen – wie mit dem Ausplaudern eines Geheimnisses: einmal einer dritten Person verraten, nützt dem Schwatzenden auch keine noch so große Reue; den Vorgang kann er nicht wieder rückgängig machen. Die Behörden sind dann jedenfalls zum Einschreiten verpflichtet (§§ 152 Abs. 2, 160 Abs. 1 StPO).
Dieses Ergebnis lässt sich auch anderen gesetzlichen Bestimmungen entnehmen: Da § 77d StGB eine Regelung für die Rücknahme eines Strafantrages vorsieht, eine solche bei der Strafanzeige aber fehlt, lässt sich mittels *argumentum e contrario* der Schluss ziehen, dass eine Rücknahme bei einer Strafanzeige ausgeschlossen sein muss.

VII. Schadensersatz bei objektiv falscher Anzeige?

Die Frage, wie mit der anzeigenden Person zu verfahren ist, wenn sich die Anzeige später im Verfahren als objektiv nicht fundiert herausstellen soll, ist wohl so alt wie die Strafrechtspflege selbst. So heißt es schon in Sektion 13 der altbabylonischen Gesetzessammlung "*Lipit-Ishtar*" aus dem Jahre 1930 v. Chr. : "Wer grundlos jemand anderen wegen einer Sache anklagt, von der er selbst kein Wissen hat, und den Beweis

[1] GMK: § 158, Rn. 16
[2] GMK: aaO; AK-Schöch: § 158, Rn. 8; KK-Wache: § 158, Rn. 18
[3] Dabei ist umstritten, ob eine solche Zusicherung nur die Staatsanwaltschaft abgeben kann (dafür AK-Schöch: § 158, Rn. 9; differenzierend KMG: § 158 Rn. 17; KK-Wache: § 158 Rn. 22).
[4] AK-Schöch: § 158, Rn. 8; vgl. bei V-Leuten auch die Anlage D, I. Abschnitt zu den RiStBV.
[5] Unter welchen Voraussetzungen die Behörden dann später tatsächlich an die Zusage der Geheimhaltung gebunden sind vgl. AK-Schöch: § 158, Rn. 17
[6] LöRo-Rieß: § 158 Rn. 22 m.w.N.; Pfeiffer: § 158 Rn. 4

dafür nicht erbringt, der soll die Strafe der Tat tragen, deretwegen er die Anklage erhoben hatte" - ein Gedanke, der sich dann auch in § 3 des ca. 250 Jahre später erlassenen *Codex Hammurabi* wiederfindet[1].

Im deutschen Recht ist das Anzeigeopfer bei vorsätzlicher Falschaussage durch die §§ 153 f., 145 und 186 f. StGB in gewissem Umfang auf strafrechtlicher Ebene geschützt. Noch weiter geht der zivilrechtliche Schutz: Erweist sich die Anzeige im Nachhinein als unwahr, so wird man sich als Anwalt des Verdächtigten sogleich die Geltendmachung von Schadensersatzansprüchen aus den §§ 823 Abs. 1 BGB oder § 823 Abs. 2 i.V.m. 186 StGB überlegen. Dies erscheint auf den ersten Blick ganz plausibel:

Bei einer unwahren Aussage ist eine Verletzung des allgemeinen Persönlichkeitsrechts[2] als absolut geschütztes Recht des § 823 Abs. 1 BGB als Anknüpfungspunkt für eine zivilrechtliche Haftung denkbar. Noch einfacher erscheint der Weg über § 823 Abs. 2 BGB, denn der Tatbestand des § 186 StGB, der als Schutzgesetz im Sinne dieser Vorschrift anerkannt ist[3], sieht die Unwahrheit der behaupteten Tatsache als objektive Strafbarkeitsbedingung vor, die gerade nicht vom Vorsatz des Täters umfasst sein muss. Vereinfacht wird dies für den Angezeigten noch dadurch, dass der Nachweis der Wahrheit dabei zu Lasten des Behauptenden geht.

Nach jedem dieser beiden Haftungstatbestände kann sich also auch eine Person, die bei Anzeigeerstattung von der Richtigkeit ihrer Anzeige überzeugt war, schadensersatzpflichtig machen (wenn auch für den Fall des § 823 Abs. 1 BGB Fahrlässigkeit erforderlich ist). Dem hat das BVerfG[4] jedoch zu Recht einen Riegel vorgeschoben: Zumindest bei einer "gutgläubig" erstatteten Anzeige ist eine Schadensersatzpflicht ausgeschlossen. Dies rührt daher, dass es sich bei der Anzeige um ein von Verfassungswegen gebotenes Institut handelt, das Ausfluss des Rechtsstaatsprinzips ist und in Verbindung mit Art 2 Abs. 1 GG dem Anzeigenden eine subjektive Rechtsposition einräumt, die ihn für das generelle Selbsthilfeverbot kompensieren soll[5]. Eine gutgläubig erstattete Anzeige muss deshalb eine von der Rechtsordnung gebilligte und erlaubte Möglichkeit sein, deren Wahrnehmung unverhältnismäßig beschnitten würde, wenn der Betreffende bei der Nichterweislichkeit der Tatsache mit zivilrechtlichen Schadensersatzansprüchen des Angezeigten zu rechnen hätte. Diese Entscheidung harmonisiert mit der ständigen Rechtsprechung des BGH, wonach die subjektiv redliche Einleitung eines gesetzlich vorgesehenen Verfahrens generell keine Schadensersatzpflichten nach sich kann[6].

Zu klären bleibt die Frage, was denn genau unter dem Begriff der "Gutgläubigkeit" bzw. der "Redlichkeit" zu verstehen ist. Dass dieser Terminus bei einem nur fahrlässig handelnden Täter zutrifft und bei Vorsatz generell ausgeschlossen ist, liegt nach der Darstellung der Gesamtproblematik auf der Hand. Wie verhält es sich aber mit dem *bedingten* Vorsatz, dem *dolus eventualis*? Bedenkt man, dass bedingter Vorsatz hier bedeutet, dass der Anzeigende von der Unschuld des Angeklagten nicht überzeugt ist,

---

[1] VerSteeg: "Early Mesopotamian Law", S. 59 und S. 33
[2] Palandt-Thomas: § 823, Rn. 176 und 179a; MüKo-Mertens: § 823, Rn. 5 und § 12, Rn. 252 ff.
[3] Palandt-Thomas: § 823, Rn. 149; MüKo-Mertens: § 823, Rn. 168
[4] BVerfGE 74, 257
[5] Vgl. dazu schon die Ausführungen oben im Kapitel "*Ratio legis* und Funktion der Strafanzeige".
[6] BGHZ 74, 9 (14), sowie BGH in NJW 1961, S. 2254; NJW 1985, S. 1959; NJW 1992, S. 2014

sondern lediglich diese Möglichkeit ernsthaft in Rechnung zieht, und bedenkt man ferner, dass die Existenz bzw. die Nicht-Existenz dieser Unschuld im Verfahren erst geklärt werden soll, so ist *Fahl*[1] zuzustimmen, der eine Redlichkeit auch bei *dolus eventualis* annimmt. Denn das Recht, eine Anzeige zu erstatten, dient ja gerade einem Verfahren, das selbst erst Klarheit hinsichtlich der Erweislichkeit oder Nicht-Erweislichkeit der behaupteten Tatsache schaffen soll. Restzweifel auf Seiten des Anzeigenden können dabei ebenso wenig schaden wie auf Seiten der Staatsanwaltschaft, die schon bei einem "hinreichenden" Tatverdacht - und nicht erst bei völliger Überzeugung von der Tat - Anklage erhebt.
Allerdings ist darauf hinzuweisen, dass dieser Grundsatz im Hinblick auf die Prozesskostenregelung des § 469 StPO eine gewisse Durchbrechung erfährt, denn danach sind nicht nur die Kosten des Verfahrens, sondern auch die notwendigen Auslagen des Beschuldigten dem Anzeigeerstatter aufzuerlegen, wenn dieser vorsätzlich oder leicht fahrlässig eine unwahre Anzeige erstattet hat.

B. Der Strafantrag im deutschen Recht

I. Begriffsbestimmung

Unter einem Strafantrag im Sinne des § 158 Abs. 1 StPO versteht man eine Erklärung des Betreffenden, die erkennen lässt, dass er eine Straftat verfolgt wissen möchte[2]. Im Gegensatz zur Strafanzeige handelt es sich nicht um eine reine Wissensmitteilung, sondern um eine *Willens*erklärung, die darauf abzielt, ein Verfahren einzuleiten.
Herkömmlich wird zwischen einem Strafantrag im *weiten* und einem Strafantrag im *engeren* Sinne differenziert[3], wobei auch mitunter die terminologische Unterscheidung zwischen "Antrag auf Strafverfolgung" und "Strafantrag"[4] gebräuchlich ist. Dabei umfasst der Strafantrag im weiten Sinne (i.w.S.) eine entsprechende Erklärung, die jedermann abgeben kann, während es sich bei dem Strafantrag im engeren Sinne (i.e.S.) um den Antrag des Berechtigten im Sinne der sogenannten Antragsdelikte - also in der Regel des Verletzten - handelt.
Diese Differenzierung ergibt sich zum einen aus dem Vergleich zwischen § 158 Abs. 1 und Abs. 2 StPO; gesetzessystematisch wäre die Nennung des Strafantrages in Abs. 1 nämlich überflüssig, wenn es sich bei beiden Anträgen um exakt die gleiche Sache handeln würde. Aber auch aus der Regelung des § 171 S. 2 und aus der des § 172 Abs. 1 S. 1 StPO ergibt sich die Notwendigkeit einer Differenzierung, denn aus der Gegenüberstellung beider Normen folgt, dass das Gesetz gerade nicht schlechthin von der Kongruenz zwischen Antragsteller und Verletztem ausgeht[5]. Diese Differenzierung ist auch nicht nur rein theoretischer Natur, denn einzig und allein der Antrag im engeren

---

[1] Fahl: JuS 1995, S. 1068
[2] Beulke: Rn. 309; GMK: § 158, Rn. 4; BGH in: NJW 1951, S. 368; MDR 1974, S. 13; GA 1957, S. 17 (19);
[3] Beulke: Rn. 309; Roxin: § 37 A III 1 (Rn. 10); KK-Wache: § 158, Rn. 1
[4] So z.B. LöRo-Rieß: § 158, Rn. 24
[5] Beulke: Rn. 309

Sinne ist nach hM[1] eine Prozessvoraussetzung, d.h. bei dessen Fehlen oder Rücknahme ist das Verfahren nicht einzuleiten bzw. einzustellen, während der Antrag im nur weiteren Sinne darauf keinerlei Auswirkungen hat[2].
Weiter wird im Schrifttum zwischen *absoluten* und *relativen* Antragsdelikten unterschieden. Verwirrung stiftet dabei die Tatsache, dass ein Teil der Literatur[3] unter relativen Antragsdelikten diejenigen Fälle erfasst, die nicht stets antragsbedürftig sind, sondern nur unter bestimmten, weiteren Voraussetzungen wie z.B. der Angehörigeneigenschaft im Rahmen der §§ 247, 259 Abs. 2, 263 Abs. 4, 265a Abs. 3 oder 266 Abs. 3 StGB. Demgegenüber sind nach einer anderen Begrifflichkeit[4] diejenigen Delikte als "absolute" Antragsdelikte zu qualifizieren, deren Verfolgung einzig und allein vom Willen des Berechtigten abhängt[5], während die Staatsanwaltschaft durch Bejahung eines (besonderen) öffentlichen Interesses die Strafverfolgung relativer Delikte unabhängig vom Willen des Betroffenen betreiben kann[6]. Vorzugswürdig erscheint hier die zweite terminologische Sichtweise, denn die Abhängigkeit von weiteren Voraussetzungen wie z.B. der Angehörigeneigenschaft trifft keinerlei Aussagen darüber, ob bzw. inwieweit ein Antragsdelikt vorliegt, sondern schränkt nur den *Kreis der Berechtigten* ein. Richtigerweise ist diese Frage deshalb bei dem Punkt "Antragsberechtigung" zu behandeln. Demgegenüber macht die Unterscheidung, die die Qualifizierung als "relativ" an die Verfolgbarkeit durch die Staatsanwaltschaft bei Vorliegen eines öffentlichen Interesse anknüpft, insoweit Sinn, als dadurch klar zum Ausdruck kommt, dass bei fehlendem Strafantrag die Nichtverfolgung eben keine absolute ist, sondern noch von der Einschätzung der Staatsanwaltschaft abhängt. Deshalb orientieren sich nachstehende Ausführungen einzig an der zweiten terminologischen Sichtweise.

II. *Ratio legis* und Funktion

1. Der Strafantrag im weiteren Sinne

Bei dem Strafantrag im (nur) weiteren Sinne handelt es sich um nichts weiter als um eine Anzeige, der als zusätzliches Element noch ein erkennbares Begehren an Strafverfolgung innewohnt[7], ohne dass der Anzeigenerstatter zunächst Einfluss auf das "Ob" der Strafverfolgung ausüben könnte. Seine Funktion deckt sich demnach weitgehend mit der der Strafanzeige (s.o.).
Darüber hinaus befriedigt der Strafantrag im weiteren Sinne auch ein Informationsbedürfnis des interessierten Bürgers, denn § 158 Abs. 1 StPO ist in dieser Hinsicht mit § 171 S.1 StPO verknüpft: Dem Antragsteller ist bei einer Einstellung des Verfahrens

---

[1] Nach a.A. eine objektive Strafbarkeitsbedingung; Näheres dazu bei Unterpunkt III.
[2] LöRo-Rieß (§ 158 Rn. 24) sieht auch im Strafantrag im engeren Sinne stets einen – wenn auch *uno actu* mit diesem zusammenfallenden - Strafantrag i.S.d. § 158 Abs. 1 StPO, der ein rechtliches Eigenleben führt.
[3] TF: Vor § 77, Rn. 2; LK-Jähnke: Vor § 77, Rn. 6
[4] Brähmer: S. 143; Geerds: JZ 1984, S. 787
[5] Z.B. die Beleidigung wegen § 194 Abs. 1 S. 1 StGB
[6] Nach der Begrifflichkeit von Schork (Jura 2003, S. 305) handelt es sich dabei um "unbedingte" und "bedingte" Delikte.
[7] AK-Schöch: § 158 Rn. 1 f.

eine mit Gründen versehene Verbescheidung zu erteilen, wodurch wird eine gewisse Transparenz im Strafverfahren gefördert wird.

2. Der Strafantrag im engeren Sinne

a) Meinungsstand

aa) Nach hM[1] gibt es keine einheitliche, sich durch das gesamte Recht des Strafantrags im Sinne der §§ 77 ff StGB hinziehende *ratio legis*; der Anknüpfungspunkt dafür muss vielmehr stets bei den einzelnen Deliktstypen des Besonderen Teils des StGB bzw. bei speziellen Strafnormen außerhalb davon gesucht werden. Diese werden den unterschiedlichen rechtspolitischen Zielsetzungen des Gesetzgebers[2] entsprechend gewöhnlich in drei Gruppen zusammengefasst[3]:

- Die erste Gruppe[4] beinhaltet die sogenannte Bagatelldelinquenz, also Delikte mit einem relativ geringen Unrechtsgehalt. Die grundsätzliche Abhängigkeit der Strafverfolgung vom Willen des Betroffenen fußt auf dem Gedanken, dass es bei Straftaten, durch die die Allgemeinheit und der öffentliche Rechtsfrieden wenig oder gar nicht berührt werden, am besten der Entscheidung des Verletzten überlassen bleiben soll, ob ein Strafverfahren eingeleitet wird oder nicht. Bei der genaueren dogmatischen Konkretisierung dieses Gedankens wird teilweise darauf abgestellt, dass erst das Genugtuungsinteresse des Verletzten eine Straf- bzw. Verfolgungswürdigkeit bewirke[5], teilweise darauf, dass dem Verletzten im Zusammenhang mit Delikten, die in erster Linie ausschließlich diesen berühren, keine Entscheidung "über seinen Kopf hinweg" aufgezwungen werden dürfe[6]. Bei der gesetzgeberischen Konzeption hat darüber hinaus auch der Gedanke an Entlastungsmöglichkeiten der Strafverfolgungsorgane eine gewisse Rolle gespielt.
- Die zweite Gruppe[7] schützt eine besondere Beziehung, die bereits zwischen Täter und Opfer besteht (wie z.B. ein Angehörigenverhältnis), soweit es durch ein Strafverfahren belastet zu werden droht. Flankiert wird dieser Gedanke vom Ultima-Ratio-Prinzip des Strafrechts, denn gerade innerhalb einer Familie existieren Instrumentarien, die ein Delikt besser zu sanktionieren im Stande sind als eine Einwirkung seitens der Strafverfolgungsorgane von außen[8] - man denke nur an die psychologische "Strafe", die eine Ächtung innerhalb der eigenen Familie mit sich zu bringen pflegt[9].

---

[1] Sch/Sch-Stree: § 77, Rn. 4; Rieß Gutachten C 17 f; Geerds: GA 1982, S. 243; Brähmer: S. 148 f.
[2] Rieß: Gutachten C 17
[3] Kritisch dazu Muttelsee: S. 66 ff.
[4] Dazu gehören z.B. die §§ 123, 185 (i.V.m. 194 I 1), 223 und 229 (jeweils i.V.m. 230); 242, 246, 248c III, 257 IV 2, 259 II, 263 IV, 265a III, 266 II, 266b II (jeweils i.V.m. 248a), 248b III, 288 II, 301, 303 und 303b (jeweils i.V.m. 303c), 323a III StGB sowie die §§ 17 ff. UWG und 109 UrhG.
[5] Geerds: GA 1982, S. 242; Brähmer: S. 149
[6] LK-Jähnke: Vor § 77, Rn. 3; Jung: ZStW 93 (1981), S. 1163
[7] Insbesondere die §§ 242, 246, 263 IV jeweils i.V.m. § 247 StGB
[8] Brähmer: S. 150
[9] Zumindest sofern die Familie noch relativ intakt ist.

- Die Delikte der dritten Gruppe[1] schließlich schützen die Intim- bzw. Geheimsphäre des Opfers. Diese Erwägung wurzelt in der Erkenntnis, dass durch ein Strafverfahren, das diese Delikte zum Gegenstand hat, u.U. Geheimnisse oder Peinlichkeiten zu Tage gefördert werden, was die Gefahr der Rufschädigung mit sich zu bringen droht. Eine Strafverfolgung ohne den Willen des Opfers würde das Ausmaß des Schadens nur noch vergrößern[2].

Anzumerken bleibt, dass einige Autoren[3] die zweite und dritte Gruppe zusammenfassen, während andere[4] wiederum noch eine vierte Gruppe hinzufügen wollen, nämlich die der Antragsdelikte im gewerblichen Rechtsschutz wie z.B. die §§ 17 ff. UWG oder 109 UrhG. Sinn und Zweck dieser letzten Gruppe sei das "Ultima-Ratio-Prinzip" des Strafrechts im gewerblichen Rechtsschutz. Auch die Tatsache, dass manche Delikte unter mehrere Gruppen subsumiert werden können, wie z.B. die Beleidigung als Bagatelldelikt, dessen Antragserfordernis aber auch die Intimsphäre schützt, wird nicht weiter als störend empfunden[5].

bb) Außerhalb der hM wird mitunter vertreten, dass sich die Funktion des Strafantrages darin erschöpfe, Ausdruck einer Störung des allgemeinen Rechtsfriedens zu sein, wodurch erst ein Einschreiten gegen den Täter gerechtfertigt sei[6]. Dem wird aber entgegengehalten[7], dass dann umgekehrt ein unterbliebener Strafantrag ein Zeichen des bewahrten Rechtsfriedens sein müsse – ein höchst unbefriedigender Gedanke, da die Motive des auf den Strafantrag Verzichtenden höchst vielfältiger Natur sein können.

cc) *Maiwald*[8] wiederum sieht – ohne die Existenz der von der hM entwickelten drei Gruppen grundsätzlich in Frage zu stellen[9] - dem gesamten Strafantragsrecht ein gemeinsames Prinzip zu Grunde liegen, nämlich das eines universellen Versöhnungsgedankens. Begründet werden könne dies zunächst aus rechtshistorischen Erwägungen heraus, denn schon die §§ 658 f., 796 prALR statuierten die Nichtverfolgbarkeit von Taten, sobald sie "erlassen", also verziehen worden seien, wobei ein solcher "Erlass" dann vermutet wurde, wenn der Verletzte nicht binnen dreier Monate ab Kenntnis von der Straftat Genugtuung forderte. Dieser Gedanke habe sich dann unter dem Begriff "stillschweigende Verzeihung" in der Rechtsdogmatik des prStGB fortgesetzt. Dahinter stecke der auch noch heute Gültigkeit beanspruchende Gedanke, dass der Rechtsfrieden sich nicht nur im Wege der staatlichen Strafreaktion herstellen lasse, sondern auch durch Verzeihung mit dem Täter – sei es in aktiver, sei es in passiver Form[10]. Dieser Sichtweise eines universellen Versöhnungsgedankens wird entgegengehalten[11],

---

1 §§ 185 (i.V.m. 194 I); 201 I und II, 202 bis 204 (jeweils i.V.m. 205) StGB.
2 Rieß: Gutachten C 17 f; Brähmer: S. 151; so i.E. auch LK-Jähnke: Vor § 77 Rn. 3
3 Z.B. Sch/Sch-Stree: § 77, Rn. 4; Geerds: GA 1982, S. 243
4 Rieß: Gutachten C 17 f.
5 Rieß: Gutachten C 17 f.;
6 M.-K. Meyer: S. 44 ff.
7 LK-Jähnke: Vor § 77, Rn. 2
8 Maiwald: GA 1970, S. 38
9 Maiwald: aaO, S. 39
10 Maiwald: aaO, S. 35 f.
11 LK-Jähnke: Vor § 77, Rn. 2

dass sich ein Tatopfer, das von einem Strafantrag absieht oder einen solchen zurücknimmt, nicht unbedingt vom hehren Ideal der Aussöhnung leiten lassen muss, sondern dass häufig auch andere Motive eine Rolle spielen, wie z.B. Angst vor weiteren Repressalien des Täters.

dd) Hinzuweisen bleibt, dass zumindest das BVerfG das Strafantragserfordernis auch im Lichte gewisser prozessökonomischer Aspekte sieht, denn "Zeit und Mittel" sollen nicht "vergeudet" werden, wenn wegen der Geringfügigkeit der Aufwand einer Strafverfolgung nicht gerechtfertigt sei[1].

b) Stellungnahme

Grundsätzlich überzeugt die Einteilung der hM in die drei oben dargestellten Gruppen und soll hier nur um weniges ergänzt werden:
Dass der Gesetzgeber den Schutz von Angehörigenbeziehungen und der Privatsphäre durch das Erfordernis eines Strafantrages bezweckt folgt daraus, dass diese Delikte in der Regel als absolute Antragsdelikte ausgestaltet sind, denn weder § 247, noch die §§ 194 oder 205 StGB sehen vor, dass die Staatsanwaltschaft ein Verfahren auch ohne den Strafantrag des Verletzten betreiben kann – so hoch das öffentliche Interesse daran auch sein mag[2]. Das kann nur den Schluss zulassen, dass der Gesetzgeber der Strafantragsoption insoweit ein absolut geschütztes Interesse zubilligt und es einzig und allein dem Antragsberechtigten überlässt, ob durch eine Strafverfolgung "schmutzige Wäsche" an die Öffentlichkeit gelangen soll oder nicht.
Demgegenüber spricht gerade die – rechtspolitisch von vielen kritisierte[3] – Ausgestaltung der ersten Gruppe (d.h. Bagatelldelinquenz) als relative Antragsdelikte dafür, dass der Gesetzgeber in der Regel alleine den Verletzten, nicht aber die Allgemeinheit betroffen sieht. Sollte dies nämlich im Einzelfall nicht zutreffen, so hat er für die Staatsanwaltschaft durch die Möglichkeit der Bejahung eines öffentlichen Interesses ein geeignetes Instrumentarium bereitgestellt, dem Rechnung zu tragen. Daraus folgt umgekehrt, dass immer dann, wenn wirklich kein öffentliches Interesse berührt ist, es alleine der Entscheidung des Verletzten obliegen soll, ob er eine Strafverfolgung wünscht, oder nicht, und zwar gerade auf Grund der lediglich marginalen Betroffenheit der Rechtsgemeinschaft.
Der Kritik von *Jähnke*[4] (wonach die Versöhnung nicht das einzig denkbare Motiv einer unterbliebenen Antragsstellung sei, sondern mitunter Angst vor Repressalien) kann nicht gefolgt werden, denn die Motive, auf Grund derer sich die Antragsberechtigten bei der Unterlassung eines Antrages leiten lassen, sind rein faktischer Natur und können schon deshalb keinerlei Rückschlüsse auf die gesetzgeberische Konzeption vermitteln.

---

[1] BVerfGE 51, 176 (186)
[2] Anders z.B. bei § 301, in den der Gesetzgeber bewusst die Möglichkeit der Bejahung eines besonderen öffentlichen Interesses eingeführt hat, um aus Geheimhaltungsgründen unterlassene Strafanträge zu minimieren (TF: § 301, Rn. 2).
[3] Brähmer: S. 205; Geerds: JZ 1984, S. 788
[4] LK-Jähnke: Vor § 77, Rn. 2

Würde man dieser Argumentation folgen, müsste auch aus jedem Rechtsreflex ein subjektives Recht erwachsen. Darüber hinaus würde der Sinn des Strafantrages *ad absurdum* geführt, denn gerade im Falle der Angst vor weiteren Repressalien des Täters besteht staatlicher Handlungsbedarf.

III. Rechtsnatur des Strafantrages

Auch im Hinblick auf die Beurteilung seines Wesens unterliegt der Strafantrag im engeren Sinne einer kontroversen Diskussion:

1. Meinungsstand

Die rein materiell-rechtliche Theorie[1] erblickt im Strafantrag einen ausschließlich materiell-rechtlichen Gehalt mit der Konsequenz, dass es bei fehlendem oder zurückgenommenem Strafantrag schon an der Tatbestandsmäßigkeit des entsprechenden Deliktes bzw. an einer objektiven Strafbarkeitsbedingung fehle, und nicht erst an einer Verfahrensvoraussetzung. Die Frage nämlich, wann der Staat auf Strafe verzichten könne, betreffe schon das Strafbedürfnis für bestimmte begangene Taten selbst, und nicht erst deren prozessuale Durchsetzung. Mit anderen Worten: Die Nichtbestrafung des Täters bei fehlendem Strafantrag finde ihre Rechtfertigung schon in der Respektierung des Verletzten insoweit, als der Täter keine *Strafe* erleide (und nicht erst, dass kein *Verfahren* durchgeführt werde). Dies korrespondiere insbesondere auch mit dem Gedanken der Teilbarkeit des Strafantrages bei Vorhandensein mehrerer Tatbeteiligter. Denn diese Teilbarkeit könne nur den Sinn haben, dass dem Wunsch des Opfers willfahren werde, die übrigen Täter mögen nicht bestraft werden. Gerade aber dieser Wunsch nach Straflosigkeit ziele auf ein entfallenes Strafbedürfnis ab.
Die ganz hM in der Literatur[2] sowie die Rechtssprechung[3] gehen in zutreffender Weise von einer reinen Prozessvoraussetzung aus. Zwar verkennt die hM nicht, dass die allgemeinen Regeln über den Strafantrag systematisch im Allgemeinen Teil des StGB (§§ 77 ff.) verankert sind; dies soll aber zum einen nur den Regelungszusammenhang mit den einzelnen Antragsdelikten wahren und dient somit letztendlich der Übersichtlichkeit. Zum anderen finden sich auch in anderen Rechtsgebieten prozessrechtliche Regelungen innerhalb von Vorschriften des sachlichen Rechts – man denke nur an die zahlreichen Beweislastregeln des BGB. Entscheidend ist vielmehr, dass die Sichtweise der Mindermeinung dem Staat mangels Entstehen eines originären Strafbedürfnisses den staatlichen Strafverfolgungsanspruch nicht nur abspricht, sondern ihn auch noch der willkürlichen Entscheidung des Bürgers unterstellt. Dem ist entgegenzuhalten, dass der Antrag als Willenserklärung des Berechtigten, der die Entscheidung, ihn zu stellen oder nicht, ja willkürlich treffen darf, nicht unrechts- oder strafbegründend wir-

[1] Z.B. vertreten von Maiwald: GA 1970, S. 38; H. Kaufmann: S. 153, Muttelsee: S. 79
[2] TF Vor §77, Rn. 2; Sch/Sch-Stree: § 77, Rn. 8; Lackner: § 77 Rn. 2; Jescheck: § 85 I 1; LK-Jähnke: Vor § 77, Rn. 7 mit jeweils weiteren Nachw. – für eine gemischt-materiell-prozessuale Theorie SK-Rudolphi: Vor § 77, Rn. 8; Brähmer: S. 100.
[3] RG 65, 150 f; 73, 113 (114); 75, 306 (311); BGHSt 6, 155; BGH in NJW 2001, S. 2103 (2107)

ken kann[1]. Eine Sichtweise, die dem Staat erst ein *ius puniendi* nach Stellung des Antrages zubilligt, würde den Bürger zum Gesetzgeber hochstilisieren[2].
Außerdem würde die materiell-rechtliche Theorie – bei konsequenter Befolgung – mit dem Rückwirkungsverbot (§ 1 StGB, Art 103 GG) in Konflikt kommen. Denn bei einer Rücknahme des Strafantrages nach § 77 d StGB würde nachträglich eine objektive Strafbarkeitsbedingung geschaffen, die rückwirkend zu Schuld und Strafe führen würde. Deshalb gebietet schon die verfassungskonforme Interpretation des Strafantragsrechts eine rein prozessuale Sichtweise[3]. Auch die Tatsache, dass gewisse Zwangsmittel schon vor dem Strafantrag zulässig sind - man denke an die Regelung der §§ 127 Abs. 3 und 130 StPO[4] - beweist, dass der staatliche Strafanspruch unabhängig von der Stellung eines Strafantrages existiert[5].
Die Argumente der hM sollen noch um einen weiteren Punkt ergänzt werden: Gegen eine dogmatische Einordnung des Strafantrags als objektive Strafbarkeitsbedingung spricht auch der Gedanke, dass es sich allenfalls um eine vom Willen des Berechtigten abhängende Potestativbedingung handelt, der gerade ein subjektives Element anhaftet, das dem Wesen einer objektiven Strafbarkeitsbedingung begriffsnotwendig fremd ist.

2. Praktische Auswirkungen des Streits

Dass dieser Meinungsstreit nicht nur rein theoretische Auswirkungen hat, sondern sich in der Praxis als geradezu gravierend erweist, sollen folgende Ausführungen erhellen:
Lässt man – wie es die materiell-rechtliche Theorie verlangt – die Tatbestandsmäßigkeit vom Bestehen eines Strafantrages abhängen, muss man konsequenterweise dem Angegriffenen das Notwehrrecht absprechen, denn § 32 StGB setzt einen tatbestandsmäßigen Angriff voraus. Eine gleichgelagerte Problematik ergäbe sich auch bei der Teilnahme, die ebenfalls vom Vorliegen einer tatbestandsmäßigen Haupttat abhängt. Aber auch z.B. die Bestrafung eines Hehlers[6] würde sich dann verwehren, wenn man der Haupttat mangels Strafantrages die Tatbestandsmäßigkeit abspricht – ein rechtspolitisch äußerst fragwürdiges Resultat, denn gerade zwischen Hehler und Antragsberechtigtem gibt es kein Verhältnis, das eine Straflosigkeit von letzterem nach Sinn und Zweck der Strafantragsregelung bei fehlendem Strafantrag rechtfertigen könnte.
Begreift man den Strafantrag richtigerweise als reine Prozessvoraussetzung, dann ist sein Vorliegen in jeder Lage des Prozesses von Amts wegen zu prüfen, und zwar nach den Regeln des Freibeweises[7]; sein Fehlen führt dann auch nicht zum Freispruch, sondern zur Verfahrenseinstellung[8]. Aus seiner Rechtsnatur als Prozessvoraussetzung

---

[1] LK-Jähnke: Vor § 77, Rn. 7
[2] Brähmer: S. 99
[3] Deshalb ist auch die gemischt-materiell-prozessuale Theorie von Rudolphi (SK: Vor § 77, Rn. 8) nicht haltbar
[4] Brähmer: S. 99 f.
[5] Dies zeigt auch gleichzeitig den Schwachpunkt der gängigen Terminologie: eigentlich dürfte der Antrag i.S.d. §§ 77 ff. StGB nicht "Strafantrag" heißen, sondern müsste als "Strafverfolgungsantrag" bezeichnet werden.
[6] TF: Vor § 77, Rn. 2
[7] LK-Jähnke: Vor § 77, Rn. 10
[8] Lackner: §§ 77, Rn. 3

folgt auch, dass das Vorliegen des Strafantrages noch vom Revisionsgericht ohne Rücksicht auf die Feststellungen des Instanzgerichts nachzuprüfen ist[1]. Deshalb braucht das Instanz-Urteil auch keine Ausführungen zur Existenz eines Strafantrags zu enthalten, denn das Rechtsmittelgericht prüft dies – wie eben gezeigt – selbständig und von Amts wegen[2].

Sollte zweifelhaft sein, ob überhaupt ein Strafantrag (ordnungsgemäß) gestellt ist, dann schneidet die prozessuale Sichtweise dem Angeklagten auch diesbezüglich nicht sein Recht auf eine Entscheidung *in dubio pro reo* ab, denn dieser Grundsatz ist nach der Rechtsprechung und der ganz hM in der Literatur auch auf das Verfahrensrecht anwendbar[3].

Anders gestaltet sich die Lage aber im Hinblick auf die Frage, wie es sich mit dem Rückwirkungsverbot bei bereits begangenen Straftaten verhält, wenn der Gesetzgeber die Antragsfrist verändert oder Antragsdelikte in reine Offizialdelikte umwandelt. Bei Verfahrensvorschriften gilt das Rückwirkungsverbot aus dem Grundsatz *nulla poena sine lege* (Art 103 GG) – im Gegensatz zum sachlichen Strafrecht – nämlich nicht[4]: Dies folgt zum einen daraus, dass sich der Unwertgehalt einer Straftat nicht aus dem Zeitraum zwischen Begehung der Tat und deren Verfolgung, sondern allein aus dem Tatbestand und der Strafandrohung der Strafnorm ergibt, so dass sich das Gebot *nulla poena sine lege* nur darauf beziehen kann. Zum anderen ist die Strafbarkeit die Voraussetzung für die Verfolgbarkeit, aber nicht *vice versa.*

Auch eine Verletzung des rechtsstaatlich gebotenen allgemeinen Rückwirkungsverbotes tritt nur dann ein, wenn die Abwägung aller Umstände des Einzelfalles den Betreffenden – insbesondere in Belangen des Vertrauensschutzes – unzumutbar belasten würde. Die Rechtsprechung des BVerfG[5] unterscheidet dabei den Fall eines Eingriffs in einen historisch bereits abgeschlossenen Vorgang ("echte Rückwirkung")[6] von dem, in dem der Vorgang noch andauert ("unechte Rückwirkung")[7]. Im ersten Fall verdienen grundsätzlich die Interessen des dadurch Beschwerten Vorrang, während sie im zweiten Fall regelmäßig zurücktreten. Grundsätzlich bestehen innerhalb der Problematik des Vorliegens oder Nicht-Vorliegens eines Strafantrages aber keine schützenswerten Belange des Täters, da der Strafantrag – wie oben dargestellt – lediglich den Interessen des Antragstellers dient. Andererseits zeigt die zeitliche Schranke des § 77b StGB aber auch, dass irgendwann eine gewisse, als schutzwürdig anerkannte Bestandskraft eintreten muss. Deshalb gebietet die Abwägung für den Fall, dass die Frist des § 77b StGB bereits abgelaufen ist und der Gesetzgeber diese nachträglich erweitern will (also für den Fall der "echten Rückwirkung"), den Interessen des Täters den Vorzug zu geben. Ist die Frist dagegen noch nicht abgelaufen ("unechte Rückwir-

[1] RGSt 65, 150 f; 73, 113 (114); Sch/Sch-Stree: § 77 Rn. 8
[2] LK-Jähnke: Vor § 77, Rn. 10
[3] Beulke: Rn. 25; Stuckenberg: JA 2000, S. 570; RGSt 47, 238; BGHSt 22, 90 (93); differenzierend mit teilw. a.A. KMG: § 261, Rn. 34.
[4] BVerfGE 25, 269 (285 f.), die sich zwar auf die Frage der Verjährung bezog, die aber verallgemeinernd auch auf andere Verfahrensvorschriften herangezogen werden kann (so auch LK-Jähnke: Vor § 77 Rn. 13 und Rn. 3 f.).
[5] BVerfGE 72, 200 (241 f.); 76, 263 (345)
[6] Auch "Rückbewirkung von Rechtsfolgen".
[7] Auch: "tatbestandliche Rückanknüpfung".

kung"), treten die Interessen des Täters prinzipiell zurück[1]. Zu beachten ist aber, dass diese Frage stets nur an Hand der konkreten Umstände des Einzelfalles beurteilt werden kann; die obigen Ausführungen können hier nur den generellen Rahmen bieten.
In einer - zu Recht kritisierten[2] - jüngeren Entscheidung[3] hat der BGH festgestellt, dass die Staatsanwaltschaft das besondere öffentliche Interesse auch dann noch bejahen kann, wenn nach Ablauf der Antragsfrist das absolute Antragsdelikt in ein relatives umgewandelt wird.

IV. Die Wirksamkeitsvoraussetzungen des Strafantrags im engeren Sinne

Die Wirksamkeitsvoraussetzungen eines Strafantrages im (nur) weiteren Sinne decken sich mit denen einer Anzeige; insoweit kann auf die Ausführungen oben verwiesen werden. Spezielle gesetzliche Regelungen finden sich in den §§ 77 ff. StGB jedoch für den Strafantrag im engeren Sinne.

1. Kein Verzicht

Nach hM[4] beseitigt ein Verzicht das Antragsrecht. Dabei handelt es sich um eine Erklärung, die gegenüber einer staatlichen Stelle[5] erklärt worden ist, die sich mit dem Straffall befasst oder zu befassen hat, und aus der hervorgeht, dass der Betreffende von seinem Strafantragsrecht keinen Gebrauch machen wird.
Nach der hier vertretenen Sichtweise ist diese Rechtsfigur abzulehnen: Nicht nur, dass sie im Gesetz keinerlei Stütze findet; vielmehr hat sich der Gesetzgeber in § 77d StGB dahingehend entschieden, dass sich die Nicht-Ausübung des Antragsrechts einzig und allein nach den Regeln der Antragsrücknahme bemisst. Hätte der Gesetzgeber einen den Antragsteller bindenden Ausschluss des Antragsrechts bereits vor Antragsstellung vorgesehen, so hätte er dies zusammen mit § 77b StGB geregelt.

2. Antragsberechtigung

Nach § 77 Abs. 1 StGB ist grundsätzlich nur der Verletzte zum Stellen eines Strafantrags legitimiert. Verstirbt dieser, so regelt § 77 Abs. 2 StGB den Übergang des Antragsrechts auf bestimmte Angehörige.

a) Der Verletzte

"Verletzter" i.S.d. § 77 Abs. 1 StGB ist der Träger des durch die Tat unmittelbar verletzten Rechtsgutes, also derjenige, in dessen Rechtskreis eingegriffen worden ist[6]

---

[1] So i.E. auch BVerfGE 25, 269 (290 ff) und LK-Jähnke: Vor § 77, Rn. 3 f. und 13.
[2] Knauth: StV 2003, S. 418 ff.
[3] BGHSt 46, 310 (Leitsatz bei StV 2003, S. 389)
[4] RGSt 76, 345 und 77, 157 ff.; LK-Jähnke: § 77, Rn. 8; Sch/Sch-Stree: § 77, Rn. 31 m.w.N.; Brähmer: S. 129
[5] Die Verzichterklärung dem Täter gegenüber wird für unzureichend gehalten.
[6] TF: § 77, Rn. 2; Brähmer: S. 113; Lackner: § 77, Rn. 2; BGHSt 31, 207

bzw. – im Fall des Versuchs – eingegriffen werden sollte[1]. Demnach hängt die Frage der Verletzteneigenschaft davon ab, welches Rechtsgut die jeweils einschlägige Strafnorm schützen will und wen sie als dessen Inhaber bzw. Träger ansieht. So griffig diese Definition auf den ersten Blick erscheint, so schwierig ist deren Handhabung im konkreten Fall, denn bei vielen Tatbeständen herrscht in Rechtsprechung und Literatur keine Einigkeit über den genauen Umfang des geschützten Rechtsguts. So ist z.B. strittig, ob beim Diebstahl nur das Eigentum[2] oder auch der Gewahrsam[3] von § 242 StGB geschützt wird, so dass der Gewahrsamsinhaber ebenfalls als "Verletzter" im obigen Sinne anzusehen ist. Gleiches gilt i.R.d. Sachbeschädigung, wo diskutiert wird, ob nur der Eigentümer[4], oder auch andere dinglich oder sogar lediglich obligatorisch (Nutzungs-)Berechtigte wie z.B. Pächter, Entleiher und Mieter[5] geschützt werden. Letztlich sind dies aber spezifisch materiell-rechtliche Probleme des Besonderen Teils des StGB, die nicht an der Definition des "Verletzten" im Sinne der Antragsdelikte selbst ansetzten. Sie alle umfassend und detailfreudig zu erörtern würde den Rahmen der vorliegenden Untersuchung sprengen.
Anzumerken bleibt noch zum einen, dass der Verletztenbegriff in § 172 Abs. 1 StPO nach hM[6] weiter verstanden wird als im Rahmen des § 77 Abs. 1 StGB, denn im Vordergrund der Regelung in § 172 StPO stehe die Überwachung des Legalitätsprinzips. Zum anderen sind auch juristische Personen taugliches Verletzungsobjekt im Sinne der §§ 77 ff. StGB[7].

b) Der Übergang des Antragsrechts nach § 77 Abs. 2 StGB

§ 77 Abs. 2 StGB regelt den Übergang des Antragsrechts auf gewisse Angehörige in den gesetzlich bestimmten, also unter der jeweiligen Antragsnorm spezifisch vorgesehenen Fällen[8], wenn der Antragsberechtigte vor Stellung des Antrags verstorben ist, und trifft somit von dem Grundsatz der Höchstpersönlichkeit[9] des Antragsrechts eine Abweichung.
§ 77 Abs. 2 StGB knüpft bewusst nicht an eine Erbenstellung an, sondern begrenzt den Kreis der Berechtigten auf Ehegatten (oder Lebenspartner) und Kinder, bzw. bei deren Fehlen auf die Eltern, bzw. subsidiär dazu auf Geschwister und Enkel. Lediglich die §§ 205 Abs. 2 S.2 StGB, 120 Abs. 5 BetrVG und § 35 Abs. 5 SprAuG modifizieren diese Regel insoweit, als unter den dort normierten Voraussetzungen das Antragsrecht auf den Erben i.S.d. bürgerlichen Rechts übergeht, was seinen rechtspolitischen Hin-

[1] Sch/Sch-Stree: § 77, Rn. 10
[2] So z.B. Sch/Sch-Eser: § 247, Rn. 10, der im Gewahrsam letztendlich nur einen Ausfluss der Eigentumsberechtigung sieht.
[3] So grds. Lackner-Kühl: § 247, Rn. 2; BGHSt 10, 400
[4] So z.B. Sch/Sch-Stree: § 303c, Rn. 2
[5] So z.B. TF: § 303c, Rn. 2; Lackner-Kühl: § 303c, Rn. 2; RG: JW 35, S. 204
[6] Beulke: Rn. 346; KMG: § 172, Rn. 9
[7] TF: § 77, Rn. 2
[8] Zu nennen sind hier die §§ 165 Abs. 1, 194 Abs. 1 und 2, 205 Abs. 2 und 232 Abs. 1 StGB, sowie die §§ 120 Abs. 5 BetrVG und 35 SprAuG.
[9] Sch/Sch-Stree: § 77, Rn. 12

tergrund in der Verortung des geschützten Rechtsgutes außerhalb des persönlichen Lebensbereichs des Verletzten hat.

Ausgeschlossen ist der Übergang des Antragsrechts in zwei Fällen:

- Zum einen nach § 77 Abs. 2 S. 4 StGB dann, wenn die Strafverfolgung dem erklärten Willen des Verletzten widerspricht. Dabei ist auch eine konkludente Erklärung, der sich nach den Umständen des Einzelfalls ein entgegenstehender Wille entnehmen lässt, ausreichend. In Zweifelsfällen ist nach dem Grundsatz *in dubio pro reo* von einem widersprechenden Willen auszugehen[1].
- Zum anderen geht nach § 77 Abs. 2 S. 3 StGB das Antragsrecht dann nicht auf den Betreffenden über, wenn dieser an der Tat "beteiligt" war. Einigkeit herrscht dahingehend, dass dieser Begriff die Fälle der Täterschaft, Anstiftung und Beihilfe umfasst[2]. Ob darüber hinaus auch der Begünstiger, Strafvereitler und Hehler zu subsumieren sind, wird kontrovers diskutiert[3]; dafür spricht zumindest die Tatsache, dass auch von diesen Personen eine sachgerechte Wahrnehmung des Antragsrechts genauso wenig zu erwarten ist wie von einem Mittäter, Anstifter oder Gehilfen.

c) Mehrere Antragsberechtigte

Sind mehrere Personen antragsberechtigt, so steht nach § 77 Abs. 4 StGB jedem von ihnen ein gesondertes, von den anderen jeweils unabhängiges Antragsrecht zu.

3. Antragsfähigkeit

a) Ist der Verletzte minderjährig (§ 104 BGB) oder in seiner Geschäftsfähigkeit beschränkt (§ 106 BGB), so kann nach § 77 Abs. 2 StGB alleine der gesetzliche Vertreter einen wirksamen Strafantrag stellen, und zwar auch dann, wenn es sich ausschließlich um ein Vermögensdelikt handelt[4]. Gleiches gilt für den zur Personensorge Berufenen. Wer gesetzlicher Vertreter ist, bemisst sich nach den Regeln des bürgerlichen Rechts[5]. Hat der Minderjährige den Antrag selbst gestellt und ist bei Erreichen der Volljährigkeit die Antragsfrist noch nicht abgelaufen, so wird der Antrag nicht *ipso iure* wirksam, sondern nur dann, wenn der Minderjährige seine "Billigung" nach außen hin kundtut[6].

b) Für juristische Personen übt das Antragsrecht das den Willen der juristischen Person innerhalb des ihm zugewiesenen Kreises bildende Organ aus[7].

---

[1] TF: § 77, Rn. 7; Sch/Sch-Stree: § 77, Rn. 12

[2] KMG: § 77, Rn. 8

[3] Dafür Sch/Sch-Stree: § 77, Rn. 12; teilw. abl. KMG: § 77, Rn. 8; für eine enge Auslegung: Lackner: § 77, Rn. 8.

[4] TF: § 77, Rn. 9

[5] Hinzuweisen ist in diesem Sinne auf die Vorschriften der §§ 1626 f., 1666 f., 1671ff., 1773, 1793, 1902 (i.V.m. § 1897) BGB

[6] Sch/Sch-Stree: § 77, Rn. 15

[7] Sch/Sch-Stree: § 77, Rn. 14

c) Bei der Antragsbefugnis des gesetzlichen Vertreters handelt es sich nach ganz hM nicht um ein eigenes, selbständiges Antragsrecht dieser Personen; vielmehr wird es als das des Verletzten, also als fremdes Recht, ausgeübt[1].
d) Ist die zur Vertretung berufene Person selbst Beteiligte an der Tat, ist das Antragsrecht ausgeschlossen, da insoweit eine Interessenkollision besteht oder zumindest befürchtet werden muss. Dies wird teilweise auf eine entsprechende Anwendung von § 181 BGB gestützt[2], findet seinen Widerhall aber auch in der oben bereits dargestellten Regelung des § 77 Abs. 2 S. 3 StGB, der insoweit einen verallgemeinerungsfähigen Rechtsgedanken enthält.

4. Formale Voraussetzungen

Die formalen Anforderungen an den Strafantrag werden in der StPO geregelt, nämlich in § 158 Abs. 2:
Als taugliche Adressaten kommen nach § 158 Abs. 2 StPO ein Gericht, die Staatsanwaltschaft oder "eine andere Behörde" in Betracht. Bei dem Gericht muss es sich um ein ordentliches handeln, jedoch nicht unbedingt um das örtlich und sachlich zuständige. Mit den "anderen Behörden" sind – wie sich aus dem Zusammenhang von § 158 Abs. 2 mit Abs. 1 StPO ergibt - nur die Polizeidienststellen gemeint[3], und zwar die mit allgemeinen sicherheitspolitischen Befugnissen, nicht jedoch die mit speziellen Aufgaben wie z.B. die Wasserschutzpolizei[4]. Nach ganz hM muss es sich stets um inländische Behörden handeln[5].
Wird der Antrag vor einem Gericht oder der Staatsanwaltschaft gestellt, so genügt der Antragsteller den Formerfordernissen durch Schriftform oder durch eine Erklärung zu Protokoll. Wegen § 24 Abs. 2 Nr. 3 i.V.m. § 8 Abs. 1 RePflG ist die Protokollform auch dann gewahrt, wenn der Berechtigte den Strafantrag während der Hauptverhandlung stellt (sofern die Frist noch gewahrt ist) und dieser protokolliert wird. Auch die Anschlusserklärung als Nebenkläger soll diesen Erfordernissen genügen[6].
Die Schriftform setzt grundsätzlich voraus, dass der Antagsteller eine den Antrag beinhaltende Urkunde unterschreibt. Inwieweit vom Erfordernis einer *hand*schriftlich erfolgten Unterschrift Abstriche gemacht werden können, ist im Einzelnen umstritten und unterliegt einer unübersichtlichen richterlichen Kasuistik. So soll sowohl bei einem Faksimile[7] als auch bei einem Telegramm[8] das Schriftformerfordernis gewahrt

[1] Sog. "Vertretungstheorie"; vgl. Brähmer: S. 114; TF: § 77, Rn. 17; RGSt 57, 241; Sch/Sch-Stree: § 77, Rn. 23.
[2] Sch/Sch-Stree: § 77, Rn. 21; BGHSt 6, 157
[3] RGSt 48, 274; Sch/Sch-Stree: § 77, Rn. 34
[4] Brähmer: S. 121 f.
[5] Sch/Sch-Stree: § 77, Rn. 34; LK-Jähnke: § 77, Rn. 8; BayObLG: NJW 1972, S. 1631; a.A. OLG Stuttgart: Justiz 1966, 16
[6] KGM: § 158, Rn. 11; BGHSt 33, 114 (116)
[7] RGSt 62, 53
[8] KMG: § 158, Rn. 11

sein, nicht jedoch bei einer maschinengeschriebenen Unterschrift[1] oder einem bloßen Firmenstempel[2]. Für Aufsehen sorgten in diesem Zusammenhang zwei Entscheidungen, nämlich ein Urteil des OLG Düsseldorf[3] und ein Urteil des OLG Hamm[4], die beide die Schriftform als gewahrt ansahen, wenn nur der Polizeibeamte den Antrag unterschieben hatte, denn dieser würde insoweit als "Vertreter in der Erklärung[5]" fungieren. Im Übrigen genüge die eindeutige Zuordnung der Urheberschaft jedenfalls der *ratio* des § 158 Abs. 2 StPO. Dies ist aber zu Recht auf breite Ablehnung[6] gestoßen, denn der Polizeibeamte wird gerade in seiner Eigenschaft als Adressat des Strafantrags tätig und steht nicht etwa im Lager des Verletzten. Außerdem würde durch eine solche Sichtweise das Schriftformerfordernis, das in erster Linie der Rechtssicherheit zu dienen bestimmt ist, über Gebühr ausgehöhlt.

5. Inhaltliche Anforderungen

An die inhaltliche Ausgestaltung des Strafantrags werden keine hohen Anforderungen gestellt; lediglich auf folgende Besonderheiten ist kurz einzugehen:
So muss das Begehren eines strafrechtlichen Einschreitens wegen einer bestimmten Handlung erkennbar zum Ausdruck gebracht werden, wofür u. U. schon die Anschlusserklärung als Nebenkläger[7], die Erhebung der Privatklage[8] oder die Strafanzeige[9] – zumindest dann, wenn ein Verfolgungswillen in ihr zum Ausdruck kommt – als ausreichend erachtet wird. Ungenügend ist jedoch eine lediglich belastende Zeugenaussage[10] des Verletzten, da sich einer solchen nicht generell der Rückschluss entnehmen lassen kann, dass der Betreffende von seinem Recht, auf eine Strafverfolgung zu verzichten, Gebrauch macht. Auch muss die Tat im Sinne eines historischen Vorgangs in ihren Grundzügen umrissen sein. Eine personenbezogene Konkretisierung des Täters ist nicht erforderlich; ein "Antrag gegen Unbekannt" genügt den Anforderungen der §§ 77 ff StGB[11].
Darüber hinaus ist der Strafantrag bedingungsfeindlich, was sich schon aus seiner prozessualen Rechtsnatur ergibt, denn Prozesshandlungen dürfen im Dienste der Rechtssicherheit unter keiner Bedingung stehen. Im Hinblick auf die Rechtsfolgen eines unter einer Bedingung abgegebenen Strafantrags wird gewöhnlich wie folgt differenziert:

---

[1] RG: JW 33, S. 2914; OLG Oldenburg: NJW 1952, S. 1309 (wobei es sich dabei um das Schriftformerfordernis nach § 341 Abs. 1 StPO handelte; die Problematik ist aber auf § 158 Abs. 2 StPO übertragbar); anders aber Brähmer: S. 120 m.w.N.
[2] OLG Celle: GA 71, S. 378
[3] OLG Düsseldorf: MDR 1982, S. 954
[4] OLG Hamm: MDR 1990, S. 847 (mit der Besonderheit, dass es sich bei dem Antragsteller um einen der deutschen Sprache Unkundigen gehandelt hatte); zustimmend LK-Jähnke: § 77, Rn. 11.
[5] Zur Zulässigkeit einer gewillkürten Vertretung: vgl. nächster Punkt.
[6] Sch/Sch-Stree: § 77, Rn. 36 m.w.N.; BayObLG: NStZ 1994, S. 86
[7] BGH 33, 116
[8] Lackner: § 77, Rn. 4
[9] BGH: GA 57, S. 17; NJW 1992, S. 2167
[10] TF: § 77, Rn. 24
[11] RGSt 31, 168

Eine auflösende Bedingung ist unbeachtlich, der Antrag selbst bleibt wirksam[1]. Eine aufschiebende Bedingung hingegen zieht die Unwirksamkeit des Antrags nach sich[2].

6. Rechtsgeschäftliche Stellvertretung

Aus § 77 Abs. 3 StGB folgt nicht, dass der Gesetzgeber die Möglichkeit einer Stellvertretung auf die gesetzliche Form beschränken und damit abschließend regeln wollte[3]. Vielmehr kann auch ein durch einen rechtsgeschäftlich bestellten Vertreter erklärter Antrag volle Wirksamkeit entfalten. Dabei ist allerdings dahingehend zu differenzieren, ob es sich um eine Vertretung "in der Erklärung" handelt, oder um eine Vertretung "im Willen". Der erste Fall begegnet keinerlei Bedenken, während im zweiten Fall die Zulässigkeit der Stellvertretung davon abhängt, dass das Antragsdelikt eine Verletzung vermögenswerter Rechtsgüter darstellt[4]. Denn das dabei im Spiel stehende Interesse ist auf Grund seiner vermögensrechtlichen Ausprägung nicht höchstpersönlich und somit grundsätzlich auf Dritte übertragbar. Daraus folgt, dass es dem Verletzten erst recht unbenommen bleiben muss, einen Stellvertreter zur Initiation eines Strafverfahrens zu bevollmächtigen bzw. dass dann, wenn ein Stellvertreter mit der Wahrnehmung von Vermögensinteressen bereits betraut ist (z.B. im Falle eines Prokuristen), dieser erst recht auch zur Einleitung strafrechtlicher Schritte befugt sein muss, um auf strafrechtlichem Wege eine Ahndung und damit (auch) strafrechtlichen Schutz des ihm ohnehin anvertrauten Rechtsguts erreichen zu können.

7. Kein Fristablauf

Das Strafantragsrecht kann zeitlich nicht unbeschränkt ausgeübt werden, sondern unterliegt der grundsätzlichen Dreimonatsfrist des § 77b StGB. Damit verfolgt der Gesetzgeber das Ziel, einen Ausgleich zwischen den Interessen des Verletzten, dem eine gewisse Überlegungsfrist zustehen soll, ob er die Tat verfolgt wissen möchte oder nicht, und dem Interesse an Rechtssicherheit vorzunehmen[5].

Dem Wesen nach handelt es sich hier um keine Prozessfrist, sondern um eine Ausschlussfrist[6]. Demnach ist auch bei schuldloser Fristversäumung eine Wiedereinsetzung in den vorigen Stand nicht vorgesehen; korrigieren lassen sich Unbilligkeiten jedoch insoweit, als bei einer Verhinderung des Antragsberechtigten das Tatbestandsmerkmal "unterlassen" nicht erfüllt ist[7], denn ein Unterlassen setzt die physisch-reale Möglichkeit, einen Antrag stellen zu können, voraus. Ist diese nicht vorhanden, greift § 77b StGB nicht ein. Darüber hinaus ist zu beachten, dass die Antragsfrist von der

---

[1] RGSt 14, 96; teilw. abl. Brähmer: S. 126, die danach differenziert, ob eine Rücknahme des Strafantrags zulässig wäre.
[2] RGSt 74, 188; LK-Jähnke: § 77, Rn. 14
[3] Sch/Sch-Stree: § 77, Rn. 25
[4] RGSt 68, 264; BGH: NStZ 1982, S. 508; TF: § 77, Rn. 21
[5] Brähmer: S. 122
[6] BGH: NJW 1994, S. 1165; TF: § 77b, Rn. 2; Lackner: § 77b, Rn. 1
[7] Sch/Sch-Stree: § 77b, Rn. 19

Verjährungsfrist strikt zu unterschieden ist, denn beide Fristen genießen ein unabhängiges rechtliches Eigenleben[1].

Die Antragsfrist beträgt nach § 77b Abs. 1 S. 1 StGB grundsätzlich drei Monate. Ausnahmen hiervon normieren die §§ 77b Abs. 4, 77c S. 2 StGB und § 388 Abs. 1 S. 1 StPO. Da es sich bei der Antragsfrist um keine prozessuale Frist handelt, sieht § 77 b in Abs. 1 S. 2 und Abs. 2 eigene, von den §§ 42 ff. StPO unabhängige Regelungen zur Fristberechnung vor. Beginn der Frist ist grundsätzlich der Ablauf des Tages, an dem der Berechtigte von der Tat *und* der Person des Täters Kenntnis erlangt. Unter Kenntnis der Tat versteht man das positive Wissen um den historischen Geschehensablauf, an den die Antragsnorm die Strafbarkeit des Täters anknüpft. Dabei kommt es nicht nur auf die Tathandlung, sondern in erster Linie gerade um den Verletzungserfolg[2] an. Ein bloßes Kennenmüssen reicht dafür nicht aus[3]. Für die Kenntnis des Täters genügt jedoch dessen individuelle Ermittelbarkeit; das Wissen um den Namen ist dafür nicht erforderlich[4].

In diesem Zusammenhang ist noch auf folgende Besonderheiten hinzuweisen:

- Bei der Kenntnis einer juristischen Person muss auf die Kenntnis des Organs abgestellt werden; bei Gesamtvertretung einer Gesellschaft beginnt die Frist nicht vor Kenntnisnahme sämtlicher zur Vertretung berufener Gesellschafter[5].
- Bei dem Übergang der Antragsberechtigung nach § 77 Abs. 4 StGB beginnt gem. § 77b Abs. 4 StGB mit dem Todestag des ursprünglich Legitimierten eine eigene Dreimonatsfrist, die allerdings unter folgenden zwei Einschränkungen steht: So durfte zum einen der Berechtigte zu Lebzeiten die Frist noch nicht verstreichen lassen[6], zum anderen gilt eine zeitliche Höchstgrenze von sechs Monaten vom Tode des Berechtigten an.
- Wird ein Offizialdelikt in ein Antragsdelikt umgewandelt, kann die Frist frühestens mit Inkrafttreten der Gesetzesänderung beginnen[7].
- Wird ein Minderjähriger volljährig, solange die Antragsfrist für seinen gesetzlichen Vertreter noch nicht abgelaufen ist, beginnt für ihn die Frist mit Ablauf des Tages, an dem die Volljährigkeit eintritt, neu zu laufen, da ihm ein selbständiges Antragsrecht, und kein von seinem gesetzlichen Vertreter abgeleitetes, zukommt[8].

Gehemmt wird die Frist nach § 77b Abs. 5 StGB von dem Zeitpunkt an, in dem ein Antrag auf Durchführung eines Sühneversuchs i.S.d. § 380 StPO eingereicht wird, bis zur Ausstellung der Bescheinigung nach Abs. 2 jener Vorschrift. Diese Regelung ist vor dem Hintergrund zu sehen, dass es dem Gesetzgeber darauf ankam, unnötige Anträge, die sich der Berechtigte nur deshalb zu stellen veranlasst sieht, um die Frist nicht

---

[1] TF: § 77b, Rn. 2
[2] RGSt 61, 303
[3] RGSt 27, 34; LK-Jähnke: § 77b, Rn. 7
[4] BayObLG: NStZ 1994, S. 86
[5] TF: § 77b, Rn. 3; RGSt 35, 270; 47, 338; BayObLG 55, 220
[6] Sch/Sch-Stree: § 77b, Rn. 16
[7] Sch/Sch-Stree: § 77b, Rn. 15
[8] TF: § 77, Rn. 18

versäumen zu müssen, zu verhindern[1]. Bei Zweifeln darüber, ob die Frist ruht oder nicht, gilt der Grundsatz *in dubio pro reo.*[2]
Nach § 77b Abs. 3 StGB läuft die Frist bei mehreren Antragsberechtigten jeweils unabhängig von der der anderen.

V. Die Möglichkeit der Bejahung eines besonderen öffentlichen Interesses durch die Staatsanwaltschaft

Wie oben bereits festgestellt lassen sich die Antragsdelikte i.S.d. §§ 77 ff. StGB in zwei unterschiedliche Gruppen aufteilen, nämlich in die der absoluten und in die der relativen Antragsdelikte. Dabei zeichnet sich die letztgenannte Gruppe insoweit aus, als die Staatsanwaltschaft durch Bejahung eines "besonderen öffentlichen Interesses" die Notwendigkeit eines Strafantrags eliminieren und die Tat von Amts wegen verfolgen kann.

1. Die relativen Antragsdelikte

Die Gruppe der relativen Antragsdelikte setzt sich aus den §§ 230 (i.V.m. §§ 223, 229), 248a (i.V.m. §§ 242, 246, 248c Abs. 3, 257 Abs. 4, 259 Abs. 2, 263 Abs. 4, 265a Abs. 3, 266 Abs. 2, 266b Abs. 2), 301 (i.V.m. § 299) 303c (i.V.m. §§ 303 bis 303b) StGB, § 109 UrhG, §§ 17 Abs. 5, 18 Abs. 3, 19 Abs. 4 UWG, § 142 Abs. 4 PatentG, § 25 Abs. 5 GebrauchsmusterG, § 10 Abs. 4 HalbleiterschutzG, § 143 Abs. 4 (i.V.m. Abs. 1, 1a) MarkenG und § 14 Abs. 4 (i.V.m. Abs. 1) GeschmacksmusterG zusammen. Dabei bedient sich der Gesetzgeber stets der Formulierung "es sei denn, dass die Strafverfolgungsbehörde wegen des besonderen öffentlichen Interesses an der Strafverfolgung ein Einschreiten von Amts wegen für geboten hält". Typischerweise gehören diese relativen Antragsdelikte derjenigen Gruppe an, die der Gesetzgeber auf Grund ihres Bagatellcharakters nicht als Offizialdelikte ausgestalten wollte. Dabei ist aber die zunehmende Tendenz ersichtlich, auch diejenigen Antragsdelikte, die den Geheimbereich schützen sollen, als relative Antragsdelikte zu normieren. Dies beruht darauf, dass z.B. im Zusammenhang mit § 301 StGB, der sich vor 1997 nur im absoluten Antragsdelikt des § 12 UWG wiederfand, eine Strafverfolgung so gut wie unmöglich war, da sich die Unternehmen auf Grund ihrer Furcht vor nachteiligen Auswirkungen der öffentlichen Diskussion geschäftsinterner Angelegenheiten einem Strafantrag regelmäßig verschlossen hatten, was als rechtspolitisch höchst unbefriedigend erachtet wurde[3].

2. Das staatsanwaltliche Ermessen

Die Bejahung oder Verneinung des besonderen öffentlichen Interesses bemisst sich ausschließlich nach dem Ermessen der Staatsanwaltschaft:

---

[1] Sch/Sch-Stree: § 77b, Rn. 22
[2] Sch/Sch-Stree: § 77b, Rn. 22
[3] BT-Drs. 13/3353, 13; der Anregung des Bundesrates, § 299 sogar als Offizialdelikt auszugestalten, ist der Gesetzgeber indes nicht gefolgt, vgl. Bt-Drs. 13/6424, 8 und 13.

a) Nach der Rechtsprechung des BVerfG[1] ist die Unterwerfung unter das staatsanwaltschaftliche Ermessen als rechtsstaatlich unbedenklich einzustufen, wobei sich das Gericht mit der knappen Begründung, dass es sich bei der Staatsanwaltschaft um ein Organ der Rechtspflege handle, das insoweit eine sachgerechte Entscheidung treffen könne, begnügt.
b) Die ganz hM[2] in Rechtsprechung und Literatur geht sogar so weit, diese Ermessensentscheidung einer gerichtlichen Kontrolle gänzlich zu verwehren, was vom BVerfG in einer weiteren Entscheidung[3] als verfassungskonform bestätigt wurde. Insbesondere sei Art. 19 Abs. 4 GG nicht verletzt, denn diese Vorschrift schaffe keine materiellen Rechte, sondern setze diese voraus. Ein Recht des Beschuldigten auf Verneinung des besonderen öffentlichen Interesses sei aber inexistent, denn die Entscheidung über dessen (Nicht-)Vorliegen diene nicht dem Zweck, den Beschuldigten vor Überziehung mit einem Strafverfahren zu schützen. Vielmehr sollten weder Zeit noch öffentliche Mittel vergeudet werden, wenn wegen Geringfügigkeit der Aufwand eines Strafverfahrens nicht gerechtfertigt sei[4]. Auch sei die Entscheidung der Verurteilung nicht faktisch in den Händen der Staatsanwaltschaft konzentriert, da über Rechtswidrigkeit und Schuld erst das erkennende Gericht zu befinden habe[5]. Ausdrücklich offengelassen hat das BVerfG die Notwendigkeit einer gerichtlichen Kontrolle jedoch für den Fall, dass sich die Staatsanwaltschaft von objektiver Willkür hat leiten lassen[6].
c) Konkretisiert wird die Ausübung des staatsanwaltschaftlichen Ermessens durch die Nrn. 234 I, 243 III, 242a I, II, 260a I, II und 261a RiStBV[7]. Dabei handelt es sich jedoch nur um verwaltungsinterne Richtlinien, denen keine Außenwirkung im Verhältnis zum Bürger zukommt. Bei der Körperverletzung soll nach Nr. 234 I RiStBV z.B. ein besonderes öffentliches Interesse bejaht werden, wenn der Täter einschlägig vorbestraft ist, roh bzw. besonders leichtfertig handelte oder eine erhebliche Verletzung verursacht hat. Darüber hinaus soll dies auch dann der Fall sein, wenn der Täter besondere Berufspflichten verletzt hat oder wenn der Aburteilung der Tat eine Vorgreiflichkeit im Hinblick auf eine später zu treffende Entscheidung der Verwaltungsbehörde zukommt[8].

---

[1] BVerfGE 50, 205 (216)
[2] BGHSt 6, 285; 16, 225; 19, 381; BayObLG : NJW 1991, S. 1765; TF: § 230, Rn. 4 m.w.N. ; ablehnend Sch/Sch-Stree: Rn. 3 (der in der hM einen Widerspruch zum Rechtsgedanken des § 156 StPO sieht) und OLG Bremen: NJW 1961, S. 144 (Anfechtbarkeit der Bejahung des besonderen öffentlichen Interesses nach den §§ 23 ff. EGGVG); differenzierend OLG Celle: NdsRePfl. 1960, S. 259 (Anfechtbarkeit nach den §§ 23 ff. EGGVG beschränkt auf Ermessensfehler).
[3] BVerfGE 51, 176
[4] BVerfGE 51, 176 (185 f.)
[5] BVerfGE 51, 176 (186 f.)
[6] BVerfGE 51, 176 (187)
[7] Abgedruckt in KMG: Anhang 15.
[8] Sch/Sch-Stree: Rn. 5

3. Keine formellen Rechtmäßigkeitsvoraussetzungen

Die Staatsanwaltschaft ist bei der Bejahung des besonderen öffentlichen Interesses nach ganz hM weder an eine bestimmte Form noch an eine Frist gebunden. So kann die Entscheidung z.B. mittels Anklageerhebung oder Strafbefehlsantrag auf konkludentem Wege[1] erfolgen. Auch in der Revisionsinstanz ist die Bejahung noch möglich[2]. Irrelevant ist ebenso das Verstreichenlassen der Antragsfrist oder die Verzichterklärung durch den Berechtigten[3].

VI. Rücknahme des Strafantrags, § 77d StGB

Da sich die Wirkung eines Strafantrags im nur *weiteren* Sinne grundsätzlich mit der einer Anzeige deckt, ist seine Rücknahme grundsätzlich irrelevant. Bedeutung erlangt eine Rücknahmeerklärung lediglich in der Hinsicht, dass darin ein konkludenter Verzicht auf einen Bescheid im Sinne des § 171 StPO zu sehen ist. Ein diffizil austariertes Regelungsgefüge sieht aber § 77d StGB im Hinblick auf den Strafantrag im *engeren* Sinne vor, so dass sich nachfolgende Ausführungen darauf beschränken werden.

1. Ratio Legis

Durch die in § 77d StGB geregelte Rücknahme erweitert der Gesetzgeber die Dispositionsbefugnis des Antragsberechtigten über die bloße Einleitung des Verfahrens hinaus. Die Rücknahmemöglichkeit dient in erster Linie dazu, auf einen Ausgleich der durch die Tat beeinträchtigten Interessen[4] ungezwungen hinwirken zu können. Dies umso mehr, als ein Interesse des Antragstellers an einer Strafverfolgung in der Regel dann nicht mehr existiert, wenn ihm vor einem zivilrechtlichen Hintergrund Genüge getan worden ist. Auf einer gewissermaßen "ethisch höheren" Ebene soll die Rücknahmemöglichkeit auch die Versöhnung mit dem Täter fördern[5].

2. Abgrenzungsfragen

Abzugrenzen ist die Rücknahme von der bloßen Verzeihung gegenüber dem Täter, die für den weiteren Gang des Verfahrens unbeachtlich ist, und von dem von der hM kreierten Institut des Verzichts, der *vor* der Strafantragsstellung erklärt werden muss, dessen Voraussetzungen aber denen der Rücknahme weitgehend angeglichen sind[6].

---

[1] BGHSt 6, 282; BayObLG 50/51, 577; ablehnend aber OLG Bremen: MDR 1961, S. 167
[2] BGHSt 6, 282; 16, 225; 19, 381
[3] TF: § 230, Rn. 5
[4] BT-Drs. 7/550, S. 215
[5] Brähmer: S. 127
[6] Überblick dazu bei Sch/Sch-Stree: § 77, Rn. 31 und Brähmer: S. 129; zur Kritik an diesem Institut s.o. 2. Abschnitt § 1 B IV. 1.

a) Auch bei der Rücknahme sind die inhaltlichen Anforderungen nicht besonders hoch: Es reicht aus, dass sich aus der Erklärung der zweifelsfrei erkennbare Willen ergibt, eine Strafverfolgung des Täters nicht mehr weiter betreiben zu wollen[1]. So liegt nach hM z.B. in der Rücknahme der Privatklage auch eine Rücknahme des Strafantrags[2]. Als gleichsam (negatives) Spiegelbild[3] zur Stellung des Strafantrages darf auch dessen Rücknahme nicht unter einer Bedingung abgegeben werden. Allerdings lässt die hM[4] dann eine Ausnahme zu, wenn sich der Antragsteller bei der Rücknahme gegen die Kosten verwahrt, denn bei einem Entgegenkommen, wie es die Rücknahme darstellt, ist der Betreffende in der Regel nicht daran interessiert, dass ihn zusätzlich die gesetzliche Kostenlast des § 470 StPO trifft. Ist die Erklärung dahingehend zweifelhaft, ob eine Rücknahme gewollt ist oder nicht, so gilt nach dem Grundsatz *in dubio pro reo* der Antrag als zurückgenommen[5]. Beruht die Erklärung auf einer schweren Drohung oder ist sie anderweitig erzwungen, entfaltet sie schon *ab initio* keine Rechtswirkung[6].
b) Eine besondere Form knüpft das Gesetz an die Rücknahme nicht; deshalb wird auch gemeinhin eine mündlich erklärte Rücknahme für zulässig erachtet[7]. Allerdings wird die generelle Formfreiheit insoweit eingeschränkt, als tauglicher Adressat *nur* die staatliche Stelle ist, die sich gerade mit der Sache befasst[8]. Demnach ist z.B. eine nach Anklageerhebung der Staatsanwaltschaft gegenüber erklärte Rücknahme ungültig, weil bereits das Hauptsachegericht über die Eröffnung des Hauptverfahrens zu befinden hat.
c) Zur Rücknahme berechtigt ist in erster Linie der ursprüngliche Antragsteller, der sich hierbei auch vertreten lassen kann[9]. § 77d Abs. 2 StGB sieht für den Todesfall des Antragstellers einen Übergang des Rücknahmerechts auf den Ehegatten, die Kinder, die Eltern, die Geschwister und die Enkel in der Reihenfolge des § 77 Abs. 2 StGB vor. Dabei sind die Angehörigen einer späteren Rangfolge von denen einer früheren Ranggruppe ausgeschlossen. Bei mehreren Berechtigten kann die Rücknahme nur gemeinsam erklärt werden, worin sich die gesonderte Antragsberechtigung des § 77 Abs. 4 StGB widerspiegelt[10]. Ausgeschlossen ist der Übergang des Rücknahmerechts, wenn die Betreffenden

---

[1] RGSt 48, 145
[2] TF: § 77d, Rn. 3; differenzierend Sch/Sch-Stree: § 77d, Rn. 6
[3] Brähmer: S. 129
[4] BGHSt 9, 149; KMG: § 470, Rn. 5 m.w.N.
[5] Die hM: LK-Jähnke: § 77d, Rn. 2; Sch/Sch-Stree: § 77d, Rn. 6; a.A.: Schwarz: NJW 1950, S. 125
[6] Sch/Sch-Stree: § 77d, Rn. 8; zu den Rechtsfolgen einer mit Willensmängeln behafteten Rücknahmeerklärung: s.u.
[7] RG: GA 41, S. 28; BGH: DAR 94, S. 180; TF: § 77d, Rn. 2; Sch/Sch-Stree: § 77d, Rn. 5; Brähmer: S. 128; a.A. LG Kiel: NJW 1964, 263 (für Schriftform).
[8] RGSt 55, 23; BGHSt 16, 105; OLG Koblenz: GA 76, S. 282
[9] BGHSt 9, 149
[10] TF: § 77d, Rn. 6

selbst an der Tat beteiligt waren (§ 77d Abs. 2 S. 3 StGB)[1]. Nach der hier vertretenen Ansicht sollte in diesem Zusammenhang § 77 Abs. 2 S. 4 StGB analog angewendet werden, wonach die Angehörigen dann zur Rücknahme nicht berechtigt sind, wenn dies dem erklärten Willen des Antragstellers widerspricht.

d) Auch die Rücknahmemöglichkeit gilt zeitlich nicht unbegrenzt, denn § 77d Abs. 1 S. 2 StGB determiniert als zeitliche Obergrenze den Eintritt der Rechtskraft. Eine danach erklärte Rücknahme entfaltet keinerlei Rechtswirkungen mehr.

4. Rechtsfolgen einer wirksamen Rücknahme

a) Die Rücknahme bedingt – wenngleich nur für das betreffende Antragsdelikt – ein Verfahrenshindernis, da der Antrag als Prozessvoraussetzung wirkungslos geworden ist, so dass das Verfahren nach den §§ 170 Abs. 2 bzw. 206a oder 260 Abs. 3 StPO einzustellen ist.

b) Leidet die Rücknahmeerklärung an Willensmängeln, so sind diese irrelevant; insbesondere steht dem Erklärenden kein Anfechtungsrecht zu[2], da der Anfechtbarkeit von Prozesshandlungen deren öffentlich-rechtliche Natur entgegensteht[3].

c) Auch wenn sich der Antragsteller dem Beschuldigten gegenüber (schuldrechtlich) zur Rücknahme verpflichtet[4] hatte und dieser Verpflichtung nicht nachkommt, ist dies im Hinblick auf die abschließend normierten Voraussetzungen der Rücknahme in § 77d StGB für die Wirksamkeit des Antrags ohne Auswirkungen; eine wirksame Rücknahme lässt sich daraus nicht konstruieren.

d) Nach § 470 S. 1 StPO trägt grundsätzlich der den Antrag Zurücknehmende die Kostenlast des Verfahrens, wenn dieses durch den Antrag "bedingt" war. Dies ist dann der Fall, wenn das Verfahren ohne einen wirksamen Strafantrag nicht eingeleitet oder weiterbetrieben hätte werden können[5]. Eine davon abweichende Regelung trifft S. 2: Danach können die Kosten dem Angeklagten oder einem Nebenbeteiligten auferlegt werden, wenn sich diese Person zu deren Übernahme bereit erklärt hat, oder der Staatskasse, wenn dies die Billigkeit so erfordert. Abs. 2 ist ein notwendiges Korrektiv dazu, dass der Antragsteller dem Angeklagten durch die Rücknahme seines Antrags in der Regel entgegenkommt, und dieser verständlicherweise kein Interesse hat, dafür auch noch die Kosten zu tragen.

---

[1] Zum Begriff der Beteiligung: s.o.; Sch/Sch-Stree (§ 77d, Rn. 4) möchte diesen Begriff auch von nachträglichen Hilfehandlungen wie Strafvereitelung, Begünstigung und Hehlerei verstanden wissen, was im Hinblick auf den grundsätzlichen "Spiegelcharakter" der Rücknahme des Strafantrags zu dessen Stellung konsequent ist.

[2] Sch/Sch-Stree: § 77d, Rn. 8; LK-Jähnke: § 77d, Rn. 7; KG: JW 31, S. 227

[3] KMG: Einleitung Rn. 103

[4] Es herrscht schon Streit darüber, ob eine solche Verpflichtung überhaupt zulässig ist; vgl. BGH: NJW 1974, S. 900 einerseits und OLG München: MDR 1964, S. 223 und Meyer: NJW 1974, S. 1325 andererseits.

[5] KMG: § 470, Rn. 2

VII. Rechtsfolgen eines wirksam/ nicht wirksam gestellten Strafantrags

1. Der Strafantrag im weiteren Sinne (§ 158 Abs. 1 StPO)

Die Rechtsfolgen eines Strafantrags im (nur) weiteren Sinne sind grundsätzlich dieselben wie die einer Strafanzeige, d.h. die Strafverfolgungsbehörden prüfen den Sachverhalt von Amts wegen dahingehend, ob ein Ermittlungsverfahren einzuleiten ist oder nicht. Besonderheiten ergeben sich jedoch aus § 171 StPO, der eine Bescheidung an den Antragsteller bzw. zusätzlich eine Rechtsmittelbelehrung des verletzten Antragstellers vorsieht:

- Jedem Antragsteller – auch dem nicht verletzten[1] - ist gem. § 171 S.1 StPO zunächst formlos[2] von Seiten der Strafverfolgungsbehörden die Nichtaufnahme der Ermittlungen bzw. die endgültige Einstellung des Verfahrens mitzuteilen, wobei der Bescheid zu begründen ist. Diese Vorschrift soll zum einen alle – wenn auch nur theoretisch denkbaren - Rechtsschutzmöglichkeiten umfassend sichern[3]. Zum anderen liegt dem Ganzen auch noch der begrüßenswerte Gedanke einer gesteigerten Transparenz im Strafverfahren zu Grunde.
- Handelt es sich bei dem Antragsteller gleichzeitig um die durch die Tat verletzte[4] Person, so ist diese nach § 171 S.2 StPO zusätzlich mit einer Rechtsmittelbelehrung im Hinblick auf das in § 172 StPO vorgesehenen Klageerzwingungsverfahren zu versehen. Die Belehrung hat zum einen die Möglichkeit dieses Verfahrens per se zu enthalten, zum anderen muss explizit auf die Zwei-Wochen-Frist in § 172 Abs. 1 StPO hingewiesen werden. Eine bestimmte Form ist dafür im Gesetz nicht vorgesehen, so dass ein einfacher Brief[5] ausreicht[6]. Im Hinblick auf die Funktion des § 171 S. 2 StPO ist dieser aber teleologisch für den Fall zu reduzieren, in dem ein Klageerzwingungsverfahren unzulässig wäre, was z.B. dann der Fall ist, wenn die angezeigte Tat nur mittels Privatklage verfolgbar ist (§ 172 Abs. 2 S.3 StPO) oder wenn die Person des Täters nicht ermittelt werden konnte, weil ein Klageerzwingungsverfahren sonst ins Leere ginge[7].

---

[1] Dies ergibt sich aus einem Vergleich zu Satz 2.

[2] KMG: § 171, Rn. 5; LöRo- Graalmann-Scheerer: § 171, Rn. 10

[3] Im Ergebnis LöRo- Graalmann-Scheerer: § 171, Rn. 8

[4] Der Begriff des "Verletzten" ist im Hinblick auf den sachlichen Zusammenhang mit § 172 mit dem des jener Norm zu Grunde liegenden kongruent (s.u.).

[5] KMG: § 171, Rn. 5 m.w.N., die allerdings aus Nachweisgründen eine förmliche Zustellung empfehlen.

[6] Irreführend ist deshalb die gängige Bezeichnung "förmliche" Mitteilung; vgl. z.B. Brunner: Rn. 228 a.E.

[7] KMG: § 171, Rn. 9

2. Der Strafantrag im engeren Sinne (§ 158 Abs. 2 StPO)

Handelt es sich bei der dem Antrag zu Grunde liegenden Tat um ein Antragsdelikt i.S.d. §§ 77 ff. StGB, gilt bei Vorliegen eines wirksam gestellten Strafantrags auch das oben zum Strafantrag i.w.S. Gesagte.
Fehlt jedoch ein wirksamer Strafantrag (bzw. ist dieser wirksam zurückgenommen worden), darf kein Ermittlungsverfahren eingeleitet werden[1] bzw. ist ein solches – bei der Rücknahme des Antrags – einzustellen[2]. Die Einstellung richtet sich dabei – je nach Verfahrensstadium – nach den §§ 170 Abs. 2, 204, 206a oder 260 Abs. 3 StPO.
Eine besondere Problematik erwächst aber in den Fällen, in denen ein Antragsdelikt mit einem anderen Antragsdelikt oder mit einem Offizialdelikt zusammenfällt, und ein wirksamer Antrag nicht (mehr) vorliegt bzw. sich nicht auf das andere Antragsdelikt erstreckt. Herkömmlich ist dabei zwischen Ideal- und Realkonkurrenz zu differenzieren: Bei Idealkonkurrenz wird ausschließlich das Offizialdelikt verfolgt, mit der Konsequenz, dass ein eventueller Strafklageverbrauch auch das Antragsdelikt mitumfasst[3].
Stehen zwei Antragsdelikte zueinander in Realkonkurrenz, bezieht sich der (gestellte) Antrag nur auf die jeweilige Tat; die andere darf nicht mitverfolgt werden[4].

VIII. Rechtsbehelf

1. Überblick

Die *einzige* Option, unter der ein Antragsteller seinem Verlangen nach Strafverfolgung gerichtlichen Nachdruck verleihen kann, sieht die Regelung des § 172 StPO, das so genannte *"Klageerzwingungsverfahren"*, vor. Diese Regelung ist nämlich abschließend, d.h. außerhalb der in dieser Vorschrift normierten Voraussetzungen ist ein Rückgriff auf andere Rechtsmittel, insbesondere auf die der §§ 23 ff. EGGVG, nicht möglich. Dies folgt aus § 23 Abs. 3 GVG, da das Verfahren nach § 172 StPO bereits die Anrufungsmöglichkeit eines ordentlichen Gerichts darstellt, mit der es "sein Bewenden" haben soll[5].
Das Klageerzwingungsverfahren ist zweistufig gegliedert: Dem gerichtlichen Verfahren ist eine Beschwerde an den vorgesetzten Beamten der Staatsanwaltschaft zwingend vorgelagert. Diese "Vorschaltbeschwerde" fungiert nicht nur als besondere Zulässigkeitsvoraussetzung für das gerichtliche Verfahren, sondern stellt angesichts der hierarchisch-gegliederten Struktur der Staatsanwaltschaft gleichzeitig eine Dienstaufsichtsbeschwerde i.S.d. § 147 Nr. 3 GVG dar, so dass insoweit von einer echten "Doppelna-

---

[1] Wenn auch die in den §§ 127 Abs. 3 und 130 vorgesehenen Zwangsmittel bereits vor Antragsstellung vorgenommen werden dürfen; vgl. dazu Brähmer: S. 131 ff.

[2] Ausnahmsweise muss *durch Urteil freigesprochen* werden, wenn in der angeklagten Tat ein Antragsdelikt mit einem Offizialdelikt tateinheitlich zusammenfällt, ein wirksamer Antrag fehlt und wegen des Offizialdelikts Freispruch erfolgt (Sch/Sch-Stree: § 77, Rn. 48).

[3] RGSt 33, 339; BGHSt 7, 306; 17, 158

[4] TF: § 77, Rn. 29 m.w.N.

[5] OLG Bamberg: JVBl. 1965, S. 262; OLG Lüneburg: NJW 1972, S. 74; LöRo-Graalmann-Scheerer: § 172, Rn. 5 m.w.N.

tur" gesprochen werden kann. Dies bedeutet, dass selbst bei der Unzulässigkeit einer Vorschaltbeschwerde die vorgesetzte Stelle diese als Dienstaufsichtsbeschwerde behandeln und eine sachliche Prüfung mit einer nachfolgenden Bescheidung vornehmen muss[1].

2. Ratio legis und Funktion

a) Sicherung und Kontrolle des Legalitätsprinzips

Es entspricht z.Zt. einhelliger Meinung[2], dass der Gesetzgeber mit der Schaffung des Klageerzwingungsverfahrens in erster Linie die *Sicherung bzw. Kontrolle des Legalitätsprinzips* im Auge gehabt hat. Dies lässt sich zum einen dem Willen des historischen Gesetzgebers entnehmen[3]; zum anderen deutet gerade die Regelung des § 172 Abs. 2 S. 3, Alt. 2 StPO, der das Verfahren auf Opportunitätsentscheidungen, die gerade nicht dem Legalitätsprinzip unterliegen sondern sich zu diesem geradezu konträr verhalten, für nicht anwendbar erklärt, auf die zentrale Rolle des Legalitätsprinzips bei der gesetzgeberischen Intention hin.

b) Kein Schutz des Verletzten

Daneben wird noch stellenweise der Schutz des Verletzten als maßgeblich mitangesehen[4], was zunächst naheliegend erscheint, bedenkt man, dass nur der *verletzte* Antragsteller zur Klage berechtigt ist. In der Tat kann man sich des Eindrucks nicht entziehen, der Gesetzgeber hätte hier nach einer Kompromisslösung gesucht - einerseits um die objektive Kontrolle des Legalitätsprinzips zu gewährleisten, andererseits aber von dem Bestreben geleitet, den Verletzten in seinem Vergeltungsinteresse zu unterstützen.

Ein Blick auf die Diskussion der im Jahre 1877 am Gesetzgebungsverfahren Beteiligten bestätigt dies - zumindest im historischen Kontext[5] - nur bedingt: Dort sollten nämlich zum einen im Dienste einer funktionierenden Strafrechtspflege jegliche Elemente, die auf das Konstrukt einer reinen Popularklage hinausliefen, unterdrückt werden. Zum anderen wurde die Klagemöglichkeit aber gerade auf den Verletzten beschränkt, weil diesem die nötige Motivation zugeschrieben wurde, notfalls selbst die Initiative zu ergreifen, so dass man geradezu von einer "Instrumentalisierung" des Verletzten im Dienste der Durchsetzung des Legalitätsprinzips sprechen kann. Diese beiden Prämissen führten in ihrer Interferenz zu der noch heute geltenden Regelung des "Verletzten-

---

[1] LöRo-Graalmann-Scheerer: § 172, Rn. 9 f.

[2] TF: § 172, Rn. 1; Beulke: Rn. 344; Rieß: Gutachten, Rn. 27 f.; Brähmer: S. 106; LöRo-Graalmann-Scheerer: § 172, Rn. 1; OLG Hamburg: GA 61, S. 88; OLG Karlsruhe: Justiz 77, S. 206; KG: NJW 1969, S. 108; jüngst LG Waldshut-Tingen: NStZ-RR 2004, S. 120.

[3] Ausführlich dazu Görg: S. 118 ff.; vgl. auch oben, 1. Abschnitt.

[4] OLG Bremen: NStZ-RR 2000, S. 270; Beulke: Rn. 344; Maiwald: GA 70, S. 52, der die Funktion des Klageerzwingungsverfahrens insoweit auf die Respektierung gerade des Willens des Verletzten präzisiert.

[5] Zusammengefasst bei Görg: S. 119.

privilegs" in § 172 StPO. Daraus folgt, dass das Klageerzwingungsverfahren gerade nicht zum Schutz des Verletzten geschaffen wurde, sondern diesen – bzw. dessen Vergeltungsverlangen - lediglich für eine besonders effektive Legalitätskontrolle "einspannte", ohne die Grenze zur Popularklage überschreiten zu müssen. Das Vergeltungsinteresse des Verletzten war folglich nicht Selbstzweck, sondern nur Mittel zum Zweck. Die Ansicht, die in § 172 StPO auch die Interessen des Verletzten als geschützt ansieht, vermag deshalb nicht zu überzeugen[1].
Dass insoweit zwischenzeitlich ein Funktionswechsel stattgefunden hätte, ist nicht ersichtlich: Dies wird insbesondere deutlich in einem Vergleich mit den Vorschriften, die die Stellung des Nebenklägers im Hauptverfahren regeln und die anerkanntermaßen auch den Verletzten schützen wollen[2]. Diese statten den Nebenkläger mit einer ganzen Palette von aktiven Beteiligungsrechten aus, während der Antragsteller im Klageerzwingungsverfahren selbst jeglicher Rechtspositionen, die über den bloßen Antrag i.S.d. § 172 StPO hinausgehen, beraubt ist. Der Antragsteller muss sich vielmehr dem Anwaltszwang des § 173 Abs. 2 StPO, einer eventuellen Sicherheitsleistung nach § 176 und dem Kostenrisiko des § 177 beugen, ohne sich "als Gegenleistung" aktiv in das Ermittlungsverfahren einschalten zu können. Zu Recht wird deshalb die Haltung des Gesetzgebers zum verletzten Antragsteller in diesem Zusammenhang als "von unverkennbarem Misstrauen gegen ihn und die Lauterkeit seiner Motive" charakterisiert[3], so dass von einem auch auf den Schutz des Verletzten abzielenden Gesetzeswille nach wie vor keine Rede sein kann.

3. Zulässigkeitsvoraussetzungen

a) Statthaftigkeit[4]

Das Klageerzwingungsverfahren ist nur statthaft gegen eine endgültige Einstellungsverfügung i.S.d. § 170 Abs. 2 StPO oder – wie dem Zusammenhang von § 172 Abs. 1 S. 1 mit § 171 StPO zu entnehmen ist – in dem Fall, in dem die Staatsanwaltschaft dem Strafantrag überhaupt keine Folge leistet[5]. Nicht statthaft ist das Verfahren in den Fällen des § 172 Abs. 2 S. 3 StPO, d.h. wenn die Tat ausschließlich mit der Privatklage verfolgt werden muss, oder wenn der Einstellungsverfügung bzw. dem Absehen von Strafverfolgung eine Opportunitätsentscheidung nach den §§ 153 Abs. 1, 153a

[1] Deshalb erscheint es fraglich, im KEV wirklich einen "Rechtsbehelf" im klassischen Sinne zu sehen, denn ein subjektives Recht soll damit gerade nicht geltend gemacht werden. Stellt man aber ganz formell auf das Ziel des Antragsberechtigten, nämlich das Strafverfahren voranzutreiben, ab, so ist im Falle der positiven Entscheidung des Gerichts seinem klägerischen Begehren stattgegeben worden wie bei jedem der Durchsetzung subjektiver Rechtspositionen dienenden "echten" Rechtsbehelf auch, so dass die in der Überschrift gewählte Terminologie gerechtfertigt ist.
[2] Vgl. 3. Abschnitt § 1 A
[3] Rieß: Gutachten, Rn. 27
[4] Auch als "sachlicher Anwendungsbereich" bezeichnet (zB. bei LöRo-Graalmann-Scheerer: § 172 Rn. 12)
[5] Jüngst dazu OLG Köln: NStZ-RR 2003, S. 212

Abs. 1 S. 1 und 7, 153b Abs. 1, 153c bis 154 Abs. 1, 154b sowie 154c StPO zu Grunde lag[1].

b) Strafantrag

Der Betreffende muss einen wirksamen Strafantrag gestellt haben. Ein Strafantrag im weiteren Sinne ist dafür ausreichend[2]; das Verfahren nach § 172 StPO differenziert insoweit nicht zwischen einem Strafantrag i.S.d. § 158 I StPO und einem solchen, wie er den §§ 77 ff. StGB zu Grunde liegt, auch wenn die Beschränkung des berechtigten Personenkreises auf die verletzte Person auf den ersten Blick zu einem solchen Schluss zu verleiten scheint. Denn im Gegensatz zu § 158 Abs. 2 StPO unterlässt es der StPO-Gesetzgeber zum einen, einen ausdrücklichen Zusammenhang mit den Antragsdelikten herzustellen. Zum anderen ist die Zielrichtung eines Strafantrags zu der des Klageerzwingungsverfahrens verschieden[3].

c) Der Verletzte als ausschließlich Berechtigter

Nur der "Verletzte" kann das Verfahren betreiben, denn eine Kontrolle der Strafverfolgungsorgane sollte nach dem Willen des Gesetzgebers gerade nicht das Ausmaß einer Popularklage annehmen[4]. Schwierigkeiten[5] bereitet allerdings die Frage, wie genau der Begriff des Verletzten zu bestimmen ist. Einigkeit besteht nur dahingehend, dass dieser weiter[6] sein müsse als derjenige, der den §§ 77 ff. StGB zu Grunde liegt, denn im Gegensatz zu den Strafantragsdelikten verdanke das Klageerzwingungsverfahren seine Existenz der Legalitätskontrolle, die umfassend nur durch eine extensive Auslegung des Verletztenbegriffs erreicht werden könne. Im Übrigen scheiden sich die Geister:

- Eine verbreitete Meinung[7] konturiert den Verletztenbegriff unter Zuhilfenahme eines anerkennenswerten Genugtuungs- bzw. Vergeltungsbedürfnisses. Danach ist diejenige Person "Verletzte", deren Strafverfolgungsverlangen einem als berechtigt anzusehenden Vergeltungsinteresse entspringt.
- Die Gegenauffassung[8] stellt hingegen darauf ab, ob der Antragsteller vom Schutzgut der verletzten (materiellen) Strafnorm unmittelbar erfasst wird, und geht damit technisch grundsätzlich den gleichen Weg wie er bei der Ermittlung des Verletzten i.S.d. § 77 Abs. 1 StGB gemeinhin anerkannt ist, wenngleich mit

[1] Gleichwohl ist die Vorschaltbeschwerde isoliert auch in solchen Fällen statthaft, wie sich aus der Verortung der Regelung in Abs. 2 ergibt; diese wird dann als Dienstaufsichtsbeschwerde gehandhabt.
[2] KMG: § 172, Rn. 1
[3] S.o. 2. Abschnitt § 2 B II.
[4] S.o. 1. Abschnitt § 5 A IV. 1.
[5] Nach der pessimistischen Einschätzung von LöRo-Graalmann-Scheerer (§ 172, Rn. 48) ist es zweifelhaft, ob eine genaue Begriffsbestimmung jemals gelingen wird.
[6] KMG: § 172, Rn. 10 m.w.N.; Beulke: Rn. 346
[7] OLG Braunschweig: NdsRePfl. 1965, S. 17; OLG Bremen: NJW 1950, S. 960; Maiwald: GA 1970, S. 52
[8] OLG Hamm: NStZ 1986, S. 237; OLG München: NJW 1985, S. 2430 f.; OLG Karlsruhe: Justiz 1988, S. 400; OLG Koblenz: NJW 1985, S. 1409; KMG: § 172, Rn. 9

einer weit extensiveren Nuance. Wenn sich auch durch diese weite Auslegung die Gegenauffassung der ersten Meinung weitestgehend annähert und in der Regel zu demselben Ergebnis kommt[1], ist ihr gleichwohl der Vorzug zu geben, da ein reines Vergeltungsinteresse in einem auf staatliche Strafverfolgung ausgerichteten System keine Daseinsberechtigung im Regelungsgefüge der juristisch-normativen Realität haben kann. Auf diese Problematik ist im Rahmen der *ratio legis* der Nebenklage noch genauer einzugehen[2].

Im Hinblick auf den bezweckten Ausschluss der Popularklage ist bei der konkreten Ermittlung des "Verletzten" von zentraler Bedeutung, dass die betreffende materielle Strafnorm ein *Individual*rechtsgut schützen will. Dabei ist zunächst zu berücksichtigen, dass das materielle und prozessuale Recht insoweit schon eine gewisse Vorentscheidung getroffen haben, denn sowohl die Antragsdelikte als auch die zur Nebenklage berechtigenden Delikte verkörpern jedenfalls eine individuelle Schutzrichtung[3]. Darüber hinausgehend ist bei jeder Strafnorm selbständig zu berücksichtigen, ob sie *zumindest auch* eine individuelle Rechtsposition schützen will, denn die erforderliche weite Auslegung des Verletztenbegriffs bedingt auch einen Schutz mittels Rechtsnormen, die dem betreffenden Individuum nur nachrangig oder nebenzweckgerichtet dienen[4]. So schützen z.B. die §§ 153 ff. StGB zwar primär die Rechtspflege, kommen aber auch den am Verfahren Beteiligten zustatten, die deshalb zum Kreis der "Verletzten" gehören[5].

Folgende Besonderheiten seien in diesem Zusammenhang noch erwähnt:

- Die an der Tat Beteiligten können nach hM[6] nicht gleichzeitig "Verletzte" sein; gleiches gilt für den, der vor der Tat sein Einverständnis oder seine Einwilligung erklärt hatte.
- Juristische Personen – auch solche des öffentlichen Rechts – sowie Behörden kommen ebenfalls als taugliche Verletzte in Betracht[7], vorausgesetzt das geschützte Rechtsgut ist ihnen unmittelbar zugeordnet, was nicht der Fall ist, wenn lediglich Rechtsgüter betroffen sind, die sich allein im Schutz der Allgemeinheit belaufen. So ist z.B. die eine Subvention erteilende Behörde oder Körperschaft "Verletzte" i.S.d. § 264 StGB, nicht aber die Naturschutzbehörde bei Verstößen gegen naturschutzrechtliche Bestimmungen[8].
- Zu beachten ist, dass ein Übergangsrecht des Verletzten nach dessen Tod auf seine Angehörigen mangels einer § 77 Abs. 2 StGB vergleichbaren Vorschrift im Rahmen des § 172 StPO nicht vorgesehen ist[9]. Wie aber oben bereits darge-

[1] Peglau: JA 1999, S. 56; Beulke (Rn. 346) wendet die von beiden Auffassungen entwickelten Kriterien kombiniert an.
[2] S.u. 3. Abschnitt § 1 A I.
[3] Peglau: JA 1999, S. 56; LöRo-Graalmann-Scheerer: § 172, Rn. 54
[4] LöRo-Graalmann-Scheerer: § 172, Rn. 56
[5] Peglau: JA 1999, S. 57; Überblick über die Kasuistik der Rechtsprechung bei LöRo-Graalmann-Scheerer: § 172, Rn. 63 ff.
[6] KMG: § 172, Rn. 12 m.w.N.; Peglau: JA 1999, S. 57
[7] LöRo-Graalmann-Scheerer: § 172 Rn., 59 ff.; KMG: § 172, Rn. 11 mit jeweils weiteren Nachweisen.
[8] OLG Celle: MDR 1967, S. 515
[9] LöRo-Graalmann-Scheerer: § 172, Rn. 44

stellt, trifft insbesondere die Regelung des § 395 Abs. 2 Nr. 1 StPO eine gewisse Vorentscheidung im Hinblick auf den Kreis der verletzten Personen. Demnach sind die darunter aufgezählten Angehörigen auch in solchen Fällen zum Betreiben eines Klageerzwingungsverfahrens befugt[1].

d) Vorschaltbeschwerde, § 172 Abs. 1 StPO

Die ordnungsgemäß und erfolglos durchgeführte Beschwerde an den Vorgesetzten der Staatsanwaltschaft im Sinne des § 172 Abs. 1 StPO ist zwingendes Zulässigkeitserfordernis des gerichtlichen Klageerzwingungsverfahrens. Sinn und Zweck dieser Regelung ist neben dem Prinzip der Prozessökonomie in erster Linie, der Staatsanwaltschaft eine Möglichkeit einzuräumen, durch Selbstkontrolle Abhilfe zu schaffen, wodurch insbesondere dem Gedanken der Gewaltenteilung verstärkt Rechnung getragen wird. Die Beschwerde kann nur innerhalb der relativ knappen Frist von zwei Wochen ab Bekanntgabe des Bescheids nach § 171 StPO erfolgen[2] und unterliegt keinen speziellen Formerfordernissen[3]. Allerdings beginnt die Frist nur zu laufen, wenn der Bescheid mit einer ordnungsgemäßen Belehrung i.S.v. § 171 S. 2 StPO versehen war (§ 172 Abs. 1 S. 3 StPO).

e) Frist, § 172 Abs. 2 S. 1 und 2 StPO

Das gerichtliche Verfahren kann nur innerhalb der Frist von einem Monat[4] nach der Bekanntgabe des ablehnenden Bescheids der Vorschaltbeschwerde initiiert werden. Da auch dieser Bescheid mit einer diesbezüglichen Rechtsmittelbelehrung versehen sein muss, läuft keine Frist, wenn eine solche unterblieben ist.

f) Form, § 172 Abs. 3 StPO

Relativ streng sind die in Abs. 3 statuierten Formerfordernisse: So muss der Antrag nach dem Wortlaut des Gesetzes zum einen eine *Begründung* enthalten, die alle entscheidungserheblichen Punkte des zu Grunde liegenden Sachverhalts beinhaltet. Nach der - verfassungsrechtlich für zulässig erachteten[5] – rigorosen Rechtsprechung muss die Sachdarstellung darüber hinaus auch den Gang des Ermittlungsverfahrens, den Inhalt der angegriffenen Entscheidungen und die Gründe für die vermeintliche Unrichtigkeit des Einstellungsbescheids umfassen[6]. Auch die Einhaltung der Frist des § 172 Abs. 2 StPO sollte sich schon aus dem Antrag selbst ergeben[7]. Handelt es sich um ein

---

[1] OLG Hamm: MDR 1952, S. 247 und NStZ 1986, S. 327; OLG Celle: NJW 1954, S. 1660; OLG Frankfurt: NJW 1963, S. 1368

[2] Nach KMG (§ 172, Rn. 17) kann in analoger Anwendung des § 44 StPO Wiedereinsetzung in den vorigen Stand beantragt werden.

[3] LöRo-Graalmann-Scheerer: § 172, Rn. 106

[4] Wiedereinsetzung in den vorigen Stand ist möglich (KMG: § 172, Rn. 25).

[5] BVerfG: NJW 1993, S. 382

[6] OLG München: MDR 1980, S. 250; OLG Schleswig: NStZ 1989, S. 286; OLG Stuttgart: Justiz 2000, S. 127; kritisch dazu Rieß: Gutachten, Rn. 112 und 207.

[7] OLG Frankfurt: NStZ-RR 2000, S. 113

Antragsdelikt, muss sich aus dem Antrag zweifelsfrei ergeben, dass die Antragsfrist des § 77b StGB nicht versäumt worden ist.[1] Zum anderen sind auch alle relevanten *Beweismittel* anzugeben. Schließlich muss der Antrag *von einem Rechtsanwalt unterzeichnet*[2] sein.

g) Sicherheitsleistung, § 176 StPO

Nach § 176 StPO kann das Gericht durch gesonderten Beschluss dem Antragsteller auferlegen, im Hinblick auf die Kostenfolge des § 177 StPO eine Sicherheit zu erbringen. Dogmatisch handelt es sich dabei zwar nicht um eine Zulässigkeitsvoraussetzung im klassischen Sinne; gleichwohl wird bei fehlender Leistung durch den Antragsteller eine Entscheidung nicht erfolgen, da Abs. 2 der Vorschrift eine Rücknahmefiktion normiert.

4. Die Entscheidung des Gerichts

Der Entscheidung des nach § 172 Abs. 4 StPO sachlich zuständigen Oberlandesgerichts können folgende Konstellationen zu Grunde liegen:

- Ist der Antrag unzulässig, wird er als unzulässig verworfen. Dieser Fall ist gesetzlich nicht geregelt, da § 174 StPO einen zulässigen Antrag voraussetzt[3]. Die Verwerfung hat erstens zur Folge, dass die öffentliche Klage später auch bei Nicht-Vorliegen von neuen Tatsachen oder Beweismitteln erhoben werden kann, und zweitens, dass dem Antragsteller keine Kosten auferlegt werden können[4].
- Ergibt sich im Verfahren das Fehlen eines hinreichenden Tatverdachts, wird der Antrag als unbegründet verworfen, denn insoweit besteht kein genügender Anlass zur Erhebung der öffentlichen Klage nach § 174 Abs. 1 StPO. Dies hat zweierlei zur Folge: Zum einen trifft den Antragsteller die Kostenfolge des § 177 StPO; zum anderen tritt nach § 174 Abs. 2 StPO Strafklageverbrauch insoweit ein, als die öffentliche Klage später nur noch auf Grund neuer Tatsachen oder Beweismittel erhoben werden kann[5].
- Kommt das Gericht zu dem Ergebnis, ein hinreichender Tatverdacht sei vorhanden, so ordnet es nach § 175 StPO die Erhebung der öffentlichen Klage an. Entgegen dem insoweit missverständlichen Wortlaut dieser Vorschrift beinhaltet diese Anordnung eine Verpflichtung der Staatsanwalt und begründet nicht

---

[1] OLG Hamm: NStZ-RR 2003, S. 177 f.

[2] Mit der bloßen Unterzeichnung auch eines vom Antragstellers selbst angefertigten Schriftsatzes durch den Rechtsanwalt ist den gesetzlichen Erfordernissen des Abs. 3 S.2 Genüge getan; eine darüber hinausgehende "gestaltende Mitwirkung" wie sie z.B. vom OLG München (NStZ 1984, S. 281) gefordert wird, geht deshalb zu weit.

[3] KMG: § 174, Rn. 1

[4] Dieses Ergebnis ist sachgerecht, da nach der KV-GKG eine Gebühr noch nicht anfällt und der Antragsteller seine notwendigen Auslagen sowieso selbst zu tragen hat (KMG: § 177, Rn. 1).

[5] Dies gilt aber nicht für die Privatklagedelikte (OLG Celle: NdsRPfl. 63, S. 258), denn es wäre sinnwidrig, im Verfahren nach § 172 die Verweisung des Antragstellers auf den Privatklageweg zu bestätigen, um ihn andererseits der Berufung auf die bisherigen Beweismittel zu berauben.

etwa eine eigene Anklage durch das Gericht. Denn das Anklagemonopol der Staatsanwaltschaft sollte durch die Regelung des Klageerzwingungsverfahrens keinesfalls durchbrochen werden[1].

IX. Kritik *de lege ferenda*

1. Meinungsstand

a) Zum Strafantragsrecht im Allgemeinen

Im modernen Strafrecht, das die Strafverfolgung in die Hände der staatlichen Strafverfolgungsorgane legt, mutet die grundsätzliche Nichtverfolgbarkeit bei fehlendem bzw. wirksam zurückgenommenem Strafantrag und der damit verbundene Einfluss des Bürgers im Regelgefüge grundsätzlich staatlicher Funktionen auf den ersten Blick wie ein archaischer Fremdkörper an.
So fehlt es denn auch nicht an Stimmen, die schon seit jeher das Institut des Strafantrages überhaupt ablehnen. Als einer der wohl radikalsten Verfechter dieser Anschauung geißelte *Binding*[2] die Idee des Strafantrags als "fundamental schlecht und gänzlich zu beseitigen,...[ohne] klaren Grundgedanken und inhaltlich widerspruchsvoll". Er hob dabei insbesondere hervor, dass durch das Strafantragserfordernis die Organe des Staates in "empfindlichster Weise" den "privaten Launen" preisgegeben seien, dass gerade der Verletzte benachteiligt würde, dem "Anstandspflichten den Mund verschließen", während die "gemeine Gesinnung" des Antragsberechtigten, der mit dem Gesetz "schnöden Handel" treibe, begünstigt würde, und dass dadurch "ungesunde Neigungen" zu Tage treten (nämlich den Delinquenten vor dem Strafgesetz möglichst zu schützen). Dies alles verstoße gegen den Grundsatz der Gerechtigkeit, wonach gleiche Schuld gleichen Lohn finden solle.

Daraus lassen sich zusammengefasst folgende drei Kritikpunkte ableiten:

- Verstoß gegen das Legalitätsprinzip;
- Abkehr vom staatlichen *ius puniendi*;
- Missbrauchgefahr durch den Verletzten.

In jüngerer Zeit[3] wird die grundsätzliche institutionelle Daseinsberechtigung des Strafantrages überwiegend nicht mehr in Frage gestellt; insbesondere wird der Bedeutung, die dem Strafantragserfordernis beim Schutz der persönlichen Beziehungen wie z.B. § 247 StGB oder beim Schutz der Intimsphäre im Rahmen der Indiskretionsdelikte zukommt, generell eine rechtspolitisch anerkennenswerte Funktion zugesprochen.

---

[1] LöRo-Graalmann-Scheerer: § 172, Rn. 1
[2] Binding: HdB, S. 603; u.a. dort auch in Fußnote 5.
[3] Rieß: Gutachten C 70 (Rn. 96); Brähmer: zusammenfassend S. 205; Maiwald GA 1970, S. 40 f; vgl. aber auch LK-Jähnke: Vor § 77, Rn. 1, der die Kritik von Binding als "nicht... unberechtigt" qualifiziert.

Gegenstand vieler Kritik bleibt aber nach wie vor die Missbrauchsgefahr und die Gefahr einer ungleichmäßigen Strafrechtspflege[1], die das grundsätzlich unkontrollierte Ermessen des Verletzten im Hinblick darauf, ob er einen Strafantrag stellt oder nicht, mit sich bringt, und zwar gerade im Rahmen der Antragsdelikte der Bagatelldelinquenz. Insbesondere die Gefahr von sachfremder Druckerzeugung – sei es seitens des Verletzten, der das Stellen des Strafantrages von außergerichtlicher Wiedergutmachung oder gar von Leistungen mit strafrechtsfremdem Charakter abhängig machen kann, sei es seitens des Täters, der seinerseits durch unlautere Mittel den Verletzten von einem Strafantrag abzuhalten sucht, steht dabei im Mittelpunkt der Auseinandersetzung. Vom "schnöden Handel" mit dem Gesetz war oben schon die Rede[2]; "Kuhhandel[3]", "Erpressung[4]" u.ä. sind weitere in diesen Zusammenhang fallende Negativ-Schlagwörter.

So wird teilweise erwogen[5], die Form der absoluten Antragsdelikte abzuschaffen, so dass beim Vorliegen eines öffentlichen Interesses eine Strafverfolgung stets auch ohne Antrag möglich sein solle[6]. Demgegenüber wird als Alternativmöglichkeit in Betracht gezogen, die gesamte Problematik der Bagatelldelinquenz aus dem Kreis der Antragsdelikte herauszunehmen, und sie alleine dem staatsanwaltschaftlichen Opportunitätsprinzip der §§ 153 ff. StPO zu unterstellen[7]. Denn die Frage, ob eine die Allgemeinheit wenig berührende Bagatelldelinquenz verfolgt werden soll oder nicht, könnten die zur Objektivität verpflichteten Strafverfolgungsorgane sachgerechter berücksichtigen als das allein auf den Willen des Verletzten abstellende Antragsregime.

Eine andere Ansicht[8] sieht zumindest das Legalitätsprinzip in dem von *Binding* verstandenem Sinne, wonach alle vor dem Gesetz gleich seien, durch den Strafantrag nicht gefährdet. Ein Verstoß gegen den Gleichheitssatz (Art 3 GG) sei auf Grund der Tatsache, dass dem Gesetzgeber ein relativ weiter Ermessensspielraum zustehe, der seine Grenzen erst in der Überschreitung der Schwelle zur offensichtlichen Willkür finde, nicht ersichtlich. Aber auch in anderen Fällen müsse "gleiche Schuld" nicht immer auch "gleiche Strafe" finden, was sich den Vorschriften über die Verjährung, die Immunität und die Amnestie entnehmen lasse. Auch die Relevanz der oben dargestellten Missbrauchsgefahr lasse sich nur durch eine umfassende Abwägung der gegenläufigen Interessen erörtern, die aber zu Gunsten des Strafantrages ausfallen müsse, da dieser mit dem dem GG zu Grunde liegenden Menschenbild vom autonomen, auf Selbstverantwortung angelegten Individuum harmonisiere[9].

---

[1] Rieß: Gutachten S. C 53, 56, 69; Maiwald: GA 1970, S. 41 f; LK-Jähnke: Vor §§ 77, Rn. 1; Geerds: JZ 1994, S. 787 f

[2] Binding: aaO.

[3] Rieß: aaO. S. C 71

[4] LK-Jähnke: aaO.

[5] Rieß: Gutachten C 70

[6] Was nach ganz hM und Rechtsprechung *de lege lata* nicht möglich ist, vgl. BGHSt. 7, 256 (258).

[7] Rieß: Gutachten C 68; ansatzweise auch Maiwald: GA 1970, S. 41 f.

[8] Maiwald: GA 1970, S. 40 ff.

[9] Maiwald: aaO; so im Ergebnis auch Brähmer: S. 205.

In Gegenposition zu den Stimmen, die die Abschaffung der absoluten Antragsdelikte auf Grund der Missbrauchsgefahr verlangen, fordern andere[1] wiederum die Ausgestaltung aller Antragsdelikte als absolute, so dass die Möglichkeit der Staatsanwaltschaft, bei Bejahung eines öffentlichen Interesses trotz fehlenden Strafantrags einschreiten zu können, ausscheidet. Eine solche staatsanwaltschaftliche Befugnis sei schon per se widersprüchlich: Man könne nicht auf der einen Seite dem Verletzten formalen Einfluss auf die Strafverfolgung zubilligen, um sie ihm dann durch Berufung auf das öffentliche Interesse wieder zu nehmen.
Dies müsse umso mehr gelten, als es sich bei dem "öffentlichen Interesse" um ein unscharfes und deshalb schwierig zu handhabendes Instrumentarium handle. Zur Stützung dieser Behauptung werden empirische Angaben angeführt: Gerade das Antragsdelikt der fahrlässigen Körperverletzung würde hauptsächlich in dem der Allgemeinheit zugänglichen Straßenverkehr verwirklicht, was regelmäßig zu einer Bejahung des öffentlichen Interesses führe. Demgegenüber sei dies bei der einfachen vorsätzlichen Körperverletzung grundsätzlich nicht der Fall, obwohl darin gerade die höhere kriminelle Energie zu Tage trete – ein Ergebnis das zeige, wie viele Unsicherheiten und wie wenig Orientierungsstützen dem Begriff des "öffentlichen Interesses" innewohnen.

b) Zum Klageerzwingungsverfahren

Auch das Institut des Klageerzwingungsverfahrens wird heute rundweg nicht mehr in Zweifel gezogen; insbesondere die Beschränkung des Berechtigtenkreises auf die verletzten Personen gilt weitgehend als sachlich gerechtfertigt - dies umso mehr, als der Verletztenbegriff schon *de lege lata* als sehr weit verstanden wird[2]. Auch die Tatsache, dass dem Verfahren in der Praxis eine nur geringe Bedeutung[3] zukommt, wird als nicht störend empfunden, da dessen bloße Existenz bereits insoweit eine Präventivwirkung entfaltet, als die Staatsanwaltschaft stets mit der Einlegung des Rechtsbehelfs rechnen muss[4].
Die Kritik an der konkreten Ausgestaltung des Verfahrens konzentriert sich im Wesentlichen auf folgende Punkte:

- Zum einen werden die strengen formellen Anforderungen an den Antrag bemängelt; insbesondere deren extensiven Handhabung durch die Gerichte seien Grenzen zu setzen[5].
- Gefordert wird außerdem mitunter eine Ausweitung des Klageerzwingungsverfahrens auf Entscheidungen der Staatsanwaltschaft, die dem Opportunitätsprinzip unterliegen. Denn es sei unvertretbar, einerseits das Genugtuungsinteresse

---

[1] Geerds: JZ 1994, S. 788; Brähmer: S. 205
[2] Maiwald (GA 70, S. 52) drückt dies in seiner Bezeichnung des Verletzten als "geborener Wächter" am plastischsten aus; i.Ü. vgl. LöRo-Graalmann-Scheerer: § 172, Rn. 4 (m.w.N.) und Rieß: Gutachten, Rn. 111.
[3] Nach Angaben des Statistischen Bundesamtes Ende der 90er Jahre beläuft sich die Zahl der Anträge auf jährlich 2500 (Statistisches Bundesamt: Rechtspflege, Fachserie 10, Reihe 2, Gerichte und Staatsanwaltschaften 1998, 183).
[4] LöRo-Graalmann-Scheerer: § 172, Rn. 3
[5] Rieß: Gutachten, Rn. 112

des Verletzten als Instrument für eine Legalitätskontrolle heranzuziehen, andererseits aber diesem außerhalb des Legalitätsprinzips keine weitere Berücksichtigung zu schenken. Auch der Einwand, dass dann das Gericht letztendlich selbst die Opportunitätsentscheidung treffen müsste, wird mit dem Hinweis darauf, dass die meisten Ermessensentscheidungen i.S.d. §§ 153 ff. StPO sowieso noch der gerichtlichen Zustimmung bedürfen, zu entkräften versucht[1].

- Schließlich wird noch stellenweise die Regelung des § 175 StPO einer kritischen Würdigung unterzogen, denn es bedeute für die Staatsanwaltschaft ein "psychologisches Manko", nach der positiven Entscheidung des OLG u.U. wider Willens eine Anklägerrolle zu vertreten, die im Extremfall zur Verfolgung eines nach ihrer Meinung Unschuldigen führen kann[2].

2. Stellungnahme

a) Zur Bejahung des besonderen öffentlichen Interesses

Im Rahmen der sog. Bagatelldelinquenz ist die Ersetzung der Dispositionsbefugnis des Berechtigten durch die Bejahung eines besonderen öffentlichen Interesses gerechtfertigt, da mit der Staatsanwaltschaft ein objektives, von der Interessenlage der am Konflikt Beteiligten (Täter und Opfer) losgelöstes Organ eine einzelfallbezogene Entscheidung vornehmen kann, ob wirklich eine Tat unterhalb der Bagatellgrenze – und damit in dem von der *ratio legis* des Strafantrags befindlichen Bereich – angesiedelt ist oder nicht. Die in den RiStBV aufgestellten Regeln bieten trotz ihrer nur intern wirkenden Natur ein geeignetes Instrumentarium für eine weitgehend präzise Handhabung. Erwägenswert ist allenfalls, ob in die StPO eine Regelung aufgenommen werden sollte, die *in Zweifelsfällen* eine Anklagepflicht begründet. Zwar dürfte eine solche Vorgehensweise bereits der staatsanwaltschaftlichen Praxis entsprechen, der Rechtssicherheit und der Einhaltung des Legalitätsprinzips wäre damit jedoch in erhöhter Weise gedient.

Umgekehrt gilt, dass immer dann, wenn Interessen an Geheimhaltung und/oder Intimität auf dem Spiel stehen, die Bejahung des besonderen öffentlichen Interesses ausgeschlossen sein muss. In diesem Zusammenhang ist die gesetzgeberische Tendenz, auch solche Delikte mit der Eintrittsbefugnis der Staatsanwaltschaft auszugestalten (wie z.B. § 301 StGB)[3], rechtspolitisch sehr fragwürdig, denn der hinter diesen Regelungen steckende Sinn und Zweck des Antragserfordernisses droht dadurch unterlaufen zu werden.

---

[1] Rieß: Gutachten, Rn. 113 ff.; 117

[2] Maiwald: GA 70, S. 50 ff., der gleichwohl dieses Ergebnis in Kauf nimmt, da die Alternative dazu auf die Einführung einer subsidiären Privatklage (wie z.B. in § 48 der österreichischen StPO vorgesehen) hinauslaufen würde. Eine solche würde aber die Gefahr einer zu großen Einstellungsfreudigkeit mit sich bringen und dadurch der Legalitätskontrolle nicht ausreichend gerecht werden, da die Staatsanwaltschaft in diesem Falle weniger geneigt wäre, ein Verfahren einzustellen, als wenn sie mit der in § 175 StPO vorgesehenen Möglichkeit, sich erneut mit der Sache befassen zu müssen, konfrontiert ist.

[3] Vgl. BT-Drs. 13/3353, 13: Die Regelung wurde gezielt deswegen mit einer Eintrittsbefugnis durch die Staatsanwaltschaft versehen, weil die Unternehmen einen Strafantrag aus Angst vor der Offenlegung wichtiger Betriebsgeheimnisse in der Praxis unterlassen haben.

b) Zur Missbrauchsgefahr

Die Gefahr, dass das Inaussichtstellen eines Strafantrags bzw. dessen Unterlassen als potentielles Druckmittel zweckentfremdet wird, um dem Täter sachfremde Leistungen abzunötigen, ist zwar vorhanden. Diese Missbrauchsgefahr wird aber durch die relativ kurze Frist des § 77b StGB relativiert. Im Übrigen ist sie hinzunehmen, da die Zielsetzung der mit dem Antragserfordernis verbundenen Grundkonzeption angesichts der geringen praktischen Relevanz des Strafantrags als Nötigungsmittel und der geringen Schutzwürdigkeit des Täters klar überwiegt.

c) Zum Klageerzwingungsverfahren

Zentraler Punkt der Kritik erscheint hier die Frage, ob es gerechtfertigt ist, das Klageerzwingungsverfahren auch auf die Opportunitätsentscheidungen auszudehnen. Zwar ist dies in erster Linie eine überwiegend politische Fragestellung, die zu beantworten aber erst gelingen kann, wenn man sich klar über die Konsequenzen ist, die eine solche Änderung mit sich führen würde: Eine solche Vorgehensweise liefe nämlich auf das Ende des staatsanwaltschaftlichen Opportunitätsinstrumentariums hinaus, weil es letztendlich (zumindest theoretisch) dem OLG obläge, eine diesbezügliche Entscheidung aufrechtzuerhalten oder nicht. Dem Einwand von *Rieß*, wonach die meisten Entscheidungen in diesem Sinne sowieso noch einer gerichtlichen Zustimmung bedürfen, ist eine Berücksichtigung schon deshalb zu versagen, weil gerade der in der Praxis sehr relevante Fall des § 153 Abs. 1 S. 2 StPO die Einstellung nicht einem zusätzlichen gerichtlichen Ermessen unterwirft.
Darüber hinaus wäre eine diesbezügliche Erweiterung des Verfahrens an eine rechtliche Akzeptanz des Vergeltungsinteresses des Verletzten gekoppelt, denn einen anderen Sinn könnte man in der Anfechtung von Opportunitätsentscheidungen, die ja gerade außerhalb des Legalitätsprinzips angesiedelt sind, sonst nicht erblicken. Das Vergeltungsinteresse in der Fassung einer auf Rache gerichteten Einstellung ist aber nach der hier vertretenen Auffassung nicht ohne weiteres anzuerkennen.

C. Die *denuncia* im spanischen Recht

I. Überblick über die gesetzliche Regelung

Der Begriff der *denuncia* leitet sich etymologisch vom lateinischen Verb "nuntiare" ab[1] – also "mitteilen, bekanntgeben" - und wird im allgemeinen Sprachgebrauch gerne mit "Anzeige" übersetzt; daraus wird schon deutlich, dass es sich bei diesem Institut um eine Strafverfolgungsinitiation des Bürgers *par excellence* handelt. Wie später noch ausführlich darzustellen ist, erfüllt die *denuncia* in bestimmten Fällen aber auch die Funktion, die im deutschen Recht dem Strafantrag des Verletzten zukommt.
Vorschriften über die *denuncia* im strafrechtlichen Sinne finden sich im spanischen Recht an zwei verschiedenen Stellen: Zum einen enthalten die Art. 259 bis 269 der

[1] Jiménez Asenjo: NEJ Seix Bd. IV, S. 818

spanischen Strafprozessordnung (LECrim) Regeln über die *denuncia*, und zwar sowohl strafbewehrte Vorschriften im Hinblick auf die generelle Verpflichtung zur Anzeige bei den von Amts wegen zu ermittelnden Delikten (Art. 259 bis 264 LECrim), als auch formelle Anforderungen an die *denuncia* selbst (Art. 265 bis 269 LECrim); zum anderen finden sich über den besonderen Teil des Strafgesetzbuches (CP) hinweg verstreut Normen, die die Strafverfolgung bestimmter Delikte vom Vorliegen einer *denuncia* abhängig machen.

Zum besseren Verständnis der dahinter stehenden Gesamtkonzeption ist hier kurz auf die von der spanischen Rechtsdogmatik[1] vorgenommene Einteilung der Delikte in Offizial-, Halboffizial- und Privatklagedelikte[2] einzugehen, die ihrerseits von der Art der Strafverfahrensinitiation determiniert wird:

Unter den "Offizialdelikten" versteht man alle von Amts wegen zu ermittelnden Delikte, deren Verfolgbarkeit nicht an das Vorliegen einer *denuncia* geknüpft ist; diese Delikte stellen den Regelfall dar. "Halboffizialdelikte"[3] sind demgegenüber Straftatbestände, die jeweils ein Strafverfahren von der *denuncia* und damit vom Willen des Verletzten abhängig machen; Vorschriften dazu finden sich ausschließlich im Código Penal. Nach momentaner Rechtslage sind folgende Delikte als Halboffizialdelikte ausgestaltet:

- künstliche Fortpflanzung ohne Zustimmung der Frau, Art. 162 Ziff. 2 CP;
- Vergewaltigung, sexuelle Belästigung und sexueller Missbrauch, Art. 191 Ziff. 1 CP;
- Ausspähung und Verbreitung von geheimen Daten, Art. 201 Ziff. 1 CP;
- Beleidigung und Verleumdung gegen Amtspersonen, Art. 215 Ziff. 1, Satz 1 CP[4];
- Vernachlässigung der Familie, Minderjähriger und Behinderter, Art. 228 CP;
- fahrlässige geringwertige Sachbeschädigung, Art. 267 CP;
- Verletzung von Patent-, Marken- und Urheberrechten; Ausspähen und Verbreiten von Geschäftsgeheimnissen sowie Verletzung von Verbraucherrechten, Art. 287 Ziff. 1 CP;
- Pflichtverletzungen von Geschäftsführern einer Gesellschaft, Art. 296 Ziff. 1 CP;
- Bedrohung und Nötigung in weniger schweren Fällen, Art. 620 CP;
- leichte Körperverletzung und leichtfahrlässige Tötung, Art. 621 CP;
- Grenzverschiebung in geringwertigen Fällen, Art. 624 CP.

---

[1] Muerza Esparza: EJB, Bd. I, S. 240 f; Muñoz Rojas: RDB Ib 1973, S. 131 f.; Arend: S. 97 f.

[2] *Delitos oficiales*, *delitos semioficiales* und *delitos privados*.

[3] Für eine andere Terminologie: Ibáñez López-Pozas: S. 116, der diese Gruppe als "Halb*privatklage*-delikte" (*delitos semiprivados*) bezeichnet. Dies sei sachgerechter, da zum einen rechtshistorischen Aspekten insoweit Rechnung getragen werde, als diese Delikte in älteren Kodifikationen überwiegend als Privatklagedelikte ausgestaltet gewesen seien; zum anderen würde diese Begrifflichkeit berücksichtigen, dass es gerade und ausschließlich in den Händen des Verletzten liege, ob es zur Strafverfolgung komme oder nicht.

[4] Der Grundtatbestand der Beleidigung bzw. Verleumdung ist dagegen nach Art. 215 Ziff. 1 Satz 1 CP ein Privatklagedelikt, für dessen Verfolgung eine *denuncia* nicht ausreichend und somit nicht statthaft ist. Vielmehr muss Strafklage (*querella*) in Form der Privatklage erhoben werden (vgl. dazu 3. Abschnitt § 2 B).

Hier fällt schon unter einem technischen Blickwinkel auf, dass der Gesetzgeber nicht bemüht war, etwa entsprechend der deutschen Regelung in den §§ 77 ff. StGB, allgemeine Vorschriften für die *denuncia* abstrakt gleichsam "vor die Klammer" zu ziehen; statt dessen enthält jedes Halboffizialdelikt selbst die entsprechenden Regeln, unter welchen Voraussetzungen die *denuncia* eine Strafverfolgung nach sich zieht.
Anzumerken ist darüber hinaus, dass es grundsätzlich einzig und allein beim Willen des Verletzten liegt, ob er eine Strafverfolgung wünscht oder nicht. Eine Ersetzung dieses Willens durch Bejahung eines (besonderen) öffentlichen Interesses durch die Strafverfolgungsorgane liegt dem Konzept der spanischen Halboffizialdelikte nicht zu Grunde. Nur ausnahmsweise, nämlich im Fall der Art. 201 Ziff. 1 S. 1, 287 Ziff. 2 und 296 Ziff. 2 CP, kann ein Verfahren von Amts wegen eingeleitet werden, wenn die Deliktsverwirklichung das Allgemeininteresse berührt oder wenn mehrere Personen davon betroffen sind.
Privatklagedelikte schließlich sind jene Delikte, deren Verfolgbarkeit von der Klageerhebung des Betreffenden abhängt. Im Unterschied zu den Halboffizialdelikten genügt dafür nicht die Mitteilung an die Behörden, dass eine Strafverfolgung gewünscht ist (*denuncia*), sondern der Betreffende *muss* eine echte Beteiligtenstellung im Strafprozess einnehmen, was er nur durch Erhebung der Strafklage (*querella* im weiteren Sinne) im Sinne der Art. 270 ff. LECrim bewerkstelligen kann.
Letzter Punkt zeigt also die Notwendigkeit auf, zwischen *denuncia* und *querella* eindeutig zu unterscheiden. Das gilt aber nicht nur für die unterschiedliche Vorgehensweise im Hinblick darauf, ob ein Halboffizialdelikt oder ein Privatklagedelikt vorliegt; auch innerhalb der Offizial- bzw. Halboffizialdelikte hat es neben dem Verletzten grundsätzlich jedermann[1] in der Hand, ob er es bei der *denuncia* bewenden lässt, oder darüber hinaus durch Erhebung der *querella* eine Stellung als Verfahrensbeteiligter erlangt (durch Erheben der Popularklage). Im ersten Fall hat er den Strafprozess initiiert; die weitere Vorgehensweise liegt jetzt alleine bei den Strafverfolgungsbehörden; zwar treffen ihn z.B. weder Beweisführungspflichten, noch muss er eine Sicherheit leisten[2]; die Rechtsstellung, die die Position eines Verfahrensbeteiligten mit sich bringt, kann er dadurch indes nicht erzielen[3].

II. Begriffsbestimmung

Wer im Gesetz eine Definition des Begriffs der *denuncia* sucht, tut dies vergebens; Ausgangspunkt aller Überlegungen ist zunächst – wie schon oben angedeutet – der Sinngehalt, den die alltägliche Sprache diesem Begriff unter besonderer Bedeutung der sprachgeschichtlichen Wurzeln zumisst. Dementsprechend herrscht Einigkeit darin, dass der Kernbereich der *denuncia* in der Übermittlung von Informationen durch Privatpersonen an die Strafverfolgungsorgane – Polizei, Staatsanwaltschaft oder Untersuchungsrichter – im Hinblick auf ein möglicherweise begangenes Verbrechen oder

---

[1] Zum Streit, ob Halboffizialdelikte Gegenstand einer Popularklage sein können s.u.
[2] Zu den Vorschriften über die *querella* s.u. 3. Abschnitt § 2 A.
[3] Überblick über die Unterschiede zwischen der *denuncia* (§§ 259 ff LECrim) und der *querella* (§§ 270 ff. LECrim) bei Ibáñez López-Pozas: S. 146 und bei Salom Escrivá: 392 f.

Vergehen zu sehen ist; im Vordergrund steht also die Übermittlung von Wissen, die *notitia criminis*[1]. Ob die *denuncia* darüber hinaus auch noch die Merkmale eines Willenselementes enthält, wird teilweise in einem kurzen Nebensatz im Rahmen der allgemeinen Definition befürwortet[2], teilweise – vor allem in der älteren Literatur – stringent abgelehnt[3].
Richtigerweise können aber schon im Rahmen der Definition funktionale Kriterien nicht unbeachtet bleiben; es ist deshalb erforderlich, wie die herrschende Meinung der spanischen Rechtsdogmatik klar danach zu trennen, ob die *denuncia* ein Verfahren auf Grund der Begehung eines Offizialdelikts in Gang setzen soll, oder ob sich der Verfahrensgegenstand auf ein Halboffizialdelikt beläuft[4]:

1. Die denuncia eines Offizialdeliktes (denuncia pública)

Wird ein Offizialdelikt zur Anzeige gebracht, so spricht man von einer *denuncia pública*[5]. Nach Art. 300 S. 1 LECrim sind die Strafverfolgungsbehörden grundsätzlich gehalten, bei Kenntnisnahme eines Deliktes ein Verfahren einzuleiten. Die allgemein gefasste Formulierung "Kenntnisnahme" verdeutlicht, dass es nicht darauf ankommt, ob diese auf einer *denuncia* beruht oder anderweitig erworben wurde. Mithin ist die Einleitung eines Strafverfahrens grundsätzlich unabhängig von dem Vorliegen einer Strafanzeige, es sei denn, aus den Vorschriften über die Halboffizialdelikte im Besonderen Teil des Strafgesetzbuches ergäbe sich etwas anderes. Demnach ist es gerechtfertigt, in der *denuncia* von Offizialdelikten rein auf das *Wissens*element abzustellen; ihr Sinngehalt beschränkt sich damit auf eine Wissenserklärung, mit Hilfe derer einem Strafverfolgungsorgan die mögliche Begehung eines strafrechtlich relevanten Regelverstoßes mitgeteilt wird, also auf die *notitia criminis*[6].

2. Die denuncia eines Halboffizialdeliktes (denuncia privada oder denuncia condicionate)

Demgegenüber folgt aus den Regeln im Besonderen Teil des Strafgesetzbuches[7], dass die Strafverfolgung eines Halboffizialdeliktes alleine von der *denuncia* des Verletzten abhängt. Daraus wird eine – unten noch näher darzustellende – Dispositionsbefugnis des Betreffenden abgeleitet, die ihrerseits wiederum nur sinnvoll ist, wenn man darin einen Ausdruck der Willensfreiheit des Betreffenden sieht. Dementsprechend sieht die hM in der *denuncia* von Halboffizialdelikten ein über die *notitia criminis* hinausgrei-

---

[1] Tomé García: EJB Bd. II, S. 2113; Monton Redondo in Montero Aroca u.a.: S. 148; Wessing: S. 87; Gimeno Sendra in GMAC: S. 263 ff.
[2] So z.B. Ortells Ramos in Montero Aroca u.a.: S. 148.
[3] So z.B. Jiménez Asenjo: NEJ Seix Bd. VI, S. 818 f., der ausdrücklich ein *animus notificandi* genügen lässt und einen *animus persecundi in iuditio* für nicht erforderlich hält.
[4] Aragoneses Martínez in De la Oliva Santos u.a.: S. 310 und 322 f. ; Ibáñez López-Pozas: S. 115 ff.
[5] Ibáñez López-Pozas: S. 115.
[6] Teilw. a.A.: Gimeno Sendra in GMAC: S. 265, der auch bei den Offizialdelikten ein Willenselement bei vorhandenem Strafverfolgungswillen nicht ausschließen möchte.
[7] Art. 162 Ziff. 2, 191 Ziff. 1, 201 Ziff. 1, 215 Ziff. 1, 228, 267, 287 Ziff. 1, 296 Ziff. 1, 620, 621, 624, 639 CP.

fendes *Willens*element als charakteristisch für dieses Institut an. Zur weiteren Begründung wird angeführt, dass alle die die Halboffizialdelikte regelnden Normen des Strafgesetzbuches das Erfordernis der Volljährigkeit bzw. der Geschäftsfähigkeit an die Person des Anzeigenden knüpfen; daraus könne nur gefolgert werden, dass das Gesetz von dem Anzeigenden eine gewisse Reife fordert[1], die bei einer reinen Wissensmitteilung sinnlos wäre. Dementsprechend handle es sich bei der *denuncia* von Halboffizialdelikten um eine Kombination aus Wissens- und Willenserklärung. Dementsprechend wurde für diese Art der *denuncia* auch der Begriff der *"denuncia privada"*[2] oder der der *"denuncia condicionante"*[3] geprägt[4].

III. *Ratio legis* und Funktion

1. Allgemeines

Entsprechend ihrem Wesen als Wissensmitteilung wird die primäre Funktion der *denuncia* - und zwar sowohl in Form der *denuncia pública* als auch der *denuncia condicionante* – in der Hilfestellung der Bürger bei der Aufklärung und Verfolgung von Straftaten gesehen[5]. Die Strafverfolgung belaufe sich im Allgemeininteresse und daher auch im Interesse eines jeden Einzelnen; das Institut der *denuncia* stelle das geeignete Instrumentarium zur Verfügung, mit dem der Bürger dieser Aufgabe gerecht werden könne[6]. Unterstrichen wird dabei das Angewiesensein der Behörden auf die Mitwirkung der Bürger bei der Strafverfolgung[7]; der *denuncia* komme daher prominente Bedeutung im Zusammenhang mit einer funktionierenden Strafrechtspflege zu.

2. Denuncia eines Halboffizialdelikts (denuncia privada oder condicionante)

Besonderheiten ergeben sich im Zusammenhang mit der *ratio legis* der *denuncia* bei den Halboffizialdelikten. Denn dieser wird von der Rechtsprechung[8] und der ihr folgenden Literatur[9] ein über die bloße Mithilfe bei der Strafverfolgung hinausreichender Sinngehalt insoweit attestiert, als deren tatsächliches Vorliegen eine grundsätzlich unverzichtbare Voraussetzung für die Strafverfolgung darstellt. Es ist also zu trennen

---

[1] Aragoneses Martínez in De la Oliva Santos u.a.: S. 322 f.

[2] Nicht zu verwechseln mit der *acción privada* oder *querella privada* (beides: Privatklage, vgl. 3 Abschnitt § 2 B).

[3] Zu übersetzen mit "bedingender Anzeige" (Verweis auf die Abhängigkeit der Strafverfolgung vom Vorliegen einer Anzeige).

[4] Ibáñez López-Pozas : S. 115 f.

[5] Cobo del Rosa: CPC N°. 57 (1995), S. 660

[6] Jiménez Asenjo (NEJ Seix, Bd. VI, S. 819) drückt sich in diesem Zusammenhang etwas pathetisch aus, indem er den Kampf gegen das Verbrechen als "Schlacht" bezeichnet, in der den Bürgern die Rolle von "Kriegsführenden" zukomme.

[7] Cobo del Rosa: CPC N°. 57 (1995), S. 660; nach Jiménez Asenjo (NEJ Seix, Bd. VI, S. 819) gibt es kein effizienteres Instrumentarium, das in diesem Zusammenhang das aus den "Augen und Ohren der Nation" zusammengesetzte ersetzen könnte.

[8] STS vom 03.10.1991 (RAJ 1991, Nr. 6983/ S. 9492)

[9] Aragoneses Martínez in De la Oliva Santos u.a.: S. 321 f.

zwischen dem Sinn und Zweck, die *denuncia* erheben zu *können* – insoweit ergeben sich keine Unterschiede zu der *denuncia* eines Offizialdelikts -, und dem, die *denuncia* erheben zu *müssen*, um die Strafverfolgung überhaupt initiieren zu können. Eingeprägt hat sich für Letzteres der Begriff der *"teoría del doble fundamento"* (Theorie von der Doppelgrundlage), denn Sinn und Zweck des Anzeigeerfordernisses bei den Halboffizialdelikten wird auf zwei unterschiedliche Motive des Gesetzgebers zurückgeführt, die wiederum durch eine Einteilung dieser Delikte in zwei Gruppen reflektiert werden:

- Zu nennen sei zum einen die Gruppe der Delikte mit geringer sozialer Auswirkung, das heißt mit lediglich marginaler, über die eigene Sphäre des Verletzten kaum hinausreichender Bedeutung[1]. Gemeint sind damit in erster Linie die Bagatelldelikte wie Beleidigung gegen Amtsträger (Art. 215 Ziff. 1 Satz 2 CP)[2], Bedrohung und Nötigung in weniger schweren Fällen (Art. 620 CP), leichte Körperverletzung und leichtfahrlässige Tötung (Art. 621 CP), leichtfahrlässige geringwertige Sachbeschädigung (Art. 267 CP) oder Grenzverschiebung in geringwertigen Fällen (Art. 624 CP). In diesen Konstellationen solle es ausschließlich dem Verletzten überlassen bleiben, ob er eine Strafverfolgung wünsche oder nicht.
- Zum anderen hätte der Gesetzgeber durch das Erfordernis der *denuncia* in der zweiten Gruppe einen Ausgleich zwischen widerstreitenden Interessen vorgenommen, und zwar zwischen den Interessen des Verletzten an Geheimhaltung bestimmter Sachverhalte, die durch den Strafprozess zu Tage gefördert zu werden drohen, und dem staatlichen, streng am Legalitätsprinzip orientierten Interesse an öffentlicher Strafverfolgung[3]. Denn durch Stellen der *denuncia* hätte es der Verletzte selbst in der Hand, ob bestimmte Geschehnisse im Zuge der Strafverfolgung ans Licht kommen oder nicht. Als Delikte dieser zweiten Gruppe gelten die eng mit der Intim- Privat- oder Geschäftssphäre des Betroffenen zusammenhängenden Tatbestände wie künstliche Fortpflanzung ohne Zustimmung der Frau (Art. 162 Ziff. 2 CP), Vergewaltigung, sexuelle Belästigung und sexueller Missbrauch (Art. 191 Ziff. 1 CP), Ausspähung und Verbreitung von geheimen Daten (Art. 201 Ziff. 1 CP), Verletzung von Patent-, Marken- und Urheberrechten, Ausspähen und Verbreiten von Geschäftsgeheimnissen und Verletzung von Verbraucherrechten (Art. 287 Ziff. 1 CP) sowie Pflichtverletzungen von Geschäftsführern einer Gesellschaft (Art. 296 Ziff. 1 CP).

Die von der soeben skizzierten herrschenden Meinung angeführten Gesichtspunkte überzeugen grundsätzlich; Anlass zu Kritik bietet lediglich die Bezeichnung der Vorgehensweise als *"teoría del doble fundamento"*. Eine solche Begrifflichkeit ist aus methodologischen Gesichtspunkten irreführend, denn sie legt den Schluss nahe, dass es sich bei den zwei Gruppierungen um Elemente handelt, die in kumulativem Zusammenwirken den Gesetzgeber zum Erfordernis einer *denuncia* veranlasst haben. Dem ist

---

[1] "*Escasa trascendencia social*" bzw. "*repercusión tan sólo en la esfera privada*".

[2] Der Grundtatbestand der Beleidigung bzw. Verleumdung ist demgegenüber ein Privatklagedelikt, gegen das nach Art. 215 Ziff. 1 Satz 1 CP eine *denuncia* nicht statthaft ist (zur Privatklage: s.u. 3. Abschnitt § 2 B).

[3] SSTS vom 12.02.1986; vom 15.11.1993; vom 25.10.1994.

aber gerade nicht so; beide Gruppen stehen selbständig nebeneinander und verdeutlichen eine jeweils ganz unterschiedliche Zielsetzung des Gesetzgebers: Entweder knüpft er das Erfordernis der *denuncia* an den Bagatellcharakter des entsprechenden Deliktes oder an das Interesse an Geheimhaltung des Betroffenen, aber nicht an beides in Wechselwirkung. Die Bezeichnung als "Theorie von der alternativen Zielsetzung" erscheint deshalb angemessener.

IV. Wesen der *denuncia*

Die Erörterung des Wesens der *denuncia* wirft zwei Problemfelder auf: Zum einen die Frage, ob bzw. inwieweit es sich bei der *denuncia* um eine Verpflichtung und/oder um eine subjektive Rechtsposition des Anzeigenden handelt, und zum anderen diejenige, ob die *denuncia* eines Halboffizialdeliktes eine materiell-rechtlich zu beurteilende Strafbarkeitsbedingung darstellt oder ob sich deren Rechtsnatur auf die einer prozessualen Voraussetzung beschränkt.

1. Die Ausgestaltung der denuncia als Recht und als Pflicht

Zunächst ist nach den Art. 259 ff. LECrim grundsätzlich jedermann *verpflichtet*, ein möglicherweise begangenes *Offizial*delikt anzuzeigen. Darüber hinaus sieht die hM in der gesetzlich vorgesehenen Anzeigemöglichkeit bei den *Halboffizial*delikten ein subjektives *Recht*. Inwieweit bzw. unter welchen Voraussetzungen diese beiden Postulate zutreffen, soll Gegenstand nachstehender Untersuchung sein.

a) Die Ausgestaltung der denuncia als Pflicht bei den Offizialdelikten

aa) Gesetzliche Grundlagen

(1) Die Art. 259 bis 264 LECrim regeln, unter welchen Voraussetzungen die Nichtanzeige von Offizial-Straftaten selbst mit Strafe bewehrt ist. Dabei stellt Art. 259 LECrim eine Grundsatznorm dar, kraft derer jedermann verpflichtet ist, Offizialdelikte anzuzeigen, während die Art. 260 und 261 LECrim als negative Tatbestandsmerkmale fungieren und bestimmte Personengruppen von dieser Verpflichtung ausnehmen. Demgegenüber sehen die Art. 262 und 263 LECrim Qualifikationsbestimmungen für einen bestimmten Kreis von Tätern vor, an deren Berufs- oder Amtsstellung die jeweiligen Strafschärfungen anknüpfen. Art. 264 LECrim schließlich regelt den Spezialfall eines indirekten Zeugen, wie z.B. den Zeugen vom Hörensagen, indem er ihn zwar grundsätzlich zum Kreis der Verpflichteten hinzuzählt, dessen Untätigbleiben aber mit keiner strafrechtlichen Sanktion bewehrt.

(2) Auffallend ist dabei zunächst, dass es sich trotz der Stellung der eben angesprochenen Normen in der Strafprozessordnung um Strafnormen des materiellen Strafrechts handelt. Dies wirft die Frage auf, wie sich die Art. 259 ff. LECrim zu einer scheinbar ähnlich gelagerten Vorschrift des materiellen Strafrechts, nämlich Art. 450 Ziff. 2 CP (ex-Art. 338*bis* Ziff. 2), verhalten. Darin wird derjenige, der es unterlässt, die Behör-

den über die Begehung eines Deliktes gegen die körperliche Unversehrtheit, Freiheit oder sexuelle Selbstbestimmung zu informieren, mit einer Geldstrafe von sechs bis 24 Monaten bestraft (bzw. mit einer Freiheitsstrafe von sechs Monaten bis zu zwei Jahren, wenn sich das Delikt gegen das Leben richtete). Nach einer verbreiteten Ansicht[1] handelt es sich bei Art. 450 Ziff. 2 CP um einen Qualifikationstatbestand, also um eine Spezialregelung zu den Art. 259 ff. LECrim[2]. Das auffällig divergierende Strafmaß – der Strafrahmen des Art. 259 LECrim beläuft sich auf eine Geldstrafe zwischen 50 und 250 Pts. (was 0,30 bis 1,50 EUR entspricht) - wird zwar als rechtspolitisch verfehlt angesehen, aber insoweit hingenommen, als sich die Kritik ausschließlich auf Erwägungen *de lege ferenda* beschränkt[3].

Dem kann nicht gefolgt werden, denn Art. 450 Ziff. 2 CP verfolgt eine zu der Regelung der Art. 259 ff. LECrim gänzlich unterschiedliche Zielrichtung[4]. Während letztere die unterlassene Anzeige im *repressiven* Bereich mit Strafe bedrohen, können dem Strafgrund des Art. 450 Ziff. 2 CP ausschließlich *präventive* Erwägungen der Gefahrenabwehr zu Grunde liegen. Zwar scheint zunächst die systematische Stellung des Art. 450 Ziff. 2 CP gegen diese These zu sprechen, denn die Vorschrift befindet sich im 2. Kapitel des XX. Titels des CP, das die amtliche Überschrift "Vom Unterlassen der Verpflichtung, Delikte zu verhindern *oder deren Verfolgung zu fördern*" trägt. Gerade der zweite Halbsatz dieser Überschrift ist im Hinblick darauf, dass Art. 450 CP die einzige Vorschrift ist, die unter dieses Kapitel fällt, dazu angetan, der in Art. 450 Ziff. 2 CP normierten Verpflichtung ein repressives Gepräge zu verleihen. Demnach erscheint es naheliegend, die erste Hälfte der Kapitelüberschrift auf Art. 450 Ziff. 1 CP zu beziehen, während die zweite Hälfte, die ausdrücklich die Straf*verfolgung* zum Gegenstand hat, auf Art. 450 Ziff. 2 CP zugeschnitten zu sein scheint.

Dem steht aber zum einen schon der eindeutige Wortlaut des Art. 450 Ziff. 2 CP entgegen: Diese Vorschrift besteht aus zwei kumulativen Voraussetzungen. Die erste davon beinhaltet die Zielrichtung der Anzeigepflicht, nämlich die Absicht, dass die Behörden "ein Verbrechen *verhindern*"[5] sollen – ein klarer Hinweis auf die präventive Einbettung der Anzeigepflicht. Die zweite Voraussetzung macht die Strafbarkeit der unterlassenen Anzeige davon abhängig, dass das entsprechende Katalogdelikt *"kurz bevorsteht"* oder *"gerade begangen"* wird[6] - eine Formulierung, die sich ebenfalls schwer mit dem im repressiven Bereich angesiedelten Konzept einer Strafanzeige vereinbaren lässt. Dass auf der anderen Seite den Art. 259 ff. LECrim nur eine Anzeige im repressiven Bereich, in der ausschließlich die Strafverfolgung im Vordergrund steht, zu Grunde liegt, folgt bereits aus deren Stellung in der Strafprozessordnung.

Zum anderen spricht gegen ein Spezialitätsverhältnis auch der extrem divergierende Strafrahmen beider Vorschriften. Während Art. 259 LECrim eine Höchststrafe von

---

[1] Cobo del Rosa CPC N° 57 (1995), S. 659; Paz Rubio: LECrim, S. 115; Monton Redondo in Montero Aroca u.a., S. 152; im Ergebnis auch Aragoneses Martínez: RDP 1995, S. 427.

[2] Monton Redondo (in Montero Aroca u.a., S. 152) spricht in diesem Zusammenhang von "Subsidiarität".

[3] Cobo del Rosa: CPC N° 57 (1995), S. 660 f.

[4] So im Ergebnis auch Muñoz Conde: S. 741.

[5] "*...para que impidan...*"

[6] "*...proxima o actual comisión...*"

250 Pts. (ca. EUR 1,50) vorsieht, beläuft sich die des Art. 450 Ziff. 2 CP auf zwei Jahre Freiheitsstrafe. Diese Divergenz lässt sich nicht dadurch rechtfertigen, dass es sich bei den geschützten Rechtsgütern des Art. 450 CP um so genannte höchstpersönliche (Leben, körperliche Unversehrtheit, Freiheit, sexuelle Selbstbestimmung) handelt[1]. Demzufolge ist auch hier der von der hM eingeschlagene Weg über die Kritik *de lege ferenda* falsch, denn vor jeder rechtspolitischen Überlegung muss zunächst die Auslegung *de lege lata* stehen. Gerade der so verschiedene Strafrahmen zwingt aber dazu, die Lösung zunächst innerhalb des Gesamtgefüges der Normen zu suchen, und nicht außerhalb davon. Legt man dem Verhältnis der betreffenden Normen zueinander den Schluss zu Grunde, dass die Schutzrichtung beider Delikte eine komplett verschiedene sein muss, so bedarf es keiner rechtspolitischen Überlegungen mehr. Alles andere drängt die Metapher vom "hinten aufgezäumten Pferd" auf.
Schließlich folgt eine präventive Zielrichtung auch aus der Tatsache, dass der Gesetzgeber gerade die Delikte, die dem Schutz der höchstpersönlichen Rechtsgüter zu dienen bestimmt sind, in den Katalog des Art. 450 CP aufgenommen hat. Denn die Abwehr von Gefahren für diese Rechtsgüter ist angesichts der drohenden Schwere des Eingriffs in die Rechtsposition des Opfers für dieses von größerer Bedeutung als die nachträgliche – sprich repressive - Ahndung[2].

(3) Demgegenüber ist Art. 408 CP im Verhältnis zu Art. 259 LECrim ein echter Qualifikationstatbestand[3]. Nach dieser Vorschrift wird ein Amtsträger, zu dessen Pflichtenkreis die Strafverfolgung gehört und der absichtlich keine Strafverfolgungsmaßnahmen unternimmt, obwohl er um die Begehung einer Straftat bzw. um deren Täter weiß, mit einem Berufsverbot von sechs Monaten bis zu zwei Jahren bestraft. Das Spezialitätsverhältnis zu den Art. 259 ff. LECrim ergibt sich schon daraus, dass der Wortlaut des Gesetzes ausdrücklich an die Straf*verfolgung*[4] anknüpft, also repressives Handeln sichern und nicht das Unterlassen von präventiven Maßnahmen unter Strafe stellen will. Im Vordergrund der gesetzgeberischen Intention steht dabei der - im Verhältnis zum Bürger als solchem - gesteigerte Unrechtsgehalt, der auf der Verletzung einer einem Amtsträger gesondert anvertrauten Verfolgungspflicht beruht.

(4) Gleiches galt für den Art. 576 Ziff. 1 CP a.F., der aber im Zuge der Strafrechtsreform 1995 ersatzlos gestrichen wurde. Danach war die Nichtanzeige eines Leichenfundes, der Spuren eines unnatürlichen Todes aufwies, mit einer Geldstrafe von 5000 bis 50.000 Pts.[5] bedroht.

---

[1] Cobo del Rosa (CPC N° 57, S. 660) prangert den Katalog als "zufällig ausgewählt" an und übersieht dabei, dass der Gesetzgeber sich von der Idee eines Schutzes von ausschließlich höchstpersönlichen Rechtsgütern hat leiten lassen.
[2] So auch Huerta Tocildo (La Ley 1983 (N° 4), S. 1056 f.), die wegen der Identität des Strafrahmens in Art. 450 Abs. 1 und Abs. 2 CP bei dem geringeren Unrechtsgehalt einer unterlassenen Anzeige im repressiven Bereich in der von der hM vorgenommenen Lesart einen Wertungswiderspruch erblickt.
[3] So im Ergebnis auch Monton Redondo in Montero Aroca u.a.: S. 152.
[4] "*Persecución*"
[5] Entspricht ca. EUR 30,- bis 300,-.

bb) Tatbestandsvoraussetzungen der Art. 259 ff. LECrim

(1) Art. 259 LECrim als Grundtatbestand

(a) Zunächst muss es sich nach dem Wortlaut des Art. 259 LECrim[1] bei dem begangenen Delikt um ein *Offizial*delikt handeln; bei Halboffizialdelikten oder Privatklagedelikten greift die Verpflichtung zur *denuncia* nicht ein (was auch sinnwidrig wäre, bedenkt man, dass andernfalls die gesetzgeberisch bezweckte Dispositionsbefugnis des Berechtigten hinsichtlich der Verfahrenseinleitung *ad absurdum* geführt würde).

(b) Grundsätzlich ist *jedermann* zur Anzeige verpflichtet, also alle natürlichen Personen[2]. Dies gilt nach Art. 8 Ziff. 1 CC[3] auch für Ausländer[4], sofern sie sich zum Zeitpunkt der Kenntnisnahme von der anzuzeigenden Tat auf spanischem Hoheitsgebiet aufgehalten haben. Von der Anzeigeverpflichtung ausgenommen sind aber diejenigen Personen, die zu einer der in den Art. 260, 261 und 263 LECrim aufgeführten Gruppen gehören[5]:

(aa) Nach Art. 260 sind sogenannte *impúberes* und Personen, die nicht im Vollbesitz ihrer geistigen Kräfte sind, nicht zur Anzeige verpflichtet. Die Frage, was genau unter einem *impúber* zu verstehen ist, wird nicht ganz einheitlich beantwortet. So soll es sich nach der Rechtssprechung um eine Person im heiratsfähigen Alter handeln[6]. Demgegenüber verweisen Teile im Schrifttum auf den Eintritt der Volljährigkeit[7], der nach Art. 315 CC mit Vollendung des 18. Lebensjahres beginnt. Eine andere Ansicht stellte mit dem Hinweis darauf, dass die Pubertät mit Vollendung des 14. Lebensjahres beginne, Strafmündigkeit nach Art. 8 Ziff. 2 CP a.F. aber erst ab dem 16. eintrete, auf Vollendung des 16. Lebensjahres ab[8]. Diese Ansicht lässt sich aber nach Inkrafttreten der L.O. 5/2000 Reguladora de la Responsibilidad Penal de los Menores (entspricht dem deutschen JGG), dessen Art. 1 Ziff. 1 den Beginn strafrechtlicher Verantwortlichkeit grundsätzlich auf 14 Jahre festlegt, nicht mehr vereinbaren.

---

[1] "*El que presenciare la perpetración de cualquier delito público...*"

[2] Da es sich bei den Art. 259 ff. LECrim um dem materiellen Strafrecht zuzuordnende Normen handelt, die ihrerseits nur an die individuelle Natur des Täters anknüpfen, gehören juristische Personen nicht zum Kreis der zur Anzeige Verpflichteten (Paz Rubio: S. 116).

[3] Kurioserweise findet sich diese sachlich dem strafrechtlichen Kollisionsrecht zuzuordnenden Norm unter den Vorschriften des Internationalen Privatrechts (Art. 8 ff CC).

[4] Monton Redondo in Montero Aroca u.a.: S. 156

[5] Streitig diskutiert wird die Frage, ob auch das Opfer eines Offizialdeliktes von der Verpflichtung zur Anzeige ausgeschlossen ist (dafür: Gimeno Sendra in GMAC, S. 265; dagegen: Aragoneses Martínez: RDP 1995, S. 427, für die die besseren Argumente sprechen, da der Wortlaut des Gesetzes im Hinblick auf das Opfer eines Offizialdeliktes keine Ausnahme macht und diesem vielmehr durch das mit der Rechtsfigur der Halboffizialdelikte im Zusammenhang stehende Regelungsgefüge ausreichend aber auch abschließend Rechnung trägt).

[6] STS vom 04.03.1974

[7] Aragoneses Martínez in De la Oliva Santos u.a.: S. 312 ; Rodríguez Fernández: S. 192

[8] Monton Redondo in Montero Aroca: S. 150; demgegenüber für eine Altersgrenze ab Vollendung des 14. Lebensjahres Paz Rubio: S. 122.

Ausgangspunkt jeder Erwägung muss hier zunächst der Wortlaut des Gesetzes in seinem rechtshistorischen Zusammenhang sein: "Im-púber" bedeutet in seiner wörtlichen Übersetzung "vor-pubertär", und bezeichnet generell den Zustand vor Eintritt der physischen Fortpflanzungsfähigkeit[1]. In Anlehnung daran verstand das römische Recht unter diesem Begriff eine Altersgrenze von 14 Jahren bei Knaben bzw. von 12 Jahren bei Mädchen[2] und knüpfte daran wiederum die Heiratsfähigkeit – ein Gedanke, der sich dann in Art. 83 Ziff. 1 des Zivilgesetzbuches von 1889 niedergeschlagen hat[3]. Dies führt zu der berechtigten Annahme, dass die negative Tatbestandsvoraussetzung *impúber* nach der Bedeutung des Begriffs in seinem historischen Kontext an die Heiratsfähigkeit anknüpft. Diese erfuhr aber im Laufe der letzten Jahrzehnte insoweit eine Modifizierung, als nach heutiger Rechtslage das heiratsfähige Alter für beide Geschlechter grundsätzlich bei 18 Jahren liegt, es sei denn der Minderjährige ist "emanzipiert" (Art. 46 CC) oder durch richterlichen Dispens für ehefähig erklärt worden (Art. 48 Ziff. 2 CC). Bei der Emanzipation handelt es sich nach Art. 317 CC um eine seitens des Minderjährigen zustimmungspflichtige Willenserklärung des Erziehungsberechtigten, kraft derer der Minderjährige für bestimmte Rechtsgeschäfte als geschäftsfähig gilt. Voraussetzung ist dabei neben der notariellen Beglaubigung bzw. Abgabe der Erklärung vor dem Registergericht ein Mindestalter von 16 Jahren. Ein richterlicher Dispens kann hingegen nach Art. 48 Ziff. 2 CC bei Vorliegen sachlicher Gründe schon ab Vollendung des 14. Lebensjahres erteilt werden.

Auf was ist nun abzustellen: auf den Begriff *"impúber"* des Art. 83 Ziff. 1 CC von 1889, oder auf den der Art. 46 i.V.m. 317 und 48 Ziff. 2 CC? Für die erste Lesart spricht, dass die 1882 in Kraft getretene LECrim sich mit der damals gängigen Vorstellung des Begriffes *púber* bzw. *impúber* deckt, und zwar so, wie er fünf Jahre später in den CC seinen Eingang gefunden hat. Dem ist aber entgegenzuhalten, dass dieser Begriff eine grundlegende Wandlung erfahren hat, die es nicht mehr rechtfertigt, auf die über 110 Jahre zurückliegende Sinndeutung zurückzugreifen – ein Ergebnis, das auch der Rechtssicherheit am ehesten Genüge tut, bedenkt man, dass sonst vom Bürger über Gebühr Quellenforschung betrieben werden müsste. Demzufolge bestimmt sich das Begriffspaar *púber/impúber* nach der aktuellen Rechtslage und liegt somit nach arg. e Art. 48 Ziff. 1 i.V.m 315 CC grundsätzlich bei 18 Jahren. Fraglich ist dann, ob der Begriff *impúber* des Art. 260 LECrim auch im Hinblick auf die Ausnahmen der Art. 46 Ziff. 1 i.V.m. 317 (Emanzipation) und 48 Ziff. 2 (richterlicher Dispens) CC streng akzessorisch zu verstehen ist, mit anderen Worten: greift die negative Tatbestandsvoraussetzung dann nicht ein, wenn der im jeweils konkreten Fall Minderjährige emanzipiert oder durch richterlichen Dispens heiratsfähig ist? Dies ist nach der hier vertretenen Auffassung zu verneinen, denn zum einen sollte die Voraussetzung in Art. 260 LECrim die Anzeigepflicht generell nur von einer gewissen Reife und Einsichtsfähigkeit abhängig machen; die Frage aber, wann ein Minderjähriger emanzipiert ist, hat eine rein zivilrechtliche (d.h. für diesen Fall: familienrechtliche) Zielrichtung, die von der strafrechtlichen Verantwortung – und bei Art. 259 LECrim handelt es sich um

---

[1] Del Arco Torres/ Pons González: DDC Bd. II, S. 48

[2] Del Arco Torres/ Pons González: DDC Bd. II, S. 48

[3] Salvador Coderch in: Comentario del CC, Bd. I, S. 267, der im Zusammenhang mit Art. 83 Ziff. 1 CC (1889) von "gesetzlicher Pubertät" spricht.

eine Norm des materiellen Strafrechts – völlig losgelöst sein muss – dies umso mehr, als es eher von zufälligen, außerhalb der Sphäre des Minderjährigen liegenden Gegebenheiten wie z.B. der Zustimmung des Erziehungsberechtigten abhängt, ob eine Emanzipation erfolgt oder nicht. Zumindest hätte es in diesem Zusammenhang einer inhaltlichen Konkretisierung von Art. 260 LECrim bedurft, wenn der Gesetzgeber einen absoluten Gleichlauf zwischen Heiratsfähigkeit und Strafmündigkeit bei Art. 259 gewollt hätte.
Als Ergebnis ist demnach festzuhalten: Zwar knüpft das negative Tatbestandsmerkmal *impúber* an die zivilrechtliche Heiratsfähigkeit an; dies geht aber nicht über den Grundsatz, dass eine solche erst ab Vollendung des 18. Lebensjahres beginnt, hinaus. *Impúber* kann somit nur "vor Vollendung des 18. Lebensjahres" bedeuten.

(bb) Die zweite negative Tatbestandsvoraussetzung des Art. 260 LECrim statuiert einen Ausschluss der Anzeigepflicht auch für denjenigen, der nicht im Vollbesitz seiner geistigen Kräfte ist. Auch hier wird wieder ein Rückgriff auf das Zivilrecht, das in Art. 200 CC eine Definition für Geschäftsunfähigkeit aus pathologischen Gründen bereithält, als für notwendig erachtet[1]. Demnach ist Geschäftsunfähigkeit in Krankheiten oder Mängeln physischer oder psychischer Natur zu sehen, die die betreffende Person daran hindern, sich selbst zu kontrollieren. Nach Art. 199 CC, der ebenfalls auf Art. 260 LECrim anwendbar sein soll[2], ist dazu stets eine konstitutive gerichtliche Entscheidung erforderlich.
Auch diese Sichtweise begegnet starken Bedenken: Zunächst besteht hier kein Grund für einen Rückgriff auf das Zivilrecht: Art. 259 ist eine Norm des materiellen Strafrechts und unterliegt deshalb auch dem Allgemeinen Teil des CP. In dessen Art. 20 finden sich hinreichend klare Bestimmungen, wann eine Person auf Grund geistiger Störungen von strafrechtlicher Verantwortung ausgenommen ist und wann nicht. Auch das Erfordernis eines konstitutiven Gerichtsbeschlusses nach Art. 199 CC verträgt sich schwer mit den Grundsätzen strafrechtlicher Verantwortung. Während dieser Bestimmung für das Zivilrecht ganz legitime Aspekte der Rechtssicherheit und des Schutzes des Vertragspartners zu Grund liegen, geht es im Strafrecht um Schuld und Sühne; für das betreffende Individuum kann die oft nur zufällig[3] erfolgende richterliche Feststellung nicht konstitutiv für strafrechtliche Verantwortung sein. Art. 260, 2. Alt. LECrim ist demzufolge nach Art. 20 CP, und nicht nach den Art. 199 ff. CC, zu konkretisieren.

(cc) Weitere Ausnahmevorschriften für bestimmte, mit dem Täter[4] verwandte Personengruppen hält Art. 261 LECrim bereit: Demnach sind folgende Personen von der Anzeigepflicht befreit:

---

[1] Monton Redondo in Montero Aroca u.a.: S. 150; Paz Rubio: S. 122
[2] De la Oliva Santos /Aragoneses Martínez S. 312
[3] "Zufällig" deshalb, weil nur die Fälle erfasst sind, in denen die Sache auch tatsächlich vor das entsprechende Gericht gebracht wird.
[4] *Delincuente*; wegen der Unschuldsvermutung ist dieser Terminus verfehlt; es müsste heißen: *inculpado* (Beschuldigter) oder *sospechoso* (Verdächtigter) – so auch Monton Redondo in Montero Aroca u.a. S. 150, der von einem *presunto delincuente* (vermeintlichen Täter) spricht

- der Ehegatte (Art. 261 Ziff. 1); nach einem Teil der Literatur[1] gehört dazu auch der Lebenspartner, was mit einer Notwendigkeit der Harmonisierung von Art. 261 Ziff. 1 mit der später eingeführten Regelung des Art. 454 CP begründet wird. Diese nehme nämlich den Lebenspartner des Haupttäters vom Kreis der Täter einer Begünstigung aus und überlagere dadurch Art. 261 Ziff. 1 LECrim. Der dem zugrunde liegenden gesetzgeberischen Gesamtkonzeption könne deshalb nur dann entsprochen werden, wenn auch der Lebenspartner des Verdächtigten in den Kreis der nicht zur Anzeige Verpflichteten gehöre;
- Vorfahren und Abkömmlinge (Art. 261 Ziff. 2, 1. HS, Alt. 1);
- Schwiegervorfahren und deren Abkömmlinge (Art. 261 Ziff. 2, 1. HS, Alt. 2);
- Blutsverwandte oder verschwägerte Verwandte bis zum 2. Grad (Art. 261 Ziff. 2, 2. HS);
- die vom Vater anerkannten Kinder (Art. 261 Ziff. 3)[2]. Obwohl sich der Gesetzeswortlaut lediglich auf natürliche Abkömmlinge bezieht, sind wegen der in Art. 108 Abs. 2 CC normierten Gleichstellung natürlicher Kinder mit Adoptivkindern auch diese vom Personenkreis der zur Anzeige Verpflichteten ausgenommen[3]. Gleiches muss konsequenterweise auch für die Adoptiv*eltern* gelten, da nach Art. 261 Ziff. 1 auch die Vorfahren von der Anzeigepflicht freigestellt sind.

(dd) Nach Art. 263 LECrim sind darüber hinaus noch Anwälte, *procuradores* (Prozessbevollmächtigte) sowie Geistliche von der Anzeigepflicht ausgeschlossen, soweit es um Informationen geht, die diese Personen im Zusammenhang mit der Betreuung ihrer Klienten bzw. mit der Ausübung ihres geistlichen Amtes erhalten. Damit wird dem in Art. 20 Ziff. 1 CE verfassungsrechtlich verankerten Prinzip des Schutzes des Berufsgeheimnisses Rechnung getragen[4]; die Regelung harmonisiert mit der in Art. 437 Ziff. 2 und 438 Ziff. 2 LOPJ normierten bzw. in Art. 199 Ziff. 2 CP strafrechtlich geschützten Schweigepflicht.

(c) Schließlich muss der Betreffende die Deliktsbegehung "wahrnehmen"[5]. Wie aus der insoweit unterschiedlichen Formulierung des Art. 264 LECrim hervorgeht[6], muss es sich bei der Wahrnehmung des Art. 259 LECrim um eine *unmittelbare*[7] handeln; die bloß indirekte Kenntnis (z.B. die eines Zeugen vom Hörensagen) reicht dafür nicht aus und unterfällt der sanktionslosen Vorschrift des Art. 264 LECrim. "Wahrnehmen" bedeutet in diesem Zusammenhang aber auch auf der subjektiven Seite, dass der Betreffende von einer gewissen Wahrscheinlichkeit der Deliktsbegehung ausgeht, und dass

---

[1] Paz Rubio: LECrim, S. 122
[2] Zwar zählt Art. 261 Ziff. 3 LECrim zusätzlich noch die natürlichen Kinder der Mutter auf, hat aber gegenüber Art. 261 Ziff. 2, 1. HS LECrim keinen eigenen Anwendungsbereich.
[3] Paz Rubio: LECrim S. 122
[4] Paz Rubio: LECrim S. 123
[5] Der Gesetzestext verwendet das Verb *presenciar*.
[6] In Art. 264 LECrim stellt das Gesetz auf das Wort *conocimiento* ab.
[7] So auch Jiménez Asenjo: NEJ Seix, Bd. VI, S. 821.

er fähig ist, das betreffende Rechtsgut als von einem Offizialdelikt geschützt zu erkennen. Der subjektive Tatbestand setzt insoweit also einen Doppelvorsatz voraus[1].

(2) Qualifikationen des Art. 262 LECrim

(a) Wer in Ausübung eines Amtes oder einer beruflichen Tätigkeit von der Begehung eines Offizialdeliktes erfährt, wird – soweit möglich - nach Art. 262 Abs. 1 und 2 LECrim *disziplinarrechtlich* verfolgt, wobei hinsichtlich der Höhe der Strafandrohung Art. 259 LECrim Anwendung findet. Außerdem wird nach Abs. 4 bei einem Beamten dessen vorgesetzte Dienststelle in Kenntnis gesetzt.

(b) Darüber hinaus sieht Art. 262 Abs. 3 LECrim eine erhöhte Strafandrohung vor, wenn es sich bei dem Anzeigepflichtigen um einen Arzt, Chirurgen oder Apotheker handelt, der im Zusammenhang mit der Ausübung seines Berufes von einem Offizialdelikt Kenntnis erlangt. Dies überrascht insoweit, als dadurch dem ärztlichen Berufsgeheimnis in keiner Weise Rechnung getragen zu werden scheint. Nach Art. 10.3 der LO 14/1986 (Organgesetz über die Heilberufe) hat nämlich "jedermann *das Recht ... auf Vertraulichkeit* jeglicher Informationen, die im Zusammenhang mit dem Verfahren und dem Aufenthalt in öffentlichen oder privaten gesundheitlichen Einrichtungen stehen...".
Gleichwohl ist dieser Systembruch hinzunehmen, da vom Gesetzgeber so gewollt. Denn es kann hier nicht von einem gesetzgeberischen Versehen oder einer Gesetzeslücke gesprochen werden, was schon durch die Tatsache indiziert wird, dass sich der Gesetzgeber der Problematik durchaus bewusst war, indem er Anwälte, *procuradores* und Geistliche in Art. 263 LECrim vom Kreis der Verpflichteten gerade wegen ihres Schweigerechts herausgenommen hat. Dieser Schritt korrespondiert mit der Tatsache, dass den letztgenannten Personen nach den Art. 416 f. LECrim ein Zeugnisverweigerungsrecht zusteht, nicht aber den Angehörigen der Heilberufe. Vielmehr hat sich der Gesetzgeber entschieden, das Unterlassen einer Anzeige für Ärzte und Apotheker mit einer höheren Strafe zu belegen. Dies kann nur den Sinn und Zweck haben, dass aus den Auskünften der Mediziner und Apotheker besonders wertvolle Hilfe bei der Strafverfolgung erwartet werden kann – ein naheliegender Gedanke, bedenkt man, dass Ärzte oft die ersten sind, die Anhaltspunkte auf Delikte gegen die körperliche Unversehrtheit oder die sexuelle Selbstbestimmung im Rahmen ihrer Tätigkeit erhalten. Dass dabei die Abwägung zu Ungunsten des ärztlichen Schweigerechts ausgefallen ist, ist Folge des verfassungsrechtlich nicht zu beanstandenden Ermessensspielraum des Gesetzgebers, den die Verfassung ihm in Art. 20 Ziff. 1 Lit. d) Satz 2 CE dadurch einräumt, dass sie ihm die Ausgestaltung des Berufsgeheimnisses ohne konkrete Vorgaben überlässt.

---

[1] Jiménez Asenjo: NEJ Seix, Bd. VI, S. 820

(3) Milderer Fall des indirekten Zeugen

Zuletzt gibt Art. 264 LECrim jedermann, der "auf anderem Wege" (also nicht im Zug der unmittelbaren Wahrnehmung) von der Begehung eines Offizialdeliktes Kenntnis erlangt hat, die Verpflichtung auf, Anzeige zu erstatten. Klassisches Beispiel ist der "Zeuge vom Hörensagen". Auffallend ist hierbei, dass das Gesetz an ein Unterlassen der Anzeige keine strafrechtlichen Sanktionen knüpft.

cc) Echte Rechtspflicht oder nur moralische Verpflichtung?

Die Tatsache, dass die Nichtanzeige des indirekten Zeugen nach Art. 264 LECrim mit keinerlei strafrechtlicher Sanktion bewehrt ist, und auch die geringe Höhe, die das Gesetz dem Strafrahmen der Art. 259 bzw. 262 LECrim zu Grund legt, werfen die Frage auf, ob es sich dabei überhaupt um eine echte Rechtspflicht handelt.

(a) Zwar wird die Strafandrohung der Art. 259 und 262 LECrim in der Literatur gemeinhin als "lächerlich"[1] bezeichnet; Einigkeit herrscht aber insoweit, als es sich gleichwohl um eine echte Rechtspflicht handeln soll[2], die ihrerseits als Ausfluss des verfassungsrechtlich in Art. 118 CE verankerten Gebotes der Zusammenarbeit des Bürgers mit der Justiz gesehen wird[3]. Dem ist zuzustimmen.
Zunächst ist allerdings festzuhalten, dass es sich bei den Vorschriften der Art. 259, 262 LECrim ursprünglich um Strafnormen handelte, die mit einer spürbaren Sanktion belegt waren, denn zum Zeitpunkt der letzten Gesetzesänderung im Jahre 1955 entsprach die Höchststrafe von 250 Pts. Einem deutlich höheren Kaufwert. Lediglich die Untätigkeit des Gesetzgebers in den letzten fünf Dekaden, der Inflationsentwicklung Rechnung zu tragen, lässt die Strafe heute als "lächerlich" erscheinen. Gleichwohl folgt aus der bloßen Untätigkeit des Gesetzgebers noch keine Annullierung der Anzeigepflicht, denn nach wie vor ist ein Unterlassen unter Strafe gestellt. Die Tatsache, dass das Strafmaß hier für den Betreffenden kaum spürbar ist ändert nichts daran, dass es sich nach wie vor um eine authentische Rechtspflicht handelt, denn jede Strafnorm beinhaltet den Vorwurf von Schuld und bewertet ein bestimmtes Verhalten – sei es aktives Tun, sei es wie hier ein Unterlassen – mit dem Vorwurf der Sozialwidrigkeit.
Gegen die Annahme einer aus bloßer Untätigkeit resultierenden Funktionslosigkeit der betreffenden Normen spricht ferner die Überlegung, dass der Gesetzgeber in jüngster Zeit so untätig nicht war. Durch Verabschiedung des Gesetzes über die Private Sicherheit (Ley 23/1992 de Seguridad Privada) im Jahre 1992 stellte er in dessen Art. 19 Ziff. 3 klar[4], dass auch Privatdedektive an das Gebot, Anhaltspunkte, die die Begehung

[1] Monton Redondo in Montero Aroca u.a. S. 152; Tomé García: EJB, Bd. II, S. 2113; Gimeno Sendra in GMAC, S. 264
[2] Aragoneses Martínez in De la Oliva Santos u.a.: S. 311; Monton Redondo in Montero Aroca u.a.: S. 149 ff.; Tomé García: EJB, Bd. II, S. 2113; Paz Rubio: S. 115; Aragoneses Martínez: RDP 1995, S. 427
[3] Vgl. statt vieler Aragoneses Martínez: RDP 1995, S. 426.
[4] Art. 19 Ziff. 3 der Ley 23/1992 lautet: *Tampoco podrán [los detectives privados] realizar investigaciones sobre delitos perseguibles de oficio, debiendo denunciar inmediatamente ante la*

eines Offizialdeliktes nahe legen, unmittelbar an die zuständige Behörde weiterzuleiten haben. Diese Klarstellung würde keinen Sinn machen, wenn die Grundsatznorm des Art. 259 LECrim obsolet wäre.
Schließlich ist zu bedenken, dass an eine unterbliebene Strafanzeige zivilrechtliche Konsequenzen anknüpfen können, wie das Beispiel des Art. 756 Ziff. 4 S. 1 CC (Erbunwürdigkeit bei unterlassener Anzeige des gewaltsamen Todes des Erblassers)[1] beweist. S. 2 der Vorschrift bestimmt, dass die Erbunwürdigkeit dann nicht eintritt, wenn nach dem Gesetz keine Anzeigepflicht[2] bestand - ein klarer Verweis auf die Art. 159 ff. LECrim, der sinnentleert wäre, wenn diese Pflicht nicht mindestens an die Intensität einer zivilrechtlichen Obliegenheit heranreichen würde.

(b) Mehr Probleme schafft in diesem Zusammenhang die nicht mit einer strafrechtlichen Sanktion bewehrte Vorschrift des Art. 264 LECrim. Denn die Abgrenzung zwischen einer Rechtspflicht und einer nur moralischen Verpflichtung bemisst sich grundsätzlich nach deren Durchsetzbarkeit durch staatliche Vollzugsakte. In Teilen der spanischen Literatur[3] wird der Art. 264 LECrim zu Grunde liegende Imperativ demnach als *denuncia-deber* (Anzeigepflicht) bezeichnet, während für die Rechtspflicht aus Art. 259 LECrim der Terminus *denuncia-obligación* (Anzeigeverpflichtung) Verwendung findet[4] – eine fragwürdige Begrifflichkeit, da *deber* und *obligación* zwei Synonyme darstellen. Allerdings stellt Art. 264 Abs. 2 LECrim a.E. klar, dass eine (straf- oder zivilrechtliche[5]) Haftung durch die unterlassene Anzeige grundsätzlich unberührt bleibt; insoweit könnte noch zumindest von einer Obliegenheit, die zwar nicht selbständig, wohl aber mittelbar über eine daran anknüpfende Haftung durchgesetzt werden kann, gesprochen werden. Da aber die in Frage kommenden Haftungstatbestände ihrerseits tatbestandlich keine Verletzung des Anzeigegebotes voraussetzen, sondern die Haftung an eine eigene, von Art. 264 LECrim unabhängige Tatbestandsvoraussetzung einer unterlassenen Anzeige anknüpfen, ist keine Möglichkeit ersichtlich, dem Gebot aus Art. 264 LECrim eine eigenständige haftungsbegründende Funktion zuzusprechen. Da das Anzeigegebot des indirekten Zeugen somit auch nicht mittelbar durchsetzbar ist, bleibt es bei einer rein moralischen Verpflichtung.

---

autoridad competente cualquier hecho de esta naturaleza que llegara a su conocimiento y poniendo a su disposición toda la información y los instrumentos que pudieran haber obtenido.
Übers.: "[Die Privatdetektive] können auch keine Ermittlungen über von Amts wegen zu ermittelnde Delikte anstellen, sondern müssen unverzüglich jegliche in ihre Kenntnis gelangten Anhaltspunkte dieser Art den zuständigen Behörden anzeigen, sowie diesen sämtliche erhaltene Informationen und Mittel zur Verfügung stellen.

[1] S.u. 2. Abschnitt § 1 C VI. 2 b).

[2] Peuster: Código Civil - Das spanische Zivilgesetzbuch, spanisch-deutsche Textausgabe, Ffm. 2002, S. 435, der das vom Gesetzgeber benutzte Verb *acusar* hier zutreffend mit "Anzeige-" übersetzt.

[3] Aragoneses Martínez in De la Oliva Santos u.a.: S. 311

[4] Auch als *deber cívico* (Bürgerpflicht) bezeichnet (z.B. bei Gimeno Sendra in GMAC: S. 265).

[5] A.A.: Monton Redondo in Montero Aroca u.a.: S. 153 (Art. 264 Abs. 2 beziehe sich nur auf die strafrechtliche Haftung wie z.B. aus Art. 456 CP im Falle einer falschen Verdächtigung).

b) Subjektives Recht zur Anzeige bei den Halboffizialdelikten

Es entspricht einhelliger Meinung in Rechtssprechung[1] und Literatur[2], dass die im CP aufgeführten Befugnisse, das Strafverfahren durch *denuncia* eines *Halboffizial*deliktes[3] einleiten zu können, dem Verletzten eine subjektive Rechtsposition vermitteln, die nicht nur von der allgemeinen Rechtsschutzgarantie des Art. 24 Ziff. 1 CE geschützt wird, sondern geradezu einen Ausfluss derselben darstellt. Die durch die Verfassung in Art. 24 Ziff. 1 CE vorgeprägte Reichweite dieses Rechts geht aber nicht weiter als ein Anspruch auf *gerichtliche Prüfung* der *denuncia.* Auf die tatsächliche Verfahrenseröffnung erstreckt sich dieser Anspruch nicht, was insoweit in Konformität mit der Gesamtsystematik der Bürgerbeteiligung im Strafprozess steht, als es dem Verletzten unbenommen bleibt, nach Art. 101, 270 ff. LECrim Popularklage (in der gängigen, aber irreführenden[4] Terminologie *acción particular*) zu erheben, um so die Eröffnung eines Strafverfahrens zu erzielen. Auf das seinerseits problematische Verhältnis der Popularklage zur allgemeinen Rechtsschutzgarantie des Art. 24 Ziff. 1 CE ist an späterer Stelle noch ausführlich einzugehen[5].

2. Rechtsnatur der denuncia bei den Halboffizialdelikten: Objektive Strafbarkeitsbedingung oder Prozessvoraussetzung?

a) Meinungsstand

In der spanischen Dogmatik stehen sich hinsichtlich des Wesens der *denuncia* eines Halboffizialdeliktes zwei konträre Positionen gegenüber, nämlich die Theorie von der objektiven Strafbarkeitsbedingung und die von der prozessrechtlichen Natur.
Die Befürworter der ersten Ansicht[6] sehen in der *denuncia* eines Halboffizialdeliktes eine objektive Strafbarkeitsbedingung[7]. Unter diesem Begriff versteht man in der spanischen Rechtswissenschaft generell die Abhängigkeit der Verhängung oder zumindest der Verschärfung einer Strafe von Umständen, die außerhalb der Einflusssphäre des Täters liegen und demnach von diesem nicht kontrolliert werden können. Insbesondere komme es dabei weder auf den Willen des Täters, noch auf die Vorhersehbarkeit der Bedingung an[8]. Gestützt wird diese These zunächst auf die Subsumtion der *denuncia* unter diese Definition, denn ein Halboffizialdelikt münde letztendlich nur dann in eine

---

[1] STC 173/1988 vom 03.11.1988; STC 111/1995 vom 04.07.1995

[2] Aragoneses Martínez in De la Oliva Santos u.a.: S. 323 ; Monton Redondo in Montero Aroca u.a.: S. 158; Rodríguez Fernández: S. 191; Paz Rubio: S. 115; Ibáñez López-Pozas: S. 116 f. und 120 (der die Anzeigemöglichkeit sogar als "*höchstpersönliches* Recht" einstuft); Gimeno Sendra in GMAC: S.265 (der gerade die Möglichkeit, durch Unterlassen der *denuncia* eine Strafverfolgung zu verhindern, als charakteristisch für die Rechtsqualität herausarbeitet).

[3] Für eine generelle Qualifizierung als subjektives Recht des Verletzten auch bei den *Offizial*delikten: Gimeno Sendra (in GMAC, S. 265); ihm folgend Aragoneses Martínez: RDP 1995, S. 427.

[4] S.u. 3. Abschnitt § 2 A I.

[5] S.u. 3. Abschnitt § 2 A IV.

[6] Manzini: "Tratado de derecho procesal", Bd. IV, S. 17 f.

[7] *Condición objetiva de punibilidad*

[8] Quintero Olivares: S. 448

Strafe, wenn die betroffene Person Anzeige erstatte – ein Umstand, der sich dem Willen des Täters grundsätzlich entziehe. Darüber hinaus befänden sich sämtliche Vorschriften, die das entsprechende Delikt als halboffizial qualifizierten, im Strafgesetzbuch, so dass auch systematische Erwägungen zu einer Zuordnung zum materiellen Recht führen müssten. Dies umso mehr, als sich auch der Gesetzgeber einer eindeutigen Sprache bediene. So hieße es z.B. in Art. 215 Ziff. 1 Satz 1 CP: "Niemand wird *bestraft*... es sei denn kraft *querella*..." [bzw. an deren Statt, Satz 2] "...*denuncia*...".
Andere Autoren[1] wiederum sehen das Wesen der *denuncia* eines Halboffizialdeliktes ausschließlich unter dem Aspekt der Abhängigkeit einer Strafverfolgung vom Willen des Anzeigeberechtigten: So soll z.B. die *denuncia* einer unter Gewalt bzw. Gewaltandrohung erfolgten Vergewaltigung – nach Art. 443 a.F. war dieses Delikt vor der Reform 1995 als Halboffizialdelikt ausgestaltet - rein prozessualer Natur sein, da der Wille des Opfers schon während der Tatbegehung gebrochen sei, der Tat also von vornherein entgegenstehe. Demgegenüber lasse sich z.B. beim sexuellen Missbrauch einer schlafenden oder bewusstlosen Frau erst später ermitteln, ob die Handlung mit deren Willen im Einklang war, oder nicht. Genau dafür biete die *denuncia* aber das geeignete Instrumentarium, und da die Deliktverwirklichung das fehlende Einverständnis der Frau voraussetzt, mithin also für materiellrechtliche Weichenstellungen maßgeblich ist, sei in diesem Fall die *denuncia* eine objektive Strafbarkeitsbedingung.
Im Gegensatz dazu sehen hL[2] und Rechtsprechung[3] in der *denuncia* eines Halboffizialdelikts stets eine rein prozessrechtliche Voraussetzung[4]: So könne zum einen nicht aus der bloßen Stellung der ein Halboffizialdelikt charakterisierenden Normen im materiellen Recht (CP) auch auf die Rechtsnatur der dazu nötigen *denuncia* geschlossen werden, denn die Rechtsnatur einer Norm müsse sich stets nach von der konkreten Stellung im Gesetz unabhängigen Faktoren bemessen lassen[5]. Insbesondere ließen sich auch aus der vom Gesetzgeber getroffenen Formulierungen keine Rückschlüsse ziehen, da das Regelungsgefüge auf einem uneinheitlichen Sprachgebrauch basiere[6]: So sei es zwar richtig, dass der Gesetzgeber bei der *denuncia* einer Beleidigung gegen einen Amtsträger in Art. 215 Ziff. 1 Sätze 1 und 2 CP die "Bestrafung" vom Vorliegen einer *denuncia* abhängig mache[7]; im Zusammenhang mit vielen anderen Halboffizialdelikten beziehe sich seine Wortwahl aber eindeutig auf die (prozessuale) "Verfolg-

---

[1] Quintano Ripollés: RDP 1952, S. 128 ff.

[2] Ibáñez López-Pozas : S. 117; Aragoneses Martínez in De la Oliva Santos u.a.: S. 322 ; Tomé García EJB Bd. II, S. 2114; Gimeno Sendra in GMAC, S. 265

[3] SSTS vom 20.11.1982 (RAJ 1982, Nr. 7163/ S. 4738); vom 03.02.1984 (RAJ 1984, Nr. 716/ S. 531); vom 03.10.1981 (RAJ 1991, Nr. 6983/ S. 9492); vom 25.10.1994. Für Verwirrung sorgte dabei aber das Urteil STS vom 03.03.1984 (RAJ 1984, Nr. 1699/ S. 1283), in dem das TS die *denuncia* als "aufschiebende Bedingung der Strafbarkeit prozessualer Natur" (*condición suspensiva de punibilidad de cáracter procesal*) bezeichnet hatte; bei dieser Formulierung handelt es sich aber zum einen um einen Einzelfall, zum anderen beschreibt das Gericht im selben Absatz der Urteilsbegründung das Fehlen der *denuncia* als einen "prozessualen Mangel" (*falta procesal*), so dass nicht davon auszugehen ist, dass das Gericht der gemischten Theorie folgen wollte.

[4] *Supuesto procesal de persiguibilidad* oder *requisito de procedibilidad.*

[5] Ibáñez López-Pozas : S. 68

[6] Ibáñez López-Pozas : S. 68

[7] Gleiches gilt für Art. 624 CP.

barkeit". So bediene er sich an anderer Stelle folgender Ausdrücke: "*...para proceder...*" ("um prozessual vorgehen zu können") im Rahmen der Art. 162 Ziff. 2, 191 Ziff. 1, 201 Ziff. 1, 287 CP; "*...sólo se perseguirán...*" ("werden nur verfolgt") im Rahmen des Art. 228 und "*...serán perseguibles...*" ("sind verfolgbar") im Rahmen der Art. 267 Abs. 2, 296 Ziff. 1, 620 Abs. 2 und 621 Ziff. 6 CP. Maßgeblich sei vielmehr die Tatsache, dass es nicht vom Willen des Verletzten abhängen könne, ob ein Delikt existiere oder nicht, denn dessen Voraussetzungen ergeben sich alleine aus dem Gesetz. Die Annahme, dass erst das nachträgliche und willensgesteuerte Verhalten des Verletzten das Delikt schaffe, sei nicht mit dem Gedanken einer bereits objektiv vorher erfolgten Festlegung der Deliktsvoraussetzungen durch den Gesetzgeber vereinbar[1].
Erwähnenswert erscheint an dieser Stelle auch die rechtspolitisch-motivierte Argumentation des TS, das schon allein auf Grund der Tatsache, dass das Fehlen eines Prozesshindernisses grundsätzlich nachgeholt werden könne, die *denuncia* im Lichte der Prozessökonomie in diese Kategorie fallen lassen möchte[2].

b) Stellungnahme

Die Argumente, die in der *denuncia* eines Halboffizialdeliktes eine ausschließlich prozessuale Natur befürworten, überzeugen grundsätzlich. So ist es – insbesondere im Hinblick auf das Gebot *nulla poena sine lege* - rechtsstaatlich bedenklich, die Deliktsverwirklichung von einer Potestativbedingung, die nachträglich eintritt und sich gerade nicht an objektiven Kriterien bemisst, abhängig zu machen.
Nicht nachvollziehbar ist auch die im Beispielsfall mit der vergewaltigten/ sexuell im Schlaf missbrauchten Frau von *Quintano Ripollés* vorgeschlagene Differenzierung[3], denn diese übersieht, dass das Merkmal "ohne den Willen" hier bereits objektives Tatbestandsmerkmal des Art. 181 CP ist, das vom Vorsatz des Täters umfasst werden muss und schon deshalb keine objektive Strafbarkeitsbedingung sein kann. Eine Genehmigung im Sinne einer rückwirkenden Zustimmung – und genau darauf läuft diese Argumentation hinaus – ist dem materiellen Strafrecht überdies fremd, denn die rückwirkende Beseitigung einer Anknüpfung von Strafbarkeit bzw. Strafverfolgung kann allenfalls durch das speziell dafür vorgesehene und später noch ausführlich zu erörternde Rechtsinstitut der Verzeihung (*perdón*) im Sinne des Art. 130 Ziff. 4 CP bewirkt werden[4].

V. Wirksamkeitsvoraussetzungen der *denuncia*

Wie oben bereits angedeutet stellen die Art. 265 bis 268 LECrim Vorschriften zur Verfügung, die an eine wirksame *denuncia* gewisse formelle Anforderungen knüpfen. Regelungsgegenstand dieser Normen ist – was die systematische Stellung im unmittelbaren Gefolge der Art. 259 bis 264 LECrim indiziert - zunächst die *denuncia* eines von

[1] Gimeno Sendra : La Querella, S. 30 ff.; ihm grundsätzlich folgend Ibáñez López-Pozas: S. 88.
[2] STS vom 20.11.1982 (RAJ 1982, Nr. 7163/ S. 4738)
[3] Quintano Ripollés: RDP 1952, S. 128 ff.
[4] Quintano Olivares: S. 765

Amts wegen zu ermittelnden Deliktes (Offizialdeliktes). Es entspricht aber der allgemeinen Meinung, dass diese Regeln grundsätzlich auch auf die *denuncia* eines Halboffizialdeliktes Anwendung finden, sofern nicht die Spezialvorschriften des besonderen Teils des CP davon Abweichendes normieren. Im Folgenden ist deshalb zunächst auf die die Anzeige eines Offizialdeliktes regelnden allgemeinen Vorschriften der Art. 265 bis 268 LECrim einzugehen (1.), bevor dann die jeweiligen Besonderheiten bei den Halboffizialdelikten zu erörtern sind (2.).

1. Wirksamkeitsvoraussetzungen der denuncia eines Offizialdeliktes

a) Person des Anzeigenden

Grundsätzlich kann *jedermann* eine Anzeige stellen, wozu in erster Linie zunächst alle natürlichen Personen gehören, und zwar unabhängig von ihrer Staatsangehörigkeit. Dies gilt für einen Ausländer zumindest insoweit, als er auch nach Art. 270 Abs. 2 LECrim zur Popularklage befugt wäre[1]. Denn wer eine Stellung als Verfahrensbeteiligter durch Erhebung der Popularklage erreichen kann, dem darf es erst recht nicht verwehrt sein, das Verfahren ohne Beteiligtenstellung zu initiieren. Nach der hier vertretenen Ansicht kann aber darüber hinaus auch unabhängig von Art. 270 Abs. 2 LECrim jeder Ausländer eine Strafanzeige stellen, da nach Art. 8 Ziff. 1 CC i.V.m. Art. 259 LECrim auch jeder Ausländer zu einer solchen verpflichtet ist. Die Verpflichtung wäre aber sinnentleert, wollte man dem Betreffenden in anderem Zusammenhang die Wirksamkeit seiner Anzeige absprechen.
Darüber hinaus ist in analoger Anwendung von Art. 38 CC auch eine juristische Person zur Anzeige befugt[2], denn diese Vorschrift sieht eine Strafklagemöglichkeit auch für Personengesamtheiten vor. Auch hier gilt deshalb der Erst-Recht-Schluss auf eine bloße Initiationsmöglichkeit durch Anzeige als die schwächere Beteiligungsform im Strafverfahren.

b) Anzeigefähigkeit (capacidad)

Auf eine bestimmte Altersgrenze oder geistige Reife braucht bei der Anzeige eines Offizialdelikts keine Rücksicht genommen zu werden[3]. Insbesondere sind in diesem Zusammenhang nicht die Einschränkungen des Art. 260 LECrim (Minderjährigkeit und Geisteskrankheit) heranzuziehen, denn die Tatsache, dass eine Person von der Verpflichtung zur Anzeige ausgeschlossen ist, heißt noch lange nicht, dass sie eine Anzeige nicht wirksam vornehmen könnte.[4] Vielmehr steht hier die Funktion der Anzeige im Vordergrund, die sich bei einem Offizialdelikt auf die *notitia criminis* be-

---

[1] Monton Redondo in Montero Aroca u.a.: S. 155

[2] Monton Redondo in Montero Aroca u.a.: S. 155; Paz Rubio S. 116; teilw. ablehnend Gimeno Sendra in GMAC: S. 266, der die Anzeigefähigkeit einer juristischen Person nur für den Fall bejaht, in dem diese selbst durch das betreffende Delikt verletzt ist. Dabei übersieht er die sonst stringent eingehaltene Unterscheidung zwischen der *denuncia* eines Halboffizialdelikts und der eines Offizialdelikts.

[3] Aragoneses Martínez in De la Oliva Santos u.a.: S. 323 ; STS vom 30.03.1978

[4] Monton Redondo in Montero Aroca u.a.: S. 153

schränkt. Zur bloßen Übermittlung der eigenen Wahrnehmung ist aber gerade keine Einsichtsfähigkeit nötig.

c) Adressat

Die Art. 265 ff. LECrim enthalten keine eigenständigen Vorschriften, welches Organ zur Entgegennahme einer Anzeige vorgesehen ist. Demgegenüber zählen die Art. 259, 262 und 264 LECrim verschiedene Dienststellen – Ermittlungsrichter, Friedensrichter, Staatsanwaltschaft, Polizei - auf, was aber vom Wortlaut her nur die Verpflichtung zur Anzeige, nicht dagegen deren generelle Wirksamkeit betrifft. Dies wird allgemein für unbefriedigend gehalten, zumal die jeweilige Reihenfolge der Art. 259, 260 und 264 LECrim mit der der anderen Vorschriften nicht kongruent ist[1], ohne dass dafür ein sachlicher Grund ersichtlich wäre[2]. Dies und die Tatsache, dass der Sinn und Zweck der *denuncia* darin zu sehen ist, durch Übermittlung der *notitia criminis* eine möglichst zügige Überprüfung der Tatsachen- und Rechtslage zu fördern, rechtfertigen es, jedes Gericht sowie jede Dienststelle der Polizei oder Staatsanwaltschaft als zur Annahme von Anzeigen zuständig anzusehen[3]. Als zusätzliches Argument wird in diesem Zusammenhang auch die Tatsache angeführt, dass der Bürger nicht gehalten ist, das genaue verwaltungsinterne Kompetenzgefüge zu kennen; ihm stehe der Staat vielmehr als einheitlicher Block (*in totum*) gegenüber. Gerät er bei der Anzeigeerstattung an die unzuständige Stelle, so ist diese zur Weiterleitung an die kompetente Behörde verpflichtet[4].

c) Form

aa) Art. 265 LECrim stellt keine hohen Anforderungen an die Form einer *denuncia*. Diese kann schriftlich oder mündlich, durch persönliche Abgabe oder mittels eines Vertreters oder Boten erfolgen. Wird sie schriftlich gestellt, ist nach Art. 266 LECrim die Unterschrift des Betreffenden oder, falls dieser – z.B. auf Grund von Analphabetismus[5] – verhindert ist, die Unterschrift[6] einer anderen Person seiner Wahl nötig. Die persönliche Abgabe des Stellvertretenden oder seines Vertreters ist dazu nicht erforderlich; so genügt nach der Rechtsprechung des TS eine per Brief erfolgende *denuncia* dem Schriftformerfordernis[7]. Die mündliche Anzeigenerstattung ist nach Art. 267 LECrim vom aufnehmenden Beamten zu protokollieren und sodann von diesem und dem Anzeigenerstatter zu unterzeichnen. Auch dabei kann sich der des Schreibens Unkundige einer Hilfestellung durch einen Dritten bedienen.

---

[1] - und auch Art. 264 im Gegensatz zu den anderen beiden Vorschriften keine Vorgaben einer örtlichen Zuständigkeit macht -

[2] Aragoneses Martínez in De la Oliva Santos u.a.: S. 313

[3] Aragoneses Martínez in De la Oliva Santos u.a.: S. 313; Monton Redondo in Montero Aroca : S. 154 f. (bei Art. 262 LECrim aber offengelassen, da dieser "eine gewisse Abstufung" vorzusehen scheine); Gimeno Sendra in GMAC, S. 268 ff.

[4] Jiménez Asenjo: NEJ Seix, Bd. VI, S. 822

[5] Monton Redondo in Montero Aroca: S. 155

[6] In diesem Fall ist der Unterzeichnende kein Bevollmächtigter, sondern fungiert als Schreibhelfer.

[7] SSTS vom 29.05.1955; vom 27. 05.1971; vom 27.02.1982

Wird ein Bevollmächtigter tätig, so muss dieser nach Art. 265 LECrim im Besitz einer speziellen, d.h. sich gerade auf die konkrete Anzeige erstreckenden Vollmacht sein. Diese kann deshalb nur nachträglich[1] - also nach Kenntnisnahme von dem anzuzeigenden Delikt - erteilt werden (*poder especial*). Das Fehlen der Spezialvollmacht kann in analoger Anwendung des Art. 277 Nr. 7 LECrim allerdings durch Genehmigung geheilt werden[2]. Eine echte Bevollmächtigung soll nach einer Ansicht[3] nur im Fall der schriftlichen Anzeige vorliegen, da bei der mündlichen Übermittlung der "Bevollmächtigte" selbst als Anzeigender, nämlich in seiner Funktion als indirekter Zeuge im Sinne des Art. 264 LECrim, tätig werde. So scharfsinnig diese Konstruktion durchdacht sein mag, spielt sie doch für die Praxis keine Rolle.

bb) Die Anzeige ist grundsätzlich in spanischer Sprache vorzunehmen bzw. muss im Falle eines dieser Sprache Unkundigen übersetzt werden. Befindet sich der Sitz der die Anzeige aufnehmenden Behörde in einer Autonomen Region, in der eine kooffizielle Sprache zugelassen ist[4], kann die Anzeige nach Art. 3 Ziff. 2 CE i.V.m. dem jeweiligen Autonomiestatut auch in diesem Idiom erstattet werden[5].

cc) Nach Art. 268 LECrim muss sich die die Anzeige aufnehmende Behörde der Identität des Anzeigeerstatters vergewissern und dazu die Vorlage eines gültigen Ausweisdokuments verlangen. Da dies aber außerhalb der Einflusssphäre des Anzeigenden liegt, ist darin keine echte Wirksamkeitsvoraussetzung der *denuncia* zu sehen, sondern zum einen eine Ordnungsvorschrift für die Behörde, zum anderen eine Eingriffsermächtigung der Behörde in das informationelle Selbstbestimmungsrecht des Anzeigenden.

dd) Sollte es sich bei dem Anzeigeerstatter um einen Beamten der Justiz handeln, ist dieser grundsätzlich nicht an die formellen Erfordernisse der Art. 265 ff. LECrim gebunden, sondern kann sich zur Weiterleitung der *notitia criminis* auch des Dienstweges bedienen[6].

d) Inhalt

Inhaltlich stellt das Gesetz an die Anzeige selbst keine konkreten Anforderungen. In diesem Zusammenhang werden lediglich zwei Problemfelder diskutiert: das der Selbstanzeige und das der anonymen Anzeige.

- Die Selbstanzeige wird gemeinhin für zulässig erachtet[7], da Art. 21 Nr. 4 CP die Selbstbezichtigung als Strafmilderungsgrund ausdrücklich anerkennt, wofür

---

[1] Gimeno Sendra in GMAC: S. 270
[2] Aragoneses Martínez in De la Oliva Santos u.a.: S. 313
[3] Monton Redondo in Montero Aroca u.a.: S. 156
[4] Z.B.Galizien, Baskenland, Katalanien.
[5] Monton Redondo in Montero Aroca u.a.: S. 157
[6] Jiménez Asenjo: NEJ Seix, Bd. VI, S. 825
[7] Monton Redondo in Montero Aroca u.a.: S. 153; Paz Rubio: LECrim, S. 116; Jiménez Asenjo: NEJ Seix, Bd. VI, S. 821; Gimeno Sendra in GMAC, S. 268

die Selbstanzeige, die ja notwendigerweise im frühest möglichen Stadium der Ermittlungen angesiedelt ist, das geeignete, der *ratio* des Art. 21 Nr. 4 CP am weitesten gerecht werdende Instrumentarium zur Verfügung stellt.

- Die Frage, ob auch eine anonyme Anzeige die Voraussetzungen der Art. 265 ff. LECrim erfüllt, wird hingegen kontrovers diskutiert. Nach einer Mindermeinung[1] ist diese Rechtsfigur strikt abzulehnen. Zum einen widerspreche eine anonyme Anzeige den Voraussetzungen der Art. 266 f., die jeweils eine Unterschrift des Anzeigenden – sei es unter das bei der mündlichen Anzeige aufzunehmende Protokoll, sei es unter die schriftliche Anzeige selbst – erfordern. Auch gehe aus Art. 268 LECrim, nach dem die Behörde die Identität des Anzeigenden festzustellen hat, die Inkompatibilität des geltenden Systems mit der Figur einer anonymen Anzeige hervor. Zum anderen bringe die anonyme Anzeige eine immense Missbrauchsgefahr mit sich.

  Eine andere Ansicht[2] lehnt die anonyme Anzeige als solche nicht grundsätzlich ab, attestiert ihr aber keine Rechtsnatur einer *denuncia* im Sinne der Art. 259 ff. LECrim, sondern reduzierte sie auf einen bloßen Anhaltspunkt für die Strafverfolgungsbehörden, auf eigene Initiative (nach Art. 300 LECrim) ein Verfahren einzuleiten. Nach einer anderen Meinung[3] ist demgegenüber die anonyme Anzeige als Anzeige im Sinne der Art. 259 ff. LECrim zu behandeln, wenn die Abwägung aller maßgeblichen Umstände des Einzelfalles zu Gunsten der Einleitung eines Ermittlungsverfahrens ausfällt. Die Abwägung ist dabei stets vor dem Hintergrund der Tatsache, dass sich hinter der Anonymität leichter eine gesellschaftliche Diskreditierung des Angezeigten verbergen lässt als bei offengelegter Identität des Anzeigenden, vorzunehmen. Ein in die Abwägung einzustellender Belang ist insbesondere die Intensität der (behaupteten) Verletzung des betreffenden Rechtsgutes. Diese Vorgehensweise deckt sich mit der Instrucción[4] N° 3/1993 vom 3. März 1993 des Generalstaatsanwaltes.

  Dazu ist wie folgt Stellung zu nehmen: Letztlich kann offen bleiben, ob die anonyme Anzeige dogmatisch unter den Begriff der *denuncia* im Sinne der Art. 259 ff. LECrim zu subsumieren ist oder nicht, denn die Strafverfolgungsbehörden sind gehalten, jedenfalls dann Ermittlungen aufzunehmen, wenn naheliegende Gründe für die Richtigkeit der Begehung einer Straftat sprechen. Dabei ist der Instrucción N° 3/1993 insoweit zuzustimmen, als zumindest immer dann, wenn wesentliche Rechtsgüter verletzt worden zu sein scheinen, weitere Ermittlungen anzustellen sind – ein Ergebnis, das vom Legalitätsprinzip des Art. 300 LECrim zwingend vorgegeben ist. Die der fehlenden Urheberschaft einer ano-

---

[1] Cobo del Rosa: CPC N° 57 (1995), S. 661 ff., der sogar so weit geht, die anonyme Anzeige auch nicht den Erfordernissen des Art. 450 Ziff. 2 CP genügen zu lassen. Abgesehen davon, dass diese Vorschrift keine Anzeige im Sinne der Art. 259 ff. ist, kann dem nicht gefolgt werden, da der Betreffende seiner Rechtspflicht nachgekommen ist und somit der Zielsetzung des Art. 450 Ziff. 2 CP, der der Gefahrenabwehr wichtiger Rechtsgüter dient, genüge getan wird.

[2] Monton Redondo in Montero Aroca u.a.: S. 157

[3] Aragoneses Martínez in De la Oliva Santos u.a. : S. 314, Fn. 7

[4] Dabei handelt es sich - ähnlich den deutschen RiStBV - um eine Verwaltungsrichtlinie, die die Einheitlichkeit der staatsanwaltschaftlichen Tätigkeit sicherstellen will.

nymen Anzeige anhaftende Missbrauchsgefahr ist dabei grundsätzlich hinzunehmen, denn der Angezeigte ist durch die Unschuldsvermutung, die in Spanien schon während des Ermittlungsverfahrens durch den Untersuchungsrichter kontrolliert wird, hinreichend geschützt. Ein weiterer Schutz ergibt sich für den Angezeigten noch aus Art. 457 CP, der die Falschanzeige unter Strafe stellt.

2. Besonderheiten bei der denuncia eines Halboffizialdeliktes

Für die Halboffizialdelikte gilt grundsätzlich das zu den Offizialdelikten Gesagte, soweit die im Folgenden darzustellenden Besonderheiten nach dem Grundsatz der Spezialität keinen Vorrang beanspruchen. Besonderes Augenmerk ist dabei auf den Personenkreis der Berechtigten (*legitimación*) und auf die Anzeige-/Antragsfähigkeit (*capacidad*) zu legen. Erschwert wird die Darstellung dadurch, dass der Gesetzgeber es unterlassen hat, grundsätzliche Vorschriften, die für alle Halboffizialdelikte gelten sollen, im allgemeinen Teil des CP zu regeln. Statt dessen hat er – oft stereotyp die gleiche Wortfassung wiederholend – für jedes einzelne Halboffizialdelikt eine entsprechende Separatregelung im besonderen Teil getroffen. Gleichwohl soll hier der Versuch unternommen werden, zunächst allgemeine Grundsätze, die für (fast) jedes Halboffizialdelikt gelten, voranzustellen, um dann auf die jeweilige Besonderheiten der einzelnen Delikte einzugehen.

a) Legitimación (Anzeige-/ Antragsfähigkeit)

Während ein Offizialdelikt grundsätzlich von jedermann angezeigt werden kann, ist bei den Halboffizialdelikten nur ein bestimmter Kreis von Personen dazu legitimiert, und zwar der Verletzte oder dessen gesetzlicher Vertreter (mit Ausnahme des Art. 624 CP). Im Fall des sexuellen Missbrauchs kann die Staatsanwaltschaft (*Ministerio Público*) das Verfahren unter den engen Voraussetzungen des Art. 191 Ziff. 1 S. 1 ohne *denuncia* von Amts wegen einleiten.

aa) Die legitimierten Personen

(1) Im Vordergrund der zur *denuncia* Berechtigten steht der Verletzte. Bei der Bestimmung dieses Begriffes nimmt die hM[1] zunächst eine Unterscheidung zwischen dem Verletzten im eigentlichen Sinne (*persona agraviada, agraviado* oder *ofendido*) einerseits und dem Geschädigten (*perjudicado*) andererseits vor.
Der Verletzte ist Inhaber des Rechts bzw. des Interesses, das die betreffende Strafnorm zu schützen beansprucht. Auszulegen ist deshalb die das jeweilige Halboffizialdelikt regelnde Norm dahingehend, wer der Träger des geschützten Rechtsgutes ist; dieser ist "Verletzter"[2] und damit tauglicher Antragsteller. Der Geschädigte ist hingegen derjenige, der in seiner vermögensrechtlichen oder moralischen Sphäre einen Nachteil er-

---

[1] Aragoneses Martínez: RDP 1995, 417; Ceres Montés : PJ N° 38 (1995), S. 25; Montero Aroca in ders. u.a.: S. 64 f.

[2] Zu den problematischen Einzelfällen vgl. 3. Abschnitt § 2 A, da dort der Verletztenbegriff mit dem der Halboffizialdelikte identisch ist.

leidet. In den meisten Fällen - aber nicht immer - ist der Geschädigte mit der Person des Verletzten kongruent. Als klassisches Beispiel für eine Divergenz werden die Tötungsdelikte angeführt: Das Todesopfer ist dabei der Verletzte, während die Familienangehörigen die Rolle der Geschädigten einnehmen. Der Geschädigte ist mangels Verletzteneigenschaft grundsätzlich nicht zur Erstattung der *denuncia* befugt.
Der Terminologie des Gesetzgebers liegt bei der Regelung der Halboffizialdelikte insoweit eine gewisse Einheitlichkeit zu Grunde, als er den Verletzten fast durchweg als *persona agraviada* bezeichnet. Lediglich in Art. 624 CP bedient er sich des Ausdrucks *perjudicado*, also "der Geschädigte". Ob der Gesetzgeber im Fall des Art. 624 CP der durch die hM vorgenommenen Differenzierung Rechnung tragen möchte ist freilich zweifelhaft; dagegen spricht, dass er lediglich den Wortlaut des Art. 589 a.F. im Zuge der Reform 1995 übernahm und kein sachlicher Grund ersichtlich ist, von der Einheitlichkeit, die der Begrifflichkeit der übrigen Halboffizialdelikte zu Grunde liegt, eine Abweichung zu treffen.
Problematisch ist in diesem Zusammenhang noch der Fall der leichtfahrlässigen Tötung, die nach Art. 621 CP ebenfalls als Halboffizialdelikt ausgestaltet ist. Der Inhaber des geschützten Rechtsgutes Leben und damit alleiniger "Verletzter" i.S.d. oben dargestellten Definition ist der Tote, der den Strafantrag nicht mehr stellen kann; die Angehörigen fungieren lediglich als – moralisch oder aus Unterhaltsgründen vermögensrechtlich – "Geschädigte" (*perjudicados*). Mit dem Tod erlischt auch jegliche gesetzliche Vertretung, so dass niemand zur *denuncia* legitimiert wäre[1]. Eine Lösung kann nach der hier vertretenen Ansicht über eine analoge Anwendbarkeit des Art. 281 LECrim erreicht werden, wonach bei der Popularklage im Falle eines Tötungsdeliktes die Erben, die Witwe/ der Witwer, die direkten Vor- und Nachfahren, die Verwandte bis zum 2. Grad sowie die in Art. 261 Ziff. 2 bezeichneten übrigen Personen von der Sicherheitsleistung ausgenommen sind. Daraus ergibt sich der hinreichend bestimmte gesetzgeberische Wille, dieser Personengruppe ein Interesse an der Einleitung eines Strafverfahrens zuzubilligen, das es als gerechtfertigt erscheinen lässt, diese Gruppe auch für die *denuncia* als legitimiert anzusehen[2].

(2) Ebenfalls berechtigt sind die gesetzlichen Vertreter des Verletzten. Wer gesetzlicher Vertreter ist richtet sich nach den einschlägigen Vorschriften des Zivilrechts[3].

(3) Neben der verletzten Person ist im Fall der Vergewaltigung bzw. des sexuellen Missbrauchs nach Art. 191 Ziff. 1 S. 1 CP auch die Staatsanwaltschaft zur Verfahrenseinleitung legitimiert. Technisch gesehen handelt es sich dabei aber nicht um eine Anzeige, sondern um die Strafklageerhebung von Amts wegen. Dabei hat der Staatsanwalt eine Abwägung zwischen den Interessen des Opfers, keine Strafverfolgung einleiten zu wollen, und dem durch das Legalitätsprinzip vorgegebenem Strafverfol-

[1] Marcos Ayjón: BIMJ N° 1841 (1999), S. 605 f., der die Opportunitätsentscheidung allerdings nicht auf die Fälle des Art. 191 Ziff. 1 S. 1 CP beschränkt wissen möchte (vgl. S. 608).
[2] A.A. Marcos Ayjón: BIMJ N° 1841 (1999), S. 606, der auf die Erben abstellt.
[3] Überblick bei Marcos Ayjón: BIMJ N° 1841 (1999), S. 604 f.

gungsinteresse des Staates vorzunehmen. Es handelt sich hier um eine authentische Opportunitätsentscheidung[1].

bb) Verhältnis der Legitimierten zueinander

Unklar ist, ob der gesetzliche Vertreter neben dem Verletzten zur *denuncia* befugt ist oder ob seine Legitimation das Fehlen bzw. den Wegfall der Person des Verletzten voraussetzt. Die Rechtsprechung[2] und hL[3] plädieren für den letzteren Fall, in dem sie ein Sukzessivverhältnis zwischen Verletztem und gesetzlichem Vertreter postulieren: Erst das Fehlen bzw. der Wegfall einer in der Aufzählung vorangegangenen Person führt zur Legitimation der nachfolgenden, mit der Folge, dass der gesetzliche Vertreter von der Anzeigemöglichkeit ausgeschlossen ist, wenn der Verletzte nicht anzeigen will[4]. Ein Konkurrenzverhältnis zwischen beiden Personen ist damit ausgeschlossen. Anders gestaltet sich die Rechtslage hinsichtlich einer staatsanwaltschaftlichen Strafklageerhebung im Fall des Art. 191 Ziff. 1 S. 1 CP. Dort kann das staatsanwaltschaftliche Ermessen die Dispositionsbefugnis der verletzten Person ersetzen, denn andernfalls ergäbe die gesetzlich ausdrücklich vorgeschriebene Interessenabwägung keinen Sinn[5].

b) Anzeigefähigkeit (capacidad)

Schon vor der Reform des CP bestand Einigkeit dahingehend, dass hinsichtlich der rechtlichen Qualifizierung der *denuncia* eines Halboffizialdeliktes als *Willens*erklärung eine gewisse Einsichtsfähigkeit und Verstandesreife erforderlich war, die insbesondere nach der Rechtsprechung nur durch Erreichen der Volljährigkeit eintreten konnte[6]. Dem hat der Reformgesetzgeber von 1995 Rechnung getragen, indem er nun bei allen Halboffizialdelikten eine Anzeigemöglichkeit[7] durch den Staatsanwalt vorsieht, wenn der Verletzte minderjährig, geschäftsunfähig oder geisteskrank ist[8]. Auch dabei handelt es sich um eine Ermessensentscheidung, wie dem Wortlaut der betreffenden Vorschriften zu entnehmen ist, die jeweils das Modalverb "können" verwendet ("*...podrán...*").

---

[1] Arend: S. 99; Bajo Fernández: S. 135; Torres-Dulce Lifante in Gómez Guillamón u.a., S. 494 (der wegen Art. 124 CE gleichzeitig Bedenken hinsichtlich der Verfassungsmäßigkeit anmeldet); Marcos Ayjón (BIMJ N° 1841, S. 607 f.) spricht deswegen den Sexualdelikten einen Charakter als Halboffizialdelikte zumindest aus faktischer Sicht gänzlich ab (... *naturaleza cuasipública* ...).
[2] SSTS vom 13.02.1980; vom 13.10.1980; vom 12.02.1986
[3] Paz Rubio: S. 116; Ibáñez López-Pozas: S. 118; a.A.Marcos Ayjón, BIMJ 1841 (1999), S. 603
[4] Ibáñez López-Pozas : S. 120
[5] So auch Bajo Fernández: S. 135; Torres-Dulce Lifante in Gómez Guillamón u.a., S. 494
[6] Ibáñez López-Pozas : S. 120 ; SSTS vom 01.121958 ; vom 20.03.1978 ; vom 12.02.1986; vom 12. 06.1986
[7] Marcos Ayjón (BIMJ N° 1841 (1999), S. 608) weist auf das verunglückte Konstrukt einer staatsanwaltschaftlichen *denuncia* hin, da die dem Legalitätsprinzip verpflichtete Staatsanwaltschaft ohnehin Straf*klage* erheben muss.
[8] *Menor (de edad), incapaz, desvalido.*

Anzumerken bleibt, dass Art. 105 S. 2 LECrim der neuen Rechtslage noch nicht angepasst wurde, denn dieser bezieht sich zum einen nur auf die nach alter Rechtslage allein als Halboffizialdelikte ausgestalteten Delikte gegen die Ehre (zu denen freilich auch schon der sexuelle Missbrauch gezählt wurde[1], nicht hingegen z.B. die Verletzung von Patent- Marken- oder Urheberrechten, etc.); er trägt demzufolge der Erweiterung des Katalogs der Halboffizialdelikte keinerlei Rechnung. Zum anderen bezieht sich diese Vorschrift nur auf die beiden Fälle der Geisteskrankheit und des Fehlens der (Rechts-)Persönlichkeit, ohne die Minderjährigkeit zu berücksichtigen. Nach den Grundsätzen, dass das speziellere Gesetz das allgemeine, und das zeitlich nachfolgende das vorherige derogiert, ist Art. 105 S. 2 LECrim insoweit als gegenstandslos anzusehen.

c) Frist

Weiter ist darauf hinzuweisen, dass für die Anzeige eines Halboffizialdeliktes keinerlei Frist vorgesehen ist; die zeitliche Obergrenze bildet die gewöhnliche Verjährungsfrist im Sinne der Art. 131 ff. CP.

d) Heilung

Die Rechtsprechung[2] lässt eine wirksam gestellte *denuncia* auch dann genügen, wenn der Legitimierte zwar vor Einleitung des Ermittlungsverfahrens untätig geblieben war, sich dann aber seinem Verhalten während des Verfahrens ein konkludenter Strafverfolgungswille entnehmen lässt. Dies wurde z.B. bejaht bei der bloßen, widerspruchslosen Anwesenheit der legitimierten Person im Verfahren vor dem Untersuchungsrichter[3].

VI. Rechtsfolgen einer wirksamen *denuncia*

1. Das weitere Verfahren

a) Formelle Bearbeitung der denuncia

Formell versieht die eine schriftliche Anzeige aufnehmende Behörde nach Art. 266 S. 2 LECrim alle Seiten mit ihrem Dienststempel und der Unterschrift des Sachbearbeiters. Bei einer mündlich erfolgten Anzeige wird nach Art. 267 Abs. 1 LECrim ein Protokoll angefertigt, das von dem Anzeigeerstatter und dem Sachbearbeiter zu unterschrieben ist. Nach Art. 268 Abs. 2 LECrim ist dem Anzeigeerstatter eine Bescheinigung (*resguardo*) über die ordnungsgemäß erfolgte Anzeige auszuhändigen – eine aus

---

[1] Volkmann-Schluck: S. 123

[2] STS vom 13.11.1981:"...*la falta de la previa denuncia...es subsanable a través del procedimiento, por tratarse de un acto procesal de mera anulabilidad y ser susceptible de convalidación mediante la posterior actuación de las personas legitimadas para denunciar.*"; vgl. auch SSTS vom 24.11.1984 vom 03.10.1991 (RAJ 1991, Nr. 8983); vom 25.10.1994.

[3] STS vom 28.01.1965; Ibáñez López Pozas S. 121 m.w.N.

Beweisgründen in ihrer Bedeutung für den Betreffenden nicht zu unterschätzende Vorschrift, bedenkt man, dass die unterlassene *denuncia* eines Offizialdeliktes mit Strafe bedroht ist und die Eröffnung eines Verfahrens, dessen Gegenstand ein Halboffizialdelikt ist, von der *denuncia* abhängt.

b) Adäquate inhaltliche Vorprüfung

Inhaltlich hat die die Anzeige aufnehmende Behörde – Gericht, Staatsanwaltschaft, Polizei – die Anzeige zunächst dahingehend zu prüfen, ob die behaupteten Tatsachen – ihre Richtigkeit unterstellt – überhaupt strafbar sind und ob die Anzeige nicht offensichtlich haltlos ist. Denn Art. 269 S.1 LECrim verpflichtet die entsprechende Behörde nach Abschluss der (vorgeschriebenen) Förmlichkeiten zur Ermittlung des Sachverhalts, es sei denn, dieser erfüllt keine Merkmale einer Straftat oder ist offensichtlich unrichtig. Sollte einer dieser beiden Fälle zutreffen, so gibt Art. 269 S. 2 LECrim der Behörde vor, von der Einleitung eines Ermittlungsverfahrens abzusehen. Daraus lässt sich Folgendes ableiten:

- Zunächst *muss* jeder Anzeigenadressat eine inhaltliche Vorprüfung der *denuncia* vornehmen. Diese Verpflichtung ist nach der Rechtsprechung[1] und einhelliger Literaturmeinung[2] Ausfluss der allgemeinen Rechtsschutzgarantie des Art. 24 Ziff. 1 CE. Die inhaltliche Vorprüfung geht aber in diesem Stadium nicht weiter als – wie von Art. 269 S. 1 LECrim vorgegeben – auf eine Prüfung nach offensichtlichen inhaltlichen Unzulänglichkeiten ("adäquate" Vorprüfung), denn aus der verfassungsrechtlichen Vorgabe des Art. 24 Ziff. 1 CE folgt grundsätzlich nicht die tatsächliche Einleitung eines Ermittlungsverfahrens bei bloßem Vorliegen einer Anzeige (ohne jegliche inhaltliche Prüfung).
- Nach Art. 269 LECrim ist auch die Polizei befugt, im Falle einer negativ ausfallenden Vorprüfung von der Einleitung eines Ermittlungsverfahrens abzusehen, denn diese Vorschrift stellt ausdrücklich klar, dass neben dem Gericht auch der "Beamte" dazu autorisiert ist. Unter diesen Begriff fällt – neben den Beamten der Staatsanwaltschaft – auch die die Anzeige aufnehmende Polizeidienststelle[3]. Eine Rechtsschutzverkürzung für den Anzeigeerstatter folgt daraus im Übrigen schon deshalb nicht, weil es ihm unbenommen bleibt, die gleiche Anzeige vor einem Gericht zu wiederholen.
- Dafür, dass schon nach der Vorprüfung von der Möglichkeit, ein Ermittlungsverfahren erst gar nicht einzuleiten, kein allzu extensiver Gebrauch gemacht wird, sorgt Art. 269 S. 2 LECrim a.E. Denn diese Vorschrift stellt klar, dass bei Unterlassen der gebotenen Ermittlungshandlungen die allgemeine Haftung (disziplinarrechtlich wie strafrechtlich) unberührt bleibt.

---

[1] SSTC 1/1985 vom 09.01.1985; 173/1988 vom 03.11.1988;
[2] Monton Redondo in Montero Aroca u.a.: S. 157; Aragoneses Martínez in De la Oliva Santos u.a. : S. 314; Paz Rubio: S. 116
[3] Salguero Estagnan: S. 121; Jiménez Asenjo: NEJ Seix, Bd. VI, S. 826

c) Einleiten des Ermittlungsverfahrens oder Einstellung

Fällt die gerade dargestellte Vorprüfung positiv aus, wird ein Ermittlungsverfahren eingeleitet:

aa) War eine *Polizei*dienststelle Adressatin der *denuncia*, so ist diese nach Art. 284 Abs. 1 LECrim grundsätzlich gehalten, das (zuständige Untersuchungs-) Gericht oder die Staatsanwaltschaft unverzüglich über die *denuncia* in Kenntnis zu setzen. Im übrigen können die Polizeibeamten in Ermangelung konkreter Vorgaben seitens des Gerichtes oder der Staatsanwaltschaft[1] all diejenigen Ermittlungshandlungen vornehmen, die sie für opportun erachten, wobei sie über deren Ablauf und Ergebnis das Gericht oder die Staatsanwaltschaft vor Ablauf einer Frist von 24 Stunden in Kenntnis zu setzen haben[2].
Für die Weiterleitung der *denuncia* bzw. der Ermittlungsergebnisse an das Gericht bzw. an die Staatsanwaltschaft ist ebenfalls ein bestimmtes, formalisiertes Verfahren vorgesehen: das *atestado*, das weitgehend mit "Ermittlungsbericht" übersetzt werden kann. Nach Art. 292 f. LECrim handelt es sich dabei um ein auf jeder Seite mit dem Amtssiegel der Behörde und der Unterschrift des Sachbearbeiters versehenes Dokument, das einen möglichst umfassenden und exakten Bericht über die bereits vorgenommenen Ermittlungshandlungen enthält, und das – dem Wortlaut des Art. 292 LECrim entgegen – nicht nur belastende, sondern dem Legalitätsprinzip entsprechend auch alle entlastenden Umstände anführen muss[3]. Wegen den auch in Spanien geltenden Prozessmaximen der Unmittelbarkeit der Beweisaufnahme und der Öffentlichkeit des Erkenntnisverfahrens[4], kommt dem *atestado* - auch wenn darin z.B. Zeugenaussagen protokolliert wurden - nach Art. 297 LECrim, der auf die Rechtsfolgen einer *denuncia* verweist, grundsätzlich kein Beweis-, sondern lediglich ein Informationswert für das die Hauptverhandlung vorbereitende Organ zu. Nur wenn die protokollierte Ermittlungshandlung später nicht mehr nachholbar ist (wie z.B. ein im *atestado* integriertes BAK-Gutachten), kann das *atestado* später als Urkundsbeweis fungieren (als sogenannte *prueba preconstituída*)[5].
Aus der Pflicht zur Weiterleitung *sämtlicher* Ermittlungsergebnisse folgt auch, dass die Polizei ab Einleiten der ersten Ermittlungshandlungen das Verfahren in diesem Stadium nicht mehr eigenmächtig einstellen kann.

bb) Wird die *denuncia* vor einem Beamten der *Staatsanwaltschaft* abgegeben, so stehen diesem folgende Handlungsmodalitäten offen: Erachtet er die von der Polizei durchgeführten Ermittlungen als nicht ausreichend, so kann er die Polizei nach Art. 5

---

[1] Nach Art. 3 f. des *Real Decretos sobre la Regulación de la Policía Judicial* vom 19.06.1987 endet die Eigenzuständigkeit der Polizei im Ermittlungsverfahren, sobald das Gericht oder die Staatsanwaltschaft insoweit Weisungen erteilen.
[2] Aragoneses Martínez in De la Oliva Santos u.a. : S. 314 f.
[3] Monton Redondo in Montero Aroca u.a.: S. 160
[4] Paz Rubio: S. 118
[5] Aragoneses Martínez in De la Oliva Santos u.a. : S. 315; Monton Redondo in Montero Aroca u.a.: S. 160; Vertiefung der Beweisproblematik bei Paz Rubio: S. 116 ff.

Abs. 2 EOMF zur Vornahme weiterer Ermittlungshandlungen anweisen.[1]. Sobald er Anlass zur Anklageerhebung sieht – sei es aus der *denuncia* selbst, sei es nach Durchführung der Ermittlungen - , leitet er die *denuncia* zunächst an den zuständigen Untersuchungsrichter weiter, da dieser das Vorverfahren (*sumario*) leitet[2].
Ergibt sich demgegenüber nach seiner Einschätzung kein Grund für eine Anklage, so verfügt er nach Art. 5 Abs. 1 Alt. 2 EOMF die Einstellung (*archivo*) des Verfahrens. Davon hat er den Erstatter der *denuncia* in Kenntnis zu setzen, wobei sich das Gesetz darüber ausschweigt, ob diese Verbescheidung mit Gründen versehen werden muss oder ob eine einfache Mitteilung genügt. Angesichts der Tatsache, dass dem Anzeigeerstatter gegen die Einstellungsverfügung durch die Staatsanwaltschaft kein Rechtsmittel offen steht, ist dies nicht erforderlich. Sinn und Zweck der Mitteilungspflicht ergibt sich vielmehr allein daraus, dass der Betreffende bei einer Einstellungsverfügung durch die Staatsanwaltschaft die Anzeige vor dem zuständigen Untersuchungsgericht wiederholen kann, was leer liefe, wenn der Betreffende von der Einstellung nicht in Kenntnis gesetzt werden würde. Zu wissen, *aus welchen Gründen* die Einstellung erfolgte, ist dafür nicht nötig (wohl aber im Lichte der Prozessökonomie rechtspolitisch erwünschenswert)[3].

cc.) Wurde die *denuncia* vor einem Untersuchungs*richter* abgegeben, so leitet dieser nach Maßgabe der Art. 299 ff. LECrim entweder selbst das Vorverfahren ein oder er verfügt die Einstellung des Verfahrens[4]. Dabei geht zwar aus dem Gesetz nicht hervor, in welcher Form die Einstellung zu erfolgen hat; nach der Rechtsprechung und hL ist dafür aber die Form eines Beschlusses (*auto*) erforderlich[5]. Dies wird mit der weitergehenden Bedeutung, die an die Qualität einer richterlichen Einstellungsverfügung verknüpft ist, begründet.
Im Gegensatz zur Einstellungsverfügung durch die Staatsanwaltschaft ist nach hM keine gesonderte Mitteilung an den Anzeigeerstatter vorgesehen, da der Anzeigeerstatter im Gegensatz zur Strafklageerhebung (*querella*) keine Parteistellung innehabe und demnach Art. 24 Ziff. 1 CE nicht gesondert Rechnung getragen werden müsse[6]. Obwohl dem insoweit zuzustimmen ist, als die allgemeine Rechtsschutzgarantie des Art. 24 Ziff.1 schon deshalb nicht berührt ist, weil bereits ein Gericht mit der Anzeige befasst ist, bleibt das Ergebnis zumindest rechtspolitisch sehr fragwürdig, bedenkt man,

---

[1] Sofern dies zu keinen Zwangsmaßnahmen – mit Ausnahme der vorläufigen Festnahme – führt, da deren Anordnung dem Untersuchungsrichter vorbehalten bleibt.
[2] Der Staatsanwalt wird dann erst nach Abschluss des Vorverfahrens wieder mit dem Fall befasst, nämlich bei der Stellungnahme im Zwischenverfahren (Art. 627 LECrim); vertiefend dazu: Volkmann-Schluck, S. 19 ff.
[3] So im Ergebnis auch Salom Escrivá: S. 393.
[4] Handelt es sich bei dem richterlichen Anzeigeadressaten nicht um den sachlich und örtlich zuständigen Untersuchungsrichter, wird diesem die Anzeige nach Maßgabe von Art. 307 f. LECrim weitergeleitet.
[5] Aragoneses Martínez in De la Oliva Santos u.a.: S. 315, Fn. 8 ; STC 41/1998 vom 24.02.1998. Die Gegenansicht sieht darin eine einfache Prozessführungsanordnung (*providencia*) i.S.d. Art. 245 Ziff. 1 LOPJ.
[6] Aragoneses Martínez in De la Oliva Santos u.a.: S. 316; Paz Rubio: S. 116 m.w.N.; STC vom 3.11.1987

dass dem Betreffenden gegen den Beschluss nach Art. 217 f., 787 LECrim die Rechtsmittel der *reforma* und *queja* offen stehen[1]; deren Wahrnehmung erfordert jedoch eine Kenntnisnahme von der Einstellung.

2. Die Haftung des Anzeigenerstatters

a) Strafrechtliche Haftung

Art. 264 Abs. 2 LECrim stellt klar, dass eine über die Art. 259 LECrim ff. hinausgehende Strafbarkeit unberührt bleibt. Zwar bezieht sich diese Vorschrift nur auf den Fall des indirekten Zeugen; der Gedanke ist aber auf jeden Anzeigeerstatter entsprechend anzuwenden[2]. Auf die nach Art. 408 CP an eine unterlassene Anzeige anknüpfende Strafbarkeit eines Beamten, zu dessen Pflichtenkreis die Strafverfolgung gehört, wurde bereits oben hingewiesen.

Strafrechtliche Haftung im Zusammenhang mit einer Anzeige ist aber auch durch aktives Tun möglich: So werden die Falschanzeige in Art. 456 CP und die Vortäuschung einer Straftat in Art. 457 CP unter Strafe gestellt. Art. 456 CP bestraft denjenigen, der wissentlich oder in leichtfertiger Unkenntnis der Wahrheit vor den Strafverfolgungsbehörden eine Person Tatsachen bezichtigt, die – ihre Wahrheit unterstellt – ein strafrechtliches Delikt darstellen. Der Strafrahmen hängt davon ab, ob die unterstellte Tat ihrerseits ein schweres Verbrechen (*delito grave*)[3], ein weniger schweres Verbrechen (*delito menos grave*)[4] oder ein Vergehen[5] (*falta*)[6] darstellt. Allerdings kann gegen den Anzeigeerstatter erst dann ein Verfahren eingeleitet werden, wenn der Einstellungsbeschluss oder der Freispruch im Verfahren gegen den Angezeigten rechtskräftig geworden ist (Art. 456 Abs. 3 CP). Art. 457 CP stellt das Vortäuschen einer Straftat, und zwar ausdrücklich auch von Seiten des Opfers, unter Strafe, wenn dadurch strafprozessuale Aktivitäten ausgelöst werden.

b) Zivilrechtliche Haftung

Art. 264 Abs. 2 LECrim beschränkt eine weitergehende Haftung nach seinem Wortlaut auf die *strafrechtlich* durch die Anzeige oder deren Unterlassen begangenen Delikte (s.o.). Gleichwohl hält auch das Zivilrecht in Art. 756 Ziff. 4 S.1 CC eine Sanktion für den Fall einer unterlassenen Anzeige bereit: Nach dieser Vorschrift verliert ein volljähriger Erbe, der um den gewaltsamen Tod des Erblassers weiß und dies den Justizbehörden nicht innerhalb einer Frist von einem Monat anzeigt, seine Erbwürdigkeit.

---

[1] S.u. 2. Abschnitt § 1 C VIII.

[2] Aragoneses Martínez in De la Oliva Santos u.a.: S. 316, Fn. 9

[3] Nach Art. 13 Ziff. 1, 33 Ziff. 2 CP Straftaten mit einer Mindestfreiheitsstrafe von drei Jahren.

[4] Nach Art. 13 Ziff. 2, 33 Ziff. 3 CP Straftaten mit einer Mindestfreiheitsstrafe von sechs Monaten.

[5] In einigen deutschen Abhandlungen auch mit "Übertretung" übersetzt, z.B. Volkmann-Schluck: S. 17.

[6] Nach Art. 13 Ziff. 3, 33 Zif. 4 CP Straftaten mit einer Mindestgeldstrafe von fünf Tagessätzen oder ein bis sechs Wochen Arrest.

Nach S.2 gilt dies allerdings nicht für die Fälle, in denen das Gesetz keine Verpflichtung zur Anzeige[1] statuiert.

VII. Die Verzeihung (*perdón*)

Der Anzeigeerstatter wird im Gegensatz zum Privat- oder Popularkläger nicht Verfahrensbeteiligter bzw. Partei[2]. Insbesondere hat er auf den Gang des weiteren Verfahrens keinen Einfluss mehr[3]. Im Gegensatz zur Stellung des Popular- oder Privatklägers, der die Strafklage zurücknehmen kann, ist die Rücknahme oder der Widerruf einer Anzeige grundsätzlich gegenstandslos. Lediglich wenn das materielle Strafrecht die Möglichkeit einer Verzeihung (*perdón*) vorsieht, steht es dem Betreffenden offen, nach Maßgabe der jeweiligen Norm die Wirkungen der Anzeige rückgängig zu machen.

1. Überblick über die gesetzliche Regelung

Bei der Verzeihung handelt es sich materiell-rechtlich um einen persönlichen Strafaufhebungsgrund und prozessrechtlich um ein Prozesshindernis[4]. Art. 130 Ziff. 4 S. 1 CP statuiert, dass der *perdón* nur Wirkung entfalten kann, wenn die jeweilige Strafnorm dies ausdrücklich vorsieht. Nach momentaner Rechtslage trifft dies auf die Art. 201 Ziff. 3, 215 Ziff. 3, 267 Abs. 3, 639 (jeweils in Verbindung mit den Art. 620, 621 und 624) CP zu. Dabei handelt es sich - abgesehen von Art. 215 Ziff. 3 CP - um Halboffizialdelikte, wobei hervorzuheben ist, dass nicht jedes Halboffizialdelikt mit der Möglichkeit des *perdóns* versehen ist. Eine entsprechende Regelung fehlt nämlich bei den Halboffizialdelikten der Art. 162, 228, 287 sowie 296 CP, und Art. 191 Ziff. 2 CP schließt die Möglichkeit des *perdóns* beim sexuellen Missbrauch sogar ausdrücklich aus.

Dass der *perdón* bei den von Amts wegen zu verfolgenden Offizialdelikten ausgeschlossen ist, tritt auch durch die Regelung des Art. 106 Abs. 1 LECrim zu Tage, obwohl hier der Terminus "*renuncia*" (Widerruf) verwendet wird. Schwierigkeiten bereitet in diesem Zusammenhang allerdings Abs. 2, der eine *renuncia* bei den Halboffizialdelikten[5] ohne Einschränkungen zulässt. Diese vorbehaltlos gewährte Widerrufsmöglichkeit steht jedoch in Friktion zu Art. 130 Ziff. 4 S. 1 CP, der eben nur für den gesetzlich vorgesehenen Einzelfall und nur unter den dort normierten Voraussetzung ein Abstandnehmen von der Anzeige durch *perdón* zulässt. Dies ist darauf zurückzuführen, dass die LECrim der Reform des materiellen Strafrechts 1995 noch nicht angepasst worden ist. Art. 106 Abs. 2 ist deshalb nach dem Grundsatz der Spezialität, aber auch nach dem der Posteriorität, nicht mehr anwendbar.

---

[1] Peuster: Código Civil - Das spanische Zivilgesetzbuch, spanisch-deutsche Textausgabe, Ffm. 2002, S. 435, der das vom Gesetzgeber benutzte Verb *acusar* hier zutreffend mit "Anzeige-" übersetzt.
[2] Rodríguez Fernández: S. 191; Paz Rubio: LECrim S. 115
[3] Aragoneses Martínez in De la Oliva Santos u.a.: S. 323
[4] Volkmann-Schluck: S. 122; Arend: S. 101
[5] "*... delito o falta ... perseguidos... a instancia de parte...*"

2. Ratio legis

Sinn und Zweck der den *perdón* regelnden Vorschriften ist in engem Zusammenhang mit der Funktion der *denuncia* eines Halboffizialdeliktes zu sehen: So ist die Möglichkeit des Verletzten, das Verfahren durch Verzeihung zu beenden, gerade für Delikte mit Bagatellcharakter vorgesehen, wie z.B. die Art. 215 Ziff. 3, 267, 639 (jeweils i.V.m. Art. 620, 621, 624) CP. Denn genau so wie bei der Qualifizierung der betreffenden Delikte als Halboffizialdelikte geht auch hier der Gesetzgeber davon aus, dass das Interesse des Verletzten an der Entscheidung, ob überhaupt ein Verfahren stattfinden soll oder nicht, mindestens genauso hoch einzustufen ist wie das des Staates an Strafverfolgung. Durch die Möglichkeit einer Verzeihung kann der Verletzte ein einmal eingeleitetes Verfahren nachträglich korrigieren, das heißt die Dispositionsbefugnis über den Strafprozess wird durch das Institut der Verzeihung bis zum Ende des Verfahrens ausgedehnt[1].

Konsequenterweise ist für Delikte, die deshalb als Halboffizialdelikte ausgestaltet sind, weil Geheimnisse oder ehrenrührige Tatsachen durch den Prozess zu Tage gefördert zu werden drohen, keine Verzeihungsoption vorgesehen (Art. 162, 191, 228, 287, 296 CP). Denn wenn einmal das Verfahren eröffnet wurde, sind die betreffenden Geheimnisse oder Ehrenrührigkeiten in der Regel bereits Gegenstand öffentlicher Erörterung, so dass die Ausweitung des Schutzes durch Verzeihung sinnwidrig wäre[2]. Lediglich Art. 201 CP (Ausspähung und Verbreitung von geheimen Daten) fügt sich nicht in dieses Schema ein.

3. Wirksamkeitsvoraussetzungen

a) Die Erklärung der Verzeihung hat nach Art. 130 Ziff. 4 S. 2 CP *ausdrücklich* zu erfolgen. Da es sich um eine Willenserklärung handelt, darf sie nicht mit Willensmängeln behaftet sein; eine abgenötigte Verzeihung ist deshalb unwirksam[3].
b) Der Inhalt der Erklärung darf unter keiner Bedingung stehen; dies erfordert die Rechtssicherheit insbesondere im Hinblick darauf, dass der durch die Disposition über das Verfahren bedingte Machtzuwachs des Verletzten sich in vorhersehbaren Bahnen belaufen muss[4].
c) Die Verzeihung kann nur bis zum Beginn des Strafvollzugs erklärt werden (Art. 130 Ziff. 4 S. 2 CP).
d) Berechtigt ist nach den jeweiligen Vorschriften (Art. 201 Ziff. 3, 215 Ziff. 3, 267 Abs. 3, 639 CP) immer der Verletzte[5] oder dessen gesetzlicher Vertreter. Letzterer ist zum *perdón* befugt, wenn es sich bei dem Verletzten um einen Minderjährigen oder Geschäftsunfähigen handelt, wie aus Art. 130 Ziff. 4 Abs. 2 CP hervorgeht.

---

[1] Quintano Olivares: S. 765
[2] Ibáñez-López Pozas: S. 171
[3] Ibáñez-López Pozas: S. 172
[4] Ibáñez-López Pozas: S. 172
[5] Zum Begriff des Verletzten: 2. Abschnitt § 1 C V. 2. a).

4. Rechtsfolgen

a) Nach Art. 130 Ziff. 4 CP erlischt die strafrechtliche Verantwortlichkeit mit der wirksamen Erklärung der Verzeihung, die in dieser Hinsicht als persönlicher Strafaufhebungsgrund fungiert[1]. Die Verzeihung selbst ist im Dienste der Rechtssicherheit unwiderruflich[2]. Wirksamkeit entfaltet sie nur im Hinblick auf das betreffende Halboffizialdelikt; stehen andere Taten, für die das Gesetz keine Verzeihung vorsieht, mit diesem in Tateinheit, erlischt die strafrechtliche Verantwortlichkeit nur insoweit und bleibt ansonsten bestehen[3].
b) Handelt es sich bei dem Verletzten um einen Minderjährigen oder um einen Geschäftsunfähigen, kann das Gericht nach Anhörung des Staatsanwalts den *perdón* zurückweisen (Art. 130 Ziff. 4 Abs. 2 CP).

VIII. Rechtsmittel

Erfolgt die Einstellung der Anzeige durch die Polizei oder Staatsanwaltschaft, so ist es dem Anzeigenerstatter unbenommen, die Anzeige vor dem Untersuchungsrichter zu wiederholen. Dieser muss sich – wie oben bereits dargelegt – bei der Einstellung der Handlungsform eines Beschlusses (*auto*) bedienen[4]. Dagegen sind die Rechtsmittel des Einspruchs (*reforma*)[5] und der Beschwerde (*queja*)[6] statthaft[7]:

- Die *reforma* ist nach Art. 217 S. 1 LECrim gegen alle Beschlüsse des Untersuchungsrichters statthaft. Sie ist nach Art. 219 Abs. 1 LECrim bei dem Richter *a quo* einzulegen und bewirkt keinen Devolutiveffekt[8].
- Die *queja* ist hingegen gemäß Art. 218 LECrim gegen Beschlüsse statthaft, die nicht mit Berufung anfechtbar sind, sowie gegen solche, die die Berufung als unzulässig abweisen. Im Gegensatz zur *reforma* ist die *queja* vor dem Gericht *ad quem* einzulegen (Art. 219 Abs. 2 LECrim) und bewirkt einen Devolutiveffekt[9].

Zu beachten ist, dass die o.g. Rechtsmittel eine Beschwer (*gravamen*) des Rechtsmittelführers voraussetzen[10]. Dies bedeutet, dass der Rechtsmittelführer zumindest eine *Stellung als Verletzter* geltend machen muss. Herleiten lässt sich dieses Erfordernis zum einen aus der konsequenten Weiterführung des Gedankens, dass das Recht des Verletzten, eine *denuncia* zu erstatten, als Ausfluss der allgemeinen Rechtsschutzgarantie des Art. 24 Ziff. 1 CE anzusehen ist. Insbesondere ist nach der hier vertretenen

[1] Volkmann-Schluck: S. 122; Arend: S. 101
[2] Arend: S. 102; Ibáñez-López Pozas: S. 172
[3] Ibáñez-López Pozas: S. 172
[4] Aragoneses Martínez in De la Oliva Santos u.a.: S. 315, Fn. 8
[5] Übersetzung nach Wessing: S. 203
[6] Übersetzung nach Wessing: S. 203
[7] Monton Redondo in Montero Aroca u.a.: S. 159
[8] Hinojosa Segovia in De la Oliva Santos u.a.: S. 563
[9] Hinojosa Segovia in De la Oliva Santos u.a.: S. 565
[10] Wessing: S. 203; Hinojosa Segovia in De la Oliva Santos u.a.: S. 559

Ansicht ein rein objektives Rechtskontrollinteresse nicht von der Rechtsschutzgarantie umfasst[1]. Ein Interesse an objektiver Rechtskontrolle kann zum anderen auch schon deshalb nicht genügen, weil dafür das spezielle Institut der Popularklage vorgesehen ist. Nur wenn der Nicht-Verletzte sich den strengen Anforderungen der Art. 270 ff. unterwirft und eine Stellung als Verfahrensbeteiligter im Rahmen der Popularklage erwirbt, räumt ihm das Gesetz auch eine gewisse, unten noch näher zu erörternde Rechtsmittelbefugnis ein. Dies würde umgangen, wenn für die Beschwer die allein formale Stellung als Anzeigenerstatter genügen würde.

IX. Kritik *de lege ferenda*

1. Gesetzestechnische Aspekte

Die gesamtgesetzgeberische Konzeption der *denuncia* wird zu Recht als inkongruent, also als in sich nicht stimmig, bezeichnet. Dies gilt insbesondere für das Verhältnis zwischen LECrim und CP. Bereits oben wurde darauf hingewiesen, dass in beiden Normengefügen teils unterschiedliche Terminologien für das gleiche Rechtsinstitut gebraucht werden. So geht Art. 106 LECrim noch vom Begriff der "Rücknahme" (*renuncia*) einer Anzeige aus, während sich im materiellen Strafrecht nur die Bezeichnung "Verzeihung" (*perdón*) findet – was erstaunlich ist, da der Gesetzgeber hier allein durch Anpassung des Vokabulars Klarheit hätte schaffen können. Damit wäre es freilich nicht getan, denn auch die inhaltliche Korrelation zwischen der LECrim und dem 1995 reformierten CP lässt zu wünschen übrig. Die Divergenzen zwischen Art. 105 Ziff. 2 LECrim und der materiellrechtlich geregelten Anzeigefähigkeit sowie zwischen Art. 106 Abs. 2 LECrim und dem im CP abschließend geregelten Institut der Verzeihung waren bereits oben Gegenstand einer Erörterung. Es ist mit Fug und Recht als Unding zu bezeichnen, dass es dem Gesetzgeber in den letzten zehn (!) Jahren nicht gelungen ist, durch rein redaktionelle Änderungen, die vor keinerlei rechtspolitischem Hintergrund oder Diskussion erfolgen müssten, Abhilfe zu schaffen.
Aber auch die Konzeption der Halboffizialdelikte innerhalb des CP könnte sich aus systematischer Sicht umständlicher kaum gestalten. Anstatt bei jedem Halboffizialdelikt die – meist wortgleich erfolgenden – Formulierungen stereotyp zu wiederholen, hätte der Gesetzgeber im allgemeinen Teil des CP allgemeine Anforderungen an die *denuncia* normieren und Abweichungen dann für den Einzelfall reservieren können und müssen. Nicht nur, dass dabei der CP insgesamt "abgespeckt" worden wäre; auch im Lichte einer rechtsanwendungsfreundlichen Transparenz wäre dabei viel gewonnen worden. Auch das Image der spanischen Jurisprudenz hätte von einer weniger dilettantisch anmutenden Vorgehensweise profitieren können[2].

[1] S.u. 3. Abschnitt § 2 A

[2] Nach Marcos Ayjón (BIMJ N° 1841 (1999), S. 605 f.) ist die stereotype Vorgehensweise daran schuld, dass sich in Art. 621 CP der Fehlerteufel eingeschlichen hat, wonach im Falle einer leichtfahrlässigen Tötung *niemand* zur *denuncia* legitimiert ist, s.o.

2. Verpflichtung zur Anzeige

Zu Recht wird die Strafandrohung, die die unterlassene Anzeige eines Offizialdeliktes mit sich bringt, als "lächerlich" bezeichnet. Man gewinnt den Eindruck, dass dem Gesetzgeber selbst nicht "wohl" bei der Beibehaltung der Regelung ist, da er seit 1955 die Höchststrafe von EUR 1,50 nicht den veränderten Inflations- und Kaufkraftverhältnissen angepasst hat. Vielmehr ließ er die Regelung durch bloße Untätigkeit zu einem Etwas verkommen, das nicht Fisch noch Fleisch ist. Um seriös zu bleiben, muss der Gesetzgeber Farbe bekennen: Entweder belässt er es bei der Strafandrohung und passt den Strafrahmen der volkswirtschaftlichen Aktualität an, oder er annulliert die strafbewehrten Vorschriften überhaupt.

Dabei wäre er gut beraten, sich für letztere Variante zu entscheiden, denn die dem Bürger generell auferlegte Pflicht, auch im repressiven Bereich Straftaten anzuzeigen, gehört nicht zu den Attributen eines modernen Rechtsstaates. Regelungen dieser Art lassen ein Gemeinwesen zu einem Spitzelstaat werden, der einem totalitären Überwachungsapparat, nicht jedoch einem modernen Gebilde, in dem die grundsätzliche Eigenverantwortlichkeit des Individuums einen tragenden Pfeiler darstellt, würdig ist[1]. Denn diese Eigenverantwortlichkeit des Bürgers findet u.a. ihren Ausdruck in der Freiheit, ein vermeintliches Delikt anzuzeigen oder nicht. Eine andere Sichtweise lässt sich auch nicht im Hinblick darauf rechtfertigen, dass der Bürger anderweitig, z.B. im Rahmen einer Zeugenaussage, gehalten ist, mit den Strafverfolgungsbehörden zu kooperieren, denn im Fall der Anzeige wird der Bürger nicht instrumentalisiert, er agiert vielmehr und muss selbst die Initiative ergreifen – ein Schritt, der eine höhere Hemmschwelle überwinden muss als die bloße Vorladung als Zeuge.

3. Inhaltliche Aspekte

Nachfolgend sollen die wichtigsten, ob ihres Inhalts kritikwürdig erscheinenden Elemente kurz dargestellt werden:

- So wird bemängelt, dass der Kreis der Personen, die als taugliche Täter einer Begünstigung nach Art. 454 CP nicht in Frage kommen, weiter ist als der des Art. 261 LECrim[2]. Eine Anpassung ist deshalb wünschenswert, da die Interessenlage – Verhinderung von auf einem besonderen Näheverhältnis basierenden Interessenkonflikten – vergleichbar ist, ohne dass für die Ungleichbehandlung ein sachlicher Grund ersichtlich wäre.
- Nach der hier vertretenen Sichtweise sollten auch Angehörige von Heilberufen von der Anzeigepflicht ausgenommen werden, da die momentane Rechtslage Opfer, die an der Aufdeckung der Straftat - aus welchen Gründen auch immer - nicht interessiert sind, davon abhalten könnte, medizinische Betreuung in Anspruch zu nehmen.

---

[1] Vgl. auch Huerta Tocildo: La Ley (N° 4) 1983, S. 1057

[2] Aragoneses Martínez in De la Oliva Santos u.a.: S. 312, Fn. 3

- Weiter wird vorgeschlagen, als einzigen Adressaten einer *denuncia* die Staatsanwaltschaft vorzusehen, um die Gerichte zu entlasten[1].
- Die Missbrauchsgefahr, die aus der Dispositionsbefugnis des Antragstellers resultiert, wird auch in Spanien diskutiert, letztendlich aber mit dem Hinweis darauf, dass es letztendlich dem Gericht obliegt, über Schuld und Strafe zu bestimmen, hingenommen[2].
- Schließlich sollte eine klare Regelung getroffen werden, unter welchen Voraussetzungen auch Angehörige im Todesfall des ursprünglich Legitimierten zur *denuncia* befugt sind.

§ 2: Vergleich

Vergleicht man die spanische *denuncia* mit der deutschen Strafanzeige und dem Strafantrag, so kommt man zu folgender Erkenntnis: Die *denuncia* eines Offizialdelikts entspricht funktional der deutschen Strafanzeige, die eines Halboffizialdelikts hingegen dem deutschen Strafantrag im Sinne der §§ 77 ff. StGB. Im Folgenden soll in erster Linie diese Funktionsäquivalenz kurz dargestellt werden, wobei dann jeweils in einem zweiten Punkt auf trotzdem bestehende Diskrepanzen einzugehen ist. Dabei wird im Zusammenhang mit dem Strafantrag deutlich, dass der spanische Gesetzgeber dem Berechtigten eine stärkere Stellung einräumt als dies der deutsche Gesetzgeber für tunlich erachtet.

A. Die deutsche Strafanzeige als Pendant zur *denuncia* eines Offizialdelikts in Spanien

I. Funktionsäquivalenz

1. Schon an der fast wortgleichen Übereinstimmung der jeweiligen Definitionen[3] erkennt man, dass beide Institute den gleichen Daseinszweck erfüllen: Sowohl die *denuncia* als auch die Strafanzeige sind Wissensmitteilungen, mit Hilfe derer der Bürger die Strafverfolgungsorgane in Kenntnis von strafrechtlich relevanten Vorgängen setzt – ein Instrumentarium, auf das jede von Amts wegen zu ermittelnde Behörde weitgehend angewiesen ist. Dazu korrespondiert die Tatsache, dass in beiden Rechtsordnungen die Erfordernisse, die sowohl an die Form einer Anzeige als auch an die Person des Anzeigenden gestellt werden[4], auf denkbar niedriger Stufe angesiedelt sind. Mit dem Gedanken, dass es sich bei der Anzeige lediglich um eine an die Strafverfolgungsbehörden adressierte Hilfestellung in Form einer Anregung handelt, harmonisiert schließlich auch die

[1] Gimeno Sendra in GMAC: S. 269
[2] Ibáñez López-Pózas: S. 171; Jiménez Asenjo: NEJ Seix, Bd. VI, S. 826
[3] Vgl. § 1 A I. und II; C II. 1. und III. 1.
[4] Vgl. § 1 A III.; C V.

Tatsache, dass die Anzeige nicht mehr wirksam zurückgenommen werden kann[1].

2. Die Anzeige hat aber auch noch eine andere, dem Bürger zu Gute kommende Seite, indem sie ihm die Möglichkeit eröffnet, den staatlichen Strafverfolgungsapparat in Gang zu setzen, was ein wichtiges Element im Hinblick darauf darstellt, dass dem Bürger Selbsthilfe im repressiven Bereich verboten ist. Die Anzeige stellt ihm insoweit - um bei dem Vergleich mit dem "Apparat" zu bleiben - ein "Auslösemechanismus" zur Verfügung, mit dem er die grundsätzlich dem Legalitätsprinzip unterworfenen Behörden dazu bringen kann, tätig zu werden, um den aus seiner Sicht gestörten Rechtsfrieden wiederherzustellen. In der deutschen Rechtsdogmatik ist dieser Aspekt der Strafanzeige anerkannt.[2] In der spanischen Literatur hingegen wird diese Seite der *denuncia* eines Offizialdelikts weitgehend übergangen; nur stellenweise findet sich die knappe Aussage, dass auch die Strafanzeige eine subjektive Rechtsposition vermitteln könne[3]. Offensichtlich wurzelt dieses generelle Übergehen eines als – zumindest aus rechtspolitischer Sicht - sehr wichtig einzustufenden Charakteristikums der Strafanzeige in der Tatsache, dass zu viel Augenmerk auf die in den Art. 259 ff. LECrim normierte generelle *Verpflichtung* zur Strafanzeige eines *Offizial*delikts einerseits und auf die als *Rechtsposition* verstandene Dispositionsbefugnis der *denuncia* eines *Halboffizial*delikts andererseits gelegt wird, so dass daneben für die meisten Autoren kein Raum mehr zu verbleiben scheint, sich Gedanken über eine auch durch die Anzeige eines Offizialdelikts vermittelte subjektive Rechtsposition zu machen.

II. Diskrepanzen

Der gravierendste Unterschied zwischen beiden Rechtsordnungen besteht im Hinblick darauf, dass die Strafanzeige in Spanien zusätzlich (auch) einer echten, strafbewehrten Verpflichtung unterliegt. Im Hinblick auf eine dem Bürger zu unterstellende Eigenverantwortlichkeit und Mündigkeit als Ausfluss seiner Menschenwürde sowie auf die Inkompatibilität der eine solche Verpflichtung mit sich bringenden Gefahr eines staatlich geförderten Spitzelsystem mit dem Gedanken eines modernen Rechtsstaats wurde oben bereits hingewiesen[4]. Der spanische Gesetzgeber täte bei der nächsten Reform der LECrim gut daran, trotz der generell auch in der spanischen Literatur als "lächerlich" abqualifizierten Strafandrohung insoweit den bösen Schein eines Denunziantensystems zu beseitigen, indem er den in dieser Hinsicht relevanten Gehalt der Art. 259 ff. LECrim ersatzlos streicht.

---

[1] Vgl. § 1 A VI.; C VII. 1.
[2] Vgl. § 1 A II. und VII.; insbesondere sei hier noch einmal auf BVerfGE 74, 257 hingewiesen.
[3] Gimeno Sendra in GMAC: S. 265; Aragoneses Martínez: RDP 1995, 427
[4] Vgl. § 1 C IX.

B. Der Strafantrag im Sinne der §§ 77 ff. StGB als Pendant zur *denuncia* eines Halboffizialdeliktes

Die unter § 1 analysierten Regelungen des Strafantrags im engeren Sinne sowie die der *denuncia* eines Halboffizialdelikts belegen trotz in Detailfragen bestehender geringfügiger Differenzen eine wesentliche Kongruenz zwischen beiden Rechtsinstituten. Wie nachstehende Ausführungen zusammenfassend erhellen, sollte insoweit auch die *denuncia* eines Halboffizialdelikts vorbehaltlos mit "Strafantrag" übersetzt werden. In der deutschsprachigen Literatur wird dies nur stellenweise richtig gemacht[1]; häufig hingegen wird überhaupt nicht differenziert[2] bzw. der Strafantrag mit anderen Rechtsinstituten vermengt[3].

I. Funktionsäquivalenz

Im Vordergrund steht in beiden Rechtsordnungen die *Dispositionsbefugnis* des Antragsberechtigten: Grundsätzlich *ihm alleine* soll es überlassen bleiben, ob ein Strafverfahren in Gang gesetzt werden soll, oder nicht:

1. Die als schutzwürdig anerkannten Motive des Betreffenden, die in den Antragsregeln ihren Niederschlag gefunden haben[4], sind in beiden Rechtsordnungen identisch[5]: Der Antragsberechtigte soll einerseits über die Initiierung eines Verfahrens deshalb entscheiden können, weil er ob der geringen sozialen Auswirkungen im Rahmen der Bagatelldelinquenz am besten selbst weiß, ob ihm mit einem Strafverfahren gedient ist oder nicht. Andererseits soll dem Verletzten von Delikten, deren Aufklärung Geheimhaltungsinteressen zu verletzten droht, kraft seiner Antragsbefugnis eine Entscheidung über diese Aufklärung belassen bleiben. Die Übereinstimmung der Einteilung von Antragsdelikten in von der

---

[1] So z.B. Volkmann-Schluck: S. 122 f.

[2] So z.B. Arend: S. 95 ("Die Einleitung des ...[V]erfahrens *auf Antrag* einer Partei erfolgt ... durch *Anzeige* (denuncia) gem. Art. 259 LECrim... . Die Anzeige kann *von jedermann* ... formlos erstattet werden." [Hervorhebungen durch den Verf.]); Wessing: S. 88, der jede Form der *denuncia*, also auch die eines Halboffizialdelikts, mit "Anzeige" übersetzt.

[3] So z.B. die deutsche Fassung von Armenta Deu: "Prinzipien und Systeme des Strafverfahrens: Das spanische System als Bezugspunkt", S. 738, in der die *querella* nach Art. 270 LECrim mit *Strafantrag* übersetzt wird, was insoweit falsch ist, als zum einen die *querella* – im Gegensatz zur *denuncia* - eine echte Beteiligtenstellung mit sich bringt (und daher mit Strafklage zu übersetzen ist), und zum anderen grundsätzlich jedermann *querella* erheben kann (vgl. dazu 3. Abschnitt § 2 A), während der Kreis der Strafantragsberechtigten grundsätzlich auf die Verletzten beschränkt ist. In diesem Sinne ähnlich Wessing: S. 87 (".. hingegen wird bei den Halboffizial[delikten] ein ...[V]erfahren nur dann eingeleitet, wenn das Straftatopfer *Anklage* ... erhebt."[Hervorhebung durch den Verf.]). Zur Abgrenzung zwischen Strafklage (*querella*) und *denuncia* vgl. grundlegend Ibáñez López Pozas: S. 146.

[4] Vgl. dazu § 1 B II.; C III. 2.

[5] Der Kongruenz zwischen beiden Rechtsordnungen ist sich das spanische Schrifttum bewusst; insbesondere im Rahmen der Frage, ob der Strafantrag eine objektive Strafbarkeitsbedingung oder eine Prozessvoraussetzung darstellt, wird auch die Meinung deutscher Autoren in die argumentative Auseinandersetzung miteinbezogen, vgl. z.B. Ibáñez López-Pózas: S. 64 ff.; Gimeno Sendra: La Querella, S. 30 ff.

jeweiligen Schutzrichtung abhängige Gruppen ist demnach weitgehend deckungsgleich.[1]

2. In beiden Rechtsordnungen belässt es der Gesetzgeber jedoch nicht damit, die Verfahrensinitiierung in das Ermessen des Betreffenden zu stellen, sondern dehnt die Dispositionsbefugnis auch auf das gesamte Verfahren insoweit aus, als eine Rücknahme des Strafantrags in Deutschland bzw. eine Verzeihung (*perdón*) in Spanien die Wirkungen des einmal gestellten Strafantrags entfallen lassen[2].

II. Diskrepanzen

In einigen Detailfragen weicht die spanische Regelung von der deutschen ab. Dabei ist – wie folgenden Ausführungen zu entnehmen sein wird – die Tendenz erkennbar, dass das spanische System dem Bürger im Rahmen der Strafantragsfragen eine weitaus selbständigere Position zubilligt als das deutsche:

1. Der herausragendste Unterschied zum deutschen Recht[3] stellt in diesem Zusammenhang die Tatsache dar, dass die spanische Regelung ihre Antragsdelikte fast ausschließlich als *absolute* ausgestaltet hat, d.h. den spanischen Strafverfolgungsbehörden ist es grundsätzlich verwehrt, einen mangelnden Strafantrag durch die Bejahung eines besonderen öffentlichen Interesses zu kompensieren. Dass dadurch die Dispositionsbefugnis des legitimierten Bürgers im Verhältnis zu seinem deutschen Pendant weitaus stärker ist, liegt auf der Hand.
   Davon normiert das Gesetz nur eine einzige Ausnahme, nämlich Art. 191 Ziff. 1 CP, kraft dessen im Falle von Sexualdelikten die Staatsanwaltschaft alternativ zum Antrag der berechtigten Personen Anklage erheben darf. Dabei handelt es sich um einen Systembruch, der sich nur vor folgendem rechtshistorischen Hintergrund erläutern lässt: Ursprünglich waren Sexualstraftaten zusammen mit Beleidigungen und Verleumdungen als Privatklagedelikte ausgestaltet. Dies hatte seinen Hintergrund in dem traditionellen Verständnis, in Sexualstraftaten primär einen Angriff auf die *Ehre* zu sehen[4]. Erst in jüngster Zeit fand insoweit ein Anschauungswechsel statt, als das von Sexualstraftatbeständen geschützte Rechtsgut nunmehr in der sexuellen Selbstbestimmung gesehen wird[5] und nicht mehr in der Ehre. Dem trug einerseits der Gesetzgeber Rechnung, indem er diese Delikte aus dem Kreis der Privatklagedelikte herausnahm. Andererseits woll-

[1] Wobei die spanische Doktrin zwischen der Gruppe der (beruflichen) Geheimhaltungsinteressen und der der im Persönlichkeitsrecht wurzelnden nicht weiter differenziert wie das die hM in Deutschland – wenn auch ohne Auswirkungen auf die Rechtsanwendung – tut.

[2] Vgl. dazu § 1 B IV.; C VII.

[3] Vgl. dazu § 1 B V.

[4] Volkmann-Schluck: S. 123

[5] Vgl. Überschrift der Art. 178 ff. CP nach heutiger Fassung: "*Delitos contra la libertad e indemnidad sexuales*" (Delikte gegen die sexuelle Freiheit und Unversehrtheit). Dies korrespondiert auch mit der Tatsache, dass Art. 443 Abs. 4 S. 2 a.F. eine Verzeihung bei späterer Heirat zwischen Opfer und Täter fingierte, während die Verzeihung nach der Neufassung in Art. 191 Ziff. 2 CP ausdrücklich ausgeschlossen ist.

te er nicht so weit gehen, die Art. 178 ff. CP als reine Offizialdelikte auszugestalten, sondern normierte – zum einen als historisches Relikt, zum anderen, um die Intimitätsinteressen des Opfers zu schützen – das Antragserfordernis in Art. 191 Ziff. 1 CP. Da aber gleichzeitig ein Grundkonsens dahingehend herrscht, dass es sich bei den Art. 178 ff. CP um schwerwiegende Taten handelt, hat er sich zu dem Kompromiss durchgerungen, der Staatsanwaltschaft nach ihrem Ermessen eine antragsunabhängige Anklagemöglichkeit zu gewähren. Aufgrund der Tatsache, dass es sich hier also um einen vereinzelten Systembruch handelt, lässt sich keine Tendenz dahingehend entdecken, dass der spanische Gesetzgeber den Antragsdelikten deren absoluten Gehalt nehmen möchte.
Nur scheinbare Ausnahmen ergeben sich aus den Art. 201 Ziff. 2, 287 Ziff. 2 und 296 Ziff. 2 CP, wonach es keiner *denuncia* bedarf, wenn die entsprechende Deliktsverwirklichung die "Interessen der Allgemeinheit"[1] oder eine "Vielzahl von Personen"[2] - also einen unbestimmten Personenkreis[3] - berührt. Denn diese Vorschriften geben der Staatsanwaltschaft keinerlei Ermessensspielraum an die Hand, sondern ziehen die Grenze zwischen Offizial- und Halboffizialdelikt. Es bleibt deshalb dabei, dass es sich bei Art. 191 Ziff. 1 S. 1 CP um das einzige *relative* Strafantragsdelikt im spanischen Recht handelt.

2. Des weiteren sind auch die *formalen* Erfordernisse an einen Strafantrag in Spanien weniger streng als in Deutschland[4]; so setzt ein wirksamer vor der Polizei gestellter Strafantrag in Deutschland Schriftform voraus (§ 158 Abs. 2 StPO), während in Spanien nach Art. 265 LECrim eine mündliche Erklärung ausreicht. Da insoweit dem spanischen Antragsteller weniger Hindernisse in den Weg gelegt werden, ist auch darin eine generelle Stärkung seiner Position zu sehen.
3. Darüber hinaus braucht der Antragsteller in Spanien keine spezielle, über die allgemeine Verfolgungsverjährung hinausgehende Frist bei der Ausübung seines Antragsrechts zu wahren. Der Unterschied zur deutschen Regelung der Dreimonatsfrist des § 77 b StGB lässt sich nicht damit erklären, dass die Verfolgungsverjährung in Spanien strenger wäre als in Deutschland, denn die entsprechende Regelung der Art. 131 ff. CP ist mit der des § 78 StGB weitgehend deckungsgleich. Vielmehr wird auch hier wiederum die stärkere Stellung des spanischen Antragstellers deutlich, während dem Täter ein über die Verjährungsregeln hinausgehendes Interesse an Rechtssicherheit im Gegensatz zur deutschen Regelung nicht zugebilligt wird.
4. Schließlich darf der *perdón* (Verzeihung) in Spanien bis zu Beginn des Strafvollzuges erklärt werden (Art. 130 Ziff. 4 S. 2 CP), während der Strafantrag in Deutschland nach § 77 d Abs. 1 S. 2 StGB nur bis zur Rechtskraft der Entscheidung zurückgenommen werden kann[5]. Daraus folgt, dass der Antragsteller in Spanien im Hinblick auf seine Dispositionsbefugnis derart gestärkt ist, dass

---

[1] *... intereses generales...*
[2] *... pluralidad de personas...*
[3] Zur Interpretationsproblematik ausführlich Marcos Ayjón: BIMJ N° 1841 (1999), S. 609
[4] Vgl. dazu § 1 B IV.; C V.
[5] Vgl. dazu § 1 B VI.; C VII.

es ihm unbenommen bleibt, sogar die Rechtskraft der betreffenden Entscheidung – zumindest faktisch – brechen zu können.

5. Nur eine scheinbar stärkere Stellung wird dem Antragsteller in 172 StPO gewährt, denn in der spanischen LECrim finden sich auf den ersten Blick keine vergleichbaren Regeln, die eine umfassende Bescheidungspflicht[1] an den Antragsteller bzw. einen so detailliert geregelten Rechtsbehelf des Antragstellers gegen Verfahrenseinstellungen wie das deutsche Klageerzwingungsverfahren normieren. Dem ist aber entgegenzuhalten, dass der Antragsteller nach einer Einstellungsverfügung durch die Polizei oder Staatsanwaltschaft seinen Antrag vor Gericht wiederholen kann, dass ihm gegen die gerichtliche Einstellungsverfügung die Rechtsbehelfe der *reforma* und der *queja* offen stehen und dass es ihm unbenommen bleibt, eine Verfahrensbeteiligung mittels Einleiten einer Popularklage zu erreichen. Da das Klageerzwingungsverfahren mit der Popularklage zumindest in einigen Bereichen funktionsäquivalent ist, soll auf einen Vergleich beider Rechtsordnungen in diesem Zusammenhang erst im nächsten Abschnitt detailliert eingegangen werden.

III. Zusammenfassung

Aus all den oben aufgeführten Punkten lässt sich zumindest eine im Vergleich zum deutschen Recht stärkere Stellung des Strafantragsberechtigten herleiten, die sich durch ein erhöhtes Maß an Eigenverantwortlichkeit, das mit einer weitgehenden Zurückhaltung seitens der staatlichen Strafverfolgungsorgane korrespondiert, auszeichnet.

Da es sich bei dem Antragsberechtigten aber in der Regel um den Verletzten selbst handelt und der Nichtverletzte bei den Offizialdelikten unter Strafandrohung zur Strafanzeige verpflichtet ist, ihm also die bei den Antragsdelikten charakteristische Eigenverantwortlichkeit des Verletzten geradezu abgesprochen wird, können an dieser Stelle der Untersuchung noch keinerlei Aussagen dahingehend gemacht werden, ob auch die Stellung des Bürgers generell, d.h. losgelöst von seiner Verletzteneigenschaft, stärker ausgestattet ist als im deutschen Recht.

C. Schlussfolgerungen

I. Die *denuncia* eines Offizialdelikts im spanischen Recht entspricht der deutschen Strafanzeige im Sinne des § 158 Abs. 1 StPO.

II. Die *denuncia* eines Halboffizialdelikts im spanischen Recht entspricht dem deutschen Strafantrag im Sinne der §§ 77 ff StGB, 158 Abs. 2 StPO.

III. Bei der Übersetzung spanischer Rechtstexte in die deutsche Sprache ist den zu I. und II. aufgeführten Erkenntnissen Rechnung zu tragen, d.h. je nach Zusammenhang

[1] Art. 5 EOMF gilt nur für die Staatsanwaltschaft.

ist die *denuncia* eines Offizialdelikts mit "Strafanzeige" und die eines Halboffizialdelikts – und nur diese - mit "Strafantrag" zu übersetzen.

IV. Zumindest dem Strafantragsberechtigten gesteht die spanische Rechtsordnung weitreichendere Dispositionsbefugnisse hinsichtlich der Initiierung bzw. des Fortgangs des Verfahrens zu als die deutsche, und zeichnet sich mithin durch erhöhte staatliche Zurückhaltung aus.

V. Allgemeine Schlussfolgerungen auf die Stellung des Bürgers im spanischen Strafprozess können allein hieraus – d.h. aus dem Vergleich der Initiationsbefugnisse, die zu keiner Beteiligtenstellung führen – indes noch nicht gezogen werden, weil die generelle Verpflichtung zur Anzeige von von Amts wegen zu verfolgenden Delikten gerade nicht von einem erhöhten Maß an Eigenverantwortlichkeit ausgeht, sondern vielmehr den Bürger zu einer aktiven Rolle im staatlichen Strafverfolgungsmechanismus zwingt.

VI. Dieser Widerspruch sollte jedenfalls *de lege ferenda* eliminiert werden, indem der Gesetzgeber die generelle Anzeigepflicht im Bereich der Strafverfolgung annulliert.

3. Abschnitt: Initiations- und Mitwirkungsbefugnisse im Verfahren mit Beteiligtenstellung

§ 1: Rechtslage in Deutschland:

A. Die Nebenklage

I. Die *Ratio Legis* der Nebenklage

Die Frage nach dem Sinn und Zweck der Nebenklage fand und findet in Rechtsprechung und Literatur ein beachtliches Echo. Der Nebenklage kommt danach

- eine Vergeltungs- bzw. Genugtuungsfunktion,
- eine Schutzfunktion,
- eine Aufklärungs- und Kontrollfunktion,
- eine Informationsfunktion und/ oder
- ein Restitutionsinteresse

zu. Daraus wird die Vielschichtigkeit der gesetzgeberischen Intention deutlich, nach der sich eine monofunktionale Sichtweise geradezu verbietet. Dennoch ist die Frage, welcher der hier aufgeführten Funktionen eine Vorrangstellung vor den anderen gebührt und welche mit einem modernen Verständnis vom Strafprozess nicht mehr kompatibel ist, Gegenstand heftiger Meinungsverschiedenheiten, die im Folgenden kurz darzustellen ist.

1. Vergeltungs- bzw. Genugtuungsfunktion

Die Vergeltungsfunktion wird von den meisten Autoren in einem Atemzug mit der Genugtuungsfunktion verstanden und teilweise gleichgesetzt[1]. Wenige nehmen sich die Muße, zwischen Vergeltung und Genugtuung zu unterscheiden. Für *Heidemeier* etwa beschränkt sich die Vergeltungsfunktion auf den Ausdruck der alttestamentarischen Sühnevorstellung „Auge um Auge", während die Genugtuung in der Möglichkeit zu sehen ist, aktiv an der Aufklärung eines strafbaren Verhaltens mitwirken zu dürfen[2]. Bei allen terminologischen und klassifikatorischen Diskrepanzen wird dem Vergeltungsaspekt – sei er von der Genugtuungsfunktion gelöst oder als deren Teilaspekt verstanden – zu recht entgegengehalten, er laufe der Objektivierung des Strafrechtes, das atavistische Elemente wie Emotionen und Rachsucht nicht kenne, entgegen bzw. vermische allgemeine Aufgaben des Strafrechtes mit der subjektiven Interessenlage des Straftatopfers.[3]
Zu den uneingeschränkten Befürwortern der Genugtuungsfunktion gehört die Rechtssprechung[4] und ein großer Teil des Schrifttums[5]. Ein anderer Teil der Literatur spricht

---

[1] Z.B. Roxin: § 61 Rn. 1; Fabricius: NStZ 1994, S. 260
[2] Heidemeier: S. 131 und 300
[3] Hirsch: GdS-Kaufmann, S. 714 f.; AK-Rössner: Vor § 395, Rn. 9
[4] BGHSt 28, 272 (273); BVerfG: NJW 1993, S. 2316 (2317)
[5] Roxin: § 61, Rn. 1, der dies zwar kritisiert, aber letztlich als Aufgabe des Gesetzgebers ansieht, Abhilfe zu schaffen; Kühne: Rn. 255; Hellmann: VI §1, Rn. 8; Däubler-Gmelin: StV 2001, S. 360.

der Genugtuungsfunktion eine Daseinsberechtigung rundweg ab[1] oder erachtet sie als allenfalls von untergeordneter, nachrangiger Bedeutung[2]. Dafür werden neben der Berufung auf die Objektivierung der Strafverfolgung folgende Argumente ins Felde geführt: Zum einen zeige die rechtshistorische Entwicklung der Nebenklage, dass dieses Institut noch nie der Genugtuung des Opfers gedient habe, denn wie aus § 435 Reichs-StPO hervorgehe, sei die Nebenklage ursprünglich nur als Annex zur Privatklage und zum Klageerzwingungsverfahren konzipiert gewesen, und stand unter der gleichen Schutzrichtung wie diese beiden Institute, nämlich der Entlastung und Kontrolle der Staatsanwaltschaft. Daran habe auch das Opferschutzgesetz, das eine Abkoppelung der Nebenklage von den Voraussetzungen der Privatklage schuf, nichts ändern wollen, denn nunmehr habe der Gesetzgeber einzig die Schutzfunktion der Nebenklage anerkannt[3]. Zum anderen mache § 400 Abs.1 StPO[4] deutlich, dass der Nebenkläger gerade keinen Einfluss auf Art und Höhe der Bestrafung des Täters habe, eine Genugtuung deshalb auch kein legitimes Ziel der Nebenklage sein könne[5]. Gleiches folge aus der Tatsache, dass der Gesetzgeber auf das Erfordernis einer hinreichenden Erfolgsaussicht für die Prozesskostenhilfe in § 397 a Abs. 2 S.3 verzichtet habe[6].
Andere verstehen „Genugtuung" unter Ausblendung der Vergeltungsfunktion in dem Sinne, dass nicht die Bestrafung des Täters Ziel der Nebenklage sei, sondern bereits die bloße Möglichkeit einer Prozessteilnahme. Denn dadurch werde eine intensive Auseinandersetzung mit Tat und Täter erreicht, bzw. der Täter werde im Prozess mit den Folgen seiner Tat konfrontiert[7]. In der Tatsache, dass das Opfer an der Aufklärung mit dem Ziel von Wahrheit und Gerechtigkeit mit eigenständigen Befugnissen im Prozess mitwirken könne, sei schon die „Genugtuung" zu sehen[8].

2. Schutzfunktion

In der Literatur weit im Vordringen begriffen ist die Ansicht, die die sogenannte Schutzfunktion der Nebenklage in den Vordergrund rückt[9]. Gestützt wird dies darauf, dass der Katalog des § 395 StPO Delikte enthalte, die nach viktimologisch-empirischen Erkenntnissen eine besondere Schutzbedürftigkeit des Opfers erfordern[10]. Insbesondere handele es sich um Delikte, die sich gegen höchstpersönliche Rechtsgüter wie Leben, körperliche Unversehrtheit und sexuelle Selbstbestimmung richten.

---

1 AK-Rössner, vor § 395 Rn. 8 f.; Altenhain JZ 2001, 794 f.
2 Hölzel: S. 193 ff., die zwischen aktiver und passiver Genugtuung differenziert; LöRo-Hilger: Vor § 395, Rn. 8
3 Altenhain: JZ 2001, S. 795
4 §§ ohne Gesetzesangaben sind im Folgenden solche der StPO
5 AK-Rössner: Vor § 395, Rn. 8; Altenhain: JZ 2001, S. 796
6 Altenhain: JZ 2001, S. 796
7 Fabricius: NStZ 1994, S. 260
8 Heidemeier: S. 131 und S. 300
9 LöRo-Hilger: Vor § 395, Rn. 8 ff; AK-Rössner: Vor § 395, Rn. 6 ff.; Thomas in FS-Koch: S. 282; Altenhain: JZ 2001, S. 795 ff.; Heidemeier: S. 137 ff.; Hellmann: VI §1, Rn. 8
10 Dem Einwand, dass sich die in § 395 Abs. 2 Nr. 2 und 3 aufgeführten Delikte in dieses Schema nicht so recht einfügen wollen, wird mit einer rechtshistorisch bedingten und daher hinzunehmenden Inkonsequenz des Gesetzgebers begegnet, die nicht weiter als störend empfunden werden dürfe.

Dieses Schutzbedürfnis sei indes nicht im Sinne eines allgemeinen, generalpräventiven Opferschutzes zu verstehen, sondern als Schutz vor Schuldzuweisungen und Angriffen von Seiten des Angeklagten oder Dritten, insbesondere der Medien. So seien z.B. Delikte gegen die sexuelle Selbstbestimmung ohne Rückgriff auf das Verhalten des Opfers forensisch nicht aufklärbar[1] und gerade gegen den daraus drohenden Einwand der Mitverantwortung soll sich das Opfer durch eine aktive Teilnahme am Strafprozess wehren können[2].

3. Kontrollfunktion

Weit verbreitet ist auch die Ansicht, wonach der Nebenklage eine Aufklärungs- und Kontrollfunktion gegenüber den Strafverfolgungsorganen zukomme[3]. Dies gehe aus der besonders ausgestatteten, von der Staatsanwaltschaft im Verfahren selbst grundsätzlich unabhängigen Stellung des Nebenklägers[4] hervor, wie sie sich z.B. aus der eigenständigen Rechtsmittelbefugnis ergibt.

4. Informationsfunktion

Auch die Notwendigkeit, das Informationsbedürfnis über den Schutz der §§ 406 d ff. StPO hinaus als Funktion der Nebenklage anzuerkennen, wird von einigen Autoren gesondert herausgearbeitet[5]. Insbesondere die Neugier des Opfers zu erfahren, wie es zu der Rechtsgutverletzung überhaupt gekommen sei, wird dabei als legitimes, von der Nebenklage bezwecktes Ziel angesehen[6]. Dies lasse sich in erster Linie dem Anwesenheitsrecht des Nebenklägers in der Hauptverhandlung nach § 397 Abs.1 StPO entnehmen, der bei einem verletzten Zeugen ohne Status des Nebenklägers nicht anwendbar sei.

5. Restitutionsinteresse

Vielfach wird auch auf ein wirtschaftliches Restitutionsinteresse des Nebenklägers verwiesen, wonach die Nebenklage (auch) der Vorbereitung auf einen späteren zivilrechtlichen Schadensersatzprozess diene[7]. Dem wird zu Recht andererseits entgegen-

---

[1] Thomas in FS-Koch: S. 282
[2] Altenhain: JZ 2001, S. 795 ff.
[3] Beulke: Rn. 593; Fabricius: NStZ 1994, S. 260; Roxin: § 61, Rn. 1; Kühne: Rn. 255 (der den Nebenkläger im gleichen Atemzug noch als – wenn auch selbständigen - „Gehilfen der Staatsanwaltschaft“ bezeichnet; Hellmann: VI §1, Rn. 8; ablehnend: Hölzel, S. 287 ff.
[4] S.u. IV. und V.
[5] Thomas in FS-Koch: S. 282; Heidemeier: S. 131 ff.
[6] Vgl. z.B. die Erklärung der Angehörigen im Mordprozess gegen Karl-Heinz Barber: "Die Tat ist für uns bisher völlig unbegreiflich geblieben. Mit dieser Unbegreiflichkeit werden wir auch künftig leben müssen." Von der Teilnahme am Prozess erhoffen sie sich, "zumindest ansatzweise zu verstehen, wie es zu einer derartigen Tat kommen konnte". (Quelle: SZ vom 02.10.2003).
[7] BGHSt 6, 105 (106); Hellmann: VI, § 1 Rn. 8; z.T. auch Heidemeier: S. 145 ff mit der Einschränkung, dass dies nur im Hinblick auf strafverfahrensgebundene Wiedergutmachung wie z.B. im Rahmen der §§ 56 b StGB oder 153 a StPO zutreffe.

gehalten, dass aus gesetzessystematischen Gründen für zivilrechtliche Aspekte außerhalb des Adhäsionsverfahrens kein Raum bleibe. Darüber hinaus sei es auch sonst nicht verständlich, warum der Gesetzgeber gerade die zivilrechtlich mindestens genauso schadensersatzträchtigen Vermögensdelikte nicht ebenfalls in den Katalog des § 395 StPO aufgenommen und die Nebenklagebefugnis bei der fahrlässigen Körperverletzung auf Fälle mit schweren Folgen beschränkt habe[1].

II. Die Anschlussvoraussetzungen (§§ 395 f.)

1. Nebenklageberechtigung

Der heterogen[2] strukturierte Kreis der Anschlussberechtigten ist in § 395 Abs. 1 – 3 abschließend aufgezählt:
Zur Nebenklage berechtigt sind danach die Verletzten der in § 395 Abs. 1 Nr. 1 - 2, Abs. 2 Nr. 3, Abs. 3 genannten Straftaten bzw. – im Falle eines vollendeten Tötungsdelikts - deren engste Angehörige (Abs. 2 Nr. 1), der im Klageerzwingungsverfahren erfolgreiche Antragsteller (Abs. 1 Nr. 3) sowie die Mitglieder der in den §§ 90 und 90b StGB geschützten Verfassungsorgane (Abs. 2 Nr. 2).

a) Der durch die in Abs. 1 Nr. 1 – 2, Abs. 2 Nr. 3, Abs. 3 genannten Straftaten Verletzte

aa) Begriff des Verletzten

In Deckungsgleichheit zum Verletztenbegriff des Klageerzwingungsverfahrens[3] umfasst der Kreis der Verletzten i.S.d. § 395 die Personen, die am Schutzzweck der betreffenden Strafnorm orientiert in ihrer geschützten Rechtsposition eine unmittelbare[4] Beeinträchtigung hinnehmen mussten. Obwohl sich das Schrifttum einer näheren Begründung für die diesbezügliche Kongruenz zwischen den §§ 171 ff. und § 395 weitgehend enthält und eine homogene Lesart des Verletztenbegriffs der StPO keinesfalls zwingend ist[5], sprechen doch zwei gute Gründe für einen Verweis auf das dem Klageerzwingungsverfahren (KEV) zu Grunde liegende Verständnis: Zum einen diente die Nebenklage schon nach der Intention des historischen Gesetzgebers a priori der Erweiterung der durch das KEV geschaffenen Kontrollmöglichkeiten staatsanwaltschaftlicher Tätigkeit über die Verfahrensinitiation hinaus auf das Stadium des Verfahrens[6]. Zum anderen wird der Begriff des Verletzten im KEV schon sehr weit ausgelegt[7]; wenn man aber all den unter diesen weit konturierten Begriff fallenden Personen eine Möglichkeit zubilligt, wenigstens de facto das Anklagemonopol der Staatsanwalt-

[1] Fabricius: NStZ, 1994, S. 260; AK-Rössner: Vor § 395, Rn. 9
[2] Vgl. dazu AK-Rössner: § 395, Rn. 1 f.
[3] Beulke: Rn. 594; AK-Rössner: § 395, Rn. 5 f.
[4] Pfeiffer: § 395, Rn. 1; RGSt 92, 209
[5] Hölzel: S. 79 m.w.N.
[6] S.o. 1. Abschnitt § 5 A IV. 1. und 2. Abschnitt § 1 B VIII. 2
[7] S.o. 2. Abschnitt § 1 B VIII. 3. c).

schaft zu brechen, dann müssen diese erst recht befugt sein, sich als - zur amtlichen Strafverfolgung nur akzessorische - Nebenkläger anzuschließen, so dass der Verletztenbegriff der Nebenklage nicht enger sein darf als der des KEV.
Streitig wird hingegen die Frage diskutiert, inwieweit Verdachtsmomente für den Verletztenbegriff konstitutiv sind. Reicht für die Verletzteneigenschaft nach ganz hM[1] die rechtliche Möglichkeit der Begehung einer Katalogtat aus, so fordert die Gegenansicht[2] einen hinreichenden Tatverdacht. Der Beschuldigte müsse nämlich die Einleitung des Verfahrens nur bei hinreichendem Tatverdacht hinnehmen; nichts anderes könne für den zumindest teilweise mit den Befugnissen der Staatsanwaltschaft ausgestatteten Nebenkläger gelten, dessen Anschlussbefugnis deshalb den selben Maßstäben genügen müsse wie die Verfahrenseinleitung selbst. Dem ist jedoch entgegenzuhalten, dass sich ein solcher Vergleich schon deshalb verbietet, weil die Verfahrensbefugnisse des Nebenklägers in ihrer Vollständigkeit nicht an die der Staatsanwaltschaft heranreichen.

bb) Die Katalogstraftaten des § 395 Abs. 1 Nr. 1 – 2, Abs. 2 Nr. 3, Abs. 3

Die Verletzung muss sich gerade aus einer der in Abs. 1 Nr. 1 – 2, Abs. 2 Nr. 3, Abs. 3 genannten rechtswidrigen Straftaten ergeben, wobei folgende Besonderheiten zu berücksichtigen sind:

(1) Durch eine bewusste Beschränkung auf *rechtswidrige* Taten i.S.d. § 11 Nr. 5 StGB wollte der Gesetzgeber die Relevanz fehlender Schuld gezielt ausklammern. Demnach kann auch der durch eine – tatbestandlich unter eine der Katalogtaten subsumierbare - Rauschtat nach § 323a Verletzte eine Anschlussbefugnis ableiten[3]. Von gleicher Bedeutungslosigkeit ist deshalb auch grundsätzlich das Vorhandensein eines wirksam gestellten Strafantrags; ein solcher ist nur dann erforderlich, wenn die vorgeworfene Tat ausschließlich ein Antragsdelikt verwirklicht, da andernfalls ein Prozesshindernis bestünde[4]. Die Gegenansicht, die teilweise auch bei Bejahung des öffentlichen Interesses durch die Staatsanwaltschaft einen Strafantrag für erforderlich erachtet[5], verkennt die Rechtsnatur dieses Instituts als reine Prozessvoraussetzung, die für die Qualifizierung eines bestimmten Lebenssachverhalts als „rechtswidrige Tat" ohne Belang ist[6]. Darüber hinaus ist das Erfordernis eines inhaltlich auf Bestrafung des

---

[1] Beulke: DAR 1988, S. 117; KMG: § 395, Rn. 4 und 10; Pfeiffer: § 395, Rn. 1; AK-Rössner: § 395, Rn. 11f.;
RGSt: 7, 437 (444); 43, 260 (262); 51, 129 f.; 54, 306 f.
BGH: St 33, 115; MDR 1978, S. 461; StV 1981, S. 535; VRS 48, S. 18; BayObLG: VRS 70 (1986), S. 446; OLG Hamm: NJW 1972, S. 1769; OLG Düsseldorf: NStZ 1957, S. 204
[2] Altenhain: JZ 2001, S.792 ff.
[3] Beulke: Rn. 594; AK-Rössner: § 395, Rn. 13; BGH: NStZ-RR 1998, S. 305; OLG Bamberg: MDR 1992, S. 69
[4] AK-Rössner: § 395, Rn. 15 f.; Altenhain: JZ 2001, S. 799 f.; teilw. a.A. die hM in der Literatur, die nur bei Bejahung des besonderen öffentlichen Interesses durch die Staatsanwaltschaft auf das Erfordernis eines Strafantrags verzichtet, vgl. KMG: § 395, Rn. 5 und Pfeiffer: § 395, Rn. 3 jeweils m.w.N.
[5] OLG Schleswig: NStZ 2000, S. 270 (271 f.)
[6] BGH: NJW 1983, S. 1385; zur Rechtsnatur des Strafantrags: s.o.

Beschuldigten gerichteten Strafantrags auch im Hinblick auf die *ratio legis* der Nebenklage fraglich, denn diese erschöpft sich – wie oben ausgeführt – nicht auf das Genugtuungsinteresse[1].

(2) Obwohl die Regelung des § 395 Abs. 1 Nr. 2 zu einem entsprechenden Umkehrschluss verleiten könnte, berechtigen nach einhelliger Auffassung[2] auch die im Versuchsstadium stecken gebliebenen übrigen Katalogtaten zum Anschluss als Nebenkläger[3]. Zum einen fällt nämlich auch der strafbare Versuch unter den Begriff der „rechtswidrigen Tat" i.S.d. § 11 Nr. 5 StGB, was mit der Tatsache korrespondiert, dass das Opfers, für das es keinen Unterschied macht, ob es den Angriff zufällig unbeschadet überstanden hat oder nicht, im Lichte der ratio der Nebenklage gleich schutzwürdig ist wie bei einer vollendeten Tat. Zum anderen wollte der Gesetzgeber durch Einführung von § 395 Abs. 1 Nr. 2 lediglich Wertungswidersprüche beseitigen[4], denn nach alter Rechtslage waren zwar schon die Angehörigen bei vollendeten Tötungsdelikten nebenklagebefugt, nicht aber das Opfer im Fall seines Überlebens.

(3) Neben den Straftatbeständen des gewerblichen Rechtsschutzes in Abs. 2 Nr. 3, die zusätzlich eine Privatklageberechtigung des Verletzten erfordern und deshalb nach Entkoppelung der Nebenklage von der Privatklage durch das Opferschutzgesetz einen Fremdkörper[5] in § 395 darstellen, statuiert Abs. 3 eine weitere Besonderheit für den Fall der fahrlässigen Körperverletzung. Nebenklageberechtigt ist der Verletzte nur dann, wenn sein Anschluss aus besonderen Gründen zur Wahrnehmung seiner Interessen geboten erscheint. Diese trotz einer versuchten Konkretisierung auf die „schweren Folgen der Tat" relativ unscharfe Bestimmung wurde vom Gesetzgeber in erster Linie zur Eindämmung der Nebenklage im Bereich der Verkehrsunfälle konzipiert[6]. In Anlehnung an *Beulke*[7] stellt die hM[8] heute weitgehend auf folgende Kriterien ab: Während reine Vermögensschäden und leichte Körperverletzungen nicht, schwere hingegen stets zur Nebenklageberechtigung führen, ist dies bei den mittelschweren Verletzungen nur dann der Fall, wenn zusätzlich noch keine Schadensregulierung vorgenommen worden ist oder der Beschuldigte Mitverschulden des Verletzten geltend macht.

---

[1] Altenhain: JZ 2001, S. 799

[2] KMG: § 395, Rn. 3; Pfeiffer: § 395, Rn. 1; Hölzel: S. 81; ausführlich dazu: AK-Rössner: § 395, Rn. 7

[3] Darunter soll aber nach OLG Stuttgart (NStZ 1990, S. 298) nicht der Versuch einer Beteiligung i.S.d. § 30 fallen.

[4] BT-Drs. 10/ 5305, S.12

[5] AK-Rössner: § 395, Rn. 2

[6] BT-Drs. 10/5305, S. 12

[7] Beulke: DAR 1988, S. 115 ff.

[8] AK-Rössner: § 395, Rn. 24 ff.; KMG: § 395, Rn. 11 m.w.N.

b) Die Angehörigen im Fall des § 395 Abs. 2 Nr. 1

Als Annex[1] zu § 395 Abs. 1 Nr. 2 gewährt Abs. 2 Nr. 1 bestimmten Angehörigen eines durch die rechtswidrige Tat Getöteten eine Anschlussberechtigung als Nebenkläger und bezweckt dabei a priori den Schutz des Ansehens Verstorbener[2]. Der Kreis dieser Angehörigen ist abschließend, d.h. außer den Eltern, Kindern, Geschwistern[3] und Ehegatten bzw. Lebenspartnern (i.S.d. Lebenspartnerschaftsgesetz)[4] kann sich niemand auf diese Vorschrift berufen.

Weiterhin beschränkt die Norm eine Anschlussberechtigung auf die Fälle einer durch eine rechtswidrige Tat erfolgten Tötung und ist wegen ihres Ausnahmecharakters im Hinblick auf andere Delikte nicht analogiefähig[5]. Damit ist einerseits klar, dass die Nebenklageberechtigung nicht wie z.B. die des Strafantrags nach § 77 Abs. 2 StGB im Todesfall automatisch übergeht; vielmehr handelt es sich hier um eine originäre Befugnis. Andererseits ist die Beschränkung auf Tötungsdelikte nach hM[6] nicht so zu verstehen, dass davon lediglich die Delikte der §§ 211 ff. StGB erfasst sind, denn der indifferente Gesetzeswortlaut bezieht auch alle durch einen Tötungserfolg qualifizierten Straftaten wie z.B. die §§ 178, 221 Abs. 3, 239 Abs. 3, 239a Abs. 3, 251 StGB mit ein.

c) Der im Klageerzwingungsverfahren erfolgreiche Antragsteller

§ 395 Abs. 1 Nr. 3 billigt demjenigen, der durch seinen Antrag eine gerichtliche Entscheidung zur Erhebung der öffentlichen Klage i.S.d. § 172 herbeigeführt hat, eine Nebenklageberechtigung zu. Schon bei der Konzipierung der Nebenklage entsprach es dem primären Anliegen des RStPO-Gesetzgebers, die Kontrolle der Strafverfolgungsbehörden durch den Verletzten über die Verfahrenseinleitung hinaus zu gewährleisten, um gerade der Gefahr einer nachlässigen Verfahrensbetreibung durch die Staatsanwaltschaft entgegenzuwirken, wenn das Verfahren gegen deren ursprünglichen Willen zustande gekommen war[7]. Diese vom historischen Gesetzgeber bezweckte Zielrichtung stellt nach einhelliger Meinung auch heute noch Sinn und Zweck von Abs. 1 Nr. 3 dar[8].

Deshalb kommt es für die Nebenklageberechtigung allein auf den *Erfolg im KEV* an; ob die richterliche Anordnung zu Recht getroffen wurde, spielt keine Rolle[9]. Streitig ist allerdings, wie genau dieser „Erfolg" beschaffen sein muss: Eine Ansicht stellt nur auf die gerichtliche Entscheidung nach § 175 ab; wurde das Verfahren im Wege der behördeninternen Abhilfe - z.B. auf Anordnung des Generalstaatsanwaltes oder des

---

[1] AK-Rössner: § 395, Rn. 2

[2] BT-Drs. 7/551, S. 45

[3] Darunter fallen auch Halbgeschwister (vgl. OLG Düsseldorf: NJW 1958, S. 394).

[4] Vorausgesetzt die Ehe bzw. Partnerschaft wurde wirksam geschlossen und besteht noch fort; zur „Sinti"-Ehe: vgl. BVerfG: NStZ 1993, S. 349.

[5] AK-Rössner: § 395, Rn. 21

[6] LöRo-Wendisch: § 395, Rn. 8; Pfeiffer: § 395, Rn. 5

[7] S.o. 1. Abschnitt § 5 A IV. 1.

[8] Hölzel: S. 82; KMG: § 395, Rn. 6; AK-Rössner: § 395, Rn. 18

[9] KMG: § 395, Rn. 6; RGSt 44, 6; LöRo-Wendisch: § 395, Rn. 14 m.w.N.

Justizministeriums – eingeleitet, soll eine Nebenklageberechtigung des Antragstellers ausscheiden, denn die Gefahr einer nachlässigen Verfahrensbetreibung sei dann ausgeschlossen[1]. Die Gegenauffassung lässt auch in diesen Fällen die Nebenklage zu, denn eine behördeninterne Weisung ändere nichts an der Tatsache, dass die mit der Sache betraute Ausgangsbehörde ursprünglich einer Verfahrenseinleitung abgeneigt gewesen sei[2].

d) Der Bundespräsident im Fall des § 90 und die Mitglieder der durch § 90 b geschützten Organe

Art. 395 Abs. 2 Nr. 2 statuiert eine Nebenklageberechtigung für den Bundespräsidenten sowie für die Mitglieder[3] der von § 90 b StGB geschützten Organe[4] im Falle einer Verunglimpfung. Dadurch soll diesen die Möglichkeit eingeräumt werden, sich im Prozess einer erneuten Herabwürdigung zu erwehren[5]. Zusätzliche Rechtmäßigkeitsvoraussetzung für einen Anschluss ist die nach § 90 Abs. 4 bzw. 90 b Abs. 2 StGB erforderliche Ermächtigung.

2. Ordnungsgemäße Anschlusserklärung

Der wirksame Anschluss des Nebenklägers setzt nach § 396 eine entsprechende Erklärung voraus, die an gewisse, im Folgenden näher darzustellende formelle[6] Erfordernisse anknüpft:

a) Der Berechtigte kann einen wirksamen Anschluss nur durch eine schriftliche Erklärung erzielen, wobei diese nach allgemeiner Meinung nicht unbedingt handschriftlich unterzeichnet werden muss[7]. Dementsprechend kann die Erklärung auch mittels Telefax, Telegramm, Telebrief oder Fernschreiben erfolgen[8]. Der Schriftform ist bei einer Erklärung zu Protokoll der Geschäftsstelle oder zum Verhandlungsprotokoll ebenfalls genügt[9].
b) Der grundsätzlich in § 396 Abs. 1 S. 1 vorgesehene Erklärungsadressat ist „das Gericht“. Wie aus der Verwendung des bestimmten Artikels folgt ist damit nur das Gericht gemeint, das gerade mit der Sache befasst ist, also das, vor dem die erhobene Anklage oder ein Rechtsmittel anhängig ist[10]. Wie § 396 Abs. 1 S. 2 f. zu entnehmen ist, kann die Erklärung im Vorverfahren auch bei der Staatsan-

[1] OLG Frankfurt: NJW 1979, S. 994; ihm folgend KMG: § 395, Rn. 6
[2] OLG München: NStZ 1986, S. 276; AK-Rössner: § 395, Rn. 19; Pfeiffer: § 395, Rn. 4
[3] Nur die Mitglieder sind nebenklagebefugt, nicht die Organe selbst (AK-Rössner: § 395, Rn. 22; Lö-Ro-Wendisch: § 395, Rn. 15).
[4] Gesetzgebungsorgan, Regierung, Verfassungsgericht des Bundes oder eines Landes.
[5] AK-Rössner: § 395, Rn. 22
[6] Inhaltlich werden keine strengen Anforderungen gestellt; es genügt, dass die Person des Erklärenden und der Anschlusswille deutlich werden (vgl. AK-Rössner: § 396, Rn. 1).
[7] BayObLG: NJW 1958, S. 1598; KMG: Einl., Rn. 128
[8] KMG: Einl., Rn. 139; BGHSt. 29, 179; 30, 69 ff.
[9] KMG: § 396, Rn. 2; BGHSt 21, 109
[10] AK-Rössner: § 396, Rn. 2

waltschaft eingereicht werden[1], wird dann aber erst später, d.h. bei Erhebung der öffentlichen Klage bzw. im Fall eines Strafbefehls bei dessen Ablehnung oder bei der Anberaumung der Hauptverhandlung (nach Einspruch durch den Beschuldigten) wirksam.

c) Zeitliche Vorgaben für die Anschlusserklärung ergeben sich aus den §§ 395 f.: Obwohl § 395 Abs. 1 von einer bereits erhobenen öffentlichen Klage ausgeht, soll die Klageerhebung selbst keine zeitliche Untergrenze bilden, denn die § 396 Abs. 1 S. 2 und 3 zu Grunde liegenden Fälle gehen von einer grundsätzlichen Zulässigkeit der Anschlusserklärung schon im Ermittlungsverfahren aus. § 395 Abs. 4 hingegen statuiert als zeitliche Obergrenze[2] den Eintritt der Rechtskraft[3]; ein danach erklärter Anschluss kann eine Nebenklageposition nicht mehr begründen. Unerheblich ist dabei der Grund für den Rechtskrafteintritt (Verstreichen lassen der Rechtsmittelfrist oder Rechtsmittelverzicht durch die bereits Beteiligten). Umgekehrt folgt daraus, dass ein Anschluss auch nach ergangenem Urteil, aber vor Rechtskraftseintritt, noch möglich ist. Für diesen Fall stellt § 399 Abs. 2 eine zusätzliche zeitliche Schranke auf, wonach ein Anschluss zur Einlegung von Rechtsmitteln i.S.d. § 395 Abs. 4 nicht mehr realisiert werden kann, wenn die Anfechtungsfrist für die Staatsanwaltschaft bereits abgelaufen ist[4].

d) Im Übrigen muss die Anschlusserklärung als Prozesshandlung den allgemeinen Prozessvoraussetzungen Genüge tun[5]. Bei Prozessunfähigkeit ist der gesetzliche Vertreter zur Anschlusserklärung berechtigt[6]. Hat der Anschlussberechtigte auf seine Nebenklagebefugnis verzichtet, kann er keine wirksame Anschlusserklärung vornehmen[7]. Dies setzt allerdings voraus, dass die Verzichtserklärung eindeutig erkennen lässt, dass sich der Verzichtende über die prozessuale Tragweite seiner Erklärung im Klaren ist[8].

---

[1] Nach AK-Rössner (§ 396, Rn. 2) auch die Polizei.

[2] Wegen des Ausschlusses einer isolierten Rechtsfolgenanfechtung des Nebenklägers in § 400 reicht dafür die Rechtskrafterwachsung des Schuldspruchs aus (vgl. KMG: § 395, Rn. 13).

[3] BGH: NStZ-RR 1997, S. 136

[4] Der Ablauf der Rechtsmittelfrist der Staatsanwaltschaft ist nicht gleichzusetzen mit Eintritt der Rechtskraft, da die Rechtsmittelfrist für den Beschuldigten oder für bereits bestehende Nebenkläger durchaus noch offen sein kann, vgl. z.B. § 401 Abs. 1 S. 2 *Alt. 2.*

[5] KMG: Vor § 395, Rn. 7 m.w.N.

[6] Vertretung des Nebenklägers ist allgemein zulässig; der Vertreter rückt dabei aber nicht selbst an die Stelle eines Nebenklägers, sondern handelt mit Wirkung für und gegen den Berechtigten (vgl. AK-Rössner: § 396, Rn. 1; KMG: § 396, Rn. 3; Pfeiffer: § 396, Rn. 1).

[7] BGHR § 395, Anschluss 3

[8] KMG: Vor § 295, Rn. 12 m.w.N.

III. Die gerichtliche Anschlussentscheidung (§ 396 Abs. 2)

Nach § 396 Abs. 2 entscheidet das Gericht[1] über die Anschlussberechtigung des Nebenklägers.

1. Rechtsnatur der Entscheidung

a) Nach ganz hM handelt es sich dabei grundsätzlich um eine rein deklaratorische Entscheidung, die einen wirksamen Anschluss nicht begründen, sondern nur feststellen kann. Die Nebenklagestellung wird bereits durch die Erklärung des Berechtigten als prozessuale Bewirkungshandlung erreicht[2]. Demnach kann ein Nichtberechtigter durch eine bloße gerichtliche Zulassung eine Stellung als Nebenkläger nicht erlangen; umgekehrt kann die Nichtzulassung auch nicht in Bestandskraft erwachsen[3], so dass eine Wiederholung der Anschlusserklärung (mit neuem Vorbringen) jederzeit möglich ist[4].

b) Der rein deklaratorische Charakter der Entscheidung fußt auf folgenden Erwägungen[5]: Zum einen stellt schon der Wortlaut von § 396 Abs. 1 S. 1 auf die „[E]rklärung" ab, und nicht auf einen „Antrag" auf gerichtliche Entscheidung. Gleiches gilt für den Wortlaut des § 396 Abs. 2 S. 1, wonach das Gericht über die „Berechtigung" des Nebenklägers, nicht aber über die „Wirksamkeit" der Anschlusserklärung zu befinden hat. Schließlich sieht § 397 eine Rechtsausübung durch den Nebenkläger nach „erfolgtem Anschluss", und nicht erst nach einer „gerichtlicher Zulassung" vor. Darüber hinaus stützen systematische Erwägungen die wörtliche Auslegung, denn § 396 Abs. 1 S. 2 und 3 liegen bereits Konstellationen eines möglichen Wirksamwerdens zu Grunde, bevor Abs. 2 im Anschluss daran Regeln für die gerichtliche Entscheidung normiert.

c) Konstitutive Bedeutung kommt der Entscheidung über die Anschlussberechtigung nach hM nur im Fall der fahrlässigen Körperverletzung (§ 395 Abs. 3 i.V.m. § 396 Abs. 2 S. 2) zu[6]. Dabei ist zu beachten, dass es sich bei dieser Entscheidung konstruktiv um zwei getrennte Beschlüsse handelt[7], nämlich zum einen um den Regelfall des § 396 Abs. 2 S.1, wonach das Gericht die formelle Anschlussberechtigung prüft[8] und es bei einer deklaratorischen Feststellung

---

[1] Zuständig ist das Gericht, bei dem das Verfahren anhängig ist, d.h. bei Anschluß durch Rechtsmittel das Rechtsmittelgericht (vgl. Beulke: Rn. 595; zum Beschluss durch ein unzuständiges Gericht: AK-Rössner: § 396, Rn. 11; KMG: § 396, Rn. 11).

[2] BGHSt 41, 288 (289); NStZ-RR 1999, S. 39; OLG Kölle: NJW 1960, S. 306; OLG Celle: NJW 1961, S. 378; OLG Nürnberg: NJW 1978, S. 1017; KMG § 396, Rn. 13; differenzierend: AK-Rössner § 396, Rn. 8 und 10, wonach einer den Anschluss versagenden Entscheidung konstitutive Wirkung zukommt; ablehnend: BayObLG VRS 15, S. 284.

[3] BGHSt 41, 288 (289)

[4] Beulke: DAR 1988, S. 117

[5] Vgl. statt vieler: AK-Rössner, § 396, Rn. 8

[6] OLG Düsseldorf: NStZ-RR 1997, S. 11; KMG: § 396, Rn. 15 m.w.N.; a.A. AK-Rössner: § 396, Rn. 9

[7] Beulke: Rn. 595; ders.: DAR 1988, S. 117

[8] S.u. 3. Abschnitt § 1 A III. 2.

bleibt, sowie um eine (inhaltliche) Entscheidung über die „besonderen Gründe" des § 395 Abs. 3., der konstitutive Wirkung zukommt.

d) Praktische Relevanz genießt die gerichtliche Entscheidung insbesondere im Hinblick auf Einstellungsverfügungen, die nicht der Zustimmung des Nebenklägers bedürfen. Nach § 396 Abs. 3 sind solche[1] nämlich ohne eine vorherige Anschlussentscheidung unzulässig[2]. Der dahinter stehende Gedanke stellt eine einfachgesetzliche Ausprägung der Gewährung rechtlichen Gehörs (Art. 103 Abs. 1 GG) nach Lesart des BVerfG[3] dar[4]. Denn bei der fehlenden Entscheidung über die Zulassung zur Nebenklage werde der Betroffene um die Möglichkeit gebracht, Einwände vorzubringen, mit denen er das Gericht bzw. die Staatsanwaltschaft eventuell von einem Absehen von der Einstellung hätte überzeugen können.

2. Prüfungsumfang

Der Prüfungsumfang beschränkt sich grundsätzlich auf die formellen[5] Anschlussvoraussetzungen; lediglich im Hinblick auf die Frage, ob im Falle einer fahrlässigen Körperverletzung der Anschluss der Nebenklage aus besonderen Gründen geboten erscheint (§ 395 Abs. 3), ist das Gericht zu einer inhaltlich-materiellen Prüfung gehalten. Diese besonderen Gründe hat der Nebenkläger in analoger Anwendung der §§ 26 Abs. 2 S. 1, 45 Abs. 2 S. 1 glaubhaft zu machen[6]. Im Übrigen reduziert sich die Prüfungsintensität auf das Vorliegen einer rein potentiellen Begehung der in § 395 aufgeführten Delikte; ein hinreichender Tatverdacht ist nicht erforderlich[7].

3. Rechtsmittel

a) Anfechtbar ist die Gerichtsentscheidung zum einen mit der Beschwerde nach § 304 Abs. 1. § 305 S. 1 steht dem auf Grund der selbständigen prozessualen Bedeutung der Entscheidung nicht entgegen[8]. Im Hinblick auf die Beschwerdeberechtigung ist wie folgt zu differenzieren: Handelt es sich um eine die Zulassung feststellende Entscheidung, ist der Angeschuldigte beschwerdebefugt[9]. Demgegenüber steht dem (vermeintlichen) Nebenkläger die Beschwerde im

---

[1] D.h. Einstellungen aus Opportunitätsgründen nach den §§ 153 Abs. 2, 153a Abs. 2, 153b Abs. 2 und 154 Abs. 2.
[2] KMG: § 395, Rn. 18
[3] Vgl. BVerfGE 14, 320 (323 f.)
[4] KMG: § 395, Rn. 18
[5] S.o. Punkt II; zu eng: KMG, § 396, Rn. 10, da neben der Zugehörigkeit zum berechtigten Personenkreis und etwaigen Verfahrenshindernissen auch die ordnungsgemäße Erklärung (Inhalt und Schriftform) geprüft werden muss.
[6] Beulke: DAR 1988, S. 117
[7] S.o. 3. Abschnitt § 1 A II. 1.
[8] Beulke: DAR 1988, S. 117; OLG Düsseldorf: NJW 1982, S. 2566; OLG Hamburg: MDR 1981, S. 957; OLG Hamm: JZ 1972, S. 251;
[9] KK-Pelchen: § 396, Rn. 11

Falle der Nichtzulassung zu[1]. Die Staatsanwaltschaft ist in beiden Fällen zur Beschwerde berechtigt. Unstreitig kann eine Beschwerde wegen § 396 Abs. 2, letzter HS, nicht auf die inhaltliche Prüfung des § 395 Abs. 3 gestützt werden.

b) Darüber hinaus kann die Zulassungsentscheidung auch[2] im Rahmen einer Revision überprüft werden. Dabei stellt sich die Frage, inwieweit der Schuldspruch auf einer fehlerhaften Entscheidung i.S.d. § 396 Abs. 2 beruhen kann. Bei einer rechtswidrigen Nichtzulassung der Nebenklage wird dies dann zu bejahen sein, wenn nicht auszuschließen ist, dass der Nebenkläger wesentliche Erklärungen oder Beweismittel hätte beibringen können[3]. Bei einer rechtswidrigen Zulassung hingegen ist diese Gefahr wegen der richterlichen Amtsermittlungspflicht nicht gegeben, so dass eine Kausalität zwischen einer fehlerhaften Zulassung und dem Urteil in der Regel zu verneinen sein wird[4]. Nach einer Ansicht[5] ist die auf § 395 Abs. 3 gestützte Entscheidung auch inhaltlich revisibel, denn das Anfechtungsverbot des § 396 Abs. 2 S. 2 beschränke sich auf die jeweilige Instanz. Die Gegenansicht[6] sieht demgegenüber in den §§ 395 Abs. 3, 396 Abs. 2 S.2 *leges speciales* zu § 395 Abs. 4 S. 2 und schließt eine Revision deshalb aus. Gestützt wird diese Sichtweise durch den Normzweck von § 396 Abs. 2 S.2, dem ein verstärktes Bedürfnis nach Rechtssicherheit zu Grunde liegt. Denn diese Vorschrift will vermeiden, dass im Laufe des Verfahrens bei gleichbleibendem Sachverhalt im Rahmen des weiten materiellen Beurteilungsspielraums wechselnde Entscheidungen ergehen.

IV. Die Rechte des Nebenklägers in der Verhandlung nach § 397 Abs. 1

Die im Folgenden kurz darzustellenden Rechte des Nebenklägers in der Verhandlung zählt § 397 nach dem Willen des Operschutzgesetzgebers[7] abschließend[8] auf:

- *Anwesenheit in der Hauptverhandlung, § 397 Abs. 1 S.1*: Praktische Relevanz genießt dieses Recht zum einen dann, wenn der Nebenkläger auch als Zeuge vernommen werden soll, denn in diesem Fall tritt der Grundsatz der größtmöglichen Unbefangenheit eines Zeugen hinter den Opferschutzgedanken zurück[9];

---

[1] Die Beschwerde ist in diesem Fall wegen der isoliert zu betrachtenden Kostenfolge (§ 472) auch noch nach Rechtskraft der Entscheidung zulässig (AK-Rössner: § 396, Rn. 25).

[2] Zum Konkurrenzverhältnis zwischen Beschwerde und Revision: AK-Rössner, § 396, Rn. 25

[3] BGH: StV 1981, S. 535; KK-Pelchen: § 396, Rn. 13

[4] Für ein Abstellen auf den Einzelfall AK-Rössner: § 396, Rn. 27

[5] Beulke: DAR 1988, S. 118, wonach ein nach einem Instanzurteil ergangener Antrag immer ein neues Vorbringen darstellt; vgl. auch Letzgus: NStZ 1989, S. 353.

[6] KMG: § 396, Rn. 23; AK-Rössner: § 396, Rn. 28

[7] Vor dem OpferschutzG sah § 397 Abs. 1 a.F. eine Generalverweisung auf die Rechte des Privatklägers vor (zur alten Rechtslage s. LöRo-Wendisch, 24. Aufl., 1989: § 397, Rn. 1 ff.). Durch die Abkoppelung von den Rechten des Privatklägers wird deutlich, dass die Nebenklage keine Doppelbesetzung der Anklägerrolle impliziert (Beulke: DAR 1988, S. 117). Korrespondierend dazu kommt dem Nebenkläger in der Ausübung seiner Rechte eine von der Staatsanwaltschaft unabhängige Stellung zu (BGHSt: 28, 272).

[8] BT-Drs. 10/ 5305, S. 13

[9] AK-Rössner: § 397, Rn. 3

die §§ 58 Abs. 1, 243 Abs. 2 S. 1 gelten nicht[1]. Zum anderen ist auf Grund des nicht analogiefähigen Ausnahmecharakters von § 247 eine Entfernung des Nebenklägers aus dem Gerichtssaal ausgeschlossen[2]. Im Übrigen ist der Nebenkläger nicht zur Anwesenheit verpflichtet; Nachteile drohen ihm bei einer Abwesenheit nur insoweit, als seine Gestaltungsrechte unnachholbar entfallen[3] bzw. im Fall des § 401 Abs. 3 die Verwerfung seiner Berufung droht.

- *Beistand bzw. Vertretung durch einen Rechtsanwalt*: Nach § 397 Abs. 1 S. 2 i.V.m. § 378 kann der Nebenkläger im Beistand eines Rechtsanwalts erscheinen bzw. sich von einem solchen vertreten lassen[4].
- *Anhörung, Ladung, Akteneinsicht*: Nach § 397 Abs. 1 S. 2 i.V.m. § 385 Abs. 1 S.1, bei dem es sich um eine prozessrechtliche Konkretisierung von Art. 103 Abs. 1 GG handelt,[5] ist das Gericht zur Anhörung des Nebenklägers im selben Umfang wie bei der Anhörung des Privatklägers verpflichtet, d.h. er muss immer dann gehört werden, wenn nach § 33 Abs. 1 und 2 die Hinzuziehung eines Staatsanwaltes erforderlich wäre[6]. Auch im Hinblick auf seine Eigenschaft als Bekanntmachungsadressat[7] ist der Nebenkläger der Staatsanwaltschaft gleichgestellt (§ 385 Abs. 1 S. 2)[8]. Darüber hinaus muss der Nebenkläger mindestens eine Woche vor Beginn der Hauptverhandlung geladen werden (§ 385 Abs. 2); ein Akteneinsichtsrecht steht ihm nach § 385 Abs. 3 ebenfalls zu, kann aber nur mit Hilfe eines Rechtsanwaltes ausgeübt werden.
- *Ablehnung eines Richters oder Sachverständigen*: Nach § 397 Abs. 1 S. 3 ist der Nebenkläger zur Ablehnung eines Richters oder Sachverständigen nach Maßgabe der §§ 24, 31 bzw. 74 befugt. Dahinter steht der Gedanke, dass dem Nebenkläger aus seiner Stellung als Prozesssubjekt in einem Strafverfahren, in dem er seine eigenen, nebenklagespezifischen Interessen verfolgt, nach Art. 101 Abs. 1 S. 2 GG ein Anspruch auf einen unbefangenen Richter erwächst[9].
- *Fragerecht*: Nach § 397 Abs. 1 S. 3 steht dem Nebenkläger nach Maßgabe des § 240 Abs. 2 ein Fragerecht an den Angeklagten, den Zeugen und den Sachverständigen zu.
- *Recht zur Beanstandung der Anordnungen des Vorsitzenden und von Fragen*: Vgl. §§ 297 Abs. 1 S.1 i.V.m. 238 Abs. 2 bzw. 242.
- *Beweisantragsrecht*: Ein Beweisantragsrecht i.S.d. § 244 Abs. 3 bis 6 steht dem Nebenkläger nur im Rahmen seiner Anschlussberechtigung zu, d.h. bei Tatmehrheit lediglich im Hinblick auf die Ermittlung des für das Nebenklagedelikt

---

[1] Beulke: Rn. 597; ders.: DAR 1988, S. 117 f.
[2] Gollwitzer: FS-Schäfer, S. 78
[3] Gollwitzer: FS-Schäfer, S. 69
[4] Zur Bestellung eines Rechtsanwalts bzw. Prozesskostenhilfe: s.u.
[5] Gollwitzer: FS-Schäfer, S. 79
[6] Beulke: DAR 1988, S. 118
[7] Entscheidungen, die vor dem Anschluss des Nebenklägers ergangen und der Staatsanwaltschaft bekannt gemacht worden waren, bedürfen nach § 399 – mit Ausnahme des in § 401 Abs. 1 S. 2 geregelten Falles - hingegen keiner Bekanntmachung mehr.
[8] Im Fall einer Rechtsmittelberechtigung ist dem Nebenkläger deshalb auch eine entsprechende Belehrung i.S.d. § 35a zu erteilen (KMG: § 397, Rn. 7).
[9] Gollwitzer: FS-Schäfer, S. 85 f.

maßgeblichen Sachverhalts[1]. Diese Befugnis wird auf Grund ihres offensiven Charakters teilweise als nicht systemkonform mit dem auf die reine Verteidigung seiner Interessen bedachten Konzepts des Nebenklägers erachtet[2].

- *Abgabe von Erklärungen i.S.d. §§ 257 und 258*: Dabei ist zu beachten, dass der Nebenkläger dem Angeklagten nicht das letzte Wort nehmen darf; ihm ist deshalb zwar nach dem Sitzungsstaatsanwalt, aber vor dem Angeklagten das Wort zum Schlussvortrag zu erteilen[3].
- *Aufhebung einer Beschränkung nach § 154a*: Nach § 397 Abs. 2 tritt die von § 154a bezweckte Prozessökonomie hinter die Interessen des Nebenklägers zurück[4], denn bei einer Zulassung der Nebenklage fällt die bereits eingetretene Verfolgungsbeschränkung im Hinblick auf das Nebenklagedelikt weg.

V. Die Bestellung eines Beistands und Prozesskostenhilfe (PKH), § 397a

Nach dem durch das Zeugenschutzgesetz (1998) eingefügten § 397a Abs. 1 kann dem Nebenkläger auf dessen Antrag hin bei bestimmten Delikten ein Rechtsanwalt als Beistand bestellt werden, und zwar unabhängig von den wirtschaftlichen Voraussetzungen des Nebenklägers. Die dahinter stehende gesetzgeberische Intention zielt auf eine Verlagerung des Kostenerstattungsrisikos (§ 472)[5] vom Nebenkläger auf den Staat ab[6], wenn die Opfersphäre in besonderem Maß beeinträchtigt ist. Dies ist dann der Fall, wenn sich die Nebenklageberechtigung aus § 395 Abs. 1 Nr. 1a oder Nr. 2 ergibt und entweder die betreffende Tat ein Verbrechen ist oder der Nebenkläger bei Antragstellung das 16. Lebensjahr noch nicht vollendet hat.
Der zu Abs. 1 subsidiäre[7] Abs. 2 des § 397a regelt die Frage, unter welchen Voraussetzungen dem Nebenkläger im Lichte einer effizienten Durchsetzung von Opferschutzrechten[8] Prozesskostenhilfe einzuräumen ist. Grundsätzlich sind dabei die §§ 114 ZPO anzuwenden, soweit § 397a Abs. 1 und 2 keine derogierenden Bestimmungen treffen:
Demnach ist zunächst wirtschaftliches Unvermögen auf Seiten des Nebenklägers erforderlich, d.h. dieser muss außerstande sein, die Kosten für einen Rechtsanwalt aufzubringen[9]. Darüber hinaus muss eine[10] der folgenden Alternativen erfüllt sein[1]:

---

[1] Ein Recht auf unmittelbare Ladung von Beweispersonen kommt auf Grund des abschließenden Charakters von § 397 dem Nebenkläger hingegen nicht zu, zumal ein ausdrücklicher Verweis auf die Vorschrift des § 386 Abs. 2 unterblieben ist (Beulke: DAR 1988, S. 118; AK-Rössner: § 397, Rn. 11; a.A. KMG: § 397, Rn. 10).
[2] Weigend: NJW 1987, S. 1175
[3] KMG: § 397, Rn. 10
[4] KMG: § 397, Rn. 13
[5] Einzelheiten dazu s.u.
[6] KMG: § 397a, Rn. 2
[7] BGH: NStZ 2000, S. 218
[8] AK-Rössner: § 397a, Rn. 3
[9] Einzelheiten bei KMG: § 397a, Rn. 8; zum Begriff der Bedürftigkeit allgemein: Stein/Jonas: § 114, Rn. 15 ff.
[10] Die Alternativität ergibt sich aus dem Wortlaut des § 397a Abs. 2 S. 1; unzutreffend deshalb KMG (§ 397a, Rn. 9), die von einer kumulativen Struktur ausgehen.

- Schwierige Sach- oder[3] Rechtslage, d.h. der Sachverhalt ist verwickelt bzw. erfordert Spezialkenntnissen, oder umstrittene Rechtsfragen tauchen auf[4].
- Nicht ausreichende Möglichkeit der eigenen Wahrnehmung der Nebenklägerinteressen, d.h. es bestehen personenbezogene Defizite, die es dem Nebenkläger verwehren, der Verhandlung angemessen folgen und alle seinen Opferinteressen dienende Prozesshandlungen selbst vornehmen zu können, wie z.B. hohes Alter, Krankheit oder sprachliche Verständnisschwierigkeiten[5].
- Unzumutbarkeit der eigenen Wahrnehmung der Nebenklägerinteressen, d.h. der Nebenkläger ist durch die Tat psychisch dermaßen betroffen, dass ihm ein persönliches Erscheinen bzw. ein Erscheinen ohne Prozessbeistand in der Hauptverhandlung nicht aufgebürdet werden kann.

Gegen eine den Beistand nach Abs. 1 versagende Entscheidung ist einerseits die Beschwerde des Nebenklägers oder der Staatsanwaltschaft statthaft. Wird der Beistand genehmigt, kann die Staatsanwaltschaft und – nach umstrittener Ansicht[6] – auch der Angeklagte Beschwerde einlegen. Darüber hinaus ist die Entscheidung auch im Rahmen eines Revisionsverfahrens überprüfbar; von einem „Beruhen" i.S.d. § 337 Abs. 1 kann jedoch nur dann ausgegangen werden, wenn nicht auszuschließen ist, dass der Nebenkläger im Beisein eines Rechtsanwalts Tatsachen oder Beweismittel vorgebracht hätte, die für den Schuldspruch von wesentlicher Bedeutung gewesen wären[7]. Die Entscheidung über die Prozesskostenhilfe ist demgegenüber nach § 397a Abs. 3 S. 2 unanfechtbar.

VI. Die Rechtsmittel des Nebenklägers

1. Allgemeines

Dem Nebenkläger kommt nach § 401 Abs. 1 im Hinblick auf die Einlegung, Begründung, Durchführung und Rücknahme bzw. Verzicht eines Rechtsmittels eine von der Staatsanwaltschaft unabhängige Stellung zu, d.h. er allein ist insoweit dispositionsbefugt[8]. Der Nebenkläger kann ein Rechtsmittel nur einlegen, wenn die allgemeinen Anschlussvoraussetzungen sowie die allgemeinen Zulässigkeitsanforderungen an das

---

[1] Die Alternativität ergibt sich aus dem Wortlaut des § 397a Abs. 2 S. 1; unzutreffend deshalb KMG (§ 397a, Rn. 9), die von einer kumulativen Struktur ausgehen.

[2] Ein Abstellen auf die Erfolgsaussicht oder Mutwilligkeit deckt sich nicht mit dem Wesen der Nebenklage; die Anwendbarkeit von § 114, 2. HS wird deshalb durch § 397a Abs. 2 S. 3 ausgeschlossen (vgl. auch BGH: AnwBl. 1989, S. 688).

[3] Auch diese beiden Voraussetzungen sind nach allgemeiner Meinung trotz des entgegenstehenden Wortlauts alternativ anzuwenden, da es sich insoweit um ein redaktionelles Versehen des Gesetzgebers handelt. (Rieß/Hilger: NStZ 1987, S. 154; Beulke: DAR 1988, S. 120; AK-Rössner: § 397a, Rn. 6; KMG: § 397a, Rn. 9).

[4] Beispiele dazu bei AK-Rössner: § 397a, Rn. 6.

[5] Weitere Beispiele bei AK-Rössner: § 397a, Rn. 7

[6] Zum Meinungsstand: KMG, § 397a, Rn. 19

[7] KMG: § 397a, Rn. 20; zur Parallelproblematik bei der Zulassungsentscheidung s.o.

[8] KMG: § 401 Rn. 2

betreffende Rechtsmittel in ihrer durch § 401 modifizierten Form erfüllt sind. Die denkbaren Rechtsbehelfe sind nicht auf eine Anfechtung von Urteilen durch Berufung oder Revision begrenzt; vielmehr kann der Nebenkläger auch bestimmte andere Gerichtsentscheidungen durch (sofortige) Beschwerde angreifen.

2. Die Anfechtung von Urteilen durch Berufung oder Revision (§ 400 Abs. 1, 401)

a) Beschwer

aa) Der Nebenkläger ist nach § 400 Abs. 1, 1. HS zum einen nicht beschwert, wenn er das Urteil mit dem Ziel der Herbeiführung einer anderen Rechtsfolge anficht[1]. Zum anderen kann er nach dem 2. HS dieser Vorschrift das Rechtsmittel nicht mit dem Ziel der Verurteilung wegen einer Tat, die kein Nebenklagedelikt verwirklicht, herbeiführen. Besonderen Rückhall findet diese Einschränkung in den - schon ohnehin - stringenten inhaltlichen Anforderungen, die die höchstrichterliche Rechtsprechung an eine zulässige Revisionsbegründung[2] stellt: So soll insbesondere eine unausgeführte allgemeine Sachrüge dafür nicht genügen[3], denn der Nebenkläger sei gehalten, eine solche Rüge gerade auf die unrichtige Anwendung eines Nebenklagedelikts im Instanzurteil zu stützen[4].

bb) Heftig umstritten ist das Problem, ob der Nebenkläger auch zu Gunsten des Angeklagten Rechtsmittel einlegen kann (sogenannte „verteidigende Nebenklage“).

(1) Die Rechtsprechung[5] und die hM in der Literatur[6] lehnen dies strikt ab: So sei der Nebenkläger durch eine Verurteilung des Angeklagten nicht „beschwert“, was im Gesetz in der Vorschrift des § 296 Abs. 2 seine Stütze finde. Denn diese Regelung verleihe einzig und allein der Staatsanwaltschaft die Befugnis, Rechtsmittel auch zu Gunsten des Nebenklägers einlegen zu können. Hätte der Gesetzgeber dies auch für den Nebenkläger so gewollt, dann hätte er in § 296 Abs. 2 oder in § 400 eine entsprechende Bestimmung einführen müssen – dies um so mehr, als der Gesetzgeber mit dem Opferschutzgesetz von 1986 die Stellung des Nebenklägers umfassend neu geregelt habe.
Ein anderes Ergebnis lasse sich auch mit Sinn und Zweck der Nebenklage, nämlich der Genugtuung bzw. Vergeltung, nicht vereinbaren. Darüber hinaus nehme der „verteidigende“ Nebenkläger die Rolle eines Verteidigers ein, ohne selbst Organ der Rechtspflege zu sein und ohne die gesetzlichen Anforderungen an einen Verteidiger zu erfüllen (§§ 138 f, 149). Außerdem berge dies die Gefahr einer Überschreitung der zulässi-

---

[1] Zur Problematik einer zwar nicht ausdrücklich, aber konkludent auf den Rechtsfolgeausspruch beschränkten Urteilsanfechtung OLG Karlsruhe: NStZ 1988, S. 427; BGH: NJW 1952, S. 516. Zur Abgrenzungsproblematik zwischen Schuld- und Rechtsfolgenausspruch GMK: § 400, Rn. 3 m.w.N.
[2] Obschon eine Berufung keine Begründung erfordert, ist nach OLG Düsseldorf (NStZ 1994, S. 507) eine solche unzulässig, wenn sich aus ihrer Einlegung nicht ergibt, dass der Nebenkläger eine Verurteilung wegen weiterer Nebenklagedelikte wünscht.
[3] BGH: NStZ 1988, S. 565; NStZ 1989, S. 221
[4] BGH: NJW 1967, S. 454
[5] BGHSt 37, 136 f; OLG Schleswig: NStZ-RR 2000; S. 270; LG Dresden: NStZ 1994, S. 251
[6] KMG: § 296 Rn. 8 und § 401 Rn. 1; LöRo-Hilger: § 401 Rn. 7; Beulke: Rn. 596

gen Höchstzahl von drei Wahlverteidigern[1]. Dieser Sichtweise stünde auch § 401 Abs. 1 S.1 nicht entgegen, der nichts darüber aussagt, dass der Nebenkläger im Rahmen seiner Rechtsmittel auch im gleichen Umfang wie die Staatsanwaltschaft agieren könne. Auch aus der Tatsache, dass ein zulässig – also zu Ungunsten des Angeklagten - eingelegtes Rechtsmittel des Nebenklägers vom Gericht in entsprechender Anwendung des § 301[2] zu Gunsten des Angeklagten gehandhabt werden könne, lasse sich nichts anderes herleiten[3]. Eine Friktion zur Rechtsprechung des Reichgerichtes[4] sei ausgeschlossen, weil es in den beiden Urteilen, in denen das Gericht Rechtsmittel auch zu Gunsten des Angeklagten seitens der Nebenklage zugelassen hatte, um eine „behördliche Nebenklage" gegangen sei, die heute nicht mehr existiert.
Ein Teil der Rechtsprechung[5] geht sogar so weit, dem Nebenkläger auch den „Umweg" über die Staatsanwaltschaft zu versagen: Für den Fall, dass die Staatsanwaltschaft von ihrer Befugnis aus § 296 Abs. 2 Gebrauch macht, um ausschließlich dem Nebenkläger entgegenzukommen, sei auch sie nicht rechtsmittelbefugt. Dies folge zum einen daraus, dass es nicht Aufgabe der Staatsanwaltschaft sei, prozessuale Rechte des Nebenklägers zu wahren. Zum anderen folge dies auch aus dem Zusammenspiel von Abs. 1 und Abs. 2 S. 2 des § 473: Zwar lasse sich Abs. 2 entnehmen, dass die Staatsanwaltschaft Rechtsmittel zu Gunsten eines „Nebenbeteiligten" einlegen könne; davon erfasst seien nach S. 1 aber nur die Fälle der §§ 431 Abs. 1 S. 1, 442, 444 Abs. 1 S.1. Der Nebenkläger hingegen werde nicht in § 473 Abs. 2, sondern ausschließlich in Abs. 1 erwähnt, so dass sich eine entsprechende Anwendung von Abs. 2 auf ihn verbiete.

(2) Die Gegenansicht[6] spricht dem Nebenkläger die Befugnis, Rechtsmittel auch zu Gunsten des Angeklagten einlegen zu können, nicht ab: Zum einen sei das aufgeworfene Problem gar keine Frage der „Beschwer"; lediglich der staatliche Strafanspruch sei tangiert; ob dieser aber erfüllt werde oder nicht, könne den Nebenkläger im Rechtssinne nicht berühren[7] und daher auch nicht „beschweren".
Zum anderen werden hier die Argumente ins Felde geführt, die schon bei der Auseinandersetzung über das Vergeltungs- und Genugtuungsinteresses aufgetaucht sind: Versagt man dem Genugtuungsinteresse stringent dessen Existenz, so kann man sich schwerlich auf den Standpunkt stellen, die „verteidigende Nebenklage" verbiete sich schon deshalb, weil sie der *ratio legis* der Nebenklage widerspreche. Diejenigen[8] aber, die in der Genugtuungsfunktion lediglich das Interesse des Nebenklägers sehen, am Prozess mitwirken zu können, um Aufklärung und Gerechtigkeit zu erwirken, tun sich mit der Begründung der "verteidigenden Nebenklage" leichter. Denn wenn man auf das legitime nebenklägerische Ziel der Wahrheitsfindung abstellt, so ist eine gewisse

[1] OLG Schleswig: NStZ-RR 2000, 272
[2] BGH: NJW 1953, S. 1521; NJW 1986, S. 2716 f
[3] BGHSt 37, 136 f; KMG: § 301 Rn. 2
[4] RGSt 22, 400 (402); RGSt 62, 212 (213)
[5] LG Dresden: NStZ 1994, 251
[6] Heidemeier: S. 281 und S. 299; Fabricius: NStZ 1994, S. 260 f.; Altenhain: JZ 2001, S. 799
[7] Fabricius: NStZ 1994, S. 260
[8] Heidemeier: S. 299; Fabricius: NStZ 1994, 260

objektivierte Stellung des Nebenklägers – oder besser: ein Recht auf Objektivität - logische Konsequenz. Ihm dann aber die Möglichkeit zu versagen, Rechtsmittel zu Gunsten des Verurteilten einlegen zu können, wenn das Urteil aus seiner Sicht zu hart ausgefallen ist, hieße diesem Recht auf Objektivität zu spotten. Genugtuung könne jedenfalls nicht bedeuten „mehr als genug"[1]. Weiter darf nach dieser Sichtweise dem Opfer nicht die Möglichkeit zur Aussöhnung genommen werden; diesem die Einlegung von Rechtsmitteln auch zu Gunsten des Nebenklägers zu verbieten, hieße aber dem Prozess der Aussöhnung Steine in den Weg zu legen.
Darüber hinaus werde ein ungerecht verurteilter Täter seinerseits zum Opfer mit Rache- und Genugtuungswünschen, so dass ein objektiv agierender Nebenkläger wünschenswert sei. Im Übrigen lasse sich aus der Erlaubnis des Nebenklägers zur Einseitigkeit keinesfalls auch ein Gebot zur Einseitigkeit herleiten[2].
Der hM wird schließlich eine gewisse Inkonsequenz dahingehend attestiert, dass sie zwar die Einlegung von Rechtsmitteln des Nebenklägers zu Gunsten des Angeklagten verbietet, zum anderen aber bei einem zu dessen Ungunsten eingelegten Rechtsmittel § 301 analog anwendet - mit der Folge, dass das Gericht die angefochtene Entscheidung zu Gunsten des Angeklagten abändern kann[3].

b) Formelle Eigenheiten

§ 401 Abs. 1 bis 3 passt die allgemeinen formellen Anforderungen an das betreffende Rechtsmittel der besonderen nebenklagespezifischen Interessenlage an:
Abs. 1 S. 2 und 3 regelt den Fall eines Anschlusses nach bereits ergangenem Instanzurteil zur Einlegung eines Rechtsmittels. In diesem Fall ist dem Nebenkläger das angefochtene Urteil sofort zuzustellen. Die Begründungsfrist beginnt dann grundsätzlich mit Ablauf der für die Staatsanwaltschaft geltenden Einlegungsfrist, es sei denn, eine Zustellung an den Nebenkläger ist noch nicht erfolgt; in diesem Fall beginnt die Frist mit der Zustellung.
Abs. 2 liegt die Konstellation eines vor Ergehen des Instanzurteils erfolgten Anschlusses zu Grunde. War der Nebenkläger in der Hauptverhandlung anwesend oder durch einen Rechtsanwalt vertreten, so beginnt für ihn die Einlegungsfrist auch dann mit der Verkündung des Urteils, wenn er bei dieser nicht zugegen oder vertreten war (S. 1). Andernfalls beginnt die Einlegungsfrist mit der Urteilszustellung (S. 2).
Nach Abs. 3 ist die Berufung im Fall ihrer alleinigen Einlegung durch den Nebenkläger dann zu verwerfen, wenn dieser zu Beginn[4] der Berufungsverhandlung nicht erscheint oder sich nicht durch einen Rechtsanwalt vertreten lässt.

---

[1] Fabricius aaO
[2] Fabricius aaO
[3] Heidemeier: S. 281
[4] Nach KK-Pelchen (§ 401, Rn. 8) soll daraus eine Anwesenheitspflicht des Nebenklägers für die gesamte Berufungsverhandlung abgeleitet werden. Dem steht jedoch der klare, sich nur auf den Beginn der Hauptverhandlung beschränkende Wortlaut des § 401 Abs. 3 S. 1 entgegen.

3. Die Anfechtung sonstiger Gerichtsentscheidungen

Nach § 400 Abs. 2 S. 1 kann der Nebenkläger sowohl gegen den Beschluss, mit dem das Gericht die Eröffnung des Hauptverfahrens ablehnt, als auch gegen Einstellungsbeschlüsse nach den §§ 206a f. sofortige Beschwerde einlegen. S. 2 stellt klar, dass gegen sonstige *Einstellungs*beschlüsse kein Rechtsmittel statthaft ist. Dies bedeutet jedoch nicht, dass dem Nebenkläger die Anfechtung sonstiger Beschlüsse, die keine Einstellung bewirken, verwehrt bliebe; wie oben bereits ausgeführt kann der Nebenkläger sowohl die ablehnende Anschlussentscheidung des Gerichts nach § 396 Abs. 2, als auch die die Bestellung eines Beistandes versagende Entscheidung nach § 397a Abs. 1 mit einer einfachen Beschwerde anfechten.

VII. Kosten

Über die notwendigen Auslagen des Nebenklägers im Sinne des § 464a Abs. 2 hält der 1986 durch das Opferschutzgesetz eingeführte § 472 folgende, die Kostenlast zwischen diesem und dem Angeklagten[1] verteilende Regelung parat:
1) Nach Abs. 1 S. 1 sind die notwendigen Auslagen des Nebenklägers grundsätzlich dem Angeklagten aufzubürden, wenn dieser wegen einer den Nebenkläger betreffenden Tat verurteilt wird. Abs. 1 greift nur bei einer Verurteilung Raum; wird der Angeklagte freigesprochen[2] oder das Verfahren nicht eröffnet, trägt der Nebenkläger seine notwendigen Auslagen selbst[3]. Von der Tat „betroffen" ist der Nebenkläger nicht erst bei einer Verurteilung wegen eines Nebenklagedeliktes[4], sondern schon dann, wenn die Tat denselben geschichtlichen Vorgang i.S.d. § 264 betrifft, der der Nebenklage zu Grunde liegt, und sich gegen den Nebenkläger als Träger eines strafrechtlich geschützten Rechtsguts richtet[5].

2) Von diesem Grundsatz kann das Gericht gem. Abs. 1 S. 2 nach seinem Ermessen absehen, wenn eine Belastung des Angeklagten mit den notwendigen Auslagen des Nebenklägers nach den konkreten Fallumständen[6] unbillig wäre. Diese Regelung soll einerseits eine flexible und einzelfallgerechte Handhabung der Kostenverteilung er-

---

[1] Stets sind die notwendigen Auslagen des Nebenklägers entweder von diesem, oder vom Angeklagten zu tragen; weder fallen sie der Staatskasse zur Last, noch können sie vom Nebenkläger auf dem Zivilrechtsweg als Kostenerstattungsanspruch geltend gemacht werden (vgl. BGHZ 24, 263). Im Urteil ist darüber ausdrücklich zu entscheiden; enthält der Urteilstenor keine Angaben, trägt der Nebenkläger seine Auslagen selbst bzw. muss gegebenenfalls eine sofortige Beschwerde nach § 464 Abs. 3 S. 1 einlegen (vgl. auch KG: JR 1989, S. 392).
[2] § 472 Abs. 1 ist auch im Falle eines Freispruchs anzuwenden, wenn dem Angeklagten Maßregeln der Besserung und Sicherung auferlegt werden (vgl. BayObLG: NJW 1954, S. 1090; OLG Hamm: NStZ 1988, S. 379).
[3] Ebenso beim Tod des Angeklagten (vgl. auch BGH: wistra 1999, S. 426); zur Verfahrenseinstellung: s. u.
[4] BayObLG: MDR 1986, S. 606
[5] Beulke: DAR 1988, S. 118; BGH: NStZ 1997, S. 74; 1998, S. 28; zur Kasuistik der Rechtsprechung vgl. KMG: § 472, Rn. 6; kritisch dazu: AK-Meier, § 472, Rn. 4
[6] BGH: NStZ 1999, S. 261

möglichen; andererseits droht sie unter Preisgabe von Rechtssicherheit das Kostenrisiko für den Nebenkläger schwer kalkulierbar zu machen[1].
Noch nicht umfassend geklärt sind die konkreten Belange, die bei der Qualifizierung des Begriffs der „Unbilligkeit" maßgeblich sein können. Zwar herrscht weitgehend Einigkeit dahingehend, dass ein Mitverschulden[2] des Nebenklägers sowie die Behinderung einer zügigen Verfahrensdurchführung[3] bzw. die Verursachung vermeidbarer Auslagen[4] durch dessen Prozessverhalten in die richterliche Abwägung einfließen können. Kontrovers wird hingegen die Frage diskutiert, ob von Abs. 1 S. 2 schon dann Gebrauch gemacht werden kann, wenn der Beschuldigte durch sein Verhalten keinen vernünftigen Anlass für den Anschluss des Nebenklägers geboten hat, indem er etwa von vornherein geständig oder um Schadenswiedergutmachung bemüht war[5]. Bei der Vielschichtigkeit des Regelungszwecks der Nebenklage ist dies zu verneinen, denn weder läuft bei einem geständigen Täter die Schutzfunktion der Nebenklage[6] ins Leere, noch entfällt dadurch per se die Möglichkeit einer im prozessualen Rahmen eingebetteten Vergangenheitsbewältigung durch das Opfer. Jede andere Sichtweise käme einer Neubewertung der vom Gesetzgeber nach Maßgabe des § 395 bereits getroffenen Grundsatzentscheidung eines legitimen Nebenklägerinteresses *praeter legem* gleich[7].

3) § 472 Abs. 2 S. 1 dreht den Grundsatz des Abs. 1 bei richterlichen Ermessenseinstellungen[8] um: Danach trägt der Nebenkläger seine notwendigen Auslagen grundsätzlich selbst, es sei denn, Billigkeitserwägungen sprechen für eine Auslagentragungspflicht des Angeklagten. Der rechtspolitische Hintergrund für die Billigkeitsentscheidung trägt der Gefahr Rechnung, wonach ein Gericht ohne diese Option gegen eine Einstellung und somit für die Rechtsfolge des Abs. 1 S. 1 tendiert, wenn es die Kostentragungspflicht des Nebenklägers als unbillig empfindet[9]. Bei der inhaltlichen Konkretisierung des Billigkeitsbegriffs nehmen Rechtsprechung und Literatur eine schmale Gratwanderung vor: Einerseits verbietet sich eine Berücksichtigung reiner Verdachtsmomente auf Grund der Unschuldsvermutung; andererseits sollen auch die keiner weiteren Aufklärung bedürftigen Umstände des Sachverhaltes insoweit in die Abwägung mit einbezogen werden können, als der Angeklagte aus den bereits feststehenden Tatsachen heraus nachvollziehbaren Anlass für die Beteiligung des Nebenklägers geboten habe[10].

---

[1] Deshalb wird die Regelung im Schrifttum stellenweise als „misslich" gebrandmarkt (vgl. Weigend: NJW 1987, S. 1175).
[2] Beulke: DAR 1988, S. 119; LG Stuttgart: StV 1993, S. 139; KMG: § 472, Rn. 9; AK-Meier: § 472, Rn. 5
[3] AK-Meier: § 472, Rn. 5
[4] KG: NStZ-RR 1999, S. 223
[5] Dafür KMG: § 472, Rn. 9; dagegen Beulke: DAR 1988, S. 119; AK-Meier: § 472, Rn. 5
[6] S. o. 3. Abschnitt § 1 A I.
[7] Vgl. auch Beulke: DAR 1988, S. 119
[8] Nicht davon erfasst sind mangels Ermessensspielraum Einstellungen nach den §§ 206a f., 260 Abs. 3.
[9] Beulke: DAR 1988, S. 119
[10] Beulke: DAR 1988, S. 119; KMG: § 472, Rn. 12 (jeweils m.w.N.)

Die Kostentragungslast für eine nach § 153a erfolgte Einstellung folgt nach S. 2 der Regelung des Abs. 1, denn der Beschuldigte muss einer solchen Einstellung zustimmen und kann die Kostenfolge bereits in seine Motive mit einbeziehen[1].

VIII. Kritik *de lege ferenda*

In der Vergangenheit stand hauptsächlich die Koppelung der Nebenklage an die Privatklageberechtigung sowie die als unzureichend empfundene Regelung der Kostenfrage[2] im Kreuzfeuer der Kritik[3], bis dann das Opferschutzgesetz 1986 Abhilfe schaffen konnte.
Auch vor dem Opferschutzgesetz wurde das Institut der Nebenklage an sich überwiegend nicht in Frage gestellt, denn zum einen sei die Nebenklage das einzige Rechtsinstitut, das den Verletzten als Prozesssubjekt anerkenne, ohne ihm zugleich die Strafverfolgungslast aufzubürden; zum anderen sei die Nebenklage das alleinige Instrumentarium, mit dem sich der Verletzte im Verfahren gegen Schuldzuweisungen des Angeklagten zur Wehr setzen könne[4].

B. Die Privatklage

I. Wesen und Funktion

1. Systematische Grundlagen

Im Hinblick auf die Stellung des Verletzten zeichnet sich das Wesen der Privatklage durch eine gewisse Janusköpfigkeit aus: Wird auf der einen Seite die Strafverfolgungslast von der Staatsanwaltschaft auf diesen abgewälzt, kommt ihm andererseits auf Grund seiner aktiven Verfolgungsrolle eine sonst keinem Bürger zustehende Privilegierung im Strafprozess[5] zu. Letzterer Aspekt wird nicht nur durch die Terminologie des Gesetzgebers deutlich, der z.B. in § 375 Abs. 1 die Privatklageposition als „Berechtigung" ausweist, sondern insbesondere aus der Tatsache, dass der Verletzte die Privatklage ohne vorherige Einschaltung der grundsätzlich allein zur Anklage berufenen Staatsanwaltschaft erheben kann (§ 374. Abs. 1)[6].
Dementsprechend ist die systematische Einordnung[7] der Privatklage im Gesamtkonzept der StPO in der Durchbrechung sowohl des Offizialprinzips, als auch des staats-

---

1 KMG: § 472, Rn. 13
2 Die insoweit lückenhafte Regelung wurde mit Hilfe einer Anwendung der §§ 397, 471 zu füllen versucht.
3 LöRo-Wendisch (24. Aufl.): Vor § 375, Rn. 5; Rieß: Gutachten, C 84 ff.; Geerds: GA 70, S. 53 ff.; Überblick zum Meinungsstand vor dem Opferschutzgesetz bei Hölzel: S. 98 ff.
4 Rieß: Gutachen, C 83 m.w.N.; zustimmend Geerds: JZ 1984, S. 794 f.; a.A. Hölzel: S. 193 ff., indem sie der Genugtuungsfunktion als alleinige *ratio legis* der §§ 395 ff. eine Daseinsberechtigung versagt.
5 Für eine teilweise Zuordnung der Privatklage zum materiell-rechtlichen Bereich vgl. Muttelsee: S. 109 ff.
6 Maiwald: GA 1970, S. 45; ihm folgend Rieß: Gutachten, S. C 20; LöRo-Wendisch: Vor § 375, Rn. 4; a.A. v. Schacky: S. 20
7 Vgl. dazu v. Schacky: S. 16 ff.; Schorn: S. 19; Woesner: NJW 1959, S. 704

anwaltschaftlichen Anklagemonopols zu sehen. Auch das Legalitätsprinzip wird zumindest insoweit eingeschränkt, als die Staatsanwaltschaft nach § 377 Abs. 2 das Verfahren nach einer nicht begründungspflichtigen[1] Ermessensentscheidung jederzeit an sich reißen kann, dazu aber grundsätzlich nicht verpflichtet ist[2].
Nicht übersehen werden darf in diesem Zusammenhang die Tatsache, dass der Privatkläger keine privaten Ansprüche, sondern den staatlichen Strafverfolgungsanspruch durchsetzt, denn an der richterlichen Amtsermittlungspflicht in einem Verfahren, an dessen Ende die Verhängung einer staatlichen Kriminalstrafe steht, ändern die §§ 374 ff. nichts. Demnach handelt es sich bei der Beziehung zwischen Angeklagtem und Privatkläger auch nicht um ein Parteienverhältnis[3]. Andererseits fungiert der Privatkläger weder als Vertreter des Gemeinwesens, noch ist er mit hoheitlichen Befugnissen ausgestattet; lediglich zur *Geltendmachung* des staatlichen Strafanspruchs ist er befugt. Deshalb ist er im Gegensatz zur Staatsanwaltschaft nicht zur Objektivität verpflichtet und muss keine zur Entlastung des Angeklagten beitragenden Umstände berücksichtigen[4].
Von dem ebenfalls das Offizialprinzip durchbrechenden Strafantrag unterscheidet sich die Privatklage durch eine davon divergierende Ausgangssituation: Steht bei den §§ 77 ff. StGB die Möglichkeit des Antragsberechtigten, ein Verfahren durch seine Untätigkeit zu *verhindern* im Vordergrund, so ist das Konzept der Privatklage auf einen die Verurteilung grundsätzlich *erstrebenden* Verletzten zugeschnitten[5]. Im Übrigen genießen beide Rechtsinstitute ein voneinander unabhängiges Eigenleben, was sich insbesondere darin manifestiert, dass der Kreis der zur Privatklage berechtigenden Delikte des § 374 nicht vollständig mit den Antragsdelikten kongruent ist[6]. Soweit sie sich decken, ist der Strafantrag eine besondere Prozessvoraussetzung der Privatklage[7].

2. Die Ratio Legis

a) Entlastung der Strafjustiz

Ursprüngliches Anliegen des RStPO-Gesetzgebers war die Entkriminalisierung „alltäglicher Vorkommnisse", die „das allgemeine Wohl der Gesellschaft meistens wenig [berühren] und selbst für die Beteiligten ... in der Regel viel zu geringe Bedeutung [haben], als dass ein rechtliches oder sittliches Bedürfnis vorläge, stets eine Bestrafung herbeizuführen"[8]. Daraus wird deutlich, dass aus Sicht des historischen Gesetzgebers der Bagatellcharakter gewisser Straftaten[9] für eine Verweisung auf den Privatklage-

---

[1] KMG: § 377, Rn. 10
[2] Zu den gesetzgeberischen Erwägungen insoweit: Marquardt, („Die Entwicklung des Legalitätsprinzips"), S. 62 ff.
[3] E. Schmidt: Vorb. § 375, Rn. 1, 109
[4] Zum Ganzen: Schorn, S. 20 ff.; v. Schacky, S. 12 f.
[5] Maiwald: GA 1970, S. 45
[6] Die Bedrohung nach § 241 StGB ist kein Antragsdelikt.
[7] S.u. 3. Abschnitt § 1 B II.
[8] Hahn I: S. 277
[9] Ursprünglich umfasste der Katalog der Privatklagedelikte nur Beleidigungen sowie leichte Körperverletzungen; eine erste signifikante Erweiterung erfolgte erst im Jahre 1921 (vgl. Muttelsee: S. 22).

weg ausschlaggebend war. Die Frage, ob es dem Gesetzgeber in erster Linie darauf ankam, sich in Abkehr zu einem die Regelung aller sozialer Konflikte beanspruchenden absoluten Staatsverständnisses in vornehmer Zurückhaltung zu üben, ob er sich von purem Desinteresse[1] leiten ließ, oder ob es ihm von vornherein um die Entlastung[2] der an das neu eingeführte Legalitätsprinzip gebundenen Staatsanwaltschaft oder anderer Organe der Strafrechtspflege ging, kann für die Ermittlung eines dem Ganzen zu Grunde liegenden tieferen Motivs dahin gestellt bleiben, denn spätestens mit der Erweiterung der Privatklagedelikte durch das „Gesetz zur Entlastung der Gerichte“[3] vom 11.3.1921 wird deutlich, dass Erwägungen der Arbeitserleichterung der Strafjustiz keine untergeordnete Rolle zukommen sollte. Auch über den historischen Kontext hinaus wird die Entlastung der zur Strafverfolgung berufenen Organe noch heute als für die Funktion der Privatklage maßgeblich angesehen[4].

b) Entkriminalisierung der Bagatelldelikte im persönlichen Opfer-Täter-Verhältnis als milderes Mittel zur Kriminalstrafe

Daneben wird die Bagatellidee als eine modifizierte bzw. eigenständige, d.h. von der Justizentlastung getrennte Funktion teilweise wieder aufgegriffen. Zwar herrscht weitgehend Einigkeit, dass mit Einführung des in § 153 zum Ausdruck kommenden Gedankens *minima non curat praetor* im Jahre 1924[5] die Opportunitätseinstellung heute das für die Entkriminalisierung in diesem Bereich geeignete Instrumentarium darstellt und für einen Rückgriff auf das Privatklageverfahrens unter diesem Blickwinkel keine rechtspolitische Notwendigkeit mehr besteht. Durch Funktionsübergang auf die §§ 153 ff. wurde dieser generelle Entkriminalisierungsaspekt der *ratio legis* der §§ 374 ff. mithin obsolet[6]. Nach einer verbreiteten Ansicht[7] kommt dem Privatklageverfahren aber gerade dann in Bagatellsachen noch eine eigene Daseinsberechtigung zu, wenn das *persönliche* Verhältnis zwischen Täter und Opfer die Kulisse zur betreffenden Straftat bildet. Eine Stütze findet diese Sichtweise im Katalog des § 374, dem typischerweise im persönlichen Verhältnis[8] wurzelnde Konfliktsituationen zwischen in sozialer Beziehung zueinander stehenden Personen zu Grunde liegt[9]. Gerade diese persönliche Beziehung lässt es geraten erscheinen, die Staatsgewalt a priori zur Zurückhaltung anzuhalten und nur dann ein staatliches Strafverfahren mit dem Ziel der Her-

---

[1] v. Schacky: S. 19
[2] Muttelsee: S. 87
[3] RGBl. 1921, S. 229
[4] Drastisch formuliert bei Rieß, Gutachten, C 23: „Die heute für die Strafjustiz entscheidende Funktion der Privatklage liegt darin, dass es zu ihr nicht kommt“; i.Ü. vgl. C 73; Ranft (1.A.): S. 54; v. Schacky: S. 19 f.; Schorn, S. 145 ff.; Peters: S. 551; LöRo-Wendisch: Vor § 374, Rn. 3; eine zumindest faktische Entlastungsfunktion konstatieren Beulke: DAR 1988, S. 114 und Geerds: JZ 1984, S. 791.
[5] Zur Geschichte: Marquardt, S. 90 ff.
[6] AK-Rössner: Vor § 374, Rn. 3
[7] AK-Rössner: § 374, Rn. 2 f.; Rieß: Gutachten, C 21; Muttelsee: S. 115 ff.; Maiwald: S. 47
[8] Vgl. die hier parallel heranzuziehenden Ausführungen zur Funktion des Strafantrags.
[9] Die Tatsache, dass sich einige Delikte des § 374 (z.B. Abs. 1 Nr. 7 und 8) nicht in dieses Schema einfügen, wird als nur historisch zu erklärender Systembruch hingenommen („Fremdkörper“); vgl. Rieß: Gutachten, C 21; AK-Rössner: § 374, Rn. 5.

beiführung einer Kriminalstrafe zu betreiben, wenn ein diesbezüglicher Wunsch des Verletzte durch Überwindung der ihm in den §§ 374 ff., 471 Abs. 2 auferlegten Hemmschwellen und Hindernissen zum Ausdruck kommt. Von dem allgemeinen Einstellungsermessen der staatlichen Organe soll diese Entscheidung gerade nicht abhängen.

c) Aussöhnung zwischen Täter und Opfer

Eng mit dem gerade angesprochenen Punkt zusammenhängend ist eine weitere, auf breiter Basis akzeptierte Funktion der Privatklage: die der Aussöhnung zwischen Täter und Opfer im Sinne einer friedensstiftenden Konfliktregel[1]. Wie beim Strafantrag ist schon das Absehen der Klageerhebung durch den Verletzten generell und abstrakt geeignet, eine Aussöhnungsgrundlage zu schaffen. Darüber hinaus normiert die als Zulässigkeitsvoraussetzung ausgestaltete Vorschrift des § 380 einen zwingenden, dem eigentlichen Verfahren vorgeschalteten Sühneversuch für einen Großteil der Privatklagedelikte. Unabhängig davon bildet ein anhängiges oder im Raum stehendes Privatklageverfahren den geeigneten Hintergrund für außergerichtliche bzw. nicht i.R.d. § 380 veranlasste Vergleiche, wovon in der Praxis häufig Gebrauch gemacht wird[2]. Der Grundsatz der Spezial- und Generalprävention muss insoweit keine Abstriche hinnehmen, als der Täter sich aktiv mit dem Leid des Opfers auseinander zu setzen gezwungen wird[3].

d) Genugtuung

Umstritten ist auch im Rahmen der Privatklage die Frage, ob der Gesetzgeber mit diesem Institut private Genugtuungsinteressen des Verletzten schützen möchte. Der diese Frage bejahenden Ansicht[4] kommt die bereits oben erwähnte, auf eine Bestrafung abzielende und im Verhältnis zu den übrigen Mitwirkungsbefugnissen privilegierte Stellung des Verletzten im Privatklageverfahren zugute. Im Gegensatz zur Nebenklage, in deren Rahmen dem Verletzten grundsätzlich kein Einfluss auf die Verfahrensinitiierung zukommt, steht hier der Schutz des die Verfahreneinleitung in der Hand haltenden Privatklägers vor Schuldzuweisungen seitens des Angeklagten gerade nicht im Vordergrund. Der Privatkläger soll vielmehr aus eigenem Antrieb aktiv werden, wenn die Staatsgewalt passiv bleibt; ein solcher Antrieb kann sich jedoch nur auf Sühnung eines ihm widerfahrenen Unrechts stützen. Die Gegenauffassung beruft sich hingegen auf die Inkompatibilität des Genugtuungsinteresses mit der anerkannten Versöhnungsfunktion der Privatklage[5].

---

[1] Kühne: Rn. 253; Schorn: S. 145 ff.; Muttelsee: S. 113; Geerds: JZ 1984, S. 791; Maiwald: GA 1970, S. 48; AK-Rössner: Vor § 374, Rn. 7, 11; Isoliert auf § 380 bezogen: Rieß: C 24, C 88 ff.; v. Schacky (zusammenfassend): S. 340 ff.
[2] Zur Empirik: AK-Rössner: § 380, Rn. 5; v. Schacky: S. 329 ff.; kritisch dazu: Muttelsee, S. 103 ff.
[3] AK-Rössner: Vor § 374, Rn. 11
[4] KMG: Einleitung, Rn. 90; Rieß: Gutachten, C22, C 76
[5] Muttelsee: S. 115; Schorn: S. 146 f.; AK-Rössner: § 374, Rn. 3

e) Geheimhaltungsinteressen

Die Ziffern 2, 3 und 8 des § 374 Abs. 1 belegen, dass für den Gesetzgeber auch Geheimhaltungsinteressen des Straftatopfers - seien sie seiner Intimsphäre, seien sie seiner Geschäftssphäre zuzuordnen - eine wichtige Rolle gespielt haben. Insoweit ist auf die parallele Interessenlage im Rahmen der Antragsdelikte zu verweisen[1].

II. Die Klagevoraussetzungen

1. Berechtigung

Zur Privatklage berechtigt ist derjenige, der durch ein im Katalog des § 374 Abs. 1 aufgezähltes Delikt verletzt wurde.

a) Bei dem Katalog handelt es sich um eine abschließende Aufzählung; nicht in § 374 Abs. 1 aufgeführte Delikte berechtigen nicht zur Privatklage[2]. Auffallend ist dabei die weitgehende Deckungsgleichheit zwischen Privatklage- und Antragsdelikten[3], die allerdings nicht zu dem Schluss verleiten darf, das oben dargestellte rechtliche Eigenleben beider Institutionen zu negieren. Die Stellung eines ordnungsgemäßen Strafantrags ist deshalb auch eine gesondert[4] - d.h. von der Privatklageberechtigung unabhängig - zu prüfende Zulässigkeitsvoraussetzung der Privatklage[5].
b) Zur Privatklage berufen ist grundsätzlich nur der Verletzte. „Verletzt" ist derjenige, der durch die Begehung eines Privatklagedelikts unmittelbar in einem davon geschützten Rechtsgut beeinträchtigt ist[6]; auf die diesbezüglichen Ausführungen zum Klageerzwingungsverfahren kann deshalb verwiesen werden[7]. Über den Verletzten hinaus sind nach § 374 Abs. 2 ausnahmsweise auch die Personen zur Privatklage befugt, denen neben oder an Stelle des Verletzten ein Strafantragsrecht zusteht, wie z.B. dem Dienstvorgesetzten im Falle einer amtbezogenen Beleidigung (§ 194 Abs. 3 S. 1 StGB)[8].
c) Mehrere Privatklageberechtigte sind nach § 375 Abs. 1 unabhängig voneinander zur Privatklage berufen. Bei sukzessivem Vorgehen kommt jedoch nur dem zeitlich zuerst Agierenden die formale Stellung eines Privatklägers zu; die übrigen erreichen nach Abs. 2 ihren Anschluss durch Beitritt. Praktisch bedeutsam ist dies insoweit, als nur die die Klage zuerst erhebende Person den spezifischen formellen und inhaltlichen Anforderungen der Privatklage Genüge tun muss;

---

[1] S.o. 2. Abschnitt § 1 B II 2
[2] Ranft: S. 541
[3] Einzige Ausnahme ist § 241, der sich nicht bei den Antrags-, wohl aber bei den Privatklagedelikten findet.
[4] Eine innerhalb der Strafantragsfrist erhobene Privatklage ist in der Regel *gleichzeitig auch* als Strafantrag zu deuten.
[5] KMG: § 374, Rn. 2
[6] Beulke: Rn. 590; KMG: § 374, Rn. 5
[7] S.o. 2. Abschnitt § 1 B VIII. 3. c).
[8] Vgl. auch §§ 230 Abs. 2 StGB, §§ 4, 6c, 12 i.V.m. § 22 Abs. 2 i.V.m. § 13 Abs. 2 Nr. 1, 2, 4, Abs. 3 UWG.

für die Beitretenden reicht die Erfüllung der allgemeinen prozessualen Erfordernisse aus[1].

2. Fehlendes öffentliches Interesse

Die Privatklage kann nach § 376 nur bei mangelndem öffentlichen Interesse erhoben werden.

a) Einigkeit[2] besteht dahingehend, dass der Begriff des öffentlichen Interesses in § 376 mit dem des § 153 Abs. 1 S. 1 identisch ist. RiStBV Nr. 86 Abs. 2 trägt dem Rechnung, indem sie das öffentliche Interesse auf Situationen konkretisiert, in denen der Rechtsfrieden über den Lebenskreis des Verletzten hinaus gestört und die Strafverfolgung ein gegenwärtiges Anliegen der Allgemeinheit ist, z.B. wegen des Ausmaßes der Rechtsverletzung, wegen der Rohheit oder Gefährlichkeit der Tat, der niederen Beweggründe des Täters oder der Stellung des Opfers im öffentlichen Leben, oder wenn eine Privatklage vor dem Hintergrund einer besonderen Täter-Opfer-Beziehung unzumutbar wäre[3]. Daraus wird deutlich, dass der Bagatellcharakter der Straftat ein mangelndes öffentliches Interesse noch nicht ohne weiteres indiziert; abzustellen ist vielmehr gerade auch auf die Schutzwürdigkeit des Opfers im Einzelfall, denn das Opfer kann den steinigen Weg der Privatklage nur von einer gewissen, bereits vorhandenen Machtposition aus beschreiten[4]; ist diese Machtbasis nicht vorhanden, muss der Staat das Verfahren betreiben, will er nicht die Mindestanforderungen eines noch sinnvollen Opferschutzes preisgeben.

b) Der Begriff des öffentlichen Interesses ist weiter als der des „besonderen öffentlichen Interesses“[5]. In der Bejahung des öffentlichen Interesses liegt demnach stets auch die Bejahung des schlichten öffentlichen Interesses[6], aber nicht *vice versa.*

c) Die gerichtlich nicht nachprüfbare Entscheidung über die Bejahung des öffentlichen Interesses liegt einzig im Ermessen der Staatsanwaltschaft, denn zum einen ist dem Privatkläger bei der Verneinung des öffentlichen Interesses ein Klageerzwingungsverfahren auf Grund der Regelung des § 172 Abs. 2 S. 3 verwehrt[7]. Zum anderen scheiden damit auch die Rechtsbehelfe der §§ 23 ff. EGGVG aus, denn § 374 stattet den Verletzten mit der in § 23 Abs. 3 EGGVG benannten Möglichkeit aus, ein Gericht anzurufen womit es „sein Bewenden“ haben soll[8]. Daraus erwächst der Staatsanwaltschaft das faktisch unumschränkte Entscheidungsmonopol im Hinblick auf die Frage, inwieweit sich die

---

[1] KMG: § 374, Rn. 4

[2] KMG: § 376, Rn. 1; AK-Rössner: § 376, Rn. 2 Ranft: S. 543 f.

[3] Zu weiteren Konkretisierungen durch die RiStBV s. dort unter Nr. 229 Abs. 1, 232 Abs. 1 , 233.

[4] AK-Rössner: § 376, Rn. 3

[5] OLG Düsseldorf: DAR 1971, S. 160; zum Begriff des besonderen öffentlichen Interesses: s.o.

[6] AK-Rössner: § 374, Rn. 2; KMG: § 376, Rn. 3

[7] KMG: § 376, Rn. 6 f.; Peters: S. 544

[8] Ablehnend (aus Gründen des Opferschutzes): AK-Rössner: § 374, Rn. 4. Nach Peters (S. 544) lässt sich dieses Ergebnis schon aus allgemeinen Rechtsschutzerwägungen herleiten.

Staatsmacht in die Verfolgung der von § 374 erfassten Fälle einmischen soll oder nicht. Wie stark ausgeprägt das Interferenzpotential der Staatsanwaltschaft im Bereich der Privatklage ist wird gerade auch aus der § 376 ergänzenden[1] Regelung des § 377 Abs. 2 deutlich, nach der die Staatsanwaltschaft das Verfahren jederzeit an sich reißen kann, ohne einer entsprechenden Begründungspflicht[2] unterworfen zu sein.

d) Verneint die Staatsanwaltschaft das öffentliche Interesse, stellt sie das Verfahren nach § 170 Abs. 2 ein und verweist den Verletzten auf den Privatklageweg. Andernfalls ist sie zur Verfolgung von Amts wegen verpflichtet, denn der in § 376 vorgesehene Fall der Existenz eines öffentlichen Interesses stellt selbst eine Gegenausnahme zum das Legalitätsprinzip seinerseits einschränkenden § 374 dar. Der Verletzte kann sich dann als Nebenkläger beteiligen, sofern er dazu nach den §§ 395 ff. berechtigt ist.

e) Zeitliche Vorgaben für die Bejahung des öffentlichen Interesses ergeben sich grundsätzlich keine, denn nach § 377 Abs. 2 kann die Staatsanwaltschaft bis zum Eintritt der Rechtskraft die Verfolgung übernehmen. Andererseits kann sie eine das öffentliche Interesse bejahende Erklärung nur bis zur Eröffnung der Hauptverhandlung wieder zurücknehmen, da anderenfalls die dem § 156 zu Grunde liegende Wertung unterlaufen würde[3].

3. Erfolglose Durchführung eines Sühneverfahrens

§ 380 Abs. 1 gibt demjenigen, der seine Privatklagelegitimation aus einem der darin genannten Delikte[4] herleitet, zunächst die (erfolglose) Durchführung eines Sühneverfahrens auf.

a) In diesem Punkt offenbart sich der der Privatklage zu Grunde liegende Geist eines nur subsidiär gewollten staatlichen Eingreifens im Dienste einer einvernehmlichen Konfliktlösung auf Täter-Opfer-Ebene: Dadurch, dass die Parteien zunächst ohne staatliche Einmischung eine Aussöhnung herbeiführen sollen, kommt im Rahmen der gesetzgeberischen Zielsetzung einer Friedensstiftung Priorität vor übelvergeltender Strafe zu[5], eine Zielsetzung, die sich in die Tradition des preußischen Schiedsmannverfahrens[6] einfügt, das seinerseits einen Sühneversuch bei den sog. Injurien (Beleidigung und Körperverletzung) vorsah. Bezeichnenderweise beschränkt sich deshalb die Notwendigkeit eines Sühneverfahrens auch heute noch auf den Bereich der „klassischen Kleinkriminalität"[7], denn die zur Privatklage ermächtigenden Delikte aus dem wettbewerbs-

---

[1] § 377 ist primär auf den Fall zugeschnitten, in dem der Berechtigte das Privatklageverfahren bereits aus eigenem Antrieb eingeleitet hatte.
[2] KMG: § 377, Rn. 10
[3] AK-Rössner: § 374, Rn. 5
[4] Im einzelnen: Hausfriedensbruch, Beleidigung, Verletzung des Briefgeheimnisses, Körperverletzung im Sinne der §§ 223 und 229, Bedrohung sowie Sachbeschädigung.
[5] AK-Rössner: § 380, Rn. 3
[6] Vgl. Art. 18 preuß. EGStGB von 1851.
[7] AK-Rössner: § 380, Rn. 8

und wirtschaftsrechtlichen Bereich sind in § 380 nicht aufgeführt. Wie sehr der mit der Ungewissheit eines staatlichen Strafverfahren verbundene psychologische Druck von dem konfliktlösenden Denkprozess des Opfers ferngehalten werden soll beweist zudem die Regelung des § 77b Abs. 5 StGB, wonach die Strafantragsfrist während eines anhängigen Sühneverfahrens ruht, so dass sich der strafantragsberechtigte Privatkläger nicht zu einer Eilentscheidung hinreißen lassen muss, die dem Täter und ihm vielleicht die gemeinsame Brücke zur Versöhnung verbaut. Darüber hinaus soll die Notwendigkeit eines Sühneversuchs auch eine gewisse Entlastung der Gerichte gewährleisten[1].

b) Die Einrichtung der Sühnestellen und deren Verfahrensordnungen bleiben den Landesjustizbehörden bzw. dem Landesgesetzgeber vorbehalten[2]. Sie sind Organe der Rechtspflege[3], haben aber keine Funktion als Strafverfolgungsorgane inne[4].

c) Die ordnungsgemäße und erfolglose[5] Durchführung des Sühneverfahrens ist Klagevoraussetzung. Dies bedeutet zweierlei: Zum einen wird die Klage bei einem unterbliebenen Sühneverfahren mit der Kostenfolge des § 471 als unzulässig zurückgewiesen; das Gericht ist von Amts wegen gehalten, die Vornahme des Sühneversuchs zu prüfen[6]. Zum anderen erstreckt sich diese Prüfungspflicht nicht auf das gesamte Verfahren, denn der Mangel heilt, sobald das Hauptverfahren einmal eröffnet ist[7]. Die Notwendigkeit eines Sühneverfahrens reicht somit nicht an die Qualität einer Prozessvoraussetzung heran[8].

d) Ein im Sühneverfahren erzielter Vergleich[9] ist ein außergerichtlicher Vergleich, zu dessen Vollstreckung - vollstreckungsfähiger Inhalt unterstellt[10] – es der Beschreitung des Zivilrechtsweges bedarf[11]. Für die betreffende Tat stellt er einen Verzicht und damit ein künftiges permanentes Prozesshindernis dar[12].

---

[1] Stöckel: S. 21

[2] Überblick zu den einzelnen Bundesländern: KMG, § 380, Rn. 3. I.Ü. vgl. Stöckel: „Der Sühneversuch im Privatklageverfahren“ (zu denen einzelnen Antragsvoraussetzungen: Rn. 38 – 71; zur Durchführung des Verfahrens: Rn. 72 – 84; zu den Kosten: 95 – 100; jeweils am Beispiel Bayerns).

[3] BGHZ 36, 193

[4] KMG: § 380, Rn. 7

[5] Erfolglos ist das Sühneverfahren grundsätzlich dann, wenn eine Aussöhnung nicht erreicht werden kann. Genauere Vorgaben an die Beschaffenheit der Aussöhnung werden nicht gemacht; diese unterliegt dem Opferwillen und kann sich aus Wiedergutmachung, Ehrenerklärungen, Entschuldigungen und dergleichen ergeben. Voraussetzung ist allerdings, dass zumindest von Opferseite her die Bereitschaft zum Dialog vorhanden ist. Erscheint das Opfer nicht zum Sühnetermin fehlt es an o.g. Ordnungsgemäßheit des Verfahrens und die Privatklage wird zurückgewiesen.

[6] Stöckel: Rn. 22

[7] OLG Hamburg: NJW 1956, S. 522; Stöckel: Rn. 24

[8] KMG: § 380, Rn. 10; a.A.: Peters: S. 546

[9] Zum Vergleich im Rahmen der Privatklage allgemein (statt vieler): Peters, S. 549 f.

[10] Vgl. dazu LG Kassel: NJW 1951, S. 373

[11] Stöckel: Rn. 34 f.

[12] KMG: § 380, Rn. 8

4. Sonstige Anforderungen

a) Formell ordnungsgemäß erhoben ist die Privatklage bei einer Erklärung zu Protokoll der Geschäftsstelle oder durch Einreichen einer Anklageschrift (§ 381 S. 1). Nicht erforderlich ist dabei ein anwaltlich unterzeichneter Schriftsatz (arg. e § 390 Abs. 2). Inhaltlich muss die Anklage den in § 200 Abs. 1 normierten Anforderungen Genüge tun (§ 381 S. 2). Kommt der Privatkläger dem nicht nach, wird die Privatklage grundsätzlich als unzulässig zurückgewiesen, sofern der entsprechende Mangel nicht behoben werden kann[1].

b) Eine wegen derselben Tat schon einmal erhobene und dann wieder zurückgenommene Privatklage darf nicht erneut anhängig gemacht werden (§ 392)[2]. Gleiches soll nach hM[3] für einen vor der Klageerhebung ausgesprochenen Verzicht gelten. Dem kann aus den schon im Rahmen der Parallelproblematik bei den Strafantragsdelikten[4] erörterten Gründen nicht gefolgt werden, denn die einzige Bindungswirkung eines einseitig erklärten Absehens von der Geltendmachung der Rechtsposition eines Privatklägers normieren die §§ 391 ff. für die Rücknahme der Privatklage. Darüber hinausgehende Erklärungen sind gesetzlich nicht vorgesehen und damit nicht bindend.

III. Besonderheiten im Zwischen- und Hauptverfahren[5]:

Der dem Privatklageverfahren zu Grunde liegende Konflikt zwischen dem Bekenntnis zur Durchbrechung des Anklagemonopols einerseits und der Tatsache, dass es sich bei der anklagenden Person um einen Privatmann und juristisch ungeschulten Laien handelt, zieht sich erkennbar durch die der Privatklage eigentümlichen Besonderheiten im Zwischen- und Hauptverfahren:

a) Zunächst fällt auf, dass sich der Privatkläger im Zwischen- und Hauptverfahren nicht anwaltlich vertreten lassen muss (arg e jeweils § 378, 385 Abs. 3 und § 390 Abs. 2). Dies überrascht, setzt der Privatkläger doch den öffentlichen Strafanspruch durch. Dem Angeklagten steht so im Prozess ein schlichter Privatmann gegenüber, der äußerlich nicht erkennbar in die Rolle der Anklagebehörde geschlüpft ist. Weder existiert eine Robe, die zumindest ansatzweise noch eine symbolische Trennung zwischen der Ankläger- und Privatrolle vermitteln könnte, noch ist der Privatkläger im Normalfall mit juristischem Sachverstand ausgestattet, eine Tatsache, die diesem nicht gerade prozessuale Autorität zu verleihen vermag. Andererseits zeugt diese Gegebenheit insoweit von einer gewissen Konsequenz des deutschen Gesetzgebers, als der Privatkläger - wie oben ausgeführt - auch weder zur Unparteilichkeit verpflichtet ist, noch als Vertreter des Gemeinwesens fungiert, sondern stets Privatperson bleibt. Aus dem gleichen Grund kommt es auch nicht zur Verlesung des Klagesatzes (§ 384 Abs. 2),

---

[1] KMG: § 382, Rn. 3
[2] Zur Rücknahme: s.u.
[3] KMG: Vor § 374, Rn. 15 und Einl. Rn. 117
[4] S.o. 2. Abschnitt § 1 B IV. 1.
[5] Überblick dazu bei Peters: S. 545 ff.

obwohl dieser nach § 381 S. 2 alle die für den Anklagesatz maßgeblichen inhaltlichen Vorgaben enthalten muss.

b) Zwar erklärt § 383 S. 1 die für das Zwischenverfahren maßgeblichen Vorschriften für anwendbar. Da aber im der Konstellation des § 374 zu Grunde liegenden Normalfall ein Ermittlungsverfahren nicht stattgefunden hat, fehlen dem Gericht jegliche Anhaltspunkte für das Vorliegen eines hinreichenden Tatverdachts, mit der Konsequenz, dass an dessen Stelle die Schlüssigkeit des privatklägerischen Vorbringens tritt. Sollte die Privatklage nicht schlüssig sein, wird sie als unbegründet zurückgewiesen[1].

c) Das Hauptverfahren beginnt nach § 384 Abs. 2 mit der Verlesung des Eröffnungsbeschlusses durch den Vorsitzenden, und nicht mit der Verlesung des Klagesatzes. Auch hier spiegelt sich die Eigenschaft des Privatklägers als Privatperson wider, wird er doch des psychologischen Vorteils beraubt, den Angeklagten direkt und gleich zu Beginn der Hauptverhandlung verbal zu attackieren. Vielmehr wird die Privatklage zunächst durch das Gericht „mediatisiert". In dieser Hinsicht findet eine leichte Verschiebung vom akkusatorischen Prinzip hin zum inquisitorischen statt.

d) Im Gegensatz zur Regelung des § 156 im Offizialverfahren kann der Privatkläger die Klage nach § 391 grundsätzlich jederzeit[2] zurücknehmen (nach Beginn der Vernehmung des Angeklagten zur Sache jedoch nur mit dessen Zustimmung). Seine Dispositionsbefugnis reicht demnach weiter als die der Staatsanwaltschaft im Offizialverfahren, was wiederum verwundert, handelt es sich doch um die Geltendmachung des staatlichen Strafanspruchs. Dennoch erweist sich der Gesetzgeber auch hier als konsequent, denn § 391 ist im Licht der auf Versöhnung zwischen Täter und Opfer abzielenden *ratio legis* zu sehen, wonach – dem rechtspolitischen Hintergrund des § 77 d StGB entsprechend – es dem Verletzten unbenommen bleiben soll, dem Täter durch Abstandnehmen strafprozessualer Maßnehmen „goldene Brücken" zurück zur Legalität zu bauen.

IV. Rechtsmittel

a) Hinsichtlich der Rechtsmittelbefugnis stellt § 390 den Privatkläger mit der Staatsanwaltschaft grundsätzlich gleich. Dennoch gilt für ihn die Regelung des § 296 Abs. 2 nach einhelliger Auffassung[3] gerade nicht, d.h. er darf keine Rechtsmittel zu Gunsten des Angeklagten *einlegen*, auch wenn das Rechtsmittel nach § 301 zu dessen Gunsten *wirken* kann. Gestützt wird dies auf das schon aus dem Nebenklagerecht bekannte Genugtuungsbedürfnis des Privatklägers, dem das ganze Institut der Privatklage mitunter seine Existenz verdankt[4]. Aber auch die Stimmen, die sich im Rahmen der Nebenklage unter Negierung jegli-

[1] Zu den Folgen: KMG, § 383, Rn. 7 f.
[2] D.h. bis zur Rechtskraft des Verfahrens.
[3] OLG Hamburg: JZ 1958, S. 251; Beulke: Rn. 592; Peters: S. 549; Roxin: § 61 A II 1 a; E. Schmidt: § 290, Rn. 2; Ranft: S. 548; KMG: § 390, Rn. 6; AK-Rössner: § 390, Rn. 5
[4] So. 3. Abschnitt § 1 B I. 2. d).

chen Genugtuungsinteresses vehement gegen eine Beschränkung der Rechtsmittelbefugnis auf Rechtsmittel zu Ungunsten des Angeklagten ausgesprochen hatten, haben hier keine Bedenken und führen den in § 390 Abs. 1 S. 3 enthaltenen ausdrücklichen Verweis auf § 301 ins Felde. Dieser wäre nicht nötig, könnte der Privatkläger schon von Haus aus den Angeklagten begünstigende Rechtsmittel einlegen.

b) Die Tatsache, dass es sich bei dem Privatkläger um einen juristischen Laien handelt, tritt noch einmal in der Vorschrift des § 300 Abs. 2 zu Tage, wonach Revisions- oder Wiederaufnahmeanträge zwingend von einem Rechtsanwalt unterzeichnet werden müssen.

V. Kosten[1]

Grundsätzlich unterliegt auch das Privatklageverfahren dem allgemeinen Kostenrecht der §§ 464 ff mit der Modifizierung, dass der Privatkläger prinzipiell an die Stelle der Staatskasse rückt und mit den weiteren, in § 471 enthaltenen Abweichungen[2]. Danach gilt Folgendes:
Nach § 471 Abs. 1 hat der Angeklagte im Falle seiner Verurteilung auch die dem Privatkläger erwachsenen notwendigen Auslagen im Sinne des § 464 a Abs. 2 zu tragen.
Im Falle eines Freispruchs oder einer Verfahrenszurückweisung bzw. –einstellung trägt der Privatkläger neben den Kosten des Verfahrens auch die notwendigen Auslagen des Angeklagten (Abs. 2 der Vorschrift). Davon kann das Gericht nach seinem Ermessen ganz oder teilweise abweichen, wenn den Anträgen des Privatklägers nur zum Teil entsprochen wurde[3], es zur Einstellung wegen Geringfügigkeit kommt, oder eine Widerklage nach § 388 erhoben worden ist[4].
Der Privatkläger hat für die dem Beschuldigten voraussichtlich erwachsenden Kosten nach Maßgabe des § 379 (i.V.m. den §§ 114 ZPO) Sicherheit zu leisten.

VI. Kritik *de lege ferenda*

Im Mittelpunkt der rechtspolitischen Auseinandersetzung über die Daseinsberechtigung der Privatklage steht neben der stellenweise als „systemwidrig“[5] bezeichneten Zwitterstellung[6] zwischen Kriminal- und Schlichtungsverfahren die Abwälzung der Strafverfolgungslast auf den Verletzten. Diese manifestiert sich nicht allein in der Tatsache, dass der Verletzte - will er den Täter bestraft sehen - überhaupt tätig werden muss. Vielmehr zwingt die konkrete Ausgestaltung des Rechtsinstituts ihn zur Überwindung eines regelrechten Hindernisparcours, als dessen am heftigsten kritisierte

---

[1] Überblick dazu: KMG, § 471 Rn. 1 ff. m.w.N.
[2] BGH St 17, S. 376 (380); OLG Stuttgart: NJW 1974, S. 512 f.
[3] Maßgeblich ist insoweit ein Vergleich zwischen dem Verfahrensausgang und dem Eröffnungsbeschluss.
[4] Grund: Verfahrenskosten und notwendige Auslagen beider Beteiligten bilden eine untrennbare Einheit.
[5] Woesner: NJW 1959, S. 704; so i.E. auch Peters: S. 552.
[6] AK-Rössner: § 374, Rn. 4

Hürde das mit der Vorschusspflicht des § 379a gepaarte Kostenrisiko aus § 471 gesehen wird[1]. Nicht zuletzt deshalb sei der juristisch nicht vorgeschulte Verletzte in der Regel auf einen professionellen Rechtsbeistand angewiesen. Diese „faktische Rechtlosstellung“[2] finde ihren empirischen Niederschlag in der „justiziellen Geringschätzung“ der Privatklage in der Rechtswirklichkeit[3]. Darüber hinaus könne eine Entkriminalisierung im Bagatellbereich genau so gut über die §§ 153 ff. erreicht werden[4].
Da andererseits das in der Praxis gut funktionierende Sühneverfahren weitgehend als sinnvoll erachtet wird, hat sich unter den für die Annullierung der Privatklage plädierenden Stimmen das Postulat einer isolierten Beibehaltung bzw. einer generalisierten Ausweitung des Sühneverfahrens weitgehend durchgesetzt[5]. Nach der sich mit dem *status quo* grundsätzlich zufrieden gebenden Gegenansicht[6] sind die dem gesetzgeberischen Regelungszweck[7] zu Grunde liegenden Zielvorstellungen der Privatklage anerkennenswert und überwiegen die oben dargestellten Kritikpunkte; die Grenzen der Zumutbarkeit für den Verletzten seien jedenfalls noch nicht überschritten.

C. Sonstige Befugnisse des Verletzten, §§ 406 d ff.

Die durch das Opferschutzgesetz 1986 eingefügten und jüngst durch das Opferrechtsreformgesetz[8] jüngst geänderten §§ 406 d ff. statten den Verletzten mit einer Reihe von Sonderbefugnissen aus, die allerdings hinter denen des Neben- und Privatklägers deutlich zurückstehen. Im Gegensatz zum Anzeigenden oder zum Strafantragsberechtigten erwächst dem Verletzten daraus eine Stellung als selbständiger Prozessbeteiligter[9].
Dabei differenziert das Gesetz noch einmal zwischen dem gewöhnlichen Verletzten und dem zur Nebenklage Berechtigten, dem auch ohne Anschluss als Nebenkläger eine Privilegierung nach Maßgabe der §§ 406 e Abs. 1 S. 2 und 406 g zukommt. Der Begriff des Verletzten ist mit dem des Klageerzwingungsverfahrens kongruent[10].
Von seinen Rechten soll[11] der Verletzte nach § 406 h unterrichtet werden. Im Einzelnen handelt es sich dabei um

---

[1] Geerds: JZ 1984, S. 793; AK-Rössner: Vor §§ 374 – 406 h, Rn. 12; ders.:Vor § 374, Rn. 8
[2] Rieß: Gutachten, C 72 f.
[3] AK-Rössner: Vor § 374, Rn. 5 f.
[4] Rieß: Gutachten, C 74 f.; differenzierend: Muttelsee, S. 118 f., 176 ff.
[5] Rieß: Gutachten, C 24, C 88 ff.; Peters: S. 552 (unter dem Vorbehalt, das Verfahren einem Friedensrichter zu unterstellen); AK-Rössner: Vor §§ 374 – 406 h, Rn. 12; v. Schacky: S. 340 ff. (für eine Integrierung des Sühneverfahrens in die Zulässigkeitsvoraussetzungen des Strafantrags); Muttelsee: S. 118 f., 176 ff.; kritisch dazu: Geerds, JZ 1984, S. 790 ff.. Für eine generelle Abschaffung: Kühne, Rn. 254; für ein „Friedensverfahren“ sui generis: Peters, S. 551 f.
[6] Geerds: JZ 1984, S. 790 ff (allerdings für eine Modifizierung der Kostentragungslast); Maiwald: GA 1970, S. 48; Schorn: S. 145 f.
[7] S.o. 3. Abschnitt § 1 B I. 2.
[8] BGBl. 2004 I, S. 1354 ff.
[9] Beulke: Rn. 602
[10] Beulke: Rn. 602; KMG: Vor § 406 d, Rn. 2; jeweils m.w.N.
[11] Das dem ursprünglichen § 406 h zu Grunde liegende zwingende Unterrichtungsgebot wurde wegen mangelnder Praktikabilität erst durch das Gesetz zur Entlastung der Rechtspflege in eine Soll-Bestimmung umgewandelt, vgl. KMG: § 406 h, Rn. 1.

- die gerichtliche Mitteilungspflicht des § 406 d, kraft dessen der Verletzte über die Einstellung des Ermittlungsverfahrens und den Ausgang des Verfahrens – also über die Nichteröffnung des Hauptverfahrens, die Einstellung oder das verfahrensabschließende Urteil[1] - zu unterrichten ist, falls er einen entsprechenden Antrag gestellt hat.
- das Recht zur Akteneinsicht und das zur Auskunftserteilung, die beide in § 406 e normiert sind und denen eine nicht unerhebliche datenschutzrechtliche Brisanz zukommt[2]. Das Recht zur Akteneinsicht (Abs. 1 bis 4) kann der Verletzte nur über seinen Rechtsanwalt ausüben und setzt grundsätzlich[3] ein berechtigtes Interesse voraus. Die Praxis bejaht ein solches Interesse z.B. in den Fällen, in denen die Akteneinsicht der Prüfung bürgerlich-rechtlicher Ansprüche oder der Vorbereitung eines Verwaltungsverfahrens dient[4]. Auch zur Prüfung der Erfolgsaussichten eines Klageerzwingungsverfahrens oder zur Abwehr von Gegenansprüchen soll eine Akteneinsicht statthaft sein, nicht aber zur bloßen Ausforschung des Beschuldigten oder zur Gewinnung unzulässiger Beweise für das Zivilverfahren[5]. Unabhängig vom Vorliegen eines berechtigten Interesses ist die Akteneinsicht zu versagen, wenn überwiegende schutzwürdige Interessen des Beschuldigten oder anderer Personen entgegenstehen. Sie kann versagt werden, wenn der Untersuchungszweck gefährdet erscheint oder eine Prozessverschleppung droht (Abs. 2). Unter den gleichen Voraussetzung steht dem Verletzten das Recht auf Erteilung von Auskünften und Abschriften zu[6]; eines Rechtsanwaltes muss er sich dabei jedoch nicht bedienen (vgl. Abs. 5).
- das Recht des nicht zur Nebenklage Legitimierten auf Hinzuziehung eines Rechtsbeistandes i.S.d. § 406 f. Nur ein Rechtsanwalt kann die in Abs. 2 umschriebenen Befugnisse wahrnehmen; dazu gehört das Anwesenheitsrecht bei der Vernehmung des Verletzten durch das Gericht oder die Staatsanwaltschaft, die Beanstandung von Fragen nach Maßgabe der §§ 238 Abs. 2, 242 sowie der Antrag auf Ausschluss der Öffentlichkeit nach § 171 b GVG, sofern der Verletzte nicht widerspricht. Demgegenüber ist die Option des Abs. 3, der die Anwesenheit einer beliebig vom Verletzten zu bestimmenden Vertrauensperson während seiner Vernehmung als Zeuge vorsieht, nicht an die Eigenschaft eines Rechtsanwaltes geknüpft. Aktive Befugnisse stehen diesem Zeugenbeistand, dessen Funktion sich auf eine reine psychologische Unterstützung beschränkt[7], allerdings nicht zu. Wie einem Umkehrschluss aus § 472 Abs. 3 S. 1 zu ent-

[1] KMG: § 406 d, Rn. 1

[2] Ein Mindestmaß an Datenschutz gewährleistet § 477 Abs. 5 (Zweckbindung), den § 406 e Abs. 6 für anwendbar erklärt. Darüber hinaus muss nach dem dem gesamten Datenschutzrecht immanenten allgemeinen Grundsatz der Datensparsamkeit und –vermeidung stets geprüft werden, ob den Interessen des Verletzten nicht schon durch eine teilweise Akteneinsicht als milderes Mittel gedient ist (i.E. so auch KMG: § 406 e, Rn. 7).

[3] Nur der zur Nebenklage befugte Verletzte ist davon ausgenommen, vgl. § 406 e Abs. 1 S. 2.

[4] RiStBV Nr. 185 Abs. 3

[5] KMG: § 406 e, Rn. 3

[6] Nach RiStBV Nr. 185 Abs. 4 S. 2 werden Abschriften bzw. Ablichtungen nur ausnahmsweise gewährt; grundsätzlich hat sich das Straftatopfer mit bloßen Auskünften zu begnügen.

[7] KMG: § 406 f, Rn. 4

nehmen ist, hat der Verletzte die Auslagen des Rechtsbeistandes stets selbst zu tragen.

- das Recht des zur Nebenklage Legitimierten auf Anwesenheit in der Hauptverhandlung und Hinzuziehung eines Rechtsbeistandes, dessen Befugnisse gegenüber denen des Rechtsbeistandes i.S.d. § 406 f deutlich erweitert sind. Der – im Zusammenspiel mit § 395 Abs. 3 schon früh als nicht ganz geglückt kritisierte[1] - § 406 g statuiert in seinem Abs. 1 zunächst die Option des Nebenklageberechtigten, der Hauptverhandlung beizuwohnen und/ oder sich eines Rechtsanwaltes zu bedienen, auch wenn ein Anschluss als Nebenkläger nicht erfolgt. Die Befugnisse des Rechtsanwaltes gehen über die in § 406 f Abs. 2 geregelten insoweit hinaus, als diesem die Anwesenheit in der gesamten Hauptverhandlung (auch bei deren Nicht-Öffentlichkeit) gestattet ist. Ein Anwesenheitsrecht steht ihm auch bei jeder richterlichen Vernehmung sowie bei jeder Einsichtnahme eines richterlichen Augenscheins zu, sofern der Untersuchungszweck nicht gefährdet erscheint (Abs. 2). Über die bloße Anwesenheit hinausreichende aktive Befugnisse sind ihm gleichwohl verwehrt[2]. Absatz 3 erklärt die Regelung des § 397 a[3] insoweit für anwendbar, als die Bestellung des Rechtsanwaltes oder die Bewilligung von Prozesskostenhilfe betroffen sind[4]. Hinsichtlich der Auslagen unterwerfen die §§ 472 Abs. 3 S. 1, § 473 Abs. 1 S. 2 die Kostenfrage dem auch für den Nebenkläger geltendem Regime, so dass z.B. grundsätzlich der Angeklagte für die Kosten des Rechtsbeistandes aufzukommen hat, wenn dieser verurteilt wird.

§ 2: Rechtslage in Spanien

A. Die Popularklage (*acción popular*)

I. Überblick

Eine der vielbeachteten Besonderheiten des spanischen Strafprozesses ist die Tatsache, dass in Ermangelung eines staatsanwaltschaftlichen Anklagemonopols jeder Bürger zur Erhebung einer Anklage berufen ist, und zwar unabhängig von seiner Eigenschaft als Verletzter (*acción popular*). Art. 101 LECrim bestimmt: "Die Strafklage ist öffentlich. Zu ihrer Ausübung befugt ist nach Maßgabe des Gesetzes jeder spanische Staatsbürger". Lediglich die vom Gesetzgeber als Privatklagedelikte (*delitos privados*) ausgestalteten Tatbestände können ausschließlich von der verletzten Person per Anklage

[1] Beulke: DAR 1988, S. 120

[2] KMG: § 406 g, Rn. 3

[3] S.o. 2. Abschnitt A

[4] Die Möglichkeit einstweiligen Verletztenbeistands für Nebenklageberechtigte, die kein Recht auf Beiordnung eines Rechtsanwaltes nach § 397a Abs. 1 hätten, kann nach Maßgabe von Abs. 4 gewährt werden; Einzelheiten dazu bei KMG: § 406 g, Rn. 5.

verfolgt werden[1]. Aus systematischer Sicht erweist sich die Privatklage damit als Schranke der Popularklage.
Aber auch innerhalb der Popularklage ist die Frage, ob der Kläger zum Kreis der Verletzten zu zählen ist oder nicht, keineswegs ohne Belang, denn der verletzte genießt gegenüber dem unverletzten Popularkläger eine Reihe von Vorteilen, wie sie z.B. aus der Befreiung von der Pflicht zur Sicherheitsleistung oder von den zahlreichen Einschränkungen der Klagebefugnis der Art. 102 f. LECrim erwachsen. Diese Privilegierung hat dafür gesorgt, dass sich für die Klage des verletzten Popularklägers in der spanischen Rechtsprechung und Lehre der Begriff der *acción particular* durchsetzen konnte, während es im Hinblick auf die Klage des nicht verletzten Klägers bei der Bezeichnung *acción popular* blieb[2].
Im Gesetz findet sich für diese terminologische Differenzierung jedoch keine Stütze. Zwar verwendet die LECrim stellenweise den Terminus *acusador particular*, wie z.B. in den Art. 19 Nr. 5 oder 105. Damit will das Gesetz jedoch nur verdeutlichen, dass die Staatsanwaltschaft unabhängig vom Vorhandensein eines *acusador particular* zur Erhebung der öffentlichen Klage verpflichtet ist, ohne dass sich die Verwendung dieses Begriffs auf den verletzten Kläger beschränkt. Vielmehr soll sich lediglich die Bezeichnung des staatlichen Anklägers von der eines privaten, also nicht amtlichen Anklägers abheben, ohne den bereits für das Institut der Privatklage reservierten Terminus Technicus *querellante privado* verwenden zu müssen, denn *particular* bedeutet in seiner deutschen Übersetzung ebenfalls "privat"[3]. Gestützt wird diese Sichtweise vom Wortlaut des Art. 270 Abs. 1 LECrim, wonach einem jeden spanischen Staatsangehörigen die Möglichkeit zur Popularklage unabhängig davon eingeräumt wird, ob es sich um den Verletzten oder um eine unverletzte Person handelt.
Nach dem Willen des Gesetzgebers sind die Bezeichnungen *acción popular* und *acción particular* demnach Synonyme für dasselbe Institut[4] und nicht Ausdruck eines (zweifellos bestehenden) Spezialverhältnisses zwischen "Popularkläger" und "verletztem Popularkläger". Die von der spanischen Doktrin herangezogenen Terminologie schafft deshalb mehr Verwirrung statt Klarheit und sollte unterbleiben.

II. Bestimmung des "Verletzten" im Regelungsgefüge der Popularklage

Wegen der Privilegierung des verletzten Popularklägers soll vorab skizziert werden, wie die spanische Rechtsdogmatik den Begriff des "Verletzten" verstanden wissen möchte.

---

[1] S.u. Punkt §2 B
[2] SSTC 34/1994 (vom 31.01.1994); 129/2001 (vom 04.06.2001); statt aller Muerza Esparza in De la Oliva Santos u.a.: S. 147; für Montero Aroca (S. 59 ff.) und Oromí Vall-Llovera (S. 164, 166 ff.) handelt es sich bei der "*acción particular*" des Verletzten sogar um ein prozessuales Aliud mit anderen Voraussetzungen und anderen Rechtsfolgen; einschränkend Lorca Navarrete, S. 74 f. ; für den "*accusador particular*" als Oberbegriff Muñoz Rojas, RDB Ib 1973, S. 114; La TorreLa Torre: S. 14 ff.
[3] Slaby/Grossmann: "Wörterbuch der spanischen und deutschen Sprache", Bd. 1, S. 809; Becher: "Wörterbuch der Rechts- und Wirtschaftsprache", Bd. 1, S. 884
[4] I.E. so auch Fenech: S. 69 f.

1. Allgemeine Begriffsbestimmung

Die spanische Literatur[1] definiert den „Verletzten" als eine Person, die Inhaber des durch die Straftat verletzten Rechtsgutes ist und verwendet dafür den Ausdruck *ofendido* oder *agraviado*. Davon streng zu unterscheiden ist die Person des „Geschädigten", für die die Literatur den Terminus *perjudicado* reserviert hat[2]. Darunter versteht sie eine Person, die durch die Straftat eine wie auch immer geartete Beeinträchtigung – sei sie materieller, sei sie immaterieller Natur – hinzunehmen hat. Unbeschadet der Tatsache, dass eine Identität zwischen Verletztem und Geschädigtem regelmäßig zu bejahen sein wird, sind Fälle von Personenverschiedenheit denkbar. Als Schulbeispiel wird in diesem Zusammenhang gerne auf den Mord verwiesen: dort nimmt der Tote die Stellung des Verletzten, die Angehörigen hingegen die der Geschädigten ein[3]. Die Relevanz dieser Differenzierung ergibt sich daraus, dass nach einhelliger Literaturmeinung ausschließlich dem Verletzten, nicht aber dem Geschädigten das Verletztenprivileg zukommt – auch wenn einzelne Gerichte über diesen Punkt zuweilen großzügig hinwegzusehen pflegen[4].

Im Gesetz selbst findet diese begriffliche Abgrenzung indes keine Stütze. Zwar werden in Art. 761 Ziff. 2 LECrim die Bezeichnungen *ofendido* und *perjudicado* einander unmittelbar gegenüber gestellt, gemeint ist mit letzterem jedoch der Zivilkläger im Strafprozess[5] (der weitgehend dem Antragsteller im deutschen Adhäsionsverfahren entspricht) und nicht jedwede, durch eine Straftat – u.U. nur moralisch – beeinträchtigte Person[6]. Gleichwohl befleißigt sich der Gesetzeswortlaut im Hinblick auf eines der Verletztenprivilegien, nämlich in Art. 281 Abs. 1 Ziff. 1 LECrim (Ausnahme von der Pflicht zur Sicherheitsleistung), der Bezeichnung *ofendido*. Ansonsten umschreibt er den Verletzten als jemanden, gegen dessen Person oder Güter sich eine Straftat richtet (vgl. Art. 102 Abs. 2; 103; 270 Abs. 2 LECrim).

2. Die Problematik der Verletzung überindividueller Interessen

Als eines der umstrittensten Probleme der Popularklage gilt die Frage, inwieweit die Verletzung strafrechtlich geschützter Interessen, die über die Sphäre des Einzelnen oder einer abgrenzbaren Gruppe hinausgehen, von Interessenverbänden wie z.B. Umwelt- und Verbraucherschutzorganisationen, Anti-Rassismus-Vereinigungen oder Verbänden von Angehörigen von Opfern terroristischer Aktivitäten mittels Strafklage vor Gericht geltend gemacht werden kann. Die meisten Autoren behandeln diese Proble-

---

[1] Robles Garzón: RDB Ib 1978, S. 555; Muerza Esparza in De la Oliva Santos u.a., S. 155; Gimeno Sendra in GMAC: S. 275; ders.: RDB Ib 1976, S. 66 f.; Montero Aroca: S. 64 f.; Rodríguez Tirado: Justicia 2000, S. 51; Salom Escrivá: Justicia 1996, S. 410; Ceres Montés: S. 25

[2] Zur parallelen Begrifflichkeit im Rahmen der Antragsdelikte s.o.

[3] Ein Teil der Literatur wie z.B. Ramos Méndez (Justicia 1995, S. 27 f.) verwendet für den Verletzten wie für den Geschädigten den übergeordneten Begriff "Opfer" (*víctima*) als terminus technicus.

[4] Montero Aroca: S. 65

[5] Gimeno Sendra in GMAC: S. 275; a.A.: German: Cuadernos de Política Criminal 1995, S. 245

[6] Wie uneinheitlich der Gesetzeswortlaut ist zeigt sich in einer Vorschrift des Adhäsionsverfahrens – Art. 110 LECrim – die auch im Zusammenhang mit einer Strafklage von der Begrifflichkeit des *perjudicado* ausgeht.

matik unter dem Gesichtspunkt der Klagebefugnis (*legitimación*) juristischer Personen oder nicht rechtsfähiger Personenmehrheiten und übersehen dabei, dass es gerade Wesen und Funktion der Popularklage entspricht, überindividuelle Interessen geltend zu machen. Praktische Relevanz genießt dieser Themenkomplex vielmehr allein im Zusammenhang mit der Frage, ob bzw. inwieweit einem solchen Verband die privilegierte Stellung als Verletzter zukommen kann[1]. Deshalb ist diese Problematik stets unter dem Prüfungspunkt „Verletzter" zu thematisieren und hat nichts mit der – heute nach nahezu einhelliger Meinung zu bejahenden - Fragestellung zu tun, inwieweit Personenmehrheiten *als solche* überhaupt zur Erhebung einer Popularklage befugt sind[2] (s.u.).

Auch im Hinblick auf die Bezeichnung der über die Interessensphäre des Einzelnen hinausgehenden Rechtsgüter herrscht keine terminologische Einheitlichkeit. Diese werden mit teils unterschiedlichen Nuancen, teils als Synonyme unter der Rubrik *intereses difusos*[3], *intereses supraindividuales*[4], *intereses colectivos*[5], *bienes colectivos*[6] oder *intereses macrosociales*[7] geführt. Trotz der begrifflichen Differenzen besteht Einigkeit dahingehend, dass es sich um Rechtsgüter handelt, die dem Einzelnen oder einer abgeschlossenen Gruppe im Sinne einer ausschließlichen Zuordnung nicht zustehen, sondern dass Inhaber der betreffenden rechtlich geschützten Position die Allgemeinheit bzw. die Gesellschaft ist, ohne dass dies mit dem allgemeinen öffentlichen Interesse (*intereses públicos*) gleichzusetzen wäre.

Normativer Ausgangspunkt für die Frage, ob sich etwa Umweltschutzorganisationen, Gewerkschaften oder Verbraucherschutzvereinigungen[8] auf das Verletztenprivileg bei Straftaten der Art. 325 ff. und 332 ff. CP, 311 ff. CP bzw. 281 ff CP berufen können, bildet die Regelung des Art. 7 Ziff. 3 LOPJ, wonach nicht nur den individuellen, sondern auch den kollektiven Interessen Rechtsschutz zu gewähren ist, indem Personenmehrheiten, deren Zielsetzung sich auf den Schutz oder auf die Förderung dieser kollektiven Interessen beläuft, Klagebefugnis eingeräumt werden muss[9]. Während ein Teil der Literatur diese Vorgabe – zumindest in Verbindung mit der Rechtschutzgarantie des Art. 24 Ziff. 1 CE – als für eine Verletztenlegitimation ausreichend erachtet[10],

---

[1] Montero Aroca: S. 65 f.
[2] Im Ergebnis so auch Oromí Vall-Llovera: S. 60
[3] German: Cuadernos de Política Criminal 1995, S. 240 und 247
[4] Bujosa Vadell: Justicia 1990 (I), S. 101 ff.,
[5] Gómez de Liaño González: Justicia 1986, S. 564
[6] Rodríguez Tirado: Justicia 2000, S. 47
[7] Rodríguez Tirado: Justicia 2000, S. 47
[8] Zwar gewährt Art. 20 des Verbraucherschutzgesetzes (*Ley de la Defensa de Consumidores y Usuarios*) Verbraucherschutzverbänden ausdrücklich das Recht, Verbraucherschutzinteressen per Klage geltend zu machen; die Vorschrift sagt indes nichts darüber aus, unter welchen Prämissen – insbesondere ob mit oder ohne Verletztenprivileg – dies vonstatten zu gehen hat.
[9] Art. 7 Ziff.3 LOPJ lautet: *Los juzgados y tribunales protegerán los derechos e intereses legítimos, tanto individuales como colectivos, sin que en ningun caso pueda producirse indefensión. Para la defensa de éstos últimos se reconocerá la legitimación de las corporaciones, asociaciones y grupos que resultan afectados o que estén legalmente habilitados para su defensa o protección.*
[10] Montero Aroca: S. 66; i.E. wohl auch Bujosa Vadell: Justicia 1990 (I), S. 118 ff.

konstatiert die hL[1] ein gesetzliches Konkretisierungsbedürfnis und plädiert für eine ausdrückliche Regelung *de lege ferenda*, kraft derer die betreffende Vereinigung zur strafrechtlichen Geltendmachung als Verletzte ermächtigt wird[2].
Nach einer anderen Ansicht besteht überhaupt keine Veranlassung, Verbänden und dergleichen mit der Wahrnehmung überindividueller Interessen zu betrauen, denn solches sei klassische Domäne der dem Legalitätsprinzip unterworfenen staatlichen Institutionen[3]; darüber hinaus bleibe es einem jeden Einzelnen unbenommen, Popularklage zu erheben[4]. Dem wird entgegengehalten, dass bei Anerkennung eines Verbandes als „Verletzter" für die einzelnen Angehörigen der Interessengemeinschaft kein Bedürfnis mehr bestehe, selbst als zusätzliche Popularkläger aufzutreten, was im Sinne der Prozessökonomie zu begrüßen sei[5]. Die weiter dafür ins Feld geführten Argumente der hL – insbesondere die Erwägung, wonach es Interessenverbänden aufgrund ihrer wirtschaftlichen und sozialen Stellung leichter falle als Einzelpersonen, Straftäter anzuklagen - vermischen sich mit denen, die für eine Klagebefugnis juristischer Personen im Allgemeinen herhalten müssen[6].
Der hL ist insoweit zuzustimmen, als Art. 7 Ziff. 3 LOPJ i.V.m. Art. 24 Ziff. 1 CE im Hinblick auf die Wahrnehmung überindividueller Interessen kein Verletztenprivileg im Rahmen der Popularklage hergibt. Denn – wie sogleich zu erörtern ist[7] – setzt Art. 24 Ziff. 1 CE ein bereits bestehendes individuelles Recht oder Interesse voraus – eine Vorgabe, die bei der Geltendmachung kollektiver Interessen gerade nicht erfüllt ist.

III. Wesen und Funktion der Popularklage

1. *Ius ut procedatur*

In Anlehnung an die traditionelle spanische Prozessualdogmatik ist die *acción popular* nach herrschendem Verständnis ein subjektives, von der Verfassung[8] geschütztes Recht[9]. Dies bedeutet indes nicht, dass der Kläger Inhaber des dem Staat vorbehaltenen Strafanspruchs ist; lediglich das *ius accusandi* teilt sich der Staat mit seinen Bürgern[10].

---

[1] German: Cuadernos de Política Criminal 1995, S. 250 und 262; Gómez de Liaño González: Justicia 1986, S. 575 f.; Rodríguez Tirado: Justicia 2000, S. 70 und 73 f.; Oromí Vall-Llovera: S. 61
[2] Dafür werden unterschiedliche Modelle vorgeschlagen, wovon das von Pérez Gil (S. 648 ff.) vorgeschlagene den höchsten Konkretisierungsgrad aufweist.
[3] Casado Giménez: La Ley 1981 (I), S. 947
[4] Martín Bernal: AP 1988 (I), S. 814
[5] Rodríguez Tirado: Justicia 2000, S. 73 f.
[6] S.u. 3. Abschnitt § 2 A V. 1. b).
[7] S.u. 3. Abschnitt § 2 A IV. 1. b) und 2.
[8] S.u. 3. Abschnitt § 2 A IV.
[9] Gimeno Sendra: La Querella, S. 93 ff.; ihm folgend Salom Escrivá: Justicia 1996, S. 390; Rodríguez Tirado: Justicia 2000, S. 57; so auch Oromí Vall-Llovera: S. 37; abl.: Pérez Gil, S. 248 ff.
[10] STC 63/2002 (vom 11.03.2003); Muñoz Rojas: RDB Ib 1973, S. 122; Armenta Deu: Auslandsrundschau der Zeitschrift für die gesamte Strafrechtswissenschaft 2002, S. 738; Colomer: PJ Nr. 8 (1987), S. 28 f.; Oromí Vall-Llovera: S. 47 f.

2. Defensa de sociedad

Dementsprechend wird bei der Erklärung der Funktion dieses Rechtsinstituts primär auf eine Sachwalter- oder Hüterfunktion abgestellt, die jeden Bürger zum Wächter über den sozialen Frieden bestellt[1]. Denn der soziale Friede betreffe alle Individuen einer Gemeinschaft; deshalb solle auch jedes dieser Individuen berufen sein, den Rechtsfrieden auf gerichtlichem Wege wieder herzustellen[2] - dies umso mehr, als einem Angehörigen der Gemeinschaft eine breitere Akzeptanz[3] zukomme als einem externen Diener der - insoweit als Antipode zum Individuum zu begreifenden - Staatsmacht. Dem unter Mitwirkung eines Popularklägers ergangenen Urteil wird in diesem Zusammenhang deshalb eine erweiterte soziale Konsensfähigkeit zugesprochen[4].

3. Defensa de legalidad

Diese Gleichsetzung des privaten Anklägers als *pars pro toto* für die verletzte Rechtsgemeinschaft mit der Figur des Staatsanwaltes als einem Staatsorgan, der das Gemeinwesen zwar institutionell vertritt, ihm aber gerade in dieser Funktion nicht als Individuum angehört, geht so weit, den Willen des Bürgers als Gegengewicht zum Willen des Staatsanwaltes zu begreifen und ihn damit als wichtiges Instrumentarium zur Kontrolle[5] dieser Behörde zu qualifizieren. Unter diesem Blickwinkel präsentiert sich die Popularklage als das verkörperte Misstrauen (*desconfianza*) der Rechtsgemeinschaft gegenüber den weisungsabhängigen Strafverfolgungsorganen[6], als das Bollwerk der "Legalität gegenüber der Bürokratisierung der Strafjustiz"[7].

4. Carácter democrático

Inwieweit der Popularklage darüber hinaus eine Demokratiefunktion im Sinne einer "Demokratisierung der Justiz" und einer damit verbundenen Erziehung des Bürgers hin zur eigenverantwortlichen Wahrnehmung öffentlicher Aufgaben zukommt, wird in der spanischen Literatur nicht einheitlich beurteilt[8]. Unstreitig bejaht wird diese Frage

---

[1] Montero Aroca: S. 59 f.; Pérez Gil: S. 282; Rodríguez Tirado: Justicia 2000, S. 60 und 62; Oromí Vall-Llovera: S. 38 und 42;

[2] Colomer: PJ Nr. 8 (1987), S. 29;

[3] Gimeno Sendra: PJ Nr. 31 (1993), S. 88 f.

[4] Colomer: PJ Nr. 8 (1987), S. 30; kritisch dazu Pérez Gil: S. 615 ff.

[5] Armenta Deu: FS-Roxin, S. 1242 Colomer: PJ Nr. 8 (1987), S. 30; Pérez Gil (S. 749) sieht darin sogar die einzig anerkennenswerte Funktion der Popularklage.

[6] Bujosa Vadell: Justicia 1990 (I), S. 113 f.; Silvela: Revista de Legislación y Jurisprudencia, Nr. 73 (1888), S. 483; Oromí Vall-Llovera: S. 41 und S. 73 ff.; a.A. Lanzarote Martínez: La Ley 1998 I, S. 1824

[7] Gimeno Sendra: PJ 31 (1991), S. 88 f.; a.A.: Pérez Gil, S. 581 ff

[8] Dafür: Bujosa Vadell: Justicia 1990 (I), S. 117; Gimeno Sendra: PJ 31 (1991), S. 88 f.; derselbe in GMAC: S. 272; ders. in La Querella: S. 101; Armenta Deu: FS-Roxin, S. 1240; Muñoz Rojas: RDB Ib 1973, S. 107; Oromí Vall-Llovera: S. 40 f., 76 und 175.

nur im ursprünglich-historischen Kontext, denn eine der Motivationen des spanischen Gesetzgebers bestand darin, den Bürger auch im Strafprozess an die Ausübung öffentlicher Funktionen heranzuführen, was ihm im Inquisitionsprozess der der LECrim vorangegangenen Jahrhunderte versagt geblieben war[1]. Da sich die spanische Verfassung jedoch zum Prinzip der mittelbaren Demokratie bekennt, ist solchen Erwägungen heute eine klare Absage zu erteilen.

5. *Restitución*

Auffallend wenig Beachtung schenkt das spanische Schrifttum[2] der Frage, inwieweit ein mögliches Vergeltungs- bzw. Genugtuungsinteresse den Gesetzgeber zur Ausgestaltung der Popularklage bewogen haben mag - ein Gedanke, der im Hinblick auf die zahlreichen, dem Verletzten eingeräumten Erleichterungen nicht als von vornherein haltlos von der Hand zu weisen ist. Ein Grund dafür dürfte an der Tatsache liegen, dass dem materiellen Restitutionsinteresse des Verletzten schon im Rahmen der Strafklage eine übergeordnete Rolle zukommt, hinter der das ideelle Genugtuungsbedürfnis verblasst[3]. Dies wiederum ist der im Hinblick auf ihre Opferfreundlichkeit weit über das deutsche Adhäsionsverfahren hinausgehenden Ausgestaltung der *acción civil* - der Klage des Straftatopfers auf Entschädigung bereits im Strafprozess (Art. 100, 107 ff. LECrim, Art. 109 ff CP) - zu verdanken[4]: Obwohl Zivil- und Strafklage ein rechtliches Eigenleben genießen (Art. 116 f. LECrim), favorisiert die LECrim die Geltendmachung zivilrechtlicher Ansprüche durch das Opfer bereits im Strafverfahren, denn deren Art. 108 gibt der Staatsanwaltschaft auf, für das Opfer von Amts wegen Zivilklage zu erheben (in Prozessstandschaft)[5] - unabhängig von einer Verfahrensbeteiligung des Opfers. Auch dem Verletzten selbst räumt das Gesetz in Art. 110 Abs. 1 LECrim das Recht ein, Zivil- und Strafklage alternativ oder kumulativ zu erheben[6]. Das der Strafklage anhaftende spezifische Restitutionsinteresse ergibt sich nun einerseits daraus, dass ein gerichtlicher Spruch über den zivilrechtlichen Anspruch nur bei einer Verurteilung, nicht aber bei einem Freispruch des Angeklagten erfolgt (sog. Eventualitäts-Prinzip)[7], und andererseits daraus, dass die Stellung des Strafklägers dem Verletzten einen ungleich größeren Einfluss auf das Verfahren zumisst, als dies bei einer reinen Position als Zivilkläger der Fall wäre, denn der private Strafkläger ist im Hinblick auf die verfahrensrechtlichen Gestaltungsmöglichkeiten der Staatsanwaltschaft weitge-

---

Dagegen: Lanzarote Martínez: La Ley 1998 I, S. 1823; Silvela: Revista de Legislación y Jurisprudencia, Nr. 73 (1888), S. 483; Pérez Gil, S. 581 ff.

[1] S.o. 1. Abschnitt § 5 B

[2] Dagegen: Rodríguez Tirado, Justicia 2000, S. 55 in Fn. 46; Gimeno Sendra in GMAC, S. 272. Dafür: Salom Escrivá, Justicia 1996, S. 395 f.

[3] Gimeno Sendra: La Querella, S. 88 ff.; ihm folgend Salom Escrivá: Justicia 1996, S. 395 f.; gegen ein Restitutionsinteresse: Pérez Gil, S. 475 f.

[4] Ausführlich dazu: Wessing

[5] De la Oliva Santos in De la Oliva Santos u.a., S. 240

[6] Dabei stellt Art. 112 die Vermutung auf, nach der derjenige, der die Strafklage erhebt, auch die Zivilklage erheben möchte, falls er sich letztere nicht ausdrücklich für einen späteren Zeitpunkt vorbehält oder darauf verzichtet.

[7] De la Oliva Santos in De la Oliva Santos u.a.: S. 240

hend gleichgestellt[1], während sich die Kompetenzen des (reinen) Zivilklägers prinzipiell auf die in den Art. 320, 651 Abs. 2; 650 Abs. 2, 732, 735, 854 Abs. 2 und 850 Ziff. 2 LECrim enthaltenen beschränken[2]. Der Straf- und Zivilkläger kann also besser auf eine strafrechtliche Verurteilung und damit auch auf den von Amts wegen zuzusprechenden Schadensersatz hinwirken, als dies der nur als Zivilkläger auftretende Verletzte tun könnte[3].

IV. Die Popularklage im verfassungsrechtlichen Kontext

Art. 125, 1. HS der spanischen Verfassung (*Constitución Española*, CE) bestimmt: "Die Bürger können die Popularklage erheben ...“[4]. Dies und die Tatsache, dass der Anwendungsbereich der Rechtsschutzgarantie des Art. 24 Ziff. 1 CE weiter ist als der seines deutschen Pendants, indem er effektiven Rechtsschutz nicht nur bei der Geltendmachung von Rechten, sondern schon bei der Verfolgung bloßer „legitimer Interessen“ gewährt[5], führen dazu, dass die Popularklage häufig auch in einem verfassungsrechtlichen Kontext thematisiert wird.

Während sich die meisten strafprozessualen Lehrbücher und Kommentierungen mit einem kurzen Hinweis auf die soeben zitierten Vorschriften damit begnügen, die verfassungsmäßige Verankerung der Popularklage ohne nähere Ausführungen festzustellen[6], hat sich das Spanische Verfassungsgericht (*Tribunal Constitucional*, TC) schon mehrfach genauer mit dieser Frage auseinandersetzen müssen; der von ihm beschrittene Weg ist in der - wenigen - sich eingehender damit befassenden Literatur teils auf Zustimmung, teils auf Ablehnung gestoßen[7].

Nachfolgende Untersuchung konzentriert sich folglich auf die Frage, ob in Art. 125 CE selbst – sei es als Grundrecht, sei es als institutionelle Garantie – eine verfassungsrechtliche Verankerung der Popularklage zu sehen ist und welche verfassungsrechtlichen Vorgaben der Rechtsschutzgarantie des Art. 24 Ziff. 1 CE zu entnehmen sind. Dabei ist zwischen der Stellung des unverletzten Popularklägers und der des Verletzten zu differenzieren.

---

[1] Volkmann-Schluck: S. 48 f.; s.u.

[2] Muerza Esparza in De la Oliva Santos u.a., S. 155; Ramos Méndez: Justicia 1995, S. 37 f.

[3] Für Oromí Vall-Llovera (S. 80) ist die Strafklage deshalb das ideale Mittel (*instrumento idóneo*) für die Geltendmachung zivilrechtlicher Schadensersatzansprüche.

[4] Art. 125 CE: *Los ciudadanos podrán ejercer la acción popular ...*

[5] Art. 24 Ziff. 1 CE: *Todas las personas tienen derecho a obtener la tutela efectiva ... en el ejercicio de sus derechos e intereses legítimos*

[6] z.B. Muerza Esparza in De la Oliva Santos u.a.: S. 147; ders. in EJB Vol. I: S. 240; Montero Aroca: S. 159 f; Rodriguez Fernandez: S. 84; Armenta Deu in FS-Roxin: S. 1241; dieselbe in Auslandsrundschau der Zeitschrift für die gesamte Strafrechtswissenschaft 2002, S. 738; Gómez Colomer: P.J. 8, S. 29

[7] Überblick bei Pérez Gil: S. 235 ff.

1. Die Popularklage des Nicht-Verletzten

a) Art 125 1. HS CE

aa) Meinungsstand

Nach einer Ansicht[1] handelt es sich bei Art. 125 CE um eine Art Institutsgarantie bzw. um ein echtes Grundrecht, das systematisch falsch – da nicht im Grundrechtskatalog der Art. 10 ff CE - verortet sei. Die Stellung der Vorschrift im Kapitel über die Gerichtsorganisation[2] wird mit dem Hinweis darauf, dass eine Einbindung der Bürger in die Strafverfolgung zwangsläufig auch Belange der Gerichtsorganisation berühre, als nicht weiter störend empfunden. Gestützt wird diese Anschauung hauptsächlich auf die Wesensnähe des Art. 125 CE zur Rechtsschutzgarantie des Art 24 Ziff. 1 CE[3]. Der Schutzumfang des Art 125 CE gehe dabei so weit, dass der (einfache) Gesetzgeber die Einzelheiten der Popularklage zwar modifizieren, nicht jedoch das Institut selbst bzw. dessen wesentlichen Inhalt derogieren könne.

Gerade diese systematischen Aspekte bewegen aber die hM in der Literatur dazu, Art. 125 CE die Qualität eines Individual-Grundrechtes abzusprechen. Hätte der Verfassungsgeber dies anders gesehen, dann hätte er die Vorschrift auch im Grundrechtsteil der CE regeln müssen[4]. Die Position der Vorschrift bei den Normen, die die rechtsprechende Gewalt regeln sei aber als klarer Hinweis darauf zu verstehen, dass der Verfassungsgesetzgeber damit - wenn überhaupt - lediglich eine staatsorganisatorische Entscheidung treffen und nicht etwa dem Bürger eine subjektive Rechtsposition einräumen wollte. Dies müsse umso mehr gelten, als die dem Art. 125 unmittelbar vorhergehenden Vorschrift, nämlich Art. 124, die Stellung des Staatsanwaltes regelt, und dadurch die Popularklage schon räumlich eng in die Nähe eines Organes rückt, das mit objektiv-staatlichen Aufgaben betraut ist und dem das Konzept eines persönlich-individuellen Rechts – wie es ja den Grundrechten zu eigen ist - fremder nicht sein könnte. In Art. 125 könne auch nicht der verfassungsgesetzgeberische Wille erblickt werden, eine *Institutsgarantie* zu Gunsten der Popularklage zu konstituieren, deren Kernbereich dem einfachgesetzlichen Zugriff entzogen wäre[5]. Vielmehr halte Art. 125

---

[1] Cobo del Rosal: S. 337 ff [bei Perez Gil: S. 206 Fn. 9]; Gimeno Sendra: P.J. 31, S. 89 f; Pérez Luno: S. 270 [zit. bei Pérez Gil, S. 225, Fn. 1]; Diez-Picazo: " Régimen Constitucional del Poder Judicial", S. 66. Für eine Institutsgarantie im weitesten Sinne auch Oromí Vall-LLovera (S. 42 f.), die sich im Ergebnis allerdings der herrschenden Meinung annähert (vgl. S. 48 ff.).

[2] Kapitel 3, Titel VI: *Del Poder Judicial.*

[3] In diesem Zusammenhang wird gerne die – noch unten näher darzustellende - Rechtsprechung des TC als Beleg angeführt (insbes. die Entscheidungen 62/1983 und 147/1985). Diese Rechtsprechung bezieht jedoch Elemente der Popularklage in die Ermittlung des Schutzbereichs des Art. 24 Ziff. 1 ein, und nicht *vice versa*. Dogmatische Schlussfolgerungen auf die Rechtsnatur des Art. 125 selbst lassen sich aus diesen Entscheidungen nicht ableiten.

[4] Martínez Soria S. 135 m.w.N.; Pérez Gil S. 206

[5] Gegen die Kompatibilität der spanischen Verfassung mit Institutsgarantien überhaupt: Pérez Gil, S. 240.

nichts weiter als eine *Option* für den Gesetzgeber bereit, die Popularklage für all die Fälle vorzusehen, die er für opportun erachte[1]; dabei seien seinem gesetzgeberischen Ermessen von Verfassungswegen keine Grenzen gesetzt. Nach dieser Ansicht ist Art. 125 CE lediglich ein programmatischer Leitsatz ohne Regelungsgehalt[2].
Begründet wird dies zunächst aus dem rechtshistorischen Kontext heraus[3]: Im Rahmen der spanischen Verfassungstradition sei Art 125 CE zunächst die Weiterentwicklung aus Art. 225 der sogenannten Verfassung von Cádiz aus dem Jahre 1812[4]. Diese Vorschrift sei aber in der damaligen Verfassungsdoktrin nicht unter dem Aspekt einer (originären) Rechtsposition des Bürgers begriffen worden, sondern hätte sich auf die (rein objektive) Funktion des Bürgers erschöpft, einen Strafprozess in Situationen initiieren zu können, in denen auf Grund des Missbrauchs einer Amtsstellung der Eigeninitiative der Justizverwaltung kein Vertrauen mehr entgegengebracht werden konnte[5].

Auch den Gesetzesmaterialien zur gegenwärtigen Verfassung lasse sich eine Grundentscheidung des Verfassungsgeber dahingehend entnehmen, dass es dem Ermessen des einfachen Gesetzgebers vorbehalten bleiben sollte, in welchen Fällen bzw. ob überhaupt eine Popularklage vorzusehen sei. Denn es hätte in der verfassungsgebenden Versammlung nicht an Stimmen gefehlt, die sich für eine präzisere inhaltliche Akzentuierung des Art. 125 mit genaueren Vorgaben an den Gesetzgeber ausgesprochen hätten: So sei zum einen von Seiten der Sozialisten gefordert worden, der Popularklage in Fällen, in denen das öffentliche Interesse berührt sei, keinerlei Beschränkungen aufzuerlegen[6], während die Partido Socialista Popular eine Begrenzung der Popularklage auf Offizialdelikte forderte[7]. Die verfassungsgebende Versammlung habe aber beide Vorschläge mit der Begründung abgelehnt, es sei sachgerechter, den Gesetzgeber mit der Frage zu betrauen, in welchen Fällen und in welcher Form er eine Popularklage für opportun erachte[8] – ein klarer Hinweis darauf, dass die Verfassung selbst keine verbindliche Entscheidung treffen wollte.
Weiter wird gegen die Ansicht einer direkten Grundrechtsberechtigung aus Art. 125 CE dessen sehr allgemein gehaltene Formulierung ins Felde geführt, aus der sich kei-

---

[1] Dabei entspricht es der hLit., dass die Ermächtigung an den Gesetzgeber, die Popularklage einfachgesetzlich auszugestalten, nicht aus Art. 125 letzter HS. folgt, da sich dieser lediglich auf die beiden anderen Alternativen des Art. 125 (Geschworenengericht und Vergleichsgericht) bezieht; aA: Rechtsprechung (STC 154/1997 vom 29. 09.1997).
[2] Martínez Soria: S. 155; Garrido Falla: S. 2140; Pérez Gil: S. 205, 215 ff und 284 m.w.N.
[3] Pérez Gil: S. 202 f und 206
[4] Art. 255 der Verfassung von Cádiz: *El soborno, el cohecho y la prevaricación de los magistrados y jueces producen acción popular contra los que los comiten* (Die Bestechung, die Bestechlichkeit oder die Rechtsbeugung von Richtern führen zur gegen die Betreffenden zu erhebende Popularklage). Zur Rechtsgeschichtlichen Einordnung der Verfassung von Cádiz: s.o,
[5] So im Ergebnis Pérez Gil: S.206
[6] Änderungsvorschlag Nr. 444 der „Grupo Socialista; eingebracht von Letamendía (Nachweis bei Pérez Gil: S. 203)
[7] Änderungsvorschlag Nr. 553 der „Grupo parlamentario Mixto; eingebracht von Morodo Leoncio (Nachweis bei Pérez Gil: S. 202)
[8] „...era más apropiado dejar a la ley el establecimiento de los casos y formas de participación, así como la regulación concreta de la acción popular" (Nachweis bei Pérez Gil: S. 203).

neswegs eine Definition dahingehend entnehmen lasse, welche inhaltlichen Anforderungen an die Popularklage zu stellen seien[1].
Die Rechtsprechung des *Tribunal Constitucional* entspricht weitgehend der hM im Schrifttum. In mehreren früheren Entscheidungen hat das TC ausdrücklich klargestellt, dass die Popularklage nur nach Maßgabe ihrer konkreten (einfach)gesetzlichen Ausgestaltung existiere[2]; damit gab sie wie die herrschende Meinung in der Literatur zu verstehen, dass die verfassungsmäßige Verankerung der Popularklage jedenfalls nicht unmittelbar aus Art. 125 CE hergeleitet werden könne[3]. Am klarsten fand dieser Gedanken in zwei Entscheidungen aus dem Jahre 1999 bzw. 2000 seinen Ausdruck, in denen das TC *expressis verbis* statuierte, dass es keinen verfassungsmäßigen Auftrag an den Gesetzgeber gebe, kraft dessen er eine Popularklage für einen bestimmten Bereich einrichten müsste; vielmehr existiere die Popularklage *nur, soweit der* [einfache] *Gesetzgeber sie vorsehe*[4].

bb) Stellungnahme

Der hM, wonach Art. 125 CE für sich weder einen grundrechtlichen Schutz der Popularklage, noch eine Institutsgarantie zu Gunsten der Popularklage vorsieht, ist zuzustimmen.
Um ein Grundrecht kann es sich schon aus systematischen Gründen nicht handeln, denn der spanische Verfassungsgeber war sich darüber im Klaren, welchen Rechtspositionen grundrechtlicher Schutz zukommen sollte und welchen nicht. Das folgt zum einen schon aus der amtlichen Überschrift „*De los derechos fundamentales...*“ vor der zweiten Sektion des zweiten Kapitels im ersten Titel der CE. Zum anderen zeigt auch die Regelung des Art. 53 Ziff. 2 CE, dass es sich im Hinblick auf die Stellung des Art. 125 CE im Gesetz auch nicht um eine (planwidrige) Ungereimtheit handeln kann: Art. 53 Ziff. 2 CE eröffnet nämlich die Möglichkeit einer Verfassungsbeschwerde bei Berufung auf eine Verletzung der im Grundrechtskatalog (Titel 1, Kapitel II, Sektion 1) genannten Garantien *sowie* die Verletzung von Art. 14 und 30 Ziff. 2 CE. Dies kann nur den Rückschluss zulassen, dass sich der Verfassungsgeber voll bewusst war, welche Garantien zu den Grundrechten zu zählen sind, und welche nicht; denn andernfalls hätte es einer solchen Erweiterung der Statthaftigkeit einer Verfassungsbeschwerde um die Rechte aus Art. 14 und 30 Ziff. 2 CE nicht bedurft. Gerade das Absehen von einer generalklauselartigen Berufung auf „Grundrechte“ im Rahmen des Art 53 Ziff. 2

---

[1] Martínez Soria: S. 155; Pérez Gil: S. 210 m.w.N.; Oromí Vall-Llovera: S. 48 ff. (die allerdings auf S. 42 f. eine Institutsgarantie im weitesten Sinne annimmt).
[2] SSTC 147/1985 vom 29.10.1985; 214/1992 vom 21.12.1992; 154/1997 vom 29.09.1997 ("... *ejercitar la acción publica en su régimen legal concreto*"). Schwierigkeiten bereitet in diesem Zusammenhang allerdings das Urteil 32/1994 vom 31.01.1994, in dem das TC im Hinblick auf die verfassungsrechtlichen Grundlagen der Popularklage lapidar feststellt, dass sich die Legitimation des Popularklägers *aus Art. 125 CE herleiten* ließe.
[3] Ein ganz anderes Problem ist die Frage, ob die Popularklagebefugnis durch Art 24 Ziff. 1 CE geschützt ist, s.u.
[4] SSTC 64/1999 vom 26.04.1999 sowie 280/2000 vom 27.11.2000: "*No existe imperativo constitucional en razón del cual deba existir acción popular en un determinado ámbito procesal ... la acción popular sólo existe cuando la ley la establece...*"

CE legt aber den Schluss nahe, dass die Verfassung ausschließlich die Art. 15 bis 29 CE als Grundrechtskatalog verstanden wissen will – worunter Art. 125 CE unstreitig nicht fällt. Aus der unterbliebenen Nennung des Art. 125 CE im Rahmen des Art. 53 Ziff. 2 folgt andererseits, dass die Verfassung darin auch kein grundrechts*ähnliches* Recht sehen will.

Für diese Annahme sprechen weiter auch terminologische Besonderheiten: Bei der Umschreibung der jeweiligen Rechtspositionen bedient sich die CE im Grundrechtsteil der Art. 15 ff Ausdrücken wie *derecho* (Recht), *libertad* (Freiheit) und *garantizar* (garantieren), während sie im Rahmen des Art. 125 CE lediglich das Verb *poder* (können) gebraucht. Auch dieser Aspekt spricht nicht nur gegen eine fehlende Grundrechtsqualifizierung des Art. 125, sondern auch gegen die Annahme eines subjektiven Rechtes an sich.

Entgegen der Ansicht von *Martínez Soria*[1] kommt man aber nicht schon auf Grund des weiten Wortlautes von Art. 125 CE zu diesem Ergebnis, denn eine unscharfe inhaltliche Konturierung alleine reicht noch nicht aus, einer Norm ihre Grundrechtsqualität abzusprechen. Dies folgt daraus, dass es gerade der hinter dem Grundrechtsgedanken stehenden Konzeption, einen möglichst lückenlosen Schutz zu gewähren, entspricht, den Schutzbereich eines Grundrechts weit zu halten, um dann über die Mechanismen der verfassungsmäßigen Rechtfertigung und deren Begrenzung (Schranken-Schranken) einen gerechten Ausgleich im Einzelfall zu erlangen und so eine „Ausuferung" zu verhindern. Im anderen Fall dürfte man inhaltlich wenig konturierten Schutzbereichen wie z.B. dem der allgemeinen Handlungsfreiheit eine Qualität als Grundrecht nicht zusprechen – ein höchst abstruser Gedanke.

Der weiten Fassung des Wortlauts von Art. 125 CE lässt sich jedenfalls der verfassungsgesetzgeberische Wille entnehmen, *keine* Institutsgarantie etablieren zu wollen. Denn eine solche setzt nicht nur eine einigermaßen klar umrissene inhaltliche Konturierung hinsichtlich der Frage voraus, welche Bestandteile dem Abänderungswillen des Gesetzgebers entzogen sein müssen, sondern – da jede Institutsgarantie ja auch einen Leistungsbefehl an den Gesetzgeber beinhaltet – auch gewisse Mindestanforderungen, die der Gesetzgeber zur Verfügung stellen *muss*. Wenn aber wie hier die inhaltlichen Vorgaben so gering sind, dass der Gesetzgeber in seinem Einschätzungsspielraum frei ist, das „wer", das „wie", das „wann" und das „wo"[2] der Popularklage zu bestimmen, lässt sich ein außerhalb der gesetzgeberischen Vorstellung existierendes „Institut" gar nicht definieren.

In diesem Zusammenhang ist der weiten Fassung des Wortlautes auch insoweit Bedeutung zuzumessen, als bei der Verabschiedung der Verfassung bereits Popularklagen auch außerhalb des Strafprozessrechts existierten[3]. Da dies dem Verfassungsgesetzgeber bekannt war und er es dennoch unterlassen hat, genauere Vorgaben im Hinblick auf die auf die Popularklage anzuwendenden Rechtsgebiete festzulegen, ist mit der hM davon auszugehen, dass unter die in Art. 125 gebrauchte Begrifflichkeit der „Popularklage" ein Jedermanns-Klagerecht *unabhängig* vom jeweiligen Prozessrechtsgebiet

---

[1] Martínez Soria: S. 155

[2] So treffend ausgedrückt bei Pérez Gil: S. 217

[3] So z.B. Art. 58 Ley de Pesca Fluvial (1942); Art. 47.1.b Ley de Caza (1970)

zu subsumieren ist[1]. Bei den unterschiedlichen Zielsetzungen der verschiedenen Rechtsgebiete, die auch auf deren unterschiedliche Prozessordnungen mit ihren unterschiedlichen Prozessmaximen und Instrumentarien ausstrahlen, ist es deshalb sehr schwer vorstellbar, dass der Gesetzgeber durch den in Art. 125 CE verwendeten Begriff eines einheitlichen Popularklage-Typus eine allgemeingültige, verfassungsmäßig verankerte Institutsgarantie vorsehen wollte.
Wenn es sich bei Art. 125, 1. HS CE lediglich um eine reine *Option*, aber nicht um eine verbindliche Vorgabe an die gesetzgebende Gewalt handelt, dann bleibt zuletzt noch die Frage zu klären, warum bzw. wozu denn der Verfassungsgesetzgeber diese Vorschrift überhaupt in die Verfassung eingeführt hat. Diese Frage ist berechtigt wenn man bedenkt, dass der Gesetzgeber – sei es der einfache, sei es der eine Verfassung konstituierende – mit dem „knappen Gut Gesetzestext" in allen modernen Rechtsordnungen äußerst sparsam umzugehen pflegt. Denn Unnötiges bzw. rein Deklaratorisches zu vermeiden ist ein Ziel, das im Dienste der Rechtsklarheit und Verständlichkeit für die Rechtsanwendung oberste Priorität genießen muss
Ausgangspunkt für ein Nachvollziehen der gesetzlichen Intention muss hier – allgemein gesehen - die Tatsache sein, dass rein programmatische Zielvorgaben gerade in einem für die Werteordnung eines ganzen Gemeinwesens so richtungsweisenden Normgefüge, wie sie eine Verfassung darstellt, durchaus legitim sind. So bekennt sich z.B. auch das deutsche Grundgesetz in Art. 20a zum Ziel der Erhaltung der natürlichen Lebensgrundlagen, ohne dass daraus konkrete und verbindliche Vorgaben abgeleitet werden könnten. Deshalb können Programmsätze in ihrer Eigenschaft als grundsätzliche Wertentscheidungen bei der Interpretation des einfachen Rechts als Auslegungshilfe herangezogen werden. In diesem Zusammenhang ist es legitim, in Zweifelsfällen im Hinblick auf die Zulässigkeit einer Popularklage schon aus Art. 125 den Grundsatz *in dubio pro actione* herzuleiten, und nicht erst aus Art. 24 Ziff. 1 CE, wie dies die hM befürwortet.
Besonderes Augenmerk verdient - in concreto - die Tatsache, dass der gegenwärtigen spanischen Verfassung das Unrechtssystem der Franco-Diktatur unmittelbar vorangegangen ist, in dem die Teilhabe der Bürger bei der Ausübung von Staatsgehalt eine nur sehr untergeordnete Funktion zugekommen war. Die ausdrückliche Nennung einer Bürgerbeteiligung im Rahmen der Popularklage ist deshalb nichts weiter als eine ostentative Abkehr von dieser Vergangenheit[2] mit einem nicht zu unterschätzenden Symbolgehalt.

---

[1] Garrido Falla: S. 2137 f; Martínez Soria: S. 152 ff; Perez Gil: S. 211; gegen eine Ausdehnung auf das Verwaltungsrecht dagegen Jímenez Hernández [zit. bei Pérez Gil S. 418, Fn. 36]
Weitere Beispiele für „*acciones populares*" außerhalb der Strafprozessordnung sind die Popularklagen im Bereich des Baurechts (Art. 304 Ley sobre el Regimen del Suelo y Ordenación Urbana), des Kommunalrechts (Art. 68 Bases del Régimen Local), des Denkmalschutzrechts (Art. 8 Ziff. 2 Ley del Patrimonio Histórico Español) und des Statuts über den Rechnungshof im Hinblick auf die öffentliche Finanzverwaltung (Art. 47 Ley Orgánica del Tribunal de Cuentas).
[2] Oromí Vall-Llovera stellt auf S. 50 dagegen auf eine ostentative Abkehr von den übrigen Rechtsordnungen im Umfeld Spaniens, denen eine Popularklage allesamt fremd ist, ab.

b) Art. 24 Ziff. 1 CE

Art. 24 Ziff. 1 CE enthält die Rechtsschutzgarantie der spanischen Verfassung und besagt: "Jedermann steht das Recht zu, bei der Wahrnehmung seiner Rechte und legitimen Interessen ... gerichtlichen Schutz zu erhalten". Dabei tritt schon auf den ersten Blick ein Unterschied zur Regelung des Art. 19 Abs. 4 GG zu Tage: Der Rechtsweg steht nicht nur bei der Geltendmachung von Rechten, sondern bereits bei der Verfolgung *legitimer Interessen* offen. Vorwegzunehmen ist an dieser Stelle schon, dass aber der Art. 24 Ziff. 1 CE ebenso wenig Rechte – bzw. legitime Interessen – verleiht wie Art. 19 Abs. 4 GG, sondern diese bereits voraussetzt[1]. Unter einem „legitimen Interesse" versteht man grundsätzlich jeden Vor- bzw. Nachteil, der rechtlicher, rein materieller, wirtschaftlicher oder auch nur moralischer Natur sein kann, und der sich innerhalb der Rechtsordnung beläuft[2]. Allerdings verlangt die ganz hM in der Literatur sowie die Rechtsprechung, dass es sich um einen *persönlichen* Vor- oder Nachteil handeln müsse, der in spezifischer Weise die Belange des Betroffenen berührt[3].
Der Schutzumfang des Art. 24 Ziff. 1 CE umfasst neben dem Zugang zum Gericht, also die Möglichkeit zum Prozess per se, auch noch eine Reihe prozessualer Garantien[4]: So hat der Rechtsschutz Suchende zwar schon nach Art. 120 Ziff. 3 CE einen Anspruch auf eine begründete Entscheidung; die Garantie des Art. 24 Ziff. 1 CE bewirkt aber, dass sich diese Begründungspflicht auch auf alle der Entscheidung zu Grunde liegenden *wesentlichen* Punkte bezieht[5] und die Begründung selbst auf ihre Willkürlichkeit in beschränkten Umfang vom Verfassungsgericht nachgeprüft werden kann. Außerdem wird aus Art. 24 Ziff. 1 CE das Gebot *in dubio pro actione* hergeleitet, wonach Zweifel, die die Zulässigkeit einer Klage betreffen, zu Gunsten einer Zulassung derselben wirken müssen[6]. Inwieweit die Popularklage des Unverletzten von dieser Garantie erfasst wird, soll nun Gegenstand der folgenden Erörterung werden.

aa) Meinungsstand

Im Hinblick auf die Frage, unter welchen Voraussetzungen und in welchem Umfang die *acción popular* von der Rechtsschutzgarantie des Art. 24 Ziff. 1 CE geschützt wird, lässt sich die Rechtsprechung des *Tribunal Constitucional* prinzipiell auf zwei unterschiedliche Vorgehensweisen reduzieren.
Die erste davon findet ihren Ausdruck in einer viel zitierten – aber wenig rezensierten – Entscheidung aus dem Jahre 1983[7]: Ausgangspunkt der Argumentation des Gerichtes bildet die Tatsache, dass der Schutzbereich des Art. 24 Ziff. 1 bereits bei der Ver-

---

[1] López Pina: S. 45; Martínez Soria: S. 53
[2] Martínez Soria: S. 141 ff m.w.N.;
[3] Martínez Soria: S. 145 f m.w.N.; Chamorro Bernal: S. 55 f; STC 63/1982; SSTS vom 17.0.6.1971; vom 14.07.1988; vom 17.02.1989, vom 08.04.1994
[4] Sánchez Goyanes: S. 83 f
[5] STC 24/ 1990; zu weit geht allerdings die Ansicht von Silguera Estagnan (S. 120), wonach die Rechtsschutzgarantie einen Anspruch auf Verurteilung beinhaltet, denn das *ius puniendi* steht nach einhelliger Auffassung ausschließlich dem Staat zu.
[6] STC 206/1987
[7] STC 62/1983 vom 11.07.1983

folgung „legitimer Interessen“ eröffnet ist. Dabei verkennt das Gericht auf der einen Seite nicht, dass es sich dabei um *persönliche* Interessen des Beschwerdeführers handeln muss; dies lasse sich nämlich unmittelbar der Formulierung des Art. 24 Ziff. 1 CE entnehmen, die dem Betreffenden Rechtsschutz ausdrücklich nur bei der Verfolgung „*seiner*“ Rechte und Interessen zubillige.
Dieser Interpretation stünde allerdings nicht entgegen, dass unter Art. 24 Ziff. 1 CE auch Interessen der Allgemeinheit subsumtionsfähig seien, denn die Verfolgung allgemeiner Interessen stelle immer die Verfolgung der Interessen eines jeden einzelnen Individuums der Gesellschaft dar, zu der ja auch der Beschwerdeführer gehöre, so dass es sich bei dem Schutz der Allgemeinheit stets auch um den Schutz persönlicher Interessen des Beschwerdeführers handle[1] - ein Gedanke, der sich auch im Wesen eines sozialen und demokratischen Rechtsstaates widerspiegele. Demnach falle die Popularklage – zumindest soweit mit ihr der Schutz des allgemeinen Interesses[2] verfolgt wird – in den Schutzbereich des Art. 24 Ziff. 1 CE.
Der zweiten Vorgehensweise ist das *Tribunal Constitucional* erstmalig in einer Entscheidung aus dem Jahre 1985 gefolgt[3]: Auch hier war das Gericht zunächst wieder bemüht, die Eröffnung des Schutzbereichs von Art. 24 Ziff. 1 CE vom Vorliegen persönlicher Rechte und legitimer Interessen abhängig zu machen. Dabei stellt es hier jedoch nicht auf eine rein materielle Rechts- oder Interessenlage ab, sondern sieht in der konkreten Ausgestaltung, die die Popularklage durch den Gesetzgeber erfahren hat, eine Rechtsposition des Popularklägers, die den Anforderungen des „persönlichen Rechts“ in Art. 24 Ziff. 1 entspreche. Dies harmonisiert mit der in Spanien ganz hL, in der Klagebefugnis ein eigenständiges subjektives Recht - das *ius uti procedatur* - zu sehen[4]. Dementsprechend definiert dann auch das TC schon den Begriff der *Klage* selbst – im abstrakten Sinne – als ein „Recht“, und nicht nur als ein Instrumentarium, um Rechte geltend zu machen[5].
Diese Qualifizierung als „prozessuales Recht“ – oder besser: als ein „Recht zum Prozess“ -, dessen konkrete Ausgestaltung – in Form der Zulässigkeitsvoraussetzungen - wiederum dem Gesetzgeber obliegt, schränkt den Prüfungsumfang, also die Kontrolldichte durch das Gericht, weitgehend ein. Das *Tribunal Constitucional* prüft nicht die Auslegung einfachen Rechts (also hier die Zulässigkeitsvoraussetzungen), und konsti-

---

[1] "*... debe señalarse que dentro de los supuestos en atención a los cuales se establecen por el Derecho las acciones públicas se encuentran los intereses comunes. Es decir, aquellos en que la satisfacción del interés común es la forma de satisfacer el de todos y cada uno de los que componen la sociedad, por lo que puede afirmarse que cuando un miembro de la sociedad defiende un interés común sostiene simultaneamente un interés personal...* "

[2] Eine Definition, was unter dem Begriff des „allgemeinen Interesses“ (*interés común*) zu verstehen ist, bleibt das Gericht schuldig; im betreffenden Fall handelte es sich um die Verseuchung von Lebensmitteln durch toxische Substanzen.

[3] STC 147/1985 vom 29.10.1985; gefestigt in mehreren Folgeentscheidungen wie z.B. 241/1992 vom 21.12.1992; 50/1998 vom 02.03.1998 – sogenannte „*reconducción del contenido del art. 125 al enunciado del art. 24 CE.*“

[4] Zur historischen Entwicklung der Rechtsdogmatik in der spanischen Literatur vgl. insoweit den Überblick bei Pérez Gil S. 226 – 243 und S. 248 – 252.

[5] STC 34/1994: „*La acción es ante todo el derecho a promover la actividad jurisdiccional*“ („Die Klage ist vor allem ein Recht zur Förderung gerichtlicher Aktivität).

tuiert sich damit genauso wenig als „Superrevisionsinstanz“ wie das BVerfG in Deutschland; die Auslegung, ob die Befugnisse des Popularklägers so, wie sie der – einfache – Gesetzgeber vorgibt, unzulässig beschnitten werden obliegt vielmehr den *ordentlichen* Gerichten. Um aber eine Aushöhlung der Rechtsschutzgarantie zu vermeiden, ist das TC gleichwohl gehalten, die ordentliche Gerichtsbarkeit dabei auf offensichtliche Verstöße gegen das Gebot, willkürliche Entscheidungen zu unterlassen, zu prüfen. Um dies an einem konkreten Beispiel zu verdeutlichen: Die Zulassung des nicht verletzten Popularklägers ist z.B. nach Art. 280 LECrim von einer in das Ermessen des Gerichts zu stellenden Sicherheitsleistung abhängig. Das TC hat wiederholt klargestellt, dass es im Rahmen des Art. 24 Ziff. 1 CE weder die Frage prüft, ob der Beschwerdeführer, der sich durch die Verpflichtung zur Sicherheitsleistung in seinem effektiven Rechtsschutz beeinträchtigt sieht, „verletzt“ - und damit von der Sicherheitsleistung befreit - ist, noch ob die Höhe der Sicherheitsleistung angemessen ist. Lediglich bei Offenkundigkeit sachfremder Erwägungen – insbesondere bei Willkür - oder einer unverhältnismäßig hohen Sicherheitsleistung, die den Zugang zum Gericht erheblich zu behindern droht, wird eine Verletzung von Art. 24 Ziff. 1 CE angenommen[1].

Auf Anregung durch ein Sondervotum des Verfassungsrichters *Cruz Villalón*[2] stellte das TC im Jahre 1998[3] schließlich selbst seine Unzufriedenheit mit den beiden oben skizzierten unterschiedlichen[4] Vorgehensweisen fest und bemühte sich um eine „Ausgleich“ bzw. „Vereinheitlichung“[5] beider Positionen. In einer vom Schrifttum teilweise als schwer verständlich, konfus[6] oder inkohärent[7] charakterisierten Begründung stellt das Gericht gleichwohl zwei Dinge klar: Erstens findet die Rechtsprechung, die mit der Entscheidung TC 147/1985 ihren Anfang nahm, ihre prinzipielle Bestätigung durch das Gericht. Zweitens wird die Rechtsprechung aus TC 62/1983 insoweit modifiziert, als für ein persönliches Interesse im Sinne des Art. 24 Ziff. 1 CE nicht mehr die Verfolgung allgemeiner Interessen als generell ausreichend angesehen wird; für eine

[1] STC 326/1994 vom 12.12.1994: *„Es doctrina reiterada de este Tribunal que la limitación injustificada o arbitraria del acceso a los recursos legalmente previstos constituye una lesión del derecho consagrado en el art. 24.1 CE y que dicho derecho impone a los Jueces y Tribunales cuidar de que los requisitos procesales no se conviertan en unas trabas formales o en exigencias que no supongan más que un obstáculo injustificado e impeditivo de la tutela judicial de los derechos e intereses legítimos*“ („ Es entspricht der gefestigten Rechtsprechung dieses Gerichts, dass die ungerechtfertigte oder willkürliche Beschränkung des Zuganges zu den gesetzlich vorgesehenen Rechtsschutzmöglichkeiten eine Verletzung des in Art. 24 Ziff. 1 CE geschützten Rechts darstellt und dass es das besagte Recht den Richtern und Gerichten auferlegt, dafür Sorge zu tragen, dass sich die prozessualen Voraussetzungen nicht in pure Formalien verwandeln oder in Anforderungen, denen nicht mehr Bedeutung zukommt als die einer ungerechtfertigten und beschränkenden Hürde für den gerichtlichen Schutz der Rechte und legitimen Interessen“) - mit Verweis auf die Urteile SSTC 3/1987; 5/1988; 43/1991; 16/1992 und 169/1992).

[2] “*Voto particular*” zu STC 154/1997 (abgedruckt auch bei Latorre Latorre S. 235 {Nr. 7})

[3] STC 50/1998 vom 2. März

[4] Im oben zitierten Sondervotum wurde das Verhältnis der beiden unterschiedlichen Argumentationsschienen als „antithetisch“ bezeichnet.

[5] In der spanischen Fassung des Urteils wird der Begriff „*conciliación*“, also „Aussöhnung“ gebraucht.

[6] Pérez Gil: S. 248, FN. 64

[7] Latorre Latorre: S. 28

Subsumtion unter Art. 24 Ziff. 1 CE ist nun vielmehr ein subjektiver Einschlag nötig[1] – was nach der hier vertretenen Sichtweise sogar auf eine völlige Aufgabe der Rechtsprechung aus TC 62/1983 hinausläuft[2]. Das Gericht definiert in dieser Entscheidung nämlich nicht, wie ein solches „subjektiv geltend zu machendes“ Interesse beschaffen sein soll; klar wird aber aus der eindeutigen Formulierung vor dem Hintergrund einer kritischen Auseinandersetzung mit dem Urteil 62/1983, dass gerade die dort vertretene Argumentation, wonach jedes allgemeine Interesse auch ein individuelles Interesse beinhaltet, das sich gerade aus der Zugehörigkeit des Individuums zur Allgemeinheit deduzieren lässt, nicht mehr aufrecht erhalten werden soll. Ob sich diese Ausführungen aber mit der - zugegebenermaßen schleierhaft formulierten – wahren Intention des *Tribunal Constitucional* decken, bleibt bis zu weiteren Nachfolgeentscheidungen vorerst abzuwarten[3]. Ein umfassendes Eingehen auf die in der Literatur anklingenden Deutungsschwierigkeiten wäre dann sehr wünschenswert.
In seiner umfangreichen Monographie über die Popularklage lehnt *Pérez Gil* die Anwendbarkeit von Art. 24 Ziff. 1 CE auf den nicht verletzten Popularkläger kategorisch ab: Die Wurzel allen Übels erblickt er *a priori* in der von der hLit. und der Rechtsprechung entwickelten Definition der *„acción popular“*, wonach sich die Strafklage selbst als *Recht* konstituiert, nämlich als „Recht der Förderung gerichtlicher Aktivität“[4] und damit direkt unter eines der von Art. 24 Ziff. 1 CE geschützten Rechte subsumiert werden kann. Diese Definition der Klage als Recht, und nicht als Instrumentarium um ein Recht geltend zu machen, sei die Folge einer überkommenen Terminologie, die im modernen Strafrechtssystem der Funktion bzw. dem Sinn und Zweck der Strafverfolgung nicht mehr gerecht werden könne[5]: Seit dem frühen 19. Jahrhundert nämlich sei die Rechtswissenschaft bestrebt gewesen, ein einheitliches und abstraktes Konzept der „Klage“ zu entwickeln, das universelle Bedeutung für alle Rechtsgebiete in Anspruch nehmen sollte. Als Ausgangspunkt diente dabei die Anlehnung an die *„actio“* des römischen Rechts, in der zum einen dogmatisch die prozessuale Geltendmachung mit der materiellen Rechtsposition verschmolzen war, zum anderen aber auch auf dem Gebiet des Strafrechts eine stark dem Zivilrecht angenäherte Ausprägung erfahren hatte – so wurde der Beschuldigte wie eine Partei im Zivilprozess als Prozessgegner des privaten Anklägers angesehen; dieser Ankläger machte seinerseits durch die Strafklage eine besondere Form der Selbstverteidigung geltend. Dies harmonisierte auch mit der Idee des Liberalismus, der in der Klagemöglichkeit selbst ein originäres Freiheitsrecht gegenüber der Staatsgewalt sah, Individualinteressen durchzusetzen. Diese beiden Elemente – die Klage als materielle Rechtsposition sowie die Anlehnung der Strafklage an das Zivilprozessrecht – flossen in die Dogmatik des 19. Jahrhunderts ein, und bedingten auch die gesetzliche Terminologie der 1882 in Kraft getretenen LECrim: Dort

---

[1] „...*siempre que ello [i.e. el interes general] sea...subjetivamente defendible* » („sofern es [d.h. das objektive Interesse] der subjektiven Geltendmachung fähig ist“).

[2] A.A.: Oromí Vall-Llovera: S. 44 und 46 (... *postura intermedia ... integrando las dos líneas interpretativas ...*)

[3] Auch die später erfolgte Entscheidung STS 79/1999 vom 26.04.1999 schafft in diesem Sinne keine Klarheit.

[4] So bei Latorre Latorre: S.1; TC34/1994 vom 31.01.1994

[5] Pérez Gil: S. 248 ff

ist in den Art. 100 ff nur von der *„acción"*, also „Klage" die Rede, nicht aber von einer *„acusación"* („Anklage")[1].
Diese Terminologie und die dahinter stehende Vereinheitlichung des Klagebegriffs seien aber nicht mehr zeitgemäß: zum einen sei schon eine Klage per se kein Recht, sondern ein Instrumentarium, um ein Recht geltend machen zu können. Zum anderen verfolge auch der Strafprozess keine Individualinteressen, sondern die Wiederherstellung des Rechtsfriedens. Letztlich gehe es dabei um eine rein staatliche Funktion; durch das Institut der *acción popular* sei dem Bürger lediglich die Möglichkeit gegeben, als Sachwalter tätig zu werden; eine individuelle Rechtsposition könne daraus nicht gefolgert werden. Dies umso mehr, als auch niemand bei der Strafverfolgung durch den Staatsanwalt von einem individuellen Recht des Staatsanwaltes ausgehen würde; die bloße Tatsache, dass diese Funktion im Rahmen der Popularklage auch ein Bürger ausüben kann, ändere nichts am öffentlichen Wesen dieser Funktion; dadurch werde die Strafverfolgung nicht automatisch zur Privatsache, und der Bürger nicht zum Inhaber eines subjektiven Rechts[2]. Die Bezeichnung der Durchsetzung strafprozessualer Zwecke als *„acción"* sei insoweit ein terminologischer Atavismus, aus dem sich die Anschauung, in der *acción popular* – und zwar auch in ihrer konkreten Ausgestaltung durch den Gesetzgeber - ein „Recht" im Sinne des Art. 24 Ziff. 1 CE zu erblicken, nicht herleiten lasse.
Dementsprechend sei auch das Urteil STC 62/1983 verfehlt[3], das in der Geltendmachung eines allgemeinen Interesses stets die Verfolgung subjektiver Interessen erblickte. Denn auch in diesem Fall fungiere der Popularkläger – wie auch der Staatsanwalt – lediglich als Sachwalter staatlicher Strafverfolgung. Als weiteren Kritikpunkt führt *Pérez Gil* noch die Tatsache an, dass der Strafprozess streng vom Legalitätsprinzip beherrscht sei; demnach mache es überhaupt keinen Unterschied, ob ein Bürger Popularklage erhebe oder es bei einer bloßen Anzeige bewenden lasse – denn das Legalitätsprinzip zwinge die Strafverfolgungsorgane ohnehin, tätig zu werden. Dazu komme, dass der Bürger im Gegensatz zu den staatlichen Organen nicht an Objektivität und Unparteilichkeit gebunden sei[4] – ein Aspekt, der einen Schutz durch Art. 24 Ziff. 1 CE schwer verständlich mache.
Eine geradezu konträre Position dazu nimmt *Latorre Latorre* ein: So soll bei der Frage, ob die Popularklage von der Garantie des Art. 24 Ziff. 1 CE geschützt ist, im Hinblick auf dessen Schutzbereich generell auf das Merkmal eines *persönlichen* Interesses oder Rechtes verzichtet werden. Zwar, so räumt er ein, sei dies nach dem Wortlaut der Vorschrift grundsätzlich erforderlich; wenn man das aber bei der Anwendung auf die Popularklage beibehalte, hieße das, deren Natur zu verkennen und sie bar jeglicher

---

[1] Auf S. 254 hebt Pérez Gil die Unterscheidung zwischen der zivilrechtlichen und strafrechtlichen Terminologie in der deutschen Rechtsdogmatik als vorbildlich hervor; dabei übersieht er jedoch, dass dies auch in unserem Rechtssystem nicht immer ganz eingehalten wird; so findet sich der Begriff „Klage" (statt „Anklage") z.B. in der Formulierung des „Straf*klage*verbrauchs" wieder.
[2] Pérez Gil: S. 280
[3] Pérez Gil: S. 273
[4] Pérez Gil: S. 275

verfassungsmäßigen Kontrolle ihrem Schicksal zu überlassen[1]. Demgegenüber hält er den vom TC in der Entscheidung 147/1985 beschriebenen Weg für verfehlt und widersprüchlich[2]. Auch *Oromí Vall-Llovera* sieht das allgemeine Interesse an Strafverfolgung als vom Schutzbereich des Art. 24 Ziff. 1 CE erfasst an[3].

bb) Stellungnahme

Keine Zustimmung verdienet die Ansicht, die auf das Merkmal des persönlichen Interesses im Rahmen des Art. 24 Ziff. 1 CE verzichten möchte, weil dies dem Wesen der Popularklage, die ja gerade keine persönliche Betroffenheit verlange, nicht gerecht werde. Eine solche Sichtweise verkennt das von dem Prinzip der Normenhierarchie ausgehende Verbot, den Bereich verfassungsrechtlicher Normen *praeter legem* zu verändern mit dem Ziel, diese den einfachgesetzlichen Bestimmungen anzupassen. Auch eine praktische Konkordanz mit der immerhin in der Verfassung aufgeführten Bestimmung des Art. 125 CE kann den Anwendungsbereich des Art. 24 Ziff. 1 CE nicht ausdehnen, da Art. 125 CE selbst lediglich ein Programmsatz ist, der keine Regelung enthält.

Nicht gefolgt werden kann weiter der im Urteil 62/183 entwickelten Argumentation des TC, wonach jedes Interesse der Allgemeinheit gleichzeitig auch ein persönliches Interesse darstelle, das den Anforderungen des Art. 24 Ziff. 1 CE genüge. Denn dies führt unweigerlich zu einer konturlosen Ausuferung des Art. 24 Ziff. 1 CE, der weder vom Wortlaut, noch vom Sinn und Zweck der Vorschrift gedeckt ist. Denn eine solche vom TC verfolgte Auslegung hieße, dass schon das bloße Legalitätsinteresse – das zweifellos auch unter den Begriff des Allgemeininteresses („*interés común*“) subsumiert werden kann – ebenfalls von der Rechtsschutzgarantie geschützt sei – ein Resultat, das der Verfassungsgeber dadurch, dass er ausdrücklich auf die persönlichen Rechte und Interessen abstellt, und auf Grund der Tatsache, dass es sich bei Art. 24 Ziff. 1 CE um ein *Individualgrundrecht* handelt, nicht bezweckt haben kann[4].

Deshalb muss sich die Zulassung des unverletzten Popularklägers nicht an den Vorgaben des Art. 24 Ziff. 1 CE messen lassen.

---

[1] Latorre Latorre: S. 27 und S. 29: "*La exigencia, pues, de un interés legítimo y personal ... no es aceptable. Ciertamente el artículo 24.1 CE dispone la tutela en el ejercicio de sus derechos e* intereses [Hervorhebung im Original], *pero al mismo tiempo la acción popular por definición es extrana a todo interés, de modo que exigir un interés donde por naturaleza no debe concurrir, es condenar a la acción popular a toda falta de control constitucional sobre el acceso al proceso*".

[2] Latorre Latorre: S. 16 und S. 24

[3] Oromí Vall-Llovera: S. 50

[4] Martínez Soria: S. 144 m.w.N.

2. *Die Popularklage durch den Verletzten*

a) Meinungsstand

Ohne sich der oben skizzierten Konstruktionen[1] zu bedienen[2] sieht die Rechtsprechung des TC die vom Verletzten geltend gemachte Popularklage „direkt" von Art. 24 Ziff. 1 CE geschützt. Wörtlich führt es dazu aus: „Die Ausübung der Popularklage ... findet sich in der Rechtsschutzgarantie des Art. 24 Ziff. 1 CE geschützt, denn dass der Verletzte die Verwirklichung des *ius puniendi* des Staates begehrt, um dem grundlegenden Prinzip der Legalität zur vollen Geltung zu verhelfen, ist ein schutzwürdiges Interesse"[3]. Dabei stellt das Gericht aber klar, dass daraus kein Anspruch auf eine bestimmte Entscheidung des Gerichtes abgeleitet werden könne – insbesondere nicht auf eine Verurteilung; lediglich der Zugang des Partikularklägers vor Gericht müsse ermöglicht werden[4]; auch stünde ihm im Falle einer Verfahrenseinstellung ein begründeter richterlicher Bescheid zu[5]. Diese Argumentation findet in der Literatur größtenteils Zustimmung[6] bzw. wird zumindest keiner Kritik unterzogen[7].

b) Stellungnahme

Um den Argumentationsansatz des TC zumindest im Ergebnis nachvollziehen zu können, muss noch einmal die Tatsache ins Gedächtnis gerufen werden, dass die Rechtsschutzgarantie des Art. 24 Ziff. 1 CE schon beim Vorliegen bloßer „legitimer Interessen" eingreift, und nicht erst bei „Rechten", wie z.B. in Art. 19 Abs. 4 des deutschen GG.

Das Gericht sieht in der Verfolgung des Legalitätsprinzips ein solches schutzwürdiges Interesse. Dabei übersieht es aber die Tatsache, dass nach dem Wortlaut von Art. 24 Ziff. 1 CE („*seine* ... Interessen") lediglich *persönliche* Interessen Berücksichtigung finden können; das Legalitätsinteresse betrifft aber die Rechtsgemeinschaft in ihrer Gesamtheit, und nicht den Einzelnen – von einer persönlichen Betroffenheit, die ihn aus dem Kreis der Allgemeinheit hervorhebt, kann unter diesem Aspekt keine Rede sein.

---

[1] Einbeziehung des Begriffs des persönlichen Interesses in den des Allgemeininteresses (STC 62/1983), oder Art. 24 Ziff. 1 CE in Verbindung mit der konkreten einfachgesetzlichen Ausgestaltung der Popularklage (STC 147/1985.

[2] SSTC 37/1993 vom 08.02.1993; 34/1994 vom 31.01.1994

[3] *"El ejercicio de la acción popular ... se encuentra garantizada por el derecho a la tutela del art. 24, pues un interés digno de protección es que el ofendido tiene en orden a solicitar la actuación del „ius puniendi" del Estado a fin de obtener la plena vigencia del principio de la legalidad*".

[4] Im der STC 37/1993 zu Grunde liegenden Fall ging es um eine Einstellungsverfügung in der Ermittlungsphase (*fase instructora*), ohne dass dem Verletzten ein Einschreiten vor Gericht ermöglicht worden wäre.

[5] STC 63/2002 (vom 11.03.2002)

[6] Latorre Latorre: S. 52; Oromí Vall-Llovera: S. 46

[7] Armenta Deu: FS-Roxin, S. 1230; Muerza Esparza in De la Oliva Santos: S. 148; nicht ganz eindeutig bei Pérez Gil

Nun ist es richtig, dass auf einfachgesetzlicher Ebene der verletzte Popularkläger gegenüber dem unverletzten mit gewissen Privilegien ausgestattet ist: So ist er z.B. *inter alia* nach den Art. 280 f LECrim von der Pflicht zur Sicherheitsleistung befreit, kann nach Armenrecht klagen, muss über seine Anschlussbefugnis belehrt werden, muss den Anschluss nicht notwendigerweise durch die Formstrenge der *querella* bewirken und kann die Klage auch gegen Personen richten, gegen die die Popularklage sonst ausgeschlossen ist.[1] Diese Überlegungen können aber keinen Ansatzpunkt dafür bieten, ein *direkt*[2] in Art. 24 Ziff. 1 CE wurzelndes Interesse zu begründen, wie es die Rechtsprechung tut. Lediglich *im Zusammenhang* mit der gesetzgeberischen Intention, die diesen einfachgesetzlichen Privilegierungsvorschriften zu Grund liegt, hätte hier argumentiert werden können und müssen[3]; eine solche Argumentation bleibt die Rechtssprechung aber schuldig.

Hier hätte jedenfalls das oben dargelegte, dem Wesen der Popularklage auf Grund der konkreten opferfreudigen Ausgestaltung des Adhäsionsverfahrens innewohnende Restitutionsinteresse[4] ins Feld geführt werden müssen, das ein schutzwürdiges, individuelles Interesse im Sinne des Art. 24 Ziff. 1 CE darstellt. Der verletzte Popularkläger kann sich deshalb prinzipiell auf die Rechtschutzgarantie des Art. 24 Ziff. 1 berufen. Jede Beschränkung der gerichtlichen Zulassung eines verletzten Popularklägers muss sich insoweit am Maßstab des Art. 24 Ziff. 1 CE messen lassen, als eine Beeinträchtigung des gesetzlich eingeräumten Restitutionsinteresses droht.

V. Die Zulässigkeitsvoraussetzungen

1. Die Klagebefugnis (legitimación)

Der strafprozessuale Grundsatz, wonach jedermann als Popularkläger auftreten kann, gilt nicht ausnahmslos, sondern nur nach Maßgabe der gesetzlichen Vorgaben[5]. Diese enthalten zahlreiche Einschränkungen, die die Klagebefugnis (*legitimación*) negativ definieren und die darzustellen Gegenstand nachstehender Ausführungen sein soll.

a) Einschränkungen im Hinblick auf die Staatsanghörigkeit des Klägers

Die erste Einschränkung der Klagebefugnis ergibt sich bereits aus dem Wortlaut der Art. 17 LOPJ, 101 Abs. 2, 270 Abs. 1 LECrim, wonach die Ausübung der Popularklage – ganz im traditionellen Einklang mit den Vorgängerregelungen zu Art. 101 LEC-

---

[1] Zu den Details s.u.

[2] Irreführend insoweit Latorre Latorre: S. 36

[3] Dabei sind dogmatisch zwei Varianten denkbar: Entweder sieht man – gewissermaßen naturrechtlich – hinter der gesetzgeberischen Intention Interessen, die dem Verletzten stets, also unabhängig von einer tatsächlichen Ausgestaltung der Privilegierung zustehen, oder man stellt sich auf den Standpunkt, dass - wenn der Schutzbereich des Art. 24 Ziff. 1 CE schon bei der Geltendmachung einfachgesetzlicher Rechtspositionen eröffnet ist - , dies dann im Zusammenhang mit der Möglichkeit, auch legitime Interessen unabhängig von subjektiven Rechten zu verfolgen, erst recht für die *ratio legis* der betreffenden, Rechte verleihenden Vorschriften gelten muss.

[4] S.o. 3. Abschnitt § 2 A III. 5..

[5] Art. 19 LOPJ, Art. 101 Abs. 2 LECrim

rim[1] - grundsätzlich spanischen Staatsbürgern (*ciudadanos españoles*) vorbehalten bleibt[2]. Eine Ausnahme trifft Art. 270 Abs. 2 LECrim, der die Klagebefugnis auf Ausländer ausdehnt, soweit diese in Bezug auf die betreffende Straftat eine Stellung als Verletzte einnehmen.

Der Grund für diese unterschiedliche Behandlung liegt auf der Hand: Da der Ausübung der Popularklage eine öffentlich-hoheitliche Funktion zukommt, sollen auch nur diejenigen Individuen damit betraut werden, die sich kraft ihrer Staatsangehörigkeit in einem besonderen Treueverhältnis zu diesem Gemeinwesen, dessen Ordnung wiederherzustellen anerkannter Zweck der Popularklage ist, befinden. Nicht zu diesem Gemeinwesen gehörige Individuen sind in Konsequenz dazu auch nicht zur Wiederherstellung der Ordnung berufen – eine Erwägung, die für den verletzten Ausländer keine Geltung zu beanspruchen im Stande ist, denn dieser macht in erster Linie nicht die Belange des Gemeinwesens, sondern sein eigenes Restitutionsinteresse geltend. Der verletzte Ausländer ist damit unter den gleichen Voraussetzungen wie ein spanischer Staatsangehöriger klagebefugt.

Schwierigkeiten bereitet die Frage, ob Angehörige der Staaten der Europäischen Union auf Grund des Anwendungsvorranges europarechtlicher Vorgaben Inländern gleich gestellt und wie diese unabhängig von einer Eigenschaft als Verletzte die Popularklage zu erheben im Stande sind. Dies wird unter Berufung auf das allgemeine Diskriminierungsverbot des Art. 12 Abs. 1 EGV teilweise befürwortet[3]. Nach der richtigen Gegenansicht ist dies jedoch zu verneinen[4], denn das Straf- und Strafprozessrecht ist in der Kompetenz der Mitgliedstaaten verblieben, der Anwendungsbereich des EGV mithin nicht eröffnet. Selbst wenn man dies anders sehen sollte, ist die Ungleichbehandlung jedenfalls durch die oben angesprochene öffentliche Funktion der Popularklage gerechtfertigt.

b) Einschränkungen im Hinblick auf die Rechtspersönlichkeit des Anklägers

Die frühere Rechtsprechung des Tribunal Supremo[5] und ein Teil des – vorwiegend älteren – Schrifttums[6] sprachen juristischen Personen eine Popularklagebefugnis[7] ab, soweit diese keine Verletztenqualität aufweisen konnten. Gestützt wurde diese Sichtweise auf eine wörtliche Interpretation des Art. 101 Abs. 2 LECrim (und später des Art. 19 LOPJ), wonach unter den Begriff des „Bürgers" (*ciudadano*) nur Einzelpersonen, nicht aber juristische Personen zu subsumieren seien. Dazu gesellen sich systematische Erwägungen, denn die Ausnahmetatbestände des Art. 102 LECrim seien aus-

---

[1] S.o. Erster Abschnitt §5 B II. 2.

[2] Für eine teleologische Reduktion der Beschränkung auf Inländer: Latorre Latorre (S. 51 f.), der allerdings ein gewisses Nexus zwischen dem klagebefugten Ausländer und dem spanischen Staat - z.B. eine dortige Ansässigkeit - fordert.

[3] Gimeno Sendra: PJ 31, S. 91; Latorre Latorre: S. 52 f.

[4] Pérez Gil: S. 373 ff.; Rodríguez Tirado: Justicia 2000, S. 61, Fn. 65; Oromí Vall-Llovera: S. 64

[5] SSTS vom 02.01.1906; vom 03.01.1912; vom 14.10.1914; vom 18.10.1919; vom 09.12.1919; vom 15.02.1921 vom 26.03.1926; vom 02.03.1982; vom 23.02.1987

[6] Paz Rubio: S. 126

[7] Stellenweise wird dies unter dem Prüfungspunkt „Prozessfähigkeit" (*capacidad*) abgehandelt, vgl. Gimeno Sendra in GMAC: S. 274.

schließlich auf natürliche Personen zugeschnitten; dementsprechend müsste begriffsnotwendig auch der Grundsatz, von dem darin abgewichen wird – nämlich die allgemeine Klagebefugnis des Art. 101 LECrim – nur natürliche Personen umfassen[1].
Die jüngere Rechtsprechung[2] nimmt nach einer Grundsatzentscheidung des Verfassungsgerichts[3] aus dem Jahre 1992 mittlerweile eine konträre Haltung ein. Das Gericht stützte seine Entscheidung auf die Tatsache, dass die Aktivlegitimation einer juristischen Person im Rahmen einer Verfassungsbeschwerde längst anerkannt sei, obwohl auch der dafür maßgebliche Art. 52 Ziff. 2 CE lediglich das Wort „Bürger" (*ciudadano*) verwende. Auch die heute ganz herrschende Literaturmeinung[4] billigt einer juristischen Person eine grundsätzlich unbeschränkte Klagebefugnis zu. So sei zum einen der Tatbestand des Art. 101 LECrim vom Schutzbereich der Vereinigungsfreiheit überlagert, denn dieser ermächtige zur Gründung jedweder Personenvereinigung, die keinen gesetzwidrigen Zweck verfolgt; die Erhebung der Popularklage könne auf Grund ihrer ausdrücklichen gesetzlichen Verankerung aber schwerlich unter eine illegale Zielsetzung subsumiert werden[5]. Aber auch auf einfachgesetzlicher Ebene finde die Erhebung der Popularklage durch juristische Personen eine normative Grundlage, denn der zeitlich später als die LECrim erlassene Art. 38 des Zivilgesetzbuches zähle die Erhebung von Strafklagen ausdrücklich zum zulässigen Tätigkeitsumfang juristischer Personen[6]. Schließlich könne die *ratio legis* der Popularklage am besten mit Hilfe juristischer Personen verwirklicht werden, denn diese sei in der Regel schon aus ideellen Gründen motivierter und leistungsstärker als ein Einzelner, der sich auf Grund des Kostenrisikos eher von der Klageerhebung abschrecken lassen wird.
Aus diesem letztgenannten Punkt wird die Relevanz einer genauen Unterscheidung zwischen den Mitgliedern/ Teilhabern der Gesellschaft und dieser selbst deutlich. Das Argument, es sei ohne jeden Belang, ob man einer juristischen Person die Stellung eines Popularklägers zubillige oder nicht, da jedenfalls deren Mitglieder eine Anklage *quivis ex populo* erheben könnten, greift nicht, denn das Kostenrisiko und die Verpflichtung zur Sicherheitsleistung trifft nur den formellen Kläger[7]; darüber hinaus können die Mitglieder einer juristischen Person als Zeugen vernommen werden, wenn ausschließlich letztere als Klägerin auftritt, nicht aber, wenn die Gesellschafter selber eine Position als Kläger inne haben.[8]

---

[1] Martín Bernal: AP 1988 (I), S. 819 f.
[2] SSTC 34/1994 (vom 31.01,1994); 79/1999 (vom 26.04.1999); 129/2001 (vom 04.06.2001)
[3] STC 241/92 vom 21.12.1992; Antragsteller war eine Vereinigung von Angehörigen der Polizeistreitkräfte in der baskischen Provinz Guipúzcoa, die Zulassung als Popularkläger in einem Verfahren wegen Aufrufs zum Terrorismus begehrte.
[4] Gimeno Sendra: RDB Ib 1976, S. 70 ff.; Bujoso Vadell: S. 118; Salom Escrivá: Justicia 1996, S. 404 f.; Montero Aroca: S. 60 f.; Latorre Latorre: S. 53 ff.; Oromí Vall-Llovera: S. 65 ff.
[5] Montero Aroca: S. 60; a.A.: Latorre Latorre, S. 54 f., für den der Wortlaut des Art. 22 CE dafür nichts hergibt und der statt dessen einzig auf die Rechtschutzgarantie des Art. 24 Ziff. 1 CE verweist.
[6] Art. 38 Abs. 1 CC besagt: „Juristische Personen können … Zivil- und Strafklagen nach Maßgabe der Gesetze und ihrer eigenen Statute erheben. (*Las personas jurídicas pueden ... ejercitar acciones civiles o criminales, conforme a las leyes y reglas de su constitución*).
[7] Rodríguez Tirado: Justicia 2000, S. 64
[8] Gómez de Liaño González: S. 572

Die Frage, ob Personenmehrheiten *ohne* eigene Rechtspersönlichkeit unter gleichen Voraussetzungen wie eine juristische Person klagebefugt sind, wird überwiegend nur dann bejaht, wenn diese zum Kreis der Verletzten gehören[1].

c) Einschränkungen im Hinblick auf die anzuklagende Straftat

Nicht jede Straftat kann mittels Popularklage verfolgt werden. Eine gesetzliche Einschränkung findet sich in Art. 104 Abs. 1 LECrim, wonach bestimmte Delikte (Privatklagedelikte)[2] ausschließlich durch die im materiellen Strafrecht bezeichneten Personen – in der Regel der Verletzte oder sein gesetzlicher Vertreter - anzuklagen sind. Nach einem Teil der Literatur[3] soll dies – trotz fehlender positiv-rechtlicher Vorgaben - auch für die Antragsdelikte (*delictos semipúblicos*)[4] gelten, deren Daseinsgrund sich schließlich darauf belaufe, es dem Ermessen des Verletzten zu überlassen, ob ein Strafverfahren eingeleitet werden soll oder nicht. Deshalb sei es folgerichtig, dass nur der Strafantragsberechtigte Strafklage erheben und ihm die Entscheidung von keinem Dritten abgenommen werden darf. Diese Ansicht überzeugt nicht, denn zum einen hat es der Verletzte durch ein Unterlassen der Stellung eines Strafantrags oder durch das Institut der Verzeihung (*perdon*)[5] stets in der Hand, einer Strafverfolgung Einhalt zu gebieten. Zum anderen hat der Gesetzgeber das Problem in Art. 104 LECrim erkannt, was den Rückschluss zulässt, dass er bei den Antragsdelikten nicht von einer Einschränkung der Klagebefugnis im Rahmen der Antragsdelikte ausgeht. Schließlich ist der Popularkläger in seiner öffentlichen Funktion der Staatsanwaltschaft grundsätzlich gleichgestellt, und diese ist in ihrer Verfahrenseinleitung bei Strafantragsdelikten – bei Vorliegen eines gültigen Strafantrags – auch keinen Beschränkungen unterworfen.

d) Einschränkungen des Art. 102 LECrim

Die Fallgruppen des Art. 102 LECrim umfassen personenbezogene Merkmale, die zu einem Ausschluss des Betreffenden vom Kreis der tauglichen Popularkläger führen (*exclusión genérica*)[6], sofern sich die entsprechende Straftat nicht gegen die eigenen Rechtsgüter oder gegen die der in Abs. 2 aufgezählten Personen des familiären Näheverhältnisses – Ehegatten, Vorfahren, Abkömmlinge, Voll- oder Halbgeschwister, Schwäger – richtet.

aa) Nach Art. 102 Abs. 1 Ziff. 1 LECrim ist jemandem, der sich nicht „im Vollbesitz seiner bürgerlichen Rechte“[7] befindet, die Ausübung der Popularklage versagt. Einig-

---

[1] Montero Aroca: S. 65; ihm folgend Rodríguez Tirado: Justicia 2000, S. 67; Oromí Vall-Llovera: S. 56 (unter Berufung auf Art. 7 Ziff. 3 LOPJ); offengelassen von Silguero Estagnan: S. 123

[2] S. u. 3. Abschnitt § 2 B.

[3] Montero Aroca, S. 62; ihm folgend Salom Escrivá: Justicia 1996, S. 410; Paz Rubio, S. 126.; Oromí Vall-Llovera: S. 80

[4] S.o. 2. Abschnitt § 1 C I. und II. 2.

[5] S.o. 2. Abschnitt § 1 C VII.

[6] Oromí Vall-Llovera: S. 70 f., 84, die allerdings im Fall von Sexualdelikten Ausnahmen zulassen möchte

[7] *...El que no goce de la plentitud de los derechos civiles.*

keit besteht dahingehend, dass die antiquierte Formulierung einen Mangel umschreibt, der mit der zivilrechtlichen Geschäftsunfähigkeit gleichzusetzen ist. So können z.B. Minderjährige[1] nicht als Popularkläger auftreten (sofern sie nicht emanzipiert sind[2], vgl. Art. 323 CC).
Die dogmatische Einordnung[3] dieser Variante wird jedoch nicht einheitlich beurteilt. Nach einer Sichtweise[4] handelt es sich hierbei nicht um eine Frage der Klagebefugnis, sondern um eine in Anlehnung an die zivilprozessualen Vorschriften[5] zu bildende Prozessfähigkeit mit der Folge, dass sich der Geschäftsunfähige durch seinen gesetzlichen Vertreter vertreten lassen kann. Die Gegenansicht[6] subsumiert die strafprozessuale Prozessfähigkeit streng unter den Prüfungspunkt Klagebefugnis, so dass eine gesetzliche Vertretung ausgeschlossen ist und ein unverletzter[7] Geschäftsunfähiger niemals die materielle Stellung eines Popularklägers innehaben kann. Die zweite Ansicht kann sich auf überzeugende systematische und teleologische Erwägungen stützen, denn zum einen würde nach der ersten Ansicht – diese konsequent weitergedacht - aus Art. 102 Abs. 2 LECrim entweder folgen, dass Geschäftsunfähige keines gesetzlichen Vertreters mehr bedürfen, sobald sie selbst verletzt sind – was im Hinblick auf die Notwendigkeit einer geordneten Rechtspflege unmöglich dem Willen des Gesetzes entsprechen kann – oder dass Art. 102 Abs. 2 LECrim eines Regelungsgehaltes in Bezug auf Art. 102 Abs. 1 Ziff. 1 LECrim vollständig entbehrt – ein Rückschluss, der sich schon daraus verbietet, dass Abs. 2 im Gegensatz zu Abs. 3 gerade keine Einschränkung auf die Ziff. 2 und 3 des ersten Absatzes vornimmt. Zum anderen dient die Popularklage der Wiederherstellung des Rechtsfriedens der Rechtsgemeinschaft. Zu solchem berufen sind indes nur deren mündige Angehörige – ein archaischer, aber vom Gesetz so gewollter Zug. Vor der höchstrichterlichen Rechtsprechung hat dieser Streit bisher noch keine Rolle gespielt.

bb) Nach Art. 102 Abs. 1 Ziff. 2 LECrim kann niemand Popularklage erheben, der schon zwei Mal rechtskräftig wegen Falschanzeige oder eines Verleumdungsdeliktes verurteilt wurde[8]. Sinn und Zweck dieser Vorschrift sei – so die gängige Doktrin - in einer zusätzlichen Sanktion für den Verurteilten und in seiner mangelnden Glaubwürdigkeit vor Gericht – frei nach dem Motto: „wer zweimal lügt, dem glaubt man nicht“ – zu erblicken. Letzter Punkt hat dazu geführt, dass ein Teil der Lehre[9] im Zuge einer

---

[1] Personen vor Vollendung des 18. Lebensjahrs, vgl. Art. 315 CC.
[2] Zum Begriff der Emanzipation: s.o. 2. Abschnitt § 1 C IV. 1 a) bb) (1) (b) (aa).
[3] Gimeno Sendra (in GMAC, S. 275 und in P.J. 31, S. 92) spricht von einer “dogmatischen Verwischung” zwischen Klagebefugnis und Prozessfähigkeit.
[4] Muerza Esparza in De la Oliva Santos u.a.: S. 148; Salom Escrivá: Justicia 1996, S. 401ff.
[5] A.A.: Salom Escrivá, Justicia 1996, S. 401ff, der das Erfordernis einer gesetzlichen Vertretung über Art. 102 Abs. 3 LECrim herzuleiten versucht.
[6] Gimeno Sendra: RDB Ib 1976, S. 76; Montero Aroca: S. 61 ff.; Oromí Vall-Llovera: S. 56 f. und 166
[7] Der Verletzte ist von der Einschränkung nach Abs. 2 der Vorschrift ausgenommen; insoweit verweist auch diese Meinung auf die analoge Anwendbarkeit der zivilprozessualen Prozessfähigkeit mit der Folge einer möglichen Vertretung (so i.E. Montero Aroca, S. 64).
[8] Nach Oromí Vall-Llovera (S. 71) ist davon nur noch der Tatbestand des Art. 456 CP betroffen.
[9] Salom Escrivá: Justicia 1996, S. 402

teleologischen Reduktion auf das Erfordernis einer zweimaligen Verurteilung verzichten zu können glaubt und dem Betreffenden die Klagebefugnis bereits bei der ersten Verurteilung abspricht – ein im Hinblick auf den Nulla-Poena-Grundsatz rechtsstaatlich höchst bedenkliches Vorgehen, sieht man in dem Legitimationsausschluss tatsächlich eine echte strafrechtliche Sanktion. Nach Ablauf der strafregisterrechtlichen Löschungsfrist des Art. 136 CP entfällt die Einschränkung des Art. 102 Abs. 1 Ziff. 2 LECrim[1].
Deutlich zu Tage treten hierbei die historischen Wurzeln der Popularklage in kaum veränderter Form, denn schon das *iudicium publicum*[2] der späten römischen Republik sah einen Ausschluss der Popularklage vor, wenn der Kläger eine solche bereits zweimalig im nicht eigenen (d.h. sachfremden, da nicht von republikanischen Idealen geleiteten) Interesse eingebracht hatte. Aufgegriffen wurde dieser Gedanke in der *accusatio* der *Siete Partidas*[3], wonach ebenfalls die zweimalige Anklageerhebung für eine fehlende Legitimation der dritten sorgte.

cc) Art. 102 Abs. 1 Ziff. 3 LECrim schließlich nimmt Richter vom Kreis der tauglichen Ankläger aus. Bezweckt wird dadurch eine möglichst strikte Einhaltung des Akkusationsprinzips – eine Vorgabe, die als so bedeutend angesehen wird, dass Richtern – nicht aber Staatsanwälten - auch als Privatpersonen eine Eigenschaft als Popularkläger zu versagen ist[4].

e) Einschränkungen des Art. 103 LECrim

Die die Klagebefugnis einschränkenden Tatbeständen des Art. 103 LECrim (*exclusión específica*)[5] zeichnen sich durch ihre personale Relativität aus, indem sie allein auf das Verhältnis zwischen Popularkläger und Angeklagtem abstellen. Der Normzweck beläuft sich auf den Schutz bestimmter familiärer Näheverhältnisse. So ist nach Abs. 1 der Vorschrift einem Ehegatten die Anklage des anderen Gatten verwehrt, soweit dieser oder sein Kind nicht die Stellung des Verletzten reklamieren oder es sich bei der angeklagten Straftat um das Vergehen der Bigamie (Art. 217 CP) handelt. Nach Abs. 2 gilt der Ausschluss der Klagebefugnis auch im Verhältnis zwischen Vorfahren und Abkömmlingen bzw. Geschwistern und Schwägern, auch wenn sich die verwandtschaftlichen Bande auf Adoption gründen.

[1] Salom Escrivá: Justicia 1996, S. 402
[2] S.o. 1. Abschnitt § 2 B III.
[3] S.o. 1. Abschnitt § 4 B III. 2.
[4] Montero Aroca, S. 61
[5] Oromí Vall-Llovera: S. 71 f.

2. *Ordnungsgemäße Einreichung der Klageschrift (querella)*

a) Allgemeines

Die Popularklage setzt grundsätzlich das Einreichen einer formell ordnungsgemäßen und mit den gesetzlichen Mindestinhalten versehenen Klageschrift (*querella*) vor dem örtlich zuständigen Untersuchungsrichter voraus (Art. 272 bis 277 LECrim).
Zum besseren Verständnis der nachstehenden Ausführungen sei bereits an dieser Stelle vorangestellt, dass der Klageschrift selbst noch keinerlei Umgrenzungsfunktion zukommt, wie dies bei der Anklage des deutschen Rechts der Fall ist[1], sondern dass der für das Urteil maßgebliche Verfahrensgegenstand erst später, d.h. nach Abschluss des Ermittlungsverfahrens vor dem Untersuchungsrichter (*sumario*) und Eröffnung des Hauptverfahrens mit den sogenannten *calificaciones provisonales* eine erste bindende Eingrenzung erfährt[2]. Unter einer *calificación provisonal* versteht das spanische Recht[3] eine vorläufige schriftliche Stellungnahme der Staatsanwaltschaft bzw. des Popular- oder Privatklägers zum Tathergang, wie er sich für diese Personen aus den Ermittlungen im Vorverfahren ergibt. Die vorläufige Stellungnahme grenzt nicht nur den Verfahrensgegenstand der mündlichen Verhandlung ein, sondern ist insoweit auch vorgreiflich für die verfahrensabschließenden Stellungnahmen (*calificaciones definitivas*)[4], die wiederum den Verfahrensstoff für das Urteil determinieren[5].
Die mangelnde Verfahrenseingrenzung durch die *querella* ist in erster Linie darauf zurückzuführen, dass sie im Gegensatz zur Anklage des deutschen Rechts nicht erst nach Abschluss des staatsanwaltschaftlichen Ermittlungsverfahrens erhoben wird, sondern - von Sicherungsmaßnahmen abgesehen - ganz zu Beginn[6] des Untersuchungsverfahrens, in dem der Sachverhalt noch seiner Ermittlung harrt. Deshalb qualifiziert die spanische Dogmatik[7] die *querella* noch nicht als Geltendmachung des staatlichen Strafanspruchs[8] an sich, sondern lediglich als eine Vorbereitungshandlung, kraft derer die Einleitung eines Ermittlungsverfahrens begehrt wird. Dementsprechend steht in diesem Stadium noch die *notitia criminis* im Vordergrund der den Formerfordernissen der Art. 272 ff. LECrim zu Grunde liegenden gesetzgeberischen Intention. Von einer Anzeige unterscheidet sich die *querella* indes insoweit, als der *querellante* im Gegensatz zum *denunciante* um eine originäre Stellung als Verfahrensbeteiligter ersucht.

---

[1] Zum Meinungsstand, inwieweit in Deutschland eine nach Einreichung der Anklage vorgenommene Nachbesserung in wesentlichen Punkten zulässig ist vgl. Beulke: Rn. 285.
[2] Tomé Garcia in De la Oliva Santos u.a.: S. 444
[3] Vgl. Art. 649 ff. LECrim im ordentlichen und Art. 781 LECrim im abgekürzten Verfahren.
[4] Vgl. Art. 732 LECrim im ordentlichen und Art. 788 Nr. 3 LECrim im abgekürzten Verfahren.
[5] Zum Ganzen: Volkmann-Schluck, S. 111 ff.
[6] Zur Frage, inwieweit nach der Verfahrenseinleitung durch einen anderen Akteur überhaupt noch eine Notwendigkeit zur Einreichen einer Klageschrift besteht, s.u.
[7] Salom Escrivá: Justicia 1996, S. 420 f.
[8] *ejercicio de la acción penal*

b) Entbehrlichkeit der Klageschrift

Nicht immer bedarf es der Einreichung einer formellen Klageschrift, um Privatpersonen in den Genuss einer Stellung als Ankläger zu bringen. Vielmehr sind Konstellationen denkbar, in denen eine formlose Anschlusserklärung[1] vor dem Gericht ausreicht. Die einzig ausdrücklich normierte Fallgruppe findet sich dafür in dem 2002 durch Gesetz Nr. 38 neu gefassten Art. 761 Ziff. 2 (vor der Gesetzesänderung: 783 Ziff. 2 a.F.) LECrim, wonach der Verletzte bzw. Geschädigte im abgekürzten Verfahren (*procedimiento abreviado*) von dem Erfordernis der Einreichung einer Anklageschrift *expressis verbis* befreit ist.

Die hL[2] und die Rechtsprechung[3] wollen darüber hinausgehend unabhängig von Verfahrensart und Verletzteneigenschaft immer dann auf das Erfordernis einer Klageschrift verzichten, wenn - vom wem auch immer - bereits ein Verfahren eingeleitet wurde, sei es durch die Staatsanwaltschaft, sei es durch einen anderen privaten Ankläger. Gestützt wird dies in erster Linie darauf, dass das Erfordernis einer zusätzlichen formellen Klageschrift andernfalls zu einem bloßen Formalismus reduziert werde, dem gerade im Hinblick auf die in Art. 24 Ziff. 1 CE enthaltene Rechtsweggarantie jede Daseinsberechtigung abzusprechen sei. Dem wird zu Recht entgegengehalten, dass Gründe der Rechtssicherheit zumindest immer dann eine *querella* im Sinne der Art. 272 ff. LECrim erfordern, wenn es sich bei dem Ankläger nicht um den Verletzten handelt[4], zumal sich ein Unverletzter - wie oben erörtert - nicht auf Art. 24 Ziff. 1 CE berufen kann. Allerdings folgt aus dem in Art. 24 Ziff. 1 CE verbürgten Zugang zu Gericht nicht unmittelbar auch die Pflicht, dem Verletzten alle denkbaren Steine aus dem Weg zu räumen; dafür sind die formellen Anforderungen der Art. 272 ff. LECrim nicht unzumutbar hoch genug[5]. Allenfalls der in Art. 24 Ziff. 1 CE enthaltene Grundsatz *in dubio pro actione* kann hier in Verbindung mit der vom Gesetzgebers verwendeten Begrifflichkeit zum Tragen kommen, denn das Gesetz befleißigt sich ausschließlich in den Fällen, in denen es auf die Möglichkeit der Anklageerhebung durch den Verletzten zu sprechen kommt[6], der Formulierung "*mostrarse parte*", was sich im Sinne eines erleichterten Zugangs (bloße Anschlusserklärung) vor Gericht interpretieren lässt.

Zusammenfassend ist festzuhalten, dass das Erfordernis einer förmlichen Klageschrift für den Verletzten im abgekürzten Verfahren überhaupt und für den Verletzten im ordentlichen Verfahren immer dann entfällt, wenn bereits ein Verfahren eingeleitet wurde. Wie *Pérez Gil*[7] bemerkt verwendet die LECrim für den privaten Ankläger den

---

[1] In der Terminologie des TS "*una simple intervención procesal adhesiva o de coadyuvante*" (vgl. STS vom 03.06.1995; RAJ 1995, Rn. 4535).

[2] Gimeno Sendra: La Querella, S. 91; Latorre Latorre: S. 66; differenzierend Oromí Vall-Llovera: S. 89 f.

[3] SSTS vom 12.03.1992 (RAJ 1992, Rn. 2084); vom 03.06.1995 (RAJ 1995, Rn. 4535); davon abw.: Beschluss des TSJ Valencia vom 17.04.1990

[4] Gimeno Sendra: PJ 31, S. 91; Pérez Gil: S. 489; ktitisch zur hM ebenfalls Aragoneses Martínez: RDP 1998, Bd. 1, S. 15 f.

[5] So auch Gimeno Sendra: PJ 31, S. 91; ihm folgend Pérez Gil, S. 463, Fn. 12

[6] Vgl. Art. 109 f., 761 Ziff. 2 LECrim

[7] S. 496, Fn. 97

Terminus *querellante* unabhängig davon, ob dieser seine Parteistellung einer förmlichen Anklageschrift oder einer einfachen Anschlusserklärung verdankt.

c) Zeitpunkt/ Präklusion

Ein weiteres Problem wurzelt in der Frage, ab welchem Zeitpunkt der Ankläger mit dem Einreichen der Klageschrift bzw. - falls diese entbehrlich ist - mit der Anschlusserklärung präkludiert ist. Relativ eindeutig gestaltet sich die Rechtslage im Hinblick auf den verletzten Popularkläger, dem Art. 110 LECrim als spätesten Zeitpunkt den "Verfahrensschritt der Stellungnahmen" (*trámite de calificaciones*) vorgibt. Nach hM ist mit dieser Formulierung im ordentlichen Verfahren der Eröffnungsbeschluss (*auto de apertura*) und im abgekürzten Verfahren die Anordnung einer mündlichen Verhandlung gemeint[1]. Keine einheitliche Linie wurde in der Vergangenheit jedoch hinsichtlich der Anwendbarkeit dieser Vorschrift auch auf den nicht verletzten Popularkläger verfolgt. Die kurz nach Entstehen der LECrim vorherrschende Ansicht sah in der Popularklage des nicht Verletzten lediglich eine subsidiäre, keinesfalls aber prinzipale Klagemöglichkeit[2]. Dies hatte zur Folge, dass eine nicht verletzte Person nur in Abwesenheit einer von anderer Seite erfolgten Verfahrenseinleitung tätig werden konnte. Heute hingegen sieht man auf Grund der Tatsache, dass der Ankläger nach Art. 110 Abs. 1 LECrim so in den Stand des Prozesses eintritt, wie er ihn zum Zeitpunkt des Anschlusses vorfindet, keine Einwände mehr, die eine Ungleichbehandlung zwischen verletztem und nicht verletztem Ankläger rechtfertigen könnten[3], zumal dadurch die Gefahr einer Prozessverschleppung weitgehend gebannt ist.

d) Die formellen und inhaltlichen Anforderungen an die Klageschrift im Einzelnen

aa) Form

(1) Die Klageschrift ist bei dem im Sinne der Art. 14 ff. LECrim örtlich zuständigen Untersuchungsrichter einzureichen, sofern der Beschuldigte keiner speziellen Gerichtsbarkeit[4] unterfällt (Art. 272 Abs. 1 LECrim). Hat der Ankläger den Beschuldigten auf frischer Tat angetroffen oder besteht Flucht- oder Verdunklungsgefahr, kann er sich ausnahmsweise an das nächstgelegene Gericht oder an die nächstgelegene Polizeidienststelle wenden (Art. 273 LECrim). Gleichwohl hat er die Anklage vor dem zuständigen Untersuchungsrichter auf formell ordnungsgemäße Weise nachzuholen, denn die *ratio legis* des Art. 273 LECrim erschöpft sich darauf, die Einleitung von Ermittlungshandlungen zu veranlassen, wenn Gefahr im Verzug ist[5]; weiterreichende Beteiligungsbefugnisse sol-

[1] Kritisch dazu: Pérez Gil, S. 463 ff.
[2] Nachweise bei Pérez Gil, S. 640 f.
[3] Nachweise und Kritik bei Pérez Gil: S. 641 f., 465
[4] Vgl. dazu Art. 57 Abs. 2 und 73 Abs. 2 LOPJ
[5] Salom Escrivá: Justicia 1996, S. 418

len sich daraus aber nicht ergeben. Demnach kommt dieser Vorschrift in der Praxis faktisch keine Bedeutung zu[1].

(2) Die Klage muss schriftlich erhoben werden. Dies folgt indirekt aus der Bestimmung in Art. 277 Abs. 2 S. 1 LECrim, wonach die Benutzung von Offizialpapier (*papel oficial*) angeordnet ist, obgleich dieses bereits durch Gesetz Nr. 25/1986 vom 24.12.1986 abgeschafft wurde[2].

(3) Grundsätzlich kann der private Ankläger die Klageschrift nicht persönlich einreichen, sondern muss sich dazu eines qualifizierten und zugelassenen Prozessvertreters (*procurador*) bedienen[3], der - obgleich ebenfalls Jurist - nicht mit der Figur eines Rechtsanwalts (*abogado* oder *letrado*) zu verwechseln ist. Obliegt dem Rechtsanwalt die juristische Beratung, die inhaltliche Fassung der Schriftsätze sowie das Plädoyer[4], ist die Parteivertretung ausschließlich dem *procurador* vorbehalten[5]. Die wirksame Vertretung setzt grundsätzlich eine sich spezifisch auf die Klageerhebung erstreckende Bevollmächtigung (*poder especial para formular la querella*) voraus. Ob sich diese auf das konkrete Prozessverhältnis erstrecken muss (*poder especialísimo*), oder ob eine allgemeine Prozessbevollmächtigung ausreicht, wird nicht einheitlich beurteilt[6]. Die darüber geführte Diskussion ist in der Praxis ohnehin nicht von Belang, da der Kläger das Fehlen einer Sondervollmacht mit seiner - nach der Rechtsprechung stets erforderlichen - Unterschrift heilen kann (Art. 277 Abs. 2 Ziff. 7 LECrim). Formell setzt die Bevollmächtigung - zumindest nach dem Wortlaut des Art. 277 Abs. 1 LECrim - eine anwaltliche Beglaubigung (*bastanteo*) voraus. Mit dem Hinweis, die Wirksamkeit der Bevollmächtigung hänge nicht von der subjektiven Einschätzung eines Rechtsanwaltes ab, sondern einzig von der tatrichterlichen Beurteilung, setzt sich die herrschende Ansicht[7] über dieses Erfordernis hinweg. Mit der Vollmachtsbeglaubigung darf allerdings die nach Art. 277 LECrim zusätzlich erforderliche Unterschrift eines Rechtsanwaltes unter die Klageschrift nicht verwechselt werden. Alternativ dazu kann die Bevollmächtigung nach Maßgabe des Art. 281 Ziff. 3 LOPJ durch eine Erklärung zur Niederschrift der Geschäftsstelle des Gerichtes erfolgen. Ist der Verfahrensgegenstand auf ein Vergehen beschränkt, bedarf es nach Art. 969 Ziff. 1 S. 2 LECrim keiner Mitwirkung eines *procuradors* oder eines Rechtsanwaltes.

(4) Nach dem Wortlaut des Gesetzes (Art. 277 Abs. 1 LECrim) hat lediglich ein zugelassener Rechtsanwalt (*letrado*) die Klageschrift zu unterzeichnen, nicht aber der Kläger. Dies geht aus Art. 277 Abs. 2 Ziff. 7 LECrim hervor, wonach dessen Unterschrift nur zur Heilung einer mangelhaften Bevollmächtigung des

[1] Aragoneses Martínez in De la Oliva Santos u.a.: S. 319

[2] Pérez Gil: S. 467, Fn. 24; Salom Escrivá: Justicia 1996, S. 426; a.A.: Aragoneses Martínez in De la Oliva Santos u.a.: S. 320, wonach das Erfordernis des *papel oficial* erst durch das Gesetz Nr. 66/1997 vom 30.09.1997 entfallen ist.

[3] vgl. Art. 277 Abs. 1 LECrim; dies gilt nicht im Prozess wegen eines Vergehens, vgl. Art. 969 Ziff. 1 LECrim.

[4] Adomeit/Frühbeck: § 13 II

[5] vgl. Art. 438 Abs. 1 LOPJ

[6] Zum Meinungsstand: Pérez Gil. S. 468 ff.

[7] Salom Escrivá: Justicia 1996, S. 415 f.; ihm folgend Pérez Gil: S. 470

procuradors erforderlich ist. Die richterliche Praxis hingegen verlangt aus Gründen der Rechtssicherheit stets eine eigenhändige Unterschrift des Klägers, so dass dieser sich den Inhalt der Klageschrift zu eigen macht und sich in einem etwaigen Haftungsprozess später nicht auf Unkenntnis berufen kann[1].

bb) Inhalt

Den Inhalt einer Klageschrift gibt Art. 277 Abs. 2 LECrim vor:

(1) Bezeichnung des zuständigen Gerichts;
(2) Vor- und Nachnamen des Klägers sowie dessen Anschrift;
(3) Vor- und Nachnamen des Beschuldigten sowie dessen Anschrift oder zumindest Angaben, die eine möglichst genaue Identifizierung ermöglichen;
(4) dem Beschuldigten zur Last gelegter Sachverhalt;
(5) Bezeichnung der vorzunehmenden Ermittlungshandlungen;
(6) Antrag auf Zulassung der Anklage;
(7) Unterschrift des Klägers (in Ermangelung einer Sonderbevollmächtigung des *procuradors*).

Im Einzelnen herrscht Streit, welchem der oben genannten Punkte lediglich der Charakter einer Sollvorschrift (*requisito accidental*) zukommt und welcher zwingend zu befolgen ist. So wird stellenweise vertreten, dass sich aus den bloßen Angaben über die Person des Klägers bereits schlüssig die Klagebefugnis im Sinne der Art. 102 f. LECrim[2] ergeben muss[3]. Für Diskussionsstoff sorgt auch der nötige Identifizierungsgrad im Hinblick auf die Person des Beschuldigten. Während ein Urteil der Audiencia Provincial de Bilbao[4] mit der Begründung, eine Anklage könne sich nur gegen eine bestimmte Person richten, die Vorgabe in Art. 277 Abs. 2 Nr. 2 LECrim zum zwingenden Mindestinhalt einer Klageschrift zählt, postuliert die herrschende Meinung eine Klagezulassung auch für die Fälle, in denen eine Bestimmung des Täters noch nicht möglich ist; vielmehr reiche eine genaue Identifizierung des Beschuldigten nach Abschluss des Untersuchungsverfahrens (also zum Zeitpunkt der vorläufigen Stellungnahmen) aus[5].
Einigkeit herrscht jedoch dahingehend, dass zum einen die Bezeichnung der zur Sachverhaltsaufklärung erforderlichen Ermittlungshandlungen im Hinblick auf den Amtsermittlungsgrundsatz des Untersuchungsverfahrens entbehrlich ist[6]. Die Bedeutung des Art. 277 Abs. 2 Ziff. 5 LECrim wird darin gesehen, dass das Gericht unter Berücksichtigung des Art. 24 Ziff. 1 CE die Vornahme der Ermittlungshandlungen nur mittels

[1] Salom Escrivá: Justicia 1996, S. 429
[2] S.o. 3. Abschnitt § 2 A V. I.
[3] Pérez Gil: S. 479
[4] Urteil vom 12.04.1988 (abgedruckt in La Ley 1988, Bd. 3, S. 702)
[5] Ist dies bis dahin nicht geschehen, wird das Verfahren nach Art. 641 Ziff. 2 bzw. 782 Ziff. 1 LECrim vorläufig eingestellt.
[6] Vgl. Art. 299, 306, 308 LECrim

einer begründeten Entscheidung zurückweisen kann, gegen die dem Antragsteller die Rechtsmittel der *reforma* und *queja* bzw. die Verfassungsbeschwerde offen stehen[1]. Zum anderen ist der Antrag auf Zulassung der Anklage nach einhelliger Ansicht unerlässliche Bedingung für die Klagezulassung, denn nur insoweit lässt sich die Klageschrift von einer bloßen Anzeige abgrenzen, bedenkt man, dass in diesem Antrag der Wille einer aktiven Verfahrensbeteiligung konkludent enthalten ist[2].
Nicht erforderlich ist ein konkreter Antrag auf Bestrafung[3], denn ein solcher ist erst im Rahmen der vorläufigen Stellungnahmen einzureichen (Art. 650 Ziff. 5 LECrim). Ebenso wenig hat im Stadium der Anklageerhebung eine rechtliche Würdigung zu erfolgen.

3. Sicherheitsleistung (fianza)

a) Art. 280 Abs. 1 LECrim gibt dem privaten Ankläger eine Sicherheitsleistung auf, deren Art und Höhe nach richterlichem Ermessen festzusetzen ist. Davon nimmt Art. 281 LECrim folgende Personen aus:

(1) Der Verletzte sowie seine Erben und gesetzlichen Vertreter;
(2) Die Witwe bzw. der Witwer sowie die in Art. 261 Ziff. 2 und 3 LECrim genannten Personen[4], soweit es sich um ein Tötungsdelikt handelt.

Ausländer können sich auf diese Ausnahmeregelung nur dann berufen, wenn ein entsprechendes internationales Abkommen besteht[5], oder wenn in der Praxis die Gegenseitigkeit verbürgt ist. Wegen des Diskriminierungsverbotes in Art. 12 Abs. 1 EGV können Staatsangehörige eines der EU-Mitgliedstaaten allerdings keine Behandlung nach Art. 281 LECrim geltend machen, denn nach der Rechtsprechung des EuGH[6] ist Inländerbevorzugung hinsichtlich einer Prozesskostensicherheit nur dann verboten, wenn die Klage eine vom Gemeinschaftsrecht gewährleistete Grundfreiheit berührt, worunter die Durchsetzung des staatlichen *ius puniendi* jedenfalls nicht einzuordnen ist.

b) Nach ständiger Rechtsprechung des TC und einem Teil der Lehre ist die geltende Regelung verfassungsgemäß, das grundsätzliche Erfordernis einer Sicherheitsleistung keine den Zugang zu Gericht über Gebühr erschwerende Zulässigkeitshürde[7]. Insbesondere sei das richterliche Ermessen im Hinblick auf die Festsetzung der Sicherheitsleistung aus verfassungsgerichtlicher Sicht nicht justitiabel. Etwas anderes gelte nur dann, wenn der Art bzw. der Höhe der angeordneten Sicherheitsleistung im konkreten

---

1 STC Nr. 351/1993 vom 29.11.1993; Salom Escrivá: Justicia 1996, S. 427 f.
2 Statt aller: Gimeno Sendra in GMAC, S. 279
3 De la Oliva Santos: S. 183
4 S.o.; zu den historischen Wurzeln dieser Vorschrift: Gimeno Sendra, RDB Ib 1976, S. 80.
5 Entgegen der Ansicht von Gimeno Sendra (RDB Ib 1976, S. 87) und Latorre Latorre (S. 61) handelt es sich bei dem Haager Übereinkommen über den Zivilprozess nicht um ein solches Abkommen, da sich dessen Anwendungsbereich auf den Zivilprozess erschöpft, nicht aber auf die den staatlichen Strafanspruch geltend machende Popularklage Anwendung findet.
6 EuGH: NJW 1996, S. 3407; NJW 1998, S. 2127
7 SSTC 62/1983; 113/1984; 147/1985; 326/1994; 50/1998; 79/1999; a.A.:Latorre Latorre, S. 71 ff.

Fall eine erdrosselnde Wirkung zukommt, kraft derer die Rechtsschutzgarantie zur leeren Hülle verkommt und die Grenze zur Willkür überschritten wird[1].

c) Der Sinn und Zweck des Art. 280 LECrim besteht zum einen darin, die Erstattung der Prozesskosten zu gewährleisten, wenn der Popularkläger zur Kostenfolge des Art. 240 Ziff. 3 LECrim verurteilt wird[2]; zum anderen sollen etwaige deliktische Schadensersatzansprüche des zu Unrecht Beschuldigten gesichert werden. In dieser Hinsicht fungiert die Sicherheitsleistung als Filter, der einer privaten Anklage ein Mindestmaß an Seriosität abverlangt - ein Erfordernis, das der Gesetzgeber im Hinblick auf den verletzten Popularkläger für überflüssig erachtet hat[3]. Nach einem Teil der Literatur[4] und der Rechtsprechung[5] ist die Sicherheitsleistung unabhängig vom Verletztenstatus des Klägers auch dann nicht erforderlich, wenn bereits Anklage - durch die Staatsanwaltschaft oder durch einen anderen privaten Ankläger - erhoben worden ist, denn in diesem Fall kommt die oben bezeichnete Filterwirkung ohnehin nicht mehr zum Zuge[6].

d) Die Art und Höhe der Sicherheitsleistung legt das Gericht nach seinem freien Ermessen fest; allerdings gibt Art. 591 LECrim einen gewissen *numerus clausus* an zulässigen Sicherungsmitteln vor, wie die Bestellung einer Hypothek bzw. eines Pfandrechts, eine Bankbürgschaft oder die Hinterlegung von Wertpapieren bzw. Bargeld[7]. Im Hinblick auf die Höhe der Sicherheitsleistung statuiert Art. 20 Ziff. 3 LOPJ lediglich, dass diese "angemessen" zu sein hat[8]; unterhalb dieser Schwelle ist das richterliche Ermessen keiner verfassungsgerichtlichen Überprüfung[9] zugänglich[10].

e) Aus dogmatischer Sicht gilt die Nichtleistung der Sicherheit als auflösend bedingte Zulässigkeitsvoraussetzung[11] der Popularklage, denn der Zeitpunkt der Fälligkeit ist mit dem der Klageeinreichung nicht identisch. Vielmehr prüft das Gericht erst anhand der Klageschrift das Erfordernis einer Sicherheitsleistung. Bei positiver Entscheidung

---

[1] Vgl. auch den Beschluss des TS vom 27.04.1993 (abgedruckt in RJA 1993, Rn. 3286)

[2] S.u. 3. Abschnitt § 2 A VIII. 1.

[3] Salom Escrivá: Justicia 1996, S. 436 f.; kritisch dazu Gimeno Sendra: RDB Ib 1976, S. 64 f und 81.; ders. in GMAC: S. 280

[4] Gimeno Sendra: RDB Ib 1976, S. 80 f.; Latorre Latorre: S. 66; teilweise ablehnend Oromí Vall-Llovera: S. 101.

[5] STS vom 12.03.1992 (abgedruckt in RAJ 1992. Rn. 2084)

[6] Dies gilt auch für den Fall, dass für verletzten und unverletzten Popularkläger eine gemeinsame Prozessführung angeordnet wurde (STS vom 23.10.1987, RAJ Nr. 7591).

[7] Für einen Anspruch auf Verzinsung der hinterlegten Summe Pérez Gil: S. 549 und 560; ihm folgend Oromí Vall-Llovera: S. 97.

[8] Zum Missbrauch der Sicherheitsleistung in der Franco-Zeit und zum Entstehungsgrund von Art. 20 Ziff. 3 LOPJ: Gimeno Sendra, PJ Nr. 31, S. 91 f.

[9] S.o. 3. Abschnitt § 2 A V. 3.

[10] Latorre Latorre (S. 68) wendet die in Art. 531 LECrim genannten Kriterien analog an und folgt dabei einer Doktrin, die in der Sicherheitsleistung durch den Beschuldigten (Untersuchungshäftling) der Art. 529 ff. LECrim kein aliud zu der Sicherheitsleistung des Popularklägers sieht (Gimeno Sendra: RDB Ib 1976, S.85 f. m.w.N.).

[11] Gimeno Sendra, RDB Ib 1976, S. 94; ders.: La Querella, S. 207 ff., 299; Latorre Latorre: S. 69

ergeht im Klagezulassungsbeschluss die Anordnung, Sicherheit innerhalb einer bestimmten Frist zu leisten. Dagegen kann sich der Kläger mit Beschwerde und Berufung zur Wehr setzen (Art. 313 im ordentlichen und Art. 766 Ziff. 1 LECrim im abgekürzten Verfahren).

VI. Die Stellung des Popularklägers im weiteren Verfahren

1. Die Entscheidung über die Zulassung

a) Hat der Popularkläger seine Klageschrift eingereicht (falls erforderlich[1]), entscheidet der Untersuchungsrichter nach Maßgabe der Art. 312 f LECrim über die Zulassung oder Zurückweisung der Anklage. Nicht unproblematisch stellt sich in diesem Zusammenhang das Ausmaß des richterlichen Prüfungsumfangs dar, denn während Art. 312 LECrim die Zulassung einer "rechtmäßigen" (*procedente*) Klage anordnet, schreibt Art. 313 deren Zurückweisung vor, wenn der Sachverhalt nicht strafbar ist oder sich der Richter für nicht zuständig hält. Die Frage, ob die beiden in Art. 313 LECrim genannten Gründe abschließend sind, wird von der mittlerweile ganz herrschenden Meinung[2] verneint, so dass dem Richter die Prüfung sämtlicher Zulässigkeitsvoraussetzungen aufgegeben ist, darunter die allgemeinen Prozessvoraussetzungen (einschließlich entgegenstehender Rechtshängigkeit oder Rechtskraft), die Klagebefugnis, die Form oder die Notwendigkeit einer Sicherheitsleistung. Begründet wird dies zum einen damit, dass dem Gesetzgeber 1882 ein redaktionelles Versehen unterlaufen sei, als er die Vorlage für Art. 313 LECrim, Art. 222 LPECrim (1872)[3], nicht wörtlich übernahm; der Passus "unter der Form und den Voraussetzungen, wie sie in diesem Gesetz vorgesehen sind" sei dabei irrtümlicherweise verlorengegangen[4]. Zum anderen stellt die hM auf Art. 312 LECrim ab, der allgemein die "Rechtmäßigkeit" der Klage verlangt - ein Erfordernis, das sich mit den in Art. 313 LECrim genannten zwei Voraussetzungen nicht erschöpfen ließe.
Probleme bereitet ferner der Umfang der materiellen Prüfungskompetenz des Untersuchungsrichters. Art. 313 LECrim verlangt die Abweisung der Klage, wenn der Sachverhalt keine Strafbarkeit nach sich zieht. Abzulehnen ist die Ansicht[5], die darin die Pflicht zu einer kursorischen materiellrechtlichen Prüfung erblickt, denn die dazu erforderliche Sachverhaltsaufklärung ist erst Gegenstand des nach Zulassung der Klage erfolgenden Ermittlungsverfahrens[6]. Vielmehr ist der Rechtsprechung[1] zuzustimmen,

---

[1] S.o. 3. Abschnitt § 2 A V. 2. b).
[2] Gimeno Sendra: RDB Ib 1976, S. 95; ders. in La Querella, S. 277 ff.; Salom Escrivá: Justicia 1996, S. 443 f.; Pérez Gil: S. 489 ff.; SSTS vom 06.06.1969, vom 24.10.1969; STC 40/1994 vom 15.02.1994 (abgedruckt im B.O.E. vom 17.03.1994)
[3] Ley Provisional de Encuiciamiento Penal von 1872, s.o.
[4] Gimeno Sendra: La Querella, S. 278 f. (der von einer "schweren Verstümmelung" spricht); ihm folgend Pérez Gil: S. 490, Fn. 87
[5] Salom Escrivá: Justicia 1996, S. 442 f.; Pérez Gil: S. 493
[6] Die Gegenansicht sieht in dem Akt der Zulassung bereits eine originäre Ermittlungshandlung; darüber hinaus lässt sie sich von dem rechtspolitischen Postulats eines "Vorfilters" leiten, das eine Überlastung des Untersuchungsrichters mit offensichtlich unbegründeten Popularklagen zu verhindern

nach der sich die Prüfungspflicht des Untersuchungsrichters auf eine reine Schlüssigkeit des vorgetragenen Sachverhaltes beschränkt.

b) Fällt die Zulässigkeits- und Schlüssigkeitsprüfung negativ aus, weist der Untersuchungsrichter die Klage zurück. Nach Art. 245 Ziff. 1 b), Var. 3 LOPJ, Art. 141 Abs. 3 LECrim hat er sich dabei der Form eines Beschlusses (*auto*) zu bedienen. Der Beschluss hat eine hinreichende, in Tatbestand und rechtliche Würdigung aufgeteilte Begründung zu enthalten. Die Begründungspflicht folgt nicht unmittelbar aus der ohnehin nur auf den verletzten Kläger anwendbaren Vorschrift des Art. 24 Ziff. 1 der Verfassung[2], sondern beruht auf der ausdrücklichen Vorgabe des Art. 248 Ziff. 2 LOPJ. Der Zurückweisungsbeschluss (*auto de inadmisión*) kann zunächst stets mit dem Rechtsbehelf der Beanstandung (*reforma*, vgl. Art. 217 S. 1 LECrim) angefochten werden. Beruht die Zurückweisung auf einer richterlichen Unzuständigkeit oder Unschlüssigkeit, ist nach Art. 313 Abs. 2, 217 S. 2 LECrim das Rechtsmittel der Berufung (*apelación*) statthaft. In den übrigen Fällen ist auf den Behelf der Beschwerde (*queja*) zurückzugreifen (vgl. Art. 218 Var. 1 i.V.m. 313 Abs. 2 LECrim). Mangels ausdrücklicher Rechtsgrundlage ausgeschlossen ist der Rechtsbehelf der Revision (*casación*). Im Gegensatz zur endgültigen Einstellungsverfügung im Zwischenverfahren[3] zieht die Nicht-Zulassung der *querella* keinen Strafklageverbrauch nach sich[4].

c) Lässt der Untersuchungsrichter die Klage - ebenfalls per Beschluss (*auto de admisión*) - zu, erlangt der Kläger ipso iure eine Stellung als Prozessbeteiligter (*parte*) im Untersuchungsverfahren[5] (näheres dazu sogleich). Weitere Rechtsfolgen der Zulassung bestehen in der Verjährungsunterbrechung (Art. 132 Ziff. 2 CP)[6], dem Eintritt der Rechtshängigkeit sowie der Inkompatibilität des Klägers mit der Prozessrolle eines Sachverständigen, eines Geschworenen oder eines Mitangeklagten[7]. Als Zeuge kann der Kläger jedoch vernommen werden; dann ist allerdings seiner Rolle als Prozessbeteiligter im Rahmen der Beweiswürdigung hinreichend Rechnung zu tragen[8]. Ab dem Zeitpunkt der Zulassung ist er zudem nach Maßgabe der Art. 52 ff. LECrim zur Ablehnung von Richtern befugt (Art. 53 Abs. 3 LECrim).

d) Sind mehrere private Ankläger vorhanden, kann der Richter nach Art. 113 LECrim eine gemeinsame Prozessführung anordnen[9]. Diese Norm verdankt ihre Entstehung

---

trachtet - ein vor dem Hintergrund der Kostenregelung des Art. 240 Ziff. 3 LECrim (i.V.m. der grundsätzlich gebotenen Pflicht zur Sicherheitsleistung) nicht überzeugendes Argument.

[1] STS vom 13.05.1993 (abgedruckt in RAJ 1993, Nr. 4218)

[2] S.o. 3. Abschnitt § 2 A IV.

[3] S.u. 3. Abschnitt § 2 A VI. 3 d).

[4] Gimeno Sendra: La Querella, S. 283 f.

[5] Gimeno Sendra: La Querella, S. 275; Salom Escrivá: Justicia 1996, S. 441 f.

[6] Kritisch dazu Gimeno Sendra: La Querella, S. 275

[7] Pérez Gil: S. 498; für eine ausnahmsweise mögliche Eigenschaft als Ankläger und Angeklagter im gleichen Verfahren: STS vom 10.12.1998; ihm folgend: Soto Nieto, La Ley 1999 (Bd. 2), S. 1944 f.

[8] Pérez Gil: S. 498

[9] Für Lorca Navarete (S. 77) ist Art. 113 LECrim auf Grund der Verletzung des Gleichheitssatzes verfassungswidrig; der Argumentation, schließlich sei der Angeklagte in der Wahl seines Verteidigers

prozessökonomischen Erwägungen; mit Hilfe der Vertretung durch einen gemeinsamen Prozessbevollmächtigten soll eine Bündelung des Prozessverhaltens der Kläger erreicht werden. Dementsprechend hat der Richter zwischen den Belangen der Prozessökonomie und den Interessen der Beteiligten abzuwägen. Das dabei zur Geltung kommende richterliche Ermessen gilt nicht uneingeschränkt, sondern verlangt ein Mindestmaß an Interessenhomogenität der verschiedenen Kläger. Solches ist jedenfalls dann vorhanden, wenn eine Wiederholung gleicher Ermittlungsanträge zu befürchten ist[1]. Außerdem hat der Richter in der Abwägung die Interessen des Verletzten höher zu gewichten als die des unverletzten Klägers, der kein eigenes Interesse geltend macht[2].

2. *Die Stellung im Ermittlungsverfahren*

Das Ermittlungsverfahren (*sumario*) dient wie in Deutschland einer Klärung der Notwendigkeit einer mündlichen Verhandlung (*juicio oral*)[3] sowie deren Vorbereitung, steht aber im Gegensatz zu seinem deutschen Pendant nicht unter der Verfahrensherrschaft der Staatsanwaltschaft, sondern unter der des Untersuchungsrichters (*juez de instrucción*) und weist starke inquisitorische Elemente auf[4].

a) Die Rechtstellung des Popularklägers im ordentlichen Vorverfahren ist nahezu identisch mit der der Staatsanwaltschaft[5], d.h. er kann im Grunde unabhängig von dieser[6] die Vornahme sämtlicher Ermittlungshandlungen (*diligencias*) veranlassen; im Hinblick auf die (auch auf das Betreiben anderer Prozessbeteiligter erfolgte) Beweisaufnahme kommt ihm ein umfassendes Anwesenheits- und Informationsrecht zu (Art. 302 Abs. 1 LECrim). Dies darf allerdings nicht darüber hinwegtäuschen, dass dem Beklagten keinerlei Weisungsbefugnisse gegenüber den Strafverfolgungsorganen erwachsen, denn die Ermittlungshandlungen sind stets vor dem Untersuchungsrichter zu beantragen. Dieser muss den Anträgen allerdings stattgeben, soweit er die darin bezeichneten Ermittlungshandlung nicht für rechtswidrig oder ungeeignet[7] erachtet (Art. 311 f. LECrim)[8]. Ein ab-

---

frei, während Art. 113 LECrim den Richter zur Bestellung eines einzigen Prozessbevollmächtigten für verschiedene Kläger ermächtige, kann mangels eines sachdienlichen *tertium comparationis* zwischen Kläger und Angeklagtem nicht gefolgt werden; die pauschale Berufung auf die "Waffengleichheit" zwischen Anklage und Verteidigung ist kein juristisch griffiges Instrumentarium. Das TC hat die Verfassungskonformität des Art. 113 LECrim wiederholt festgestellt, vgl. SSTC 30/1981 (vom 26.06.1981); 193/1991 (vom 28.01.1991); 154/1997 (vom 29.09.1997).

[1] Oromí Vall-Llovera: S. 92 f., die im Übrigen für eine präzisiertere Fassung des Art. 113 LECrim *de lege ferenda* eintritt (vgl. S. 170 f.).

[2] Pérez Gil: S. 474 ff.

[3] Gimeno Sendra: La Querella, S. 281

[4] Ausführlich dazu Volkmann-Schluck: S. 69 ff.

[5] Ramos Méndez: Justicia 1995, S. 37 ff.

[6] In der Praxis hat sich für die zeitliche Reihenfolge des Antragrechts folgendes Schema herausgebildet: 1. Staatsanwaltschaft, 2. verletzter Popularkläger, 3. unverletzter Popularkläger (Pérez Gil: S. 501)

[7] Das Gesetz bedient sich etwas umständlich der Ausdrücke "unnötig oder schädlich".

[8] Art. 312 LECrim bezieht sich zwar nur auf die bereits in der Klageschrift beantragten Ermittlungshandlungen; da diese aber nachholbar sind gilt die Vorschrift grundsätzlich für sämtliche im Ermittlungsverfahren gestellten Anträge.

lehnender Bescheid muss zwingend eine Begründung enthalten (*resolución motivada*); er ist nach Maßgabe von Art. 311 Abs. 2 LECrim anfechtbar. Gleichwohl ist das richterliche Ermessen in dieser Hinsicht nicht justitiabel[1]; notfalls kann der Kläger die solcherart abgelehnten Ermittlungshandlungen in der mündlichen Verhandlung erneut beantragen (314 LECrim).

b) Der einzige bedeutende Unterschied im Verhältnis zur Verfahrensposition der Staatsanwaltschaft ergibt sich aus Art. 302 Abs. 2 LECrim: Bei einem Verfahren wegen eines Offizialdeliktes kann[2] der Untersuchungsrichter auf Antrag eines der Prozessbeteiligten auf Klägerseite (Staatsanwalt, weiterer Popularkläger) oder von Amts wegen per Beschluss (*auto*) die vollständige oder teilweise Geheimhaltung des Vorverfahrens für die nicht amtlichen Anklagepersonen anordnen. Zeitlich ist diese Maßnahme auf einen Monat beschränkt und hat spätestens zehn Tage vor Abschluss des Vorverfahrens wieder aufgehoben zu werden. Dem Popularkläger stehen während dieser Zeit keinerlei Anwesenheits-, Einsichts- und Informationsrechte zu.

c) Schwächer ist die Situation des Popularklägers im abgekürzten Verfahren, wenngleich das Änderungsgesetz 38/2002 vom 24.10.2002 eine Besserstellung des verletzten Popularklägers herbeigeführt hat: Während früher Art. 790 Ziff. 2 a.F LECrim. den Antrag des privaten Anklägers (im Gegensatz zu dem der Staatsanwaltschaft) auf Vornahme von Ermittlungshandlungen als nicht bindend ansah, unterscheidet sich die Situation des verletzten Popularklägers nach dem neuen Art. 778 Ziff. 3 LECrim grundsätzlich nicht mehr von dessen Pendant im ordentlichen Verfahren. Da diese Vorschrift nach ihrer Systematik[3] und ihrem Wortlaut[4] nur auf den Verletzten Anwendung findet, bleibt es im Hinblick auf den unverletzten Popularkläger bei der alten Rechtslage, wonach dieser im abgekürzten Verfahren die Vornahme von Ermittlungshandlungen nicht beantragen kann und auch sonst mit keinen Anwesenheits-, Einsichts- und Informationsrechten ausgestattet ist.

3. Die Stellung im Zwischenverfahren

a) Ein ausdrücklich normiertes Zwischenverfahren kennt die spanische Strafprozessordnung im Gegensatz zu ihrem deutschen Pendant zwar nicht; gleichwohl reserviert die spanische Literatur für die Phase zwischen Abschluss der Ermittlungen (*conclusión del sumario*) und Eröffnung eines mündlichen Verfahrens (*apertura del juicio oral*) mit der Bezeichnung *fase intermedia* einen gesonderten Terminus für dieses Übergangsstadium[5]. Aus streng systematischer Sicht

---

[1] STC 191/1989 (abgedruckt im B.O.E. vom 05.12.1989)

[2] Nicht ganz geklärt sind die in das richterliche Ermessen einzustellenden Belange; die einschlägige Literatur stellt hauptsächlich auf die Effizienz der Ermittlungshandlungen, nicht aber auf das Persönlichkeitsrecht des Angeklagten ab (vgl. z.B. Pérez Gil: S. 514 ff.).

[3] Abs. 1 der Vorschrift bezieht sich lediglich auf den Verletzten.

[4] Abs. 3 benutzt den auch sonst nur für den verletzten Kläger gebräuchlichen Terminus *personarse*.

[5] Dies gilt allerdings nur für das ordentliche Verfahren; im abgekürzten Verfahren spricht man nicht von einem Zwischenverfahren (Muerza Esparza in De la Oliva Santos u.a.: S. 625).

gehört das Zwischenverfahren noch zum Ermittlungsverfahren, da es im II. Buch der LECrim ("Über das Ermittlungsverfahren") geregelt ist[1]. Wie in Deutschland[2] fungiert das Zwischenverfahren als Kontrolle durch eine zusätzliche Instanz, in der die ordnungsgemäße Vornahme des Ermittlungsverfahrens nicht zuletzt zum Schutz des Angeklagten einer weiteren Überprüfung unterzogen wird[3], unterscheidet sich aber insoweit grundlegend von seinem deutschen Pendant, als erst in diesem Stadium über eine Einstellung entschieden werden kann. Auch ist das spanische Zwischenverfahren weder für die Bestimmung des Verfahrensstoffs[4] noch für den Eintritt der Rechtshängigkeit[5] von Belang.

b) Schnittstelle zwischen Ermittlungs- und Zwischenverfahren ist der Beschluss, mit dem der Untersuchungsrichter die Ermittlungen für abgeschlossen erklärt (*auto de conclusión*). Der Beschluss ergeht nach Art. 624 Abs. 1 LECrim von Amts wegen und ist unanfechtbar, denn Art. 217 LECrim - wonach Beschlüsse stets mit dem Rechtsmittel der Beanstandung (*reforma*) anfechtbar sind - greift hier nicht ein, da der Untersuchungsrichter mit Verkündung des Beschlusses seine weitere Verfahrenszuständigkeit und damit auch seine Möglichkeit zur Abhilfe - worauf die *reforma* alleine abzielt - verliert[6] und eine Kontrolle durch das Gericht der Hauptverhandlung ohnehin von Amts wegen erfolgt (Art. 627 Abs. 3 LECrim; siehe dazu sogleich). Zwingende Bestandteile des Beschlusses sind die Verfügung der Weiterleitung an das Gericht der Hauptverhandlung (zusammen mit den Beweismitteln) sowie die Anordnung an den Beschuldigten und an den privaten Ankläger (falls vorhanden), innerhalb einer zehntägigen Frist vor dem Gericht der Hauptverhandlung zu erscheinen (Art. 623 LECrim).

c) Bevor das Gericht der Hauptverhandlung den Beschluss des Untersuchungsrichters über den Abschluss der Ermittlungen nach Art. 630 LECrim bestätigt oder verwirft, können Staatsanwaltschaft und Prozessbevollmächtigter (*procurador*) schriftliche Stellungnahmen einreichen (Art. 627 Abs. 3 LECrim). Sind auch aus ihrer Sicht keine weiteren Ermittlungen mehr vorzunehmen, haben sie dem Schreiben eine konkrete Stellungnahme im Hinblick auf eine Eröffnung des mündlichen Verfahrens oder auf eine Einstellung beizufügen (Art. 627 Abs. 4 LECrim)[7].

---

[1] Weiter geht Kühne, Rn. 1360, der die vorläufigen Stellungnahmen noch in das Zwischenverfahren mit einbezieht.

[2] Beulke: Rn. 352

[3] Fenech: S. 310; Tomé García in De la Oliva Santos u.a.: S. 425; Pérez Gil: S. 517 f.

[4] Diese erfolgt erst mit den vorläufigen Stellungnahmen zu Beginn des mündlichen Verfahrens (s.u.).

[5] Rechtshängigkeit tritt schon mit dem Zulassungsbeschluss der Anklage ein (s.o.).

[6] Fenech: S. 315; Tomé García in De la Oliva Santos u.a.: S. 424

[7] Die Anhörung kann nach Art. 384 Abs. 6 LECrim auch dazu benutzt werden, nachträglich eine formelle Beschuldigung (*procesamiento*) des vermeintlichen Täters zu veranlassen, fall dies im Untersuchungsverfahren trotz fristgerechter Beanstandung unterblieben war. Die spanische Dogmatik unterscheidet zwischen der Figur des allein vom Tatverdacht abhängigen *imputado* (materiell Beschuldigter) und dem des vom Gericht per Beschluss als solchen auszuweisenden *procesado* (formell Beschuldigter). Zum *acusado* wird der Beschuldigte nach den vorläufigen Stellungnahmen der Verfahrensbeteiligten (zum Ganzen: Vegas Torres in De la Oliva Santos u.a., S. 157 f.; ausführlich zum *procesamiento*: Fenech, S. 304 ff.).

Verwirft das Gericht der Hauptverhandlung daraufhin den Beschluss, verweist es die Sache zur Vornahme weiterer Ermittlungen an den Untersuchungsrichter - ebenfalls per Beschluss (*auto de revocación*)[1] - zurück (Art. 631 LECrim). Bei Aufrechterhaltung des Beschlusses hat das Gericht der Hauptverhandlung innerhalb einer dreitägigen Frist über die Verfahrenseinstellung oder die Eröffnung der mündlichen Verhandlung zu entscheiden (Art. 632 LECrim).

d) Gerade im Hinblick auf die Verfahrenseinstellung zeigt sich eine von der Staatsanwaltschaft unabhängige Machtfülle des Popularklägers, dem die Art. 642 ff. LECrim ein Instrumentarium an die Hand geben, mit dessen Hilfe er jede von der Staatsanwaltschaft beantragte endgültige[2] Verfahrenseinstellung (*sobreseimiento libre*)[3] prinzipiell verhindern kann. Abgesehen von dem Fall einer mangelnden Schlüssigkeit des klägerischen Vorbringens ist dem Gericht ein Einstellungsbeschluss ausdrücklich verwehrt, wenn ein privater Ankläger das Verfahren weiter betreiben möchte (Art. 645 Abs. 2 i.V.m. Abs. 1 i.V.m. Art. 637 Ziff. 2 LECrim)[4]. Damit ist eine endgültige Verfahrenseinstellung gegen den Willen eines privaten Anklägers nur unter rein rechtlichen Gesichtspunkten möglich, eine vorläufige hingegen überhaupt nicht[5]. Gegen eine dennoch ergangene endgültige Einstellungsverfügung steht dem privaten Ankläger das Rechtsmittel der Revision (*casación*) nach Maßgabe des Art. 848 LECrim zu[6].

e) Stellt das Gericht das Verfahren nicht ein, ordnet es die Eröffnung der mündlichen Verhandlung per Beschluss[7] an. Der Eröffnungsbeschluss (*auto de apertura del juicio oral*) ist unanfechtbar[8] und leitet in das nächste Prozessstadium, das mündliche Verfahren, über.

4. Die Stellung im mündlichen Verfahren

a) Das mündliche Verfahren (*juicio oral*) ist im Gegensatz zum Ermittlungsverfahren zumindest aus formeller Sicht kontradiktorisch geprägt (vgl. z.B. die Grundsatznorm

---

[1] Fenech: S. 310

[2] Die endgültige Verfahrenseinstellung zieht im Gegensatz zur vorläufigen Einstellung einen Strafklageverbrauch nach sich (Tomé Garcia in De la Oliva Santos u.a.: S. 432 ff.).

[3] Art. 637 LECrim zählt die einzelnen endgültigen Einstellungsgründe auf. Dazu gehören mangelnder Tatverdacht, Nicht-Subsumierbarkeit der zur Last gelegten Tat unter einen Straftatbestand (fehlende Schlüssigkeit) sowie eindeutig nachweisbare Abwesenheit von Rechtswidrigkeit und Schuld (näheres dazu: Tomé Garcia in De la Oliva Santos u.a., S. 428 f.); eine Einstellung aus Opportunitätsgründen hingegen ist dem spanischen Recht fremd.

[4] Beantragt die Staatsanwaltschaft die Einstellung und hat sich kein privater Ankläger eingefunden, kann das Gericht alle "Interessierten" - worunter die Verletzten zu verstehen sind, vgl. Tomé García in De la Oliva Santos u.a., S. 431 - über die drohende Einstellung in Kenntnis setzen (vgl. auch 3. Abschnitt § 3 C).

[5] Fenech: S. 311

[6] Fenech: S. 316

[7] Art. 633 LECrim

[8] STS vom 04.12.1997; Fenech: S. 315

des Art. 728 LECrim)[1], steht aber nicht völlig unter dem Primat des Beibringungsgrundsatzes, wie stellenweise[2] angenommen wird[3]. An seinem Beginn stehen die vorläufigen schriftlichen Stellungnahmen (*calificaciones provisionales*) der Prozessbeteiligten - Staatsanwalt, privater Ankläger, Beschuldigter[4] - deren Mindestinhalt[5] Art. 650 Abs. 1 LECrim wie folgt vorgibt:

- umfassende Darstellung des Sachverhalts (Tatbestand) inklusive aller strafmildernder oder -schärfender Begleitumstände;
- rechtliche Würdigung;
- Grad der Beteiligung (bei mehreren Tätern);
- konkretes Strafmaß.

Die Stellungnahme ist vom Prozessbevollmächtigten (*procurador*) und von einem Rechtsanwalt (*abogado*) zu unterzeichnen (Art. 651 LECrim). Ihr beizufügen sind die Beweisanträge unter Nennung der konkreten Beweismittel[6]. Die Zahl der davon einzureichenden Kopien muss der Zahl der übrigen Anklagepersonen entsprechen (Art. 656 f.).

Die besondere Bedeutung der vorläufigen Stellungnahmen ist in der Eingrenzung des Verfahrensstoffs zu sehen. Zwar ist eine dem § 264 der deutschen StPO vergleichbare Regelung der LECrim fremd; die Erkenntnis, dass dem Akkusationsprinzip ohne eine Eingrenzung des dem Verfahren ausschließlich zu Grunde liegenden Sachverhalts nicht zur vollen Geltung zu verhelfen sei führte jedoch dazu, dass die mittlerweile herrschende Ansicht in Spanien Anleihen an der deutschen und italienischen Rechtsdogmatik nimmt und der Lehre von der Tatidentität im Rahmen der vorläufigen und endgültigen Stellungnahmen Berücksichtigung schenkt[7].

b) Im gesamten mündlichen Verfahren ergeben sich keine Unterschiede zur Verfahrensposition der Staatsanwaltschaft[8], auch wenn in analoger Anwendung des Art. 701 Abs. 4 LECrim[9] die Beweisanträge der Staatsanwaltschaft chronologisch vor denen des Popularklägers behandelt werden. Auch bei Ausschluss der Öffentlichkeit im Sinne der Art. 680 ff. LECrim steht ihm nach Art. 681 Abs. 2 LECrim ein Anwesenheits-

---

[1] Der Gesetzgeber sah darin ursprünglich das strafprozessuale Gegenstück zu den zivilrechtlichen Figuren der Klage und Klageerwiderung (Tomé García in De la Oliva Santos: S. 444).

[2] Armenta Deu: FS-Roxin, S. 1237 f.

[3] Volkmann-Schluck (S. 74 ff.), der auf die Art. 729 Ziff. 2 LECrim verweist.

[4] In dieser Reihenfolge, vgl. Art. 649 bis 652 LECrim.

[5] Der Verletzte macht zusätzlich Angaben zu Art und Höhe seines zivilrechtlichen Schadensersatzanspruchs sowie zur Person des Schädigers und zum Tathergang (Art. 650 Abs. 2 LECrim). Das Gesetz verwendet den Terminus "Privatkläger" (*acusador privado*), meint nach ganz hM aber jegliche Form einer Beteiligung durch Privatpersonen, also auch den Popularkläger (vgl. Robles Garzón: RDB Ib 1978, S. 551; Pérez Gil: S. 519 Fn. 156; a.A. Lorca Navarete: S. 83). Weitere Beispiele einer ambivalenten Begrifflichkeit finden sich bei Robles Garzón a.a.O. und bei Pérez Gil: S. 499, Fn. 104.

[6] Das Gericht entscheidet über die Zulassung der einzelnen Beweismittel per Beschluss. Ein fehlerhafter Ablehnungsbeschluss ist später mit dem Rechtsmittel der Revision (*casación*) anfechtbar (sofern der Verstoß in der Verhandlung gerügt wurde), vgl. Art. 659 LECrim.

[7] Volkmann-Schluck: S. 116 ff. m.w.N.; zum heutigen Stand: De la Oliva Santos, S. 194 ff., 517 ff.

[8] Oromí Vall-Llovera: S. 174

[9] Pérez Gil: S. 522 m.w.N.

recht im Gerichtssaal zu[1]; die im Ermittlungsverfahren noch zu seinen Lasten ausfallende Gewichtung von Geheimhaltungsinteressen findet sich im mündlichen Verfahren nicht wieder.

c) Am Ende der mündlichen Verhandlung stehen die abschließenden Stellungnahmen (*calificaciones definitivas*) von Staatsanwalt, privatem Ankläger und Angeklagtem (Art. 732 ff. LECrim)[2]. Bei dem Vorbringen der Ankläger handelt es sich auf Grund einer erneuten Begrenzung des Verfahrensstoffs um mehr als die Schlussvorträge im Sinne der §§ 258 i.V.m. 384 Abs. 1 bzw. 397 Abs. 1 der deutschen StPO[3], denn im Urteil darf keine schwerere Strafe verhängt werden als die in der Stellungnahme beantragte (Art. 851 Ziff. 4 LECrim)[4]. Dass sich die Beschränkung nicht - wie der Gesetzeswortlaut nahegelegt - nur auf die rechtlichen Gesichtspunkte bezieht, sondern auch auf die angeklagte Tat (*hecho punible*), ist mittlerweile anerkannt[5].

d) Im abgekürzten Verfahren ergeben sich lediglich verfahrenstechnische Besonderheiten[6], ansonsten stehen dem privaten Ankläger auch hier die gleichen Befugnisse wie der Staatsanwaltschaft zu.

5. Die Stellung als Rechtsmittelführer

In seiner Stellung als Rechtsmittelführer unterscheidet sich der Popularkläger grundsätzlich nicht von den Vertretern der öffentlichen Anklage. Soweit nicht schon Spezialnormen wie z.B. Art. 313 Abs. 2 LECrim eine Rechtsmittelbefugnis des privaten Anklägers ausdrücklich normieren, gilt die Vorgabe des Art. 854 LECrim, die den privaten Ankläger mit einer Revisionsbefugnis ausstattet, in analoger Anwendung für alle weiteren Rechtsmittel[7].

---

[1] Auch hier bedient sich das Gesetz des Begriffs "Privatkläger", meint allerdings sämtliche privaten Ankläger, darunter den Popularkläger (vgl. Pérez Gil: S. 521, Fn. 159)

[2] In dieser Reihenfolge, vgl. Art. 734 bis 736 LECrim

[3] So aber Kühne: Rn. 1362

[4] Sofern das Gericht seiner Hinweispflicht nicht nachgekommen ist (eingehend dazu: De la Oliva Santos, S. 517 ff.)

[5] Volkmann-Schluck: S. 116 ff. m.w.N.; De la Oliva Santos: S. 194 ff, 217 f., 528 f..

[6] Verfügt der Untersuchungsrichter nicht bereits im Vorverfahren eine Einstellung nach Maßgabe des Art. 779 Ziff. 1 LECrim, fordert er die Staatsanwaltschaft und den privaten Ankläger unter einer Fristsetzung von zehn Tagen auf, die Eröffnung des mündlichen Verfahrens zu beantragen und eine Anklageschrift einzureichen (Art. 780 Ziff. 1 LECrim). Diese hat die Person des Beschuldigten zu bezeichnen sowie den in Art. 650 vorgeschriebenen Inhalt einschließlich Beweisanträge aufzuweisen (Art. 781 Ziff. 1 LECrim); damit wird deutlich, dass die Anklageschrift im abgekürzten Verfahren der vorläufigen Stellungnahme im ordentlichen Verfahren entspricht. Alternativ können Staatsanwaltschaft und privater Ankläger nach Maßgabe von Art. 782 LECrim die Einstellung beantragen. Der Richter ist bei seiner Entscheidung, das Verfahren einzustellen oder die mündliche Verhandlung einzuleiten, daran (also an die Anträge der öffentlichen oder privaten Anklage) nicht gebunden (Art. 783 Ziff. 1 LECrim). Am Ende der mündlichen Verhandlung stehen wie im ordentlichen Verfahren die endgültigen Stellungnahmen (arg e Art. 788 Ziff. 4 LECrim).

[7] Pérez Gil: S. 525 f.

Allerdings kann der Popularkläger nach Meinung der Rechtsprechung[1] und Literatur[2] keine Rechtsmittel zu Gunsten des Angeklagten einlegen. Gesetzlich geregelt ist ein solcher Ausschluss der Rechtsmittelbefugnis nur im Wiederaufnahmeverfahren (*recurso de revisión*), vgl. Art. 955 LECrim. In den übrigen Fällen wird darauf verwiesen, dass zum einen die Zulassung eines verteidigenden Rechtsbehelfs schlichtweg „schizophren" sei, denn ein Kläger könne nicht gleichzeitig im Lager des Angeklagten stehen[3]. Zum anderen verbiete sich ein solches Ergebnis auch aus systematischen Gründen, denn das spanische Rechtssystem ermögliche zwar die Popular*klage*, nicht aber die Popular*verteidigung* - Erwägungen, die für die Staatsanwaltschaft als ein dem Legalitätsprinzip unterworfenes und damit zur Neutralität verpflichtetes Organ nicht zutreffen.

VII. Fallenlassen (*abandono*) der Anklage

Für das Fallenlassen der Anklage reserviert das terminologische Repertoire der LECrim die Verben "verzichten" (*renunciar*)[4], "Abstand nehmen" (*apartarse*)[5] oder "fallen lassen" (*abandonar*)[6]. Ein solches Vorgehen ist nach Art. 274 Abs. 2 LECrim jederzeit möglich und hat nach Art. 106 Abs. 1, 107 LECrim keinerlei Auswirkungen auf den Lauf des Prozesses, sofern noch weitere Kläger vorhanden sind und es sich nicht um ein Privatklagedelikt handelt (s.u.). Selbst Halboffizialdelikte (Antragsdelikte)[7] werden bei einer Klagerücknahme durch den Antragsberechtigten von der Staatsanwaltschaft weiterverfolgt, da in der Erhebung der Anklage zwar ein Strafantrag als quantitatives Minus enthalten ist, im bloßen Abstandnehmen von der Position als Verfahrensbeteiligter aber nicht ohne weiteres auch eine Verzeihung (*perdon*)[8].
Außerhalb der Privatklagedelikte normiert das Gesetz keinerlei formelle Anforderungen für einen solchen Modus der Beendigung eines Prozessrechtsverhältnisses. Wohl in Befolgung einer Art von "Actus-Contrarius-Theorie" zu den Vorgaben des Art. 277 LECrim (über die Formerfordernisse einer Klageschrift) verlangt die herrschende Ansicht ein vom Prozessbevollmächtigten (*procurador*), Rechtsanwalt (*abogado*) und (in Ermangelung einer Sondervollmacht) vom Kläger unterzeichnetes Schriftstück, aus dem der Wille zum Fallenlassen der Anklage eindeutig hervorgeht[9].

---

[1] STS in RAJ 2001, Rn. 4645
[2] Pérez Gil: S. 527;
[3] Aber STS vom 10.12.1998 und Soto Nieto, La Ley 1999 (Bd. 2), S. 1944 f., die die Frage, ob ein Ankläger im gleichen Verfahren die Stellung eines Angeklagten innehaben kann, ausnahmsweise bejahen.
[4] Art. 106 f. LECrim; für Fenech (S. 70 f.) bezieht sich die *renuncia* allein auf die Preisgabe einer materiell-rechtlichen Position, ohne prozessuale Handlung zu sein.
[5] Art. 274 Abs. 2 LECrim
[6] Art. 275 Abs. 1 LECrim
[7] S.o. 2. Abschnitt § 1 C I.,II. und V. 2.
[8] Volkmann-Schluck: S. 124 f.; a.A.: Robles Garzón: RDB Ib 1978, S. 570; ausführlich zur Verzeihung (*perdón*): s.o. 2. Abschnitt § 1 C VII.
[9] Salóm Escrivá: Justicia 1996, S. 451; a.A. Paz Rubio: S. 150, der die stillschweigende Erklärung des Art. 275 auch auf die Fälle außerhalb der Privatklage anwenden möchte.

Streitig wird die Frage diskutiert, ob der ausgeschieden Kläger den Beschuldigten später wegen der gleichen Tat noch einmal anklagen darf. Die Befürworter stellen auf die jederzeit mögliche Änderung der Umstände ab, die den Kläger einst zu seiner Rücknahme bewogen haben[1].
Das Fallenlassen der Anklage befreit nicht von der Kostenfolge des Art. 240 Ziff. 3 LECrim. Dasselbe gilt für die straf- und zivilrechtliche Haftung gegenüber dem Beschuldigten (Art. 274 Ziff. 2 LECrim).

VIII. Prozesskosten

1. Art. 240 Ziff. 3 LECrim im Kontext des allgemeinen Kostenrechts

Der private Ankläger hat die Kosten des Verfahrens zu tragen, wenn seinem Verhalten Leichtfertigkeit (*temeridad*) oder Böswilligkeit (*mala fe*) zu Grunde liegt, so die lakonische Aussage des Art. 240 Ziff. 3 LECrim, die zu verstehen ein kurzer Überblick über das spanische Kostenrecht im Strafprozess erfordert:

a) Begriff der Verfahrenskosten

Seit Inkrafttreten des Gesetzes Nr. 25/1986 vom 24.12.1986 über die Abschaffung der Gerichtsgebühren zählen zu den Verfahrenskosten nur noch die Auslagen der Prozessbeteiligten, aber keine Gerichtsgebühren mehr. Art. 241 Ziff. 1 und 2 LECrim, die noch die Kosten für Stempelpapier und Gerichtsgebühren zu den Gerichtskosten zählen, und die darauf verweisenden Vorschriften sind bereits seit knapp zwei Jahrzehnten obsolet, ohne dass es der Gesetzgeber für nötig empfunden hätte, die LECrim redaktionell an die neuen Gegebenheiten anzupassen[2]. Zu den Prozesskosten gehören deshalb nur noch die in Art. 241 Ziff. 3 und 4 LECrim nicht abschließend aufgezählten Auslagen wie z.B. Gebührenforderungen von Prozessvertretern und Rechtsanwälten (in Verbindung mit der jeweiligen Gebührenordnung) oder Ansprüche auf Zeugenentschädigung.

b) Kostenfolge bei Freispruch des Angeklagten

Das Gericht hat nach Art. 239 LECrim im Rahmen jeder verfahrensabschließenden Entscheidung[3] von Amts wegen über die Kosten zu befinden. Dabei gilt der Grundsatz des Art. 242 LECrim, wonach jeder Verfahrensbeteiligte bei einem freisprechenden Urteil die eigenen Auslagen trägt, so dass auch der Angeklagte, dessen Unschuld erwiesen ist, für das Honorar seines Anwaltes oder für die Entschädigung des von ihm benannten Zeugen oder Sachverständigen aufzukommen hat - eine Regelung, deren Billigkeit hinterfragt werden darf und die deshalb in der Literatur ein kritisches Echo

---

[1] Salóm Escrivá: Justicia 1996, S. 451
[2] Muerza Esparza in De la Oliva Santos u.a.: S. 796
[3] Zum Begriff der verfahrensabschließenden Entscheidung im Rahmen der Popularklage Gimeno Sendra: La Querella, S. 285 ff.

fand[1]. Darüber darf auch Art. 240 Ziff. 2 Abs. 2 LECrim, der bestimmt, dass "die Kosten niemals dem freigesprochenen Beschuldigten aufzuerlegen sind", nicht hinwegtäuschen, denn diese Vorschrift bezieht sich nicht auf die Auslagen, sondern einzig auf die mittlerweile abgeschafften Gerichtsgebühren[2] - andernfalls würde es der Spezialregelung des Art. 242 LECrim einer Daseinsberechtigung ermangeln.
In dieser Konstellation nun greift der eingangs erwähnte Art. 240 Ziff. 3 LECrim ein, wonach der private Ankläger, dem Leichtfertigkeit oder Böswilligkeit zur Last fällt, in Verbindung mit Art. 241 Ziff. 2 und 4 LECrim für die Auslagen des Angeklagten einzustehen hat. Die Rechtsprechung bejaht eine leichtfertig oder böswillig eingeleitete Anklage immer dann, wenn der Strafanspruch "jeglicher Konsistenz entbehrt" und dies "offenkundig" ist[3]. Für weitergehende Schäden hat er zudem nach den materiellrechtlichen Vorschriften des Zivilrechts einzustehen; insoweit gilt das oben bereits zur haltlosen Anzeige Gesagte[4].
Neben einem freisprechenden Urteil kommt Art. 240 Ziff. 3 auch beim Fallenlassen der Anklage zur Anwendung[5]; allerdings folgt aus dem bloßen Abstandnehmen von der Anklage noch nicht ohne weiteres ein arglistiges oder leichtfertiges Klägerverhalten.

c) Kostenfolge bei Verurteilung des Angeklagten

Wird der Angeklagte hingegen verurteilt, hat dieser nach Art. 123 CP, der nach dem Lex-Posterior-Prinzip der Parallelregelung des Art. 240 Ziff. 2 Abs. 1 LECrim vorgeht, die Kosten des Verfahrens zu tragen. Wie aus Art. 126 Ziff. 3 CP hervorgeht, fallen darunter auch die Auslagen des Popularklägers[6], obwohl Art. 124 CP einen Auslagenersatzanspruch - zumindest was die Anwaltskosten betrifft - ausschließlich für den Privatkläger vorsieht, nicht aber für den Popularkläger. Die Rechtsprechung[7] und die hL[8] greifen diesen Gedanken nicht auf, sondern sprechen statt dessen dem verletzten - nicht aber dem unverletzten - Popularkläger einen Auslagenersatzanspruch zu und nehmen damit eine Differenzierung vor, die sich - wie *Latorre Latorre* zu Recht anmerkt[9] - außerhalb jeglicher positiv-rechtlicher Vorgaben beläuft.
Die Kostentragungspflicht des nicht verletzten Popularklägers auch im Falle einer Verurteilung des Angeklagten verwundert in der Tat, wird dieser doch in rein öffentlicher, auf das Wohl des Gemeinwesens bedachter und daher uneigennütziger Funktion tätig. Vermeintliche Schützenhilfe bekommt dieser Gedanke von der Bestimmung des Art. 20 Abs. 3 LOPJ, die die Ausübung der Popularklage - wenn auch nur in einem

---

[1] Muerza Esparza in De la Oliva Santos u.a.: S. 797 f.
[2] Muerza Esparza in De la Oliva Santos u.a.: S. 797 f.
[3] SSTS vom 15.01.1997, vom 11.03.1998 und vom 14.06.2000; weitere Nachweise zur älteren Rechtsprechung (1873 bis 1897) bei Gimeno Sendra: La Querella, S. 286.
[4] S.o. 2. Abschnitt § 1 C VI. 2.
[5] Salom Escrivá: Justicia 1996. S. 453
[6] So auch Latorre Latorre: S. 105; a.A. Oromí Vall-Llovera: S. 79
[7] Vgl. SSTS vom 21.02.1995 bzw. vom 02.02.1996 für den nicht verletzten und SSTS vom 27.02.1992, vom 08.02.1995 sowie vom 24.01.2000 für den verletzten Popularkläger.
[8] Muerza Esparza in De la Oliva Santos u.a.: S. 797
[9] Latorre Latorre: S. 104 ff.

Nebensatz - als "stets kostenlos" (... *siempre gratuita*) qualifiziert. Da die LECrim von den (abgeschafften) Gerichtsgebühren abgesehen[1] eine Kostentragungspflicht von staatlicher Seite jedoch nicht kennt, würde eine Kostenentlastung des Popularklägers zwangsläufig eine Belastung des Angeklagten mit den Auslagen des Klägers nach sich ziehen - eine Folge, die im Hinblick darauf, dass der Zahl der Popularkläger keine Grenze gesetzt ist[2], nicht gewollt sein kann, sondern dem Prinzip der Prozessökonomie geradezu entgegenläuft. Solange der Gesetzgeber keine Abhilfe schafft, indem er etwa die Auslagen des Popularklägers im Falle einer nicht haltlosen Anklage der Staatskasse aufbürdet, erscheint der von der hM eingeschlagene Weg als der in der Interessenabwägung zwischen den Belangen des Popularklägers und denen des Angeklagten in höherem Maße der Billigkeit entsprechende[3]. Auch der gerade angesprochene Art. 20 Abs. 3 der LOPJ, wonach die Popularklage "stets kostenlos" ist, steht dem nicht entgegen, da die Vorschriften über das Armenrecht insoweit eine abschließende Spezialregelung getroffen haben[4].

2. Armenrecht

Das Armenrecht findet seine Normierung in dem Gesetz über den kostenlosen Rechtsbeistand (Ley 1/1996 de 10.01.1996 de Asistencia Jurídica Gratuita, LAJG), das - was seinen Anwendungsbereich auf den Strafprozess anbelangt - an Stelle der vormaligen Art. 119 und 120 LECrim getreten ist[5]. Bedürftigen - also denjenigen, deren Einkommen das Doppelte des gesetzlichen Mindestlohns[6] nicht übersteigt[7] - ermöglicht Art. 6 LAJG u.a. eine staatliche Übernahme der Kosten für eine anwaltliche Beratung und für die prozessuale Interessenwahrnehmung bzw. die Vertretung durch einen *procurador*. Im Strafprozess kann sich allerdings nur der verletzte Popularkläger auf die Rechtspositionen des LAJG berufen, denn dessen persönlichen Anwendungsbereich schränkt Art. 3 Abs. 4[8] auf diejenigen ein, die ein eigenes Recht oder Interesse wahrnehmen -

---

[1] Vgl. Art. 242 Abs. 1 LECrim

[2] Vgl. aber Art. 113 LECrim (Anordnung einer gemeinsamen Prozessführung kraft richterlichen Ermessens, s.o.), der zumindest theoretisch für eine erhebliche Kostenreduzierung sorgen soll, aufgrund der mangelnden Nachprüfbarkeit des richterlichen Ermessens aber keine Garantie dafür hergibt.

[3] Latorre Latorre (S. 108) stellt auf den Einzelfall ab und möchte verletztem wie unverletztem Popularkläger nur insoweit einen (notfalls anteilsmäßigen) Auslagenersatzanspruch zubilligen, als durch sein Verhalten der Prozess konkret gefördert wurde - ein Kriterium, das zum einen auf unüberwindbare praktische Schwierigkeiten stößt, da sich das Ausmaß einer Prozessförderung mathematisch nicht in den Griff bekommen lässt. Zum anderen ist der Popularkläger nicht zur Prozessförderung verpflichtet; seine bloße Existenz reicht zum Kontrollauftrag gegenüber der Staatsanwaltschaft in den meisten Fällen aus. Im Übrigen verträgt sich eine aktive Prozessförderungspflicht nicht mit dem dem Strafprozess zugrunde liegenden Amtsermittlungsgrundsatz.

[4] Rodríguez Tirado: S. 63; a.A. Oromí Vall-Llovera: S. 95

[5] Vgl. Art. 1 LAJG, der den Anwendungsbereich des Gesetzes auf sämtliche Verfahren statuiert.

[6] Der gesetzliche Mindestlohn beträgt mtl. € 513,- für das Jahr 2005.

[7] Vgl. Art. 3 Ziff. 1 LAJG

[8] Art. 3 Ziff. 3 LAJG: *El derecho a asistencia jurídica gratuita sólo podrá reconocerse a quienes litiguen en defensa de derechos o intereses propios.*

eine Vorgabe, die auf den unverletzten Popularkläger, der lediglich das allgemeine Legalitätsinteresse zu verfechten befugt ist, nicht zutrifft[1].

IX. Kritik *de lege ferenda*

Zu den generellen Schwachpunkten der Popularklage zählt auch noch die jüngere Literatur[2]

- die Gefahr einer Durchsetzung von Interessen, die dem Strafprozess fremd sind;
- die Politisierung der Strafrechtspflege bzw. die Gefahr der Verlagerung von Wahlkämpfen in die Gerichtssäle;
- die mangelnde fachliche Qualifikation des Bürgers als Anklageinstitution;
- die mangelnde funktionale Qualifikation des Bürgers, der - im Gegensatz zur Staatsanwaltschaft - gerade nicht dem Legalitätsprinzip verpflichtet ist;
- die Überlastung der Justizverwaltung.

Gleichwohl wird die Daseinsberechtigung der Popularklage - teils in dem Glauben, sie sei aus verfassungsrechtlichen Gründen[3] sakrosankt[4], teils in der höheren Akzeptanz einer die Schattenseiten überwiegenden gesetzgeberischen Zielsetzung - in der moderneren Literatur kaum noch angezweifelt[5]. Deshalb konzentriert sich das Postulat eines gesetzgeberischen Eingreifens lediglich auf einzelne Kritikpunkte an der konkreten Ausgestaltung des Rechtsinstituts, darunter

- das Fehlen einer ausdrücklichen Regelung zur Erweiterung des Verletztenkreises auf Personenmehrheiten, die kollektive Interessen wahrnehmen, wie z.B. Umweltschutzorganisationen im Zusammenhang mit Straftaten gegen die Umwelt[6];
- die Unterprivilegierung des nicht verletzten Popularklägers im Verhältnis zu seinem verletzten Pendant, das sich primär aus eigennützigen Motiven leiten lasse und sich allenfalls an zweiter Stelle als dem hehren Ziel des Legalitätsprinzips verpflichtet sehe. Im Mittelpunkt der Kritik steht dabei das Erfordernis einer Sicherheitsleistung[7];
- das umfassende Einsichtsrecht des privaten Anklägers in laufende Ermittlungshandlungen[8], denn die Versuchung eines Popularklägers sei oftmals zu hoch, um dem Verlangen, sich öffentlichkeitswirksam als Verfechter des Gemeinwesens darzustellen, nachzugeben. Dass dabei auch der Geheimhaltung unterlie-

---

[1] Rodríguez Tirado: Justicia 2000, S. 63; Pérez Gil: S. 471; a.A. Oromí Vall-Llovera: S. 94 f.
[2] Lanzarote Martínez: La Ley 1998 I, S. 1823 f.; Colomer: PJ 8 (1987), S. 27 ff.; Gimeno Sendra: PJ 31 (1993), S. 93 f.; Armenta Deu: FS-Roxin, S. 1242; Pérez Gil: S. 630 ff.; Salom Escrivá: S. 407 f.; Oromí Vall-Llovera: S. 156 ff.
[3] S.o. 3. Abschnitt § 2 A IV.
[4] Jüngst dazu Armenta Deu in Einführung zu Oromí Vall-Llovera: S. 17.
[5] Für eine rigorose Abschaffung der Popularklage plädiert z.B. Lanzarote Martínez: La Ley 1998 I, S. 1823 f.; Pérez Gil (S. 749 ff.) ist für den Erhalt der Popularklage, solange die Kontrolle der Staatsanwaltschaft keine anderweitige Verbesserung findet.
[6] S.o. 3. Abschnitt § 2 A II. 2.
[7] Gimeno Sendra: RDB Ib 1976, S. 83; ders. in GMAC: S. 280; Latorre Latorre: S. 71 ff.
[8] Pérez Gil: S. 509 ff.

gende Informationen an die Öffentlichkeit sickern, liege auf der Hand - dies umso mehr, als der hierfür einschlägigen Strafvorschrift des Art. 301 Abs. 2 LECrim mit ihrer geringe Strafandrohung[1] von Pts. 250,- bis 2500,- (€ 1,50 bis 15,-) jegliche Abschreckungswirkung abzusprechen sei;

- die Aktivlegitimation für politische Parteien, um der Gefahr entgegenzuwirken, Gerichtssäle als Forum politischer Agitation zu missbrauchen[2];
- die Beschränkung der Klagebefugnis auf Inländer[3];
- die Erweiterung der Möglichkeiten einer gerichtlichen Verfahrenseinstellung um (offensichtliche) Missbrauchsfälle[4].

B. Die Privatklage (*acción* oder *querella privada*)

I. Wesen und Funktion

1. Stellung im Normgefüge

Der in Art. 101 LECrim verankerte Grundsatz der Öffentlichkeit der Strafklage, die von jedermann (*quivis ex populo*) erhoben werden kann, gilt nicht schrankenlos. Art. 104 Abs. 1 LECrim, der sich systematisch[5] in die Art. 102 ff. LECrim und damit eigentlich in die Beschränkungstatbestände[6] der Popularklagebefugnis einreiht, verbietet anderen Personen als den im materiellen Strafrecht dazu ermächtigten die Ausübung einer Strafklage wegen Notzucht (*estupro*), Verleumdung (*calumnia*) oder Beleidigung (*injuria*). Art. 215 Ziff. 1 S. 1 CP greift diesen Verweis auf und macht die Bestrafung wegen Verleumdung oder Beleidigung von der Strafklage (*querella*) des Verletzten oder seines gesetzlichen Vertreters abhängig. Gleichzeitig entpflichtet Art. 105 LECrim (i.V.m. Art. 104 LECrim, 215 Ziff. 1 CP) die Staatsanwaltschaft in diesen Fällen nicht nur von den Vorgaben des Legalitätsprinzips, sondern verbietet ihr jegliche Form der Intervention. Deshalb ist es trotz der systematischen Verortung des Art. 104 LECrim zwingend erforderlich, in der Anklage einer Verleumdung/Beleidigung keinen Unterpunkt einer öffentlichen Klage zu sehen, sondern ein eigenständiges Aliud[7], dessen Klageberechtigung die Popularklagebefugnis ausschließt - eine Unterscheidung, die sich in der Terminologie des Gesetzes nicht stringent niederschlägt, da die LECrim

---

[1] Eine inflationäre Anpassung an den Strafrahmen des Art. 301 Abs. 2 LECrim wurde seit 1955 nicht mehr vorgenommen; Art. 466 Ziff. 3 i.V.m. Ziff. 1 CP schließt diese faktische Strafbarkeitslücke nicht, denn er setzt eine richterliche Geheimhaltungsanordnung im Sinne des Art. 302 Abs. 2 LECrim voraus, bestraft also nicht die Verletzung einer sich bereits *ex lege* ergebenden Geheimhaltungspflicht aus Art. 301 Abs. 1 LECrim.

[2] Gimeno Sendra: PJ 31 (1993), S. 94 ;

[3] Oromí Vall-Llovera: S. 64 f. und 167

[4] Oromí Vall-Llovera: S. 173, die damit einem der wesentlichsten Kritikpunkte an der Popularklage den Wind aus den Segeln zu nehmen trachtet.

[5] Die systematische Gleichstellung mit Art. 102 und 103 folgt aus dem Adverb *tampoco* (auch nicht, ebenso wenig).

[6] S.o. 3. Abschnitt § 2 A V. 1.

[7] Robles Garzón (RDP.Ib 1978, S. 533) umschreibt die Eigenständigkeit der Popularklage mit "*autonomía legislativa, doctrinal y jurisprudencial*".

diese Klageform zwar in Art. 105 mit dem Begriff *querella privada* belegt und deren Gegenstand an anderer Stelle mit der Wendung "nur auf Betreiben einer Partei" (*a instancia de parte*)[1] umschreibt, ansonsten aber auch für den Popularkläger den Terminus *actor privado* reserviert[2]. In der spanischen Literatur und Rechtsprechung haben sich dagegen ausschließlich die Begriffe *querella privada* bzw. *acción privada* eingebürgert[3], die aufgrund der sogleich darzustellenden Ähnlichkeit zur deutschen Privatklage getrost mit dieser Bezeichnung übersetzt werden dürfen.
Generell findet die Privatklage im spanischen Schrifttum wenig Widerhall. Dies mag daran liegen, dass ihr normativer Anwendungsbereich durch die Gesetzesänderungen der letzten Jahrzehnte kontinuierlich geschmälert worden ist[4], aber auch daran, dass sie im Schatten der schrillen Popularklage und deren Unikatsstellung in der europäischen Strafrechtskultur buchstäblich verblasst. Der praktische Anwendungsbereich dürfte durch den obligatorischen Sühneversuch des Art. 804 LECrim erheblich zurückgedrängt werden.

2. Ratio Legis

Im Gegensatz zum Popularkläger verfolgt der Privatkläger ausschließlich eigene Interessen[5]. Er ist *dominus litis*[6], der Herr des Verfahrens; er allein bestimmt das "Ob" der Einleitung des Prozesses und dessen Fortführung. Der Staatsanwaltschaft kommt dabei keinerlei Einflussnahme zu. Bleibt der Privatklageberechtigte passiv und erhebt die Staatsanwaltschaft dennoch Anklage, wird ein darauf ergangenes Urteil im Revisionsverfahren kassiert[7]. Diese vom Verhalten anderer Prozessteilnehmer unabhängige Herrschaft über den Fortbestand des Verfahrens erinnert an die Figur des Strafantragsberechtigten. So verwundert es nicht, dass die dem Strafantragsrecht zu Grunde liegende gesetzgeberische Intention mit der der Privatklage in Kongruenz gesehen wird[8]. Die *teoría del doble fundamento*[9], wonach der Gesetzgeber Bagatelledelinquenz ohne Auswirkungen auf das Gemeinwesen entpönalisieren bzw. das Geheimhaltungsinteresse des Verletzten wahren wollte, trifft auf den Deliktskatalog des 215 CP - Verleumdung und Beleidigung - gleichermaßen zu. In der spanischen Literatur kaum thematisiert[10], aber im Hinblick auf den obligatorischen Sühneversuch des Art. 804 LECrim zunächst nicht von der Hand zu weisen ist die Frage, ob sich der Gesetzgeber darüber hinaus von einem allgemeinen Aussöhnungsgedanken hat leiten lassen. Dem steht aber

---

[1] Z.B. in Art. 106 Abs. 2, 275 Abs. 1, 278 Abs. 1, 733 Abs. 2 LECrim
[2] Übersicht bei Robles Garzón: RDB Ib 1978, S. 551
[3] Kritisch dazu Robles Garzón: RDB Ib 1978, S. 542 f. m.w.N.
[4] Muerza Esparza: RDP 1990, S. 273; Ders. in De la Oliva Santos u.a.: S. 153
[5] Robles Garzón: RDB Ib 1978, S. 538; Salom Escrivá: Justicia 1996, S. 452; Gimeno Sendra (in GMAC, S. 272) zählt dazu auch das Genugtuungeinteresse (*sentimiento de vindicta*).
[6] Sara Aragoneses in De la Oliva Santos u.a.: S. 324; Robles Garzón: RDB Ib 1978, S. 558
[7] Muerza Esparza: RDP 1990, S. 265 f. m.w.N.
[8] Sara Aragoneses in De la Oliva Santos u.a.: S. 321 f.; Muerza Esparza: RDP 1990, S. 264
[9] S.o. 2. Abschnitt § 1 C III. 2.
[10] Salom Escrivá: Justicia 1996, S. 432

entgegen, dass es der Gesetzgeber bei Einführung des Art. 804 LECrim einzig auf eine Entlastung der Strafjustiz abgesehen hat[1].
Auffallend ist die Tatsache, dass die Privatklage in der spanischen Literatur nicht (auch) als Belastung für den Verletzten eingestuft wird[2], muss dieser doch wie sein deutsches Pendant ein Verfahren aktiv betreiben und sich dem damit einhergehenden Prozesskostenrisiko aussetzen, will er den Täter verurteilt sehen. Abgestellt wird vielmehr allein auf den Aspekt der Dispositionsbefugnis[3], die als subjektives Recht gewertet wird[4] und die dem Privatklagelegitimierten als Einzigem die Entscheidung zur Verfahrenseinleitung anvertraut[5].

II. Besonderheiten

Die Regelungsdichte der Privatklage ist dünn gesät. Grundsätzlich sind auf den Privatkläger die Vorschriften anwendbar, die auch für den verletzten Popularkläger gelten[6]; insoweit ist auf die obigen Ausführungen zu verweisen[7]. Allerdings ergeben sich wesentliche Besonderheiten:

- Die Statthaftigkeit[8] einer Privatklage beschränkt sich nach Art. 104 Abs. 1 LECrim i.V.m. Art. 215 Ziff. 1 S. 1 CP auf die Fälle der einfachen Verleumdung und Beleidigung[9]. Richten sich diese gegen einen Amtsträger (in Ausübung seiner Funktion), wird öffentliche Klage erhoben, sofern der Verletzte einen Strafantrag stellt (Art. 215 Ziff. 1 S. 2 CP). Die in Art. 104 Abs. 1 ebenfalls genannte Notzucht wird seit der Neuregelung des Strafgesetzbuches dort nicht mehr als Privatklagedelikt geführt.
- Streitig diskutiert wird die Frage, ob die Privatklage dem ordentlichen oder dem beschleunigten Verfahren unterliegt. Über die zutreffende Argumentation der Literaturmeinung und der vor 1994 geltenden Gerichtspraxis[10], das beschleunigte Verfahren komme - getreu Art. 757 (früher: 779 a.F.)[11] LECrim - nicht zur Anwendung, wenn eine besondere Verfahrensart einschlägig ist - und das Verfahren wegen Beleidigung oder Verleumdung ist ein solches, den eigen-

---

[1] Rodríguez Fernández: S. 599, 601
[2] So ausdrücklich Quintano Ripollés: RDP 1952, S. 117
[3] Rodríguez Fernández: S. 599
[4] Quintano Ripollés: RDP 1952, S. 117, 120
[5] Robles Garzón: RDB Ib 1978, S. 546 f.
[6] Sara Aragoneses in De la Oliva Santos u.a.: S. 324
[7] Insbesondere s.o. 3. Abschnitt § 2 A. V. 2., VI., VII., VIII.
[8] Zu Konkurrenzfragen (Zusammentreffen mit Offizial-/ Halboffizialdelikten): Robles Garzón: RDB Ib 1978, S. 562 f.
[9] Ohne faktischen eigenständigen Anwendungsbereich ist Art. 104 Abs. 2 LECrim, der an die Verfolgung von Vergehen, die auf der Verbreitung unwahrer oder dem Privatbereich zuzuordnender Tatsachen mit Hilfe von Printmedien zurückzuführen sind oder eine einfache Beleidigung zum Gegenstand haben, das Erfordernis einer Privatklage knüpft.
[10] Rodríguez Fernández: S. 5601 f.
[11] Art. 757 LECrim beginnt: "Unbeschadet der Vorschriften über besondere Verfahren..."

ständigen Sondervorschriften der Art. 804 bis 815 LECrim unterworfenes Verfahren - , setzt sich das TS[1] großzügig hinweg.

- Ausschließlich klagebefugt ist nach dem Wortlaut des Art. 215 CP nur der Verletzte[2] und dessen gesetzlicher Vertreter. Dessen ungeachtet ist im Todesfall des Verletzten der Erbe zur Fortführung des Verfahrens legitimiert[3]. Dies folgt mittelbar aus Art. 276 LECrim, der eine Klagerücknahme fingiert, wenn nicht einer der Erben oder der gesetzliche Vertreter innerhalb einer dreißigtägigen Frist das Verfahren weiterbetreibt.
- Bedingt durch seine Monopolstellung kann sich der Privatkläger keinem bereits *ex officio* laufenden Verfahren anschließen, sondern muss im Normalfall *querella* nach Maßgabe der Art. 272 ff. LECrim erheben. Gleichwohl kann sich ein Privatkläger unter gleichen Voraussetzungen[4] wie ein verletzter Popularkläger einem bereits durch einen weiteren Privatkläger eingeleiteten Verfahren anschließen[5].
- Art. 278 Abs. 1, 804 LECrim normieren das besondere Zulässigkeitserfordernis eines erfolglosen[6] Sühneversuchs[7], ohne dessen Nachweis die Klage wegen Verleumdung oder Beleidigung nicht zugelassen wird. Nach der ganz herrschenden Ansicht bedingt ein Verstoß gegen Art. 804 LECrim noch nicht die sofortige Abweisung der Klage als unzulässig (oder gar einen Freispruch); vielmehr wird dem Kläger eine Frist[8] auferlegt, in der er den Sühneversuch nachholen kann[9]. Das Urteil ist jedenfalls nicht mit dem Argument anfechtbar, der Sühneversuch sei unterblieben, denn dieser dient nicht dem Schutz des Angeklagten, sondern einzig Erwägungen der Prozessökonomie[10]. Streitig diskutiert wird hingegen die Frage, ob der Sühneversuch die Verjährung hemmt. Der älteren Rechtsprechung, die dies mit einer analogen Anwendung des Art. 679 a.F. LEC bejahte, wird der abschließende Charakter der Art. 131 ff. CP entgegengehalten, denen eine derartige Verjährungshemmung unbekannt ist[11]. Nach Art. 278 Abs. 2 LECrim kann der Privatkläger schon vor Abschluss des Sühneversuchs diejenigen Ermittlungshandlungen veranlassen, die keinen Aufschub dulden.

---

[1] SSTS vom 24.01.1994, vom 03.05.1994 und vom 16.07.1994

[2] Der Begriff des Verletzten ist mit dem der Popularklage identisch (Robles Garzón: RDB Ib 1978, S. 555 f.; s.o. 3. Abschnitt § 2 A II.).

[3] A.A.: Rodríguez Fernández, S. 599

[4] S.o. 3. Abschnitt § 2 A V. 2.

[5] A.A.: Gimeno Sendra: La Querella, S. 281

[6] Die erfolgreiche Aussöhnung ist als Verzeihung und damit als materieller Strafaufhebungsgrund zu werten, vgl. Salom Escrivá: Justicia 1996, S. 432 f. Sie führt zum Strafklageverbrauch (*cosa juzgada*), vgl. Robles Garzón: RDB Ib 1978, S. 566

[7] Zur Diskussion um die dogmatischer Einordnung des Sühneversuchs: Salom Escrivá, Justicia 1996, S. 432 m.w.N.

[8] Zur Länge der Frist: Rodríguez Fernández: S. 601

[9] Robles Garzón: RDB Ib 1978, S. 565 f.; Rodríguez Fernández: S. 600 f.; Gimeno Sendra: La Querella, S. 153; ihm folgend Salom Escrivá: Justicia 1996, S. 434

[10] Rodríguez Fernández: S. 601 m.w.N.

[11] Salom Escrivá: Justicia 1996, S. 433 m.w.N.

- Wurde die Verleumdung oder Beleidigung während eines gerichtlichen Verfahrens (*juicio*)[1] begangen, verlangen Art. 279, 805 Abs. 1 LECrim und Art. 215 Ziff. 2 CP zusätzlich eine Autorisierung[2] der Privatklage durch das ursprünglich befasste Gericht. Damit soll es im Dienste der Prozessökonomie eine Vorentscheidung[3] treffen, ob das vermeintliche Fehlverhalten einer der Parteien einen Angriff auf die Ehre des Privatklägers darzustellen imstande war[4]. Nur die versagende Entscheidung bedarf einer Begründung; sie ist notfalls der Überprüfung mit Verfassungsrechtsbehelfen zugänglich[5]. Wie aus Art. 805 Abs. 2 LECrim hervorgeht, fungiert die positive Entscheidung jedoch nie als Beweismittel über die tatsächliche Deliktsverwirklichung vor dem erkennenden Gericht.
- Nach Art. 86 CP ist der Privatkläger vor einer Strafaussetzung zur Bewährung gesondert anzuhören.
- Im Gegensatz zur Popularklage sehen die Art. 275 f. die zusätzliche Möglichkeit einer "stillschweigende Klagerücknahme" (*desisitimiento oder abandono tácito*)[6] vor. Art. 275 LECrim fingiert eine Klagerücknahme, wenn der Privatklageberechtigte das Verfahren innerhalb einer zehntägigen Frist[7], deren Beginn eine entsprechende richterliche Aufforderung voraussetzt, nicht weiterbetreibt. Art. 276 LECrim, der - entgegen seinem indifferenten Wortlaut - ebenfalls nur auf die Privatklage anwendbar ist[8], normiert eine Klagerücknahme im Todesfall des Privatklägers oder beim Verlust seiner Geschäftsfähigkeit, wenn nicht einer der Erben bzw. der gesetzliche Vertreter das Verfahren innerhalb einer dreißigtägigen Frist aufnimmt. Die Rücknahme der Privatklage hat im Gegensatz zum Fallenlassen der Popularklage, die nur ein Ausscheiden des Klägers und regelmäßig eine Fortführung durch die Staatsanwaltschaft oder andere private Ankläger nach sich zieht, stets das Erlöschen der Klage zur Folge (Art. 106 Abs. 2 LECrim). Die prozessuale Klagerücknahme ist dogmatisch von der materiell-rechtlichen Verzeihung (*perdón*)[9] zu trennen, die nach Art. 215 Ziff. 3, 130 Ziff. 4 CP die Strafbarkeit einer Verleumdung oder Beleidigung aufhebt, so dass bei einer Verzeihung kein Einstellungsbeschluss sondern ein freisprechendes Urteil zu ergehen hat.[10] Gleichwohl nähern sich im Privatklageverfahren die faktischen Auswirkungen der Verzeihung an die der Klagerücknahme

---

[1] Zum Begriff: Gimeno Sendra in GMAC: S. 276; Rodríguez Fernández, S. 603 f.
[2] *Licencia* oder *autorización*
[3] Für eine restriktive Handhabe des richterlichen Ermessen: Gimeno Sendra in GMAC: S. 276 f.; ihm folgend Salom Escrivá: Justicia 1996, S. 435; a.A.: Robles Garzón: RDB Ib 1978, S. 567. Zur Verfassungsgemäßheit: STC 100/1987 (vom 12.06.1987).
[4] Salom Escrivá: Justicia 1996, S. 435
[5] Rodríguez Fernández, S. 604 m.w.N.
[6] Salom Escrivá: Justicia 1996, S. 451 f.; zur Kritik an der Terminologie: Volkmann-Schluck: S. 124; Robles Garzón: RDB Ib 1978, S. 570
[7] Zur Fristberechnung: Paz Rubio, S. 150; Salom Escrivá, Justicia 1996, S. 452 m.w.N.
[8] Salom Escrivá: Justicia 1996, S. 452
[9] Näheres zur Verzeihung: s.o. 2. Abschnitt § 1 C VII.
[10] Volkmann-Schluck: S. 123 f., Fn. 494

an, denn eine endgültige Verfahrenseinstellung führt - wie oben gesehen - zum Strafklageverbrauch.[1]

- Für die Kostenfolge der Privatklage ergeben sich keine Besonderheiten zur Popularklage, auch wenn Art. 124 CP lediglich die Anwaltskosten des Privatklägers als zu den Gerichtskosten gehörig qualifiziert; insoweit handelt es sich um eine Feststellung rein deklaratorischer Natur (vgl. Art. 241 Ziff. 3 LECrim).

III. Kritik *de lege ferenda*

Die modernere[2] Literatur sieht wenig Anlass zur Kritik der Privatklage, was wohl primär an ihrem eingeschränkten Anwendungsbereich und der damit verbundenen herabgestuften Bedeutung in der Rechtswirklichkeit liegen mag. Ein zusätzlicher Aspekt dürfte die Fixierung auf die Gleichsetzung der Klagemöglichkeit mit einem subjektiven Recht darstellen[3], die den Blick dafür trübt, dass de facto die Strafverfolgungslast auf den Privatkläger abgewälzt wird - ein Punkt der in der Literatur gar nicht aufgegriffen zu werden scheint.
Bemängelt werden deshalb nur Einzelaspekte wie z.B. hauptsächlich redaktionelle Ungereimtheiten wie die fehlende einheitliche Terminologie des Gesetzes[4]. Andere möchten das Rechtsinstitut aufwerten und plädieren für eine Ausweitung des Kataloges von Privatklagedelikten, jedoch nicht ohne gleichzeitig eine § 376 der deutschen StPO nachgebildete Interventionsmöglichkeit der StA zu fordern[5].

§3: Vergleich

A. Die deutsche Nebenklage als unvollständiges Pendant zur spanischen Popularklage

I. Funktionale Äquivalenz nur in Teilbereichen

Das Rechtsinstitut einer Popularklage könnte der deutschen Strafprozessordnung systemfremder nicht sein[6]: Kam es dem deutschen Gesetzgeber stets darauf an, eine verfahrensgestaltende Mitwirkung des Bürgers im Strafprozess allenfalls auf die Person des Verletzten zu begrenzen[7], negiert der spanische Strafprozess ein staatsanwaltschaftliches Anklagemonopol und legitimiert statt dessen jedermann (*quivis ex populo*)

---

[1] S.o. 3. Abschnitt § 2 A VI. 3. d), Fn. 4
[2] Die ältere Literatur sah sich noch zu einer Auseinandersetzung mit der Kritik *Bindings* an der deutschen Privatklage veranlasst (Quintano Ripollés: RDP 1952, S. 121 ff. m.w.N.)
[3] S.o. 3. Abschnitt § 2 A I. 2.
[4] Robles Garzón: RDB Ib 1978, S. 552 f. m.w.N.
[5] Muerza Esparza: RDP 1990, S. 273 f.
[6] Angedacht wurde im jüngeren Schrifttum die Einführung einer Popularklage außerhalb des Strafrechts, vgl. Hefendehl: GA 1997, S. 119 ff. m.w.N.
[7] Hefendehl: aaO, S. 120; Görg: S. 119

zur Ausübung der Strafklage. Dennoch gibt es aus funktionaler Sicht zwei Teilbereiche, in denen sich Nebenklage und Popularklage überlappen:
Erstens kommt sowohl der deutschen Nebenklage als auch der spanischen Popularklage eine Kontrollfunktion gegenüber den staatlichen Strafverfolgungsorganen zu[1].
Zweitens stehen beide Rechtsinstitute - wenn auch mit unterschiedlicher Akzentuierung - im Dienste des Opferschutzes. In Deutschland steht das Genugtuungs-, Schutz- und Informationsinteresse[2] des Verletzten im Vordergrund, während es in Spanien das materielle Restitutionsinteresse[3] ist, das den Gesetzgeber zu den zahlreichen Privilegien des Verletzten - in Verbindung mit der opferfreundlichen Ausgestaltung des Adhäsionsverfahrens - bewogen hat.

II. Diskrepanzen

1. Divergierende Kontrollintensität

Obgleich beide Institute der Überwachung der staatlichen Strafverfolgungsorgane dienen, bleibt die Kontrollintensität der Nebenklage in Deutschland deutlich hinter der der spanischen Popularklage zurück. Denn während in Spanien jedermann zur Strafklage befugt ist und in allen Verfahrensabschnitten eine der Staatsanwaltschaft nahezu gleichwertige Stellung inne hat[4], beschränkt sich der Kreis der Nebenklagebefugten in Deutschland prinzipiell auf die Verletzten bestimmter, enumerativ aufgezählter Delikte (a). Der Nebenkläger ist darüber hinaus auf das Vorhandensein eines staatlichen Anklägers angewiesen, während der spanische Popularkläger aus eigener Kraft eine prinzipale Strafklage anstrengen kann (b).

a) Horizontale und vertikale Selektivität des deutschen Gesetzgebers

Daraus wird deutlich, dass der deutsche Strafprozess eine allgemeine Rechtmäßigkeitskontrolle der Staatsanwaltschaft durch den Bürger nicht kennt; vielmehr wird die Überwachung durch den engen Kreis der Nebenklageberechtigten - in der Regel der Verletzte eines bestimmten, zum Katalog des § 395 StPO zählenden Delikts - mediatisiert. Nicht die Gesamtheit der Bürger ist zu einer Überwachung staatsanwaltlichen Vorgehens aufgerufen, sondern ein selektiv erwählter Kreis[5]. Die Selektivität der nebenklägerischen Kontrolle beschränkt sich nicht auf den horizontalen Bereich. Sie setzt sich vertikal fort, indem dem zugelassenen Nebenkläger nicht etwa umfassende Mitwirkungsbefugnisse zustehen, sondern nur vereinzelte, im Gesetz abschließend aufgeführte Verfahrenspositionen[6].

---

[1] S.o. 3. Abschnitt § 1 A I. und § 2 A III.
[2] S.o. 3. Abschnitt § 1 A I.
[3] S.o. 3. Abschnitt § 2 A III.
[4] S.o. 3. Abschnitt § 2 A VI. 2., 3., 4. und 5.
[5] S.o. 3. Abschnitt § 1 A II. 1.
[6] S.o. 3. Abschnitt § 1 A IV. und V.I

Anders die Popularklage in Spanien: Weder ist der Kreis der Klagebefugten - von den eng gezogenen Ausnahmen der Art. 102 f. LECrim abgesehen[1] - begrenzt, noch sind die Mitwirkungsbefugnisse des Popularklägers enumerativ aufgezählt. Abgesehen von wenigen Ausnahmen kann er im gleichen Umfang wie die Staatsanwaltschaft verfahrensgestaltend tätig werden.

b) Akzessorietät

Seine Verfahrenspositionen werden dem Nebenkläger nicht originär verliehen, sondern hängen buchstäblich am Tropf der staatsanwaltschaftlichen Verfahrensbetreibung. Dem Nebenkläger ist die Erhebung einer prinzipalen oder subsidiären Anklage verwehrt. Er kann sich lediglich der Anklage der Staatsanwaltschaft anschließen, seine Stellung geht über die eines bloßen "Zusatzbeteiligten" nicht hinaus[2], auch wenn er bei der *Ausübung* seiner Befugnisse unabhängig von der Staatsanwaltschaft agiert.
Lediglich die Weiterbetreibung eines einmal eingeleiteten Hauptverfahrens kann der Nebenkläger unabhängig vom Willen der Staatsanwaltschaft veranlassen, indem er

- sofortige Beschwerde gegen den Beschluss der Nichteröffnung oder gegen Einstellungsbeschlüsse im Sinne der §§ 206a f. StPO[3] oder
- Rechtsmittel im Sinne des § 401 StPO

einlegt[4]. Systematisch tritt der Nebenkläger jedoch nicht an die Stelle der Staatsanwaltschaft; vielmehr obliegt dieser nach Art. 401 Abs. 4 StPO in beiden Ausnahmekonstellationen der "Betrieb der Sache", und nicht dem Nebenkläger. Deshalb folgt aus Art. 400 Abs. 2 StPO keine Durchbrechung des akzessorischen Prinzips, so dass der Nebenkläger ein Organ kontrolliert, von dem er letztendlich seine eigene Position ableitet.
Im Gegensatz dazu ist die Stellung des spanischen Popularklägers von der Existenz eines staatlichen Anklägers völlig unabhängig. Die Totalität der Kontrolle des die Staatsanwaltschaft bindenden Legalitätsprinzips[5] durch den Bürger wird gerade dadurch gewährleistet, dass es eines staatlichen Tätigwerdens nicht bedarf, um eine Strafklage erheben oder weiter betreiben zu können.
Auch wenn dem verletzten spanischen Popularkläger - den die spanische Rechtsterminologie aus systematisch nicht nachvollziehbaren Gründen mit der Sonderbezeichnung *actor particular* belegt - ein Vertreter der Staatsanwaltschaft zur Seite steht - was wegen des soeben erwähnten Legalitätsprinzips der Regelfall sein wird -, ist es wegen der ungleich höheren Kontrolldichte der *acción popular* nicht tunlich, dieses Rechtsinstitut mit der deutschen Bezeichnung "Nebenklage" zu übersetzen[6]. Zutreffender sind die Termini "privater Ankläger", "Popularkläger" oder "(Straf-)Kläger".

---

[1] S.o. 3. Abschnitt § 2 A V. 1. d) und e).
[2] KMG: § 397, Rn. 1
[3] Vgl. § 400 Abs. 2 StPO
[4] S.o. 3. Abschnitt § 1 A VI. 2
[5] Art. 105 S. 1, 1. Hs. LECrim
[6] So aber wohl Kühne: Rn. 1362; vgl. auch http://www.fevr.org/anwbfevr%20D%20spanien.htm (30.03.2005); http://de.indymedia.org/2005/03/108228.shtml (30.03.2005); http://www.fuerteventura-infos.de/inselnachrichten-fuerteventura/fruehjahr_02/fruehjahr_02.htm (30.03.2005).

2. Divergierende Funktionalität in Teilbereichen

Keine Rolle für den Sinn und Zweck der deutschen Nebenklage spielen Erwägungen des Demokratiegedankens. Schon die enge Begrenzung des zur Nebenklage befugten Personenkreises zeigt, dass sich der deutsche Gesetzgeber gerade nicht von plebiszitären Elementen hat leiten lassen.

Aber auch innerhalb des Opferschutzgedankens findet eine unterschiedliche Gewichtung statt. Steht im deutschen Recht das ideelle Genugtuungs- und Schutzinteresse des Nebenklägers im Vordergrund, zielt die Privilegierung des verletzten Popularklägers in Spanien ausschließlich auf das Interesse an materieller Wiedergutmachung ab.

3. Verfassungsrechtliche Bezüge

Anders als die deutsche Nebenklage gestaltet sich der verfassungsmäßige Kontext der Popularklage in Spanien. Schirmend stellt sich auf Verfassungsebene die Rechtschutzgarantie vor den verletzten Popularkläger; Eingriffe in seine Klagebefugnis muss dieser nur nach Maßgabe des Art. 24 Ziff. 1 CE hinnehmen[1]. Eine - wenn auch keine subjektive Rechtsposition verleihende, so doch auf Verfassungsebene angesiedelte - Wertentscheidung zu Gunsten der Popularklage im Allgemeinen findet sich zudem im Programmsatz des Art. 125, 1. Hs. CE[2].

Demgegenüber kann der deutsche Nebenkläger aus seiner Anschlussbefugnis keine Rechtsposition mit Verfassungsrang ableiten. Im Schrifttum findet sich darüber freilich wenig. Im verfassungsrechtlichen Zusammenhang wird allenfalls die *Vereinbarkeit* der Nebenklage mit dem Grundgesetz thematisiert[3]; die Frage, ob bzw. inwieweit

[1] S.o. 3. Abschnitt § 2 A IV. 2.

[2] S.o. 3. Abschnitt § 2 A IV. 1. a)

[3] In einer Entscheidung aus dem Jahre 1969[3] bejahte das BVerfG (E 26, S. 66) die Verfassungsmäßigkeit der Nebenklage im Rahmen einer konkreten Normenkontrolle. Die Zweifel des Vorlagegerichtes an der Verfassungsmäßigkeit der §§ 395 Abs. 1, 396 Abs. 2 S.1 StPO stützten sich zum einen auf eine mögliche Verletzung von Art. 3 Abs. 1 GG, da § 395 a.F. StPO die Berechtigung zur Nebenklage an die der Privatklage koppelte, was die Nebenklage bei schwereren Delikten ausschloss, nicht aber bei den leichteren. Zum anderen sah das Vorlagegericht die Nebenklage wegen der Kostenfolge des damals auf die Nebenklage noch allein anwendbaren § 465 StPO mit dem damit verbundenen einseitigen Kostenrisiko für den Angeklagten als mit dem Rechtsstaatprinzip (Art. 20 Abs. 3 GG) nicht vereinbar an.

Das BVerfG ist dem mit folgender Argumentation entgegengetreten: Ein Verstoß gegen den Gleichheitssatz komme deshalb nicht in Frage, da die Beschränkung der Zulässigkeit der Nebenklage auf Privatklagedelikte insoweit sachgerecht sei, als die Allgemeinheit dadurch nicht berührt werde und der Gesetzgeber es einzig der Entscheidung des Verletzten überlassen wolle, ob die Straftat geahndet wird oder nicht. Insbesondere werde hierbei nicht sachfremd berücksichtigt, dass der Verletzte, der ohne Eingreifen der Staatsanwaltschaft selbst als Privatkläger auftreten kann, durch Erhebung der öffentlichen Klage nicht die Möglichkeit verlieren solle, sein durch § 374 StPO anerkanntes Genugtuungsinteresse geltend zu machen.

Auch eine Verletzung des Rechtsstaatprinzips sei nicht ersichtlich, denn dem Angeklagten sei es nicht verwehrt, sich gegen den Vortrag des Nebenklägers zu wenden. Mit dem Einwand des einseitigen Kostenrisikos aus § 465 StPO setzt sich das Gericht sachlich überhaupt nicht auseinander und führt als Begründung dafür aus, dass sich eine mögliche Beeinträchtigung dann allenfalls aus dieser Vorschrift

die Mitwirkung des Verletzten im Strafprozess *geboten* ist, wird äußerst selten gestellt. Vereinzelt wird versucht, den Ruf nach prozessualer "Waffengleichheit" für Täter wie Opfer in den Dienst des allgemeinen Gleichheitssatzes zu stellen[1] - ein Unterfangen, das in Ermangelung eines *tertium comparationis* an der fehlenden Vergleichbarkeit zwischen Beschuldigtem und Verletzten scheitern muss. Auch die Menschenwürde[2] und das Rechtsstaatsprinzip - in seiner Ausprägung als Grundsatz des Justizgewährungsanspruchs[3] - werden vereinzelt für eine verfassungsmäßige Verankerung prozessualer Mitwirkungsbefugnisse bemüht. Diese Ansicht übersieht jedoch, dass der staatliche Strafverfolgungsanspruch einzig und allein im öffentlichen Interesse liegt; Strafverfolgung ist Aufgabe des Staates und kein Anspruch des Einzelnen[4], für den die Bestrafung lediglich einen Reflex darstellt. Eine andere Ansicht lässt sich mit dem Konzept einer modernen Strafrechtspflege, die von der archaischen Privatstrafe losgelöst ist und die dem Staat das Gewaltmonopol zugesprochen hat, nicht vereinbaren. Gerade um das Opfer an der Selbsthilfe zu hindern, darf einzig und allein der Staat einen Anspruch auf Verfolgung und Bestrafung innehaben, und nur das ist mit dem im Rechtsstaatsprinzip verankerten Grundsatz des Justizgewährungsanspruches gemeint. Im Vordergrund stehen die Ermittlung von Wahrheit und Gerechtigkeit[5], und nicht unmittelbar die Rechte des Opfers. Dass es keinen verfassungsrechtlich verbürgten An-

---

ergeben könne, nicht aber aus § 395 StPO. § 465 sei aber in dem Verfahren nicht Vorlagegegenstand gewesen.

Diese Entscheidung stieß teilweise auf kritische Stimmen in der Literatur (*Sauer*: DRiZ 1970, S. 349 ff.), die die gleichen Zweifel wie das Vorlagegericht hegten, deren Argumentationsbasis aber nach Neufassung der Nebenklage durch das Opferschutzgesetz von 1986 die Grundlage entrissen wurde: Zum einen ist die Nebenklageberechtigung nun nicht mehr an die der Privatklage gekoppelt, zum anderen wurde auch das Kostenrisiko durch Neufassung des § 472 StPO anders verteilt. Insbesondere sieht Abs. 1 S. 2 dieser Vorschrift vor, dem Nebenkläger dessen notwendige Auslagen aufzubürden, wenn es Gründe der Billigkeit so gebieten. Dies ist insbesondere für die im Zusammenhang mit der alten Rechtslage kritisierten Fälle des Mitverschuldens durch den Nebenkläger nunmehr von Belang.

Gleichwohl gibt es auch heute noch Stimmen, die der Nebenklage aus anderen als den oben angesprochenen Gründen die Verfassungsmäßigkeit absprechen wollen: *Ranft* (S. 587) bemängelt – gewissermaßen in Umkehrung der Argumentation des Vorlagegerichtes aus BVerfGE 26, 66 – dass gerade nach Änderung der Rechtslage durch das OpferschutzG, wonach die Zulässigkeit der Nebenklage von der der Privatklage losgelöst wurde, der Gleichheitssatz des Art 3 Abs. 1 GG verletzt sei, denn im Gegensatz zur Privatklage könne der Nebenkläger seine Genugtuung auch für schwere Delikte geltend machen, bei der Privatklage aber nicht. Außerdem sei die Nebenklage auf Grund der Möglichkeit, Vergeltungsgedanken einseitig zu verfolgen, in Verbindung mit der grundsätzlichen Einstehungspflicht des Angeklagten für die Kosten resozialisierungsfeindlich (*Ranft*: S. 587; vgl. auch *Roxin*: § 62 A).

[1] AK-Rössner: Vor § 395 Rn. 22 ; Patsourakou: S. 89 ff und 153 ff; einschränkend auch Rieß, Gutachten C55, der eine Waffengleichheit nur insoweit fordert, als der Verletzte Verantwortungszuweisungen durch den Beschuldigten nicht hilflos ausgesetzt sein darf. Überblick zur richterlichen Handhabung der "Waffengleichheit" im Rahmen der Nebenklage bei Safferling: NStZ 2004, S. 185.

[2] Heidemeier: S. 212 ff.; AK-Rössner: Vor § 395, Rn. 11; Rieß: Gutachten, C47

[3] Mayer: JZ 1955, S. 604; Rieß: Gutachten, C 48 f.

[4] Peters: § 4 I 1; J/P-Jarass: Art 20, Rn. 97; Beulke: Rn. 3

[5] Beulke: Rn. 3

spruch auf Strafverfolgung eines anderen gibt, hat auch das BVerfG in mehreren Entscheidungen so ausdrücklich bestätigt[1].
Auch die Rechtsweggarantie des Art. 19 Abs. 4 GG kann für einen verfassungsmäßigen Schutz der Nebenklage nicht herhalten. Diese Vorschrift besagt nur, dass bei Bestehen eines subjektiven Rechtes der Weg zu einem Gericht zur Durchsetzung eben dieses Rechtes eröffnet sein muss. Art 19 Abs. 4 gewährleistet demzufolge keine materiellen Rechte, sondern setzt diese bereits voraus. Dabei wird deren Bestehen und Umfang allein vom Gesetzgeber bestimmt[2]. Hier kommt als Recht des Verletzten nur ein einfachgesetzlich ausgeprägter Anspruch des Opfers auf Strafverfolgung des Täters in Betracht.
Zunächst ist klarzustellen, dass es sich hierbei nicht um einen - soeben abgelehnten - *verfassungsrechtlich* garantierten Justizgewährungsanspruch handelt, sondern um eine mögliche einfachgesetzliche Ausprägung, wie sie vereinzelt gefordert wird[3]. Denn die Tatsache, dass es auf Verfassungsebene keinen Anspruch Dritter auf Strafverfolgung eines anderen gibt heißt noch nicht, dass auch dem einfachen Gesetzgeber die Schaffung eines solchen Institutes versagt wäre. Wie allerdings die Regelung der §§ 172 ff. StPO im Zusammenhang mit der des § 23 Abs. 3 EGGVG zeigt, hat sich der Gesetzgeber gegen einen solchen Anspruch entschieden. Denn aus dem Zusammenspiel beider Normen folgt, dass die §§ 172 ff StPO eine abschließende Regelung gerichtlicher Überprüfung staatsanwaltlicher Einstellungen beinhalten. Insbesondere sind die §§ 172 ff StPO "andere Vorschriften“ i.S.d. § 23 Abs. 3 EGGVG, mit denen es "ein Bewenden“ haben soll[4]. Ein darüber hinausgehender allgemeiner Anspruch auf Strafverfolgung existiert auch auf einfachgesetzlicher Ebene nicht und kann demnach kein "Recht“ i.S.d. Art 19 Abs. 4 GG konstituieren. Gibt es aber kein Recht, das es zu schützen gilt, kann Art. 19 Abs. 4 GG - dessen Anwendungsbereich im Gegensatz zu dem seines spanischen Pendants nicht schon bei Vorliegen bloßer "legitimer Interessen" eröffnet ist - nicht eingreifen.

B. Das deutsche Klageerzwingungsverfahren der §§ 172 ff. StPO als unvollständiges Pendant zur spanischen Popularklage

Da sich die Funktion des deutschen Klageerzwingungsverfahrens (KEV) ebenfalls auf die Kontrolle des Legalitätsprinzips beläuft, lässt sich auch für dieses Rechtsinstitut eine funktionale Teilkongruenz mit der spanischen Popularklage konstatieren.
Damit erschöpfen sich die Gemeinsamkeiten. Weder ist der Kreis der Antragsbefugten unbegrenzt, noch bezweckt das KEV den Schutz des Verletzten[5]. Statthaft ist es ausschließlich gegen Einstellungsverfügungen der Staatsanwaltschaft oder im Falle einer Nichtverfolgung trotz Strafantrags. Im Gegensatz zum Popularkläger erwächst dem Antragsteller im KEV auch keine Position eines am Verfahren Beteiligten; prozessuale

---

[1] BVerfG: NJW 1993, S. 3316 (S. 3317); E 51, S. 176 (187), wenn auch als *obiter dictum*
[2] PS: Art. 19, Rn. 1006; MaK-Huber: Art 19, Rn. 397; J/P-Jarass: Art. 19, Rn. 25
[3] Mayer: JZ 1955, 604
[4] LöRo-Graalmann-Scheerer: § 172 Rn. 5; Altenhain: JZ 1965, S. 758
[5] S.o. 2. Abschnitt § 1 B VIII. 2.

Mitwirkungsbefugnisse stehen ihm nur dann zu, wenn er *nach Beendigung* des KEV den Anschluss als Nebenkläger erwirkt.

C. Die deutschen Privatklage als Pendant zur spanischen *acción privada*

I. Gemeinsamkeiten

Wie die deutsche Privatklage dient die *acción privada* einerseits der Entpönalisierung der Bagatelledelinquenz und damit der Entlastung der Strafverfolgungsorgane, andererseits den Geheimhaltungsinteressen des Straftatopfers[1]. Wie in Deutschland obliegt die Geltendmachung des staatlichen Strafanspruchs dabei dem Verletzten. In Durchbrechung des in beiden Rechtsordnungen geltenden Legalitätsprinzips ist die Staatsanwaltschaft grundsätzlich nicht mit verfahrenseinleitenden Befugnissen betraut.
Beiden Rechtsinstituten ist zudem die erfolglose Durchführung eines Sühneversuchs als besondere Zulässigkeitsvoraussetzung vorgeschaltet[2]. Dessen Bedeutung darf allerdings nicht überschätzt werden, denn im spanischen wie im deutschen Strafprozess kann der unterlassene Sühneversuch während des späteren Verfahrens noch nachgeholt werden[3].
Diese systematischen, funktionalen und strukturellen Gemeinsamkeiten rechtfertigen es, die *acción privada* mit dem Terminus "Privatklage" und den *actor/querellante/acusador privado* mit dem Terminus "Privatkläger" zu übersetzen[4].

II. Diskrepanzen

- Unbeschadet des Erfordernisses eines Sühneversuchs hat sich der spanische Gesetzgeber nicht von einem allgemeinen Aussöhnungsgedanken leiten lassen[5]. Auch in anderer Hinsicht erweist sich der Daseinszweck der deutschen Privatklage als im Verhältnis zum spanischen Gegenstück polykausaler, denn die spanische Dogmatik stellt weder auf ein besonderes Opfer-Täter-Verhältnis ab - das eine strafrechtliche Einmischung zur *ultima ratio* deklassiert -, noch thematisiert sie den in Deutschland aufgeworfenen Gedanken eines dem Verletzten zustehenden Genugtuungsbedürfnisses[6].
- Der rechtliche Anwendungsbereich der Privatklage ist in Deutschland auf Grund des umfassenderen Katalogs der zur Privatklage berechtigenden Delikte deutlich größer als in Spanien, wo das Rechtsinstitut auf die Fälle der Beleidigung und Verleumdung beschränkt bleibt.
- Die Durchbrechung des Legalitätsprinzis ist in Spanien vollständig, während die deutsche Staatsanwaltschaft durch Bejahung des öffentlichen Interesses das

---

[1] S.o. 3. Abschnitt § 1 B I. 2. und § 2 B I. 2.
[2] S.o. 3. Abschnitt § 1 B II. 3. und § 2 B II.
[3] S.o. 3. Abschnitt § 1 B II. 3. und § 2 B II.
[4] Anders z.B. Kühne: Rn. 1359 und 1362; Slaby/Grossmann, Band II, S. 693 die den *accusador privado* mit der deutschen Bezeichnung "Nebenkläger" übersetzen.
[5] S.o. 3. Abschnitt § 2 B I. 2.
[6] S.o. 3. Abschnitt § 1 B I. 2. b) und d.)

Verfahren jederzeit an sich reißen und den Privatkläger aus seiner prinzipalen Klägerposition drängen kann. Ist die Verfahrensinitiative demnach ein Monopol des spanischen Privatklägers, muss dessen deutscher Konterpart eine deutliche Einbuße seiner verfahrensrechtlichen Dispositionsbefugnis hinnehmen. Diese Einbuße wird zwar dadurch abgeschwächt, dass die meisten Privatklagedelikte auch Antragsdelikte sind, so dass der Privatkläger durch Rücknahme seines Strafantrags seine Verfahrensherrschaft regelmäßig wieder zu gewinnen im Stande ist. Es sei jedoch daran erinnert, dass die Staatsanwaltschaft durch Bejahung eines besonderen öffentlichen Interesses das Erfordernis eines Strafantrags in den meisten Fällen beseitigen und so das Verfahren gegen den Willen des Verletzten weiterbetreiben kann. Demgegenüber bleibt der spanische Privatkläger stets Herr des Verfahrens; lässt er die Klage fallen, kann kein staatliches Verfolgungsorgan das Verfahren weiterbetreiben.

- Das spanische Recht kennt keine Überlappung zwischen Strafantrags- und Privatklagedelikten[1]. Sämtliche Straftatbestände fallen entweder in die Kategorie eines Offizial-, eines Halboffizial- oder eines Privatklagedelikts. Demgegenüber ist der Großteil der deutschen Privatklagedelikte gleichzeitig dem Kreis der Antragsdelikte zuzuordnen.
- Im Gegensatz zu seinem deutschen Pendant ist der spanische Privatkläger in seiner Eigenschaft als Verletzter[2] nicht zur Erbringung einer Sicherheitsleistung verpflichtet. Auch das Kostenrecht ist für den spanischen Privatkläger insoweit günstiger, als er bei einem Freispruch des Angeklagten dessen Kosten nur zu tragen hat, wenn ihm Arglist oder Leichtfertigkeit vorzuwerfen ist[3].
- Die Janusköpfigkeit der Privatklage, die sich in beiden Rechtsordnungen darin äußert, dass die Machtbefugnisse eines Anklägers in ihrer Kehrseite stets die Bürde einer Strafverfolgung bedingen, ist in der spanischen Dogmatik aus den bereits oben dargelegten Gründen[4] kein Thema, um das es viel Aufhebens zu machen gilt. In der deutschen Literatur hingegen bildet sie einen der firmsten Angelpunkte für die Kritik *de lege ferenda*.
- Auffallend ist schließlich, dass die spanische Privatklage mit wenigen Normen auskommt. Schon die im Gegensatz dazu ins Auge fallende hohe Regelungsdichte sowie der minutiös-spitzfindige doktrinale Rahmen, mit denen das Wesen der Privatklage in der deutschen Literatur und Rechtsprechung gehandhabt wird zeigen auf, dass sich der deutsche Gesetzgeber wesentlich schwerer tut mit der aktiven Rolle eines Bürgers als Ankläger als sein spanisches Pendant, dem das Anklagemonopol von Haus aus unbekannt ist.

D. Keine gesonderten Mitwirkungsbefugnisse des Verletzten im spanischen Recht

Im Gegensatz zum deutschen Gesetzgeber, der sich im Zeichen des Opferschutzes veranlasst sah, mit Einführung der §§ 406 d ff. StPO eine Reihe isolierter Mitwirkungsbe-

---

[1] Robles Garzón: RDB Ib 1978, S. 534 f.
[2] Art. 281 LECrim
[3] S.o. 3. Abschnitt § 2 A VIII. 1., der auch für die Privatklage gilt.
[4] S.o. 3. Abschnitt § 2 B III.

fugnisse des Verletzten zu kreieren, ermangelt es der LECrim gesonderter, d.h. von der Stellung als Popular- oder Privatkläger losgelöster Verletztenbefugnisse im Strafverfahren[1]. Angesichts der umfassenden Verfahrensbefugnisse des Popularklägers, die denen der Staatsanwaltschaft nahezu gleich gestellt sind, und der Privilegierung, die dem Verletzten darin zu Teil wird, besteht für ein gesondertes Opferregime auch gar keine Notwendigkeit. Gerade die geringen formellen Hürden, derer sich der Verletzte für einen Anschluss als Popularkläger - gemeinhin als *actor particular* bezeichnet - bedienen muss[2] und die Entbindung von der Pflicht zur Sicherheitsleistung[3] gewährleisten, dass der Verletzte auf den Gang des Verfahrens relativ einfach, dann aber mit geballter Kraft einwirken kann[4]. Einzig die gerichtlichen Unterrichtungsobliegenheiten wie z.B. die in Art. 109 LECrim, wonach der Verletzte nach seiner Zeugenaussage über sein Recht zur Popular- und Zivilklage zu belehren ist, oder die in Art. 642 LECrim, wonach das Gericht jeden an einer Popularklage "Interessierten"[5] über eine drohende Einstellung[6] in Kenntnis setzen kann, wenn die Staatsanwaltschaft eine solche beantragt und sich kein privater Ankläger eingefunden hat, lassen sich mit der Hinweispflicht des § 406 d StPO vergleichen. Bezeichnenderweise ist weder diese noch die Unterrichtung in Art. 642 LECrim als zwingende Pflicht, sondern als Sollvorschrift bzw. als Ermessensnorm (... *podrá* ...) ausgestaltet, womit den praktischen Schwierigkeiten Rechnung getragen wird, die der Ermittlung des Verletzten oftmals anhaften[7].

E. Schlussfolgerungen

I. Aufgrund des fehlenden staatsanwaltschaftlichen Anklagemonopols im spanischen Strafprozess fügt sich die Popularklage in kein bekanntes Schema der deutschen StPO ein.

II. Gleichwohl überschneidet sich ihre *ratio legis* teilweise mit der der deutschen Nebenklage sowie dem Klageerzwingungsverfahren anhaftenden Funktion einer Kontrolle staatsanwaltschaftlichen Handelns.

III. Die Kontrollintensität des Nebenklägers bleibt weit hinter der des spanischen Popularklägers zurück, indem eine Mitwirkungsbefugnis auf einen engen Kreis der am Rechtsverkehr Teilnehmenden beschränkt und im übrigen von der Initiative des zu kontrollierenden Strafverfolgungsorgans abhängig ist. Die Rechte des Nebenklägers sind mit denen der Staatsanwaltschaft nicht gleichgestellt.

---

[1] Daran ändern auch die jüngesten Novellierungen, die die LECrim und die LOPJ durch die Ley Orgánica 1/2004 de 28 de diciembre, de Medidas de Protección Integral contra la Violencia de Género erfuhren und die zum 29.01. bzw. zum 29.06.2005 in Kraft traten, nichts.
[2] S.o. 3. Abschnitt § 2 A V. 2 b)
[3] S.o. 3. Abschnitt § 2 A V. 3
[4] Zu den Mitwirkungsbefugnissen im Einzelnen s.o. 3. Abschnitt § 2 A VI.
[5] Darunter versteht die man den Verletzten, vgl. Tomé García in De la Oliva Santos u.a.: S. 431
[6] Zur Verfahrenseinstellung s.o. 3. Abschnitt § 2 A VI. 3. d).
[7] Vgl. KMG: § 406 h, Rn. 1 m.w.N.

IV. Aus den unter I. und III. genannten Gründen ist auch die Strafklage eines verletzten Popularklägers nicht mit dem deutschen Begriff "Nebenklage" zu übersetzen.

V. Noch weiter zurück bleibt die Kontrollintensität des Antragstellers im deutschen Klageerzwingungsverfahren, der zwar nicht auf eine Verfahrensinitiierung durch die Staatsanwaltschaft angewiesen ist, sich aber ebenfalls aus einem eng begrenzten Kreis der Bürgergesamtheit rekrutiert, und dem im Verfahren überhaupt keine Mitwirkungsbefugnisse zustehen.

VI. Der spanische Bürger genießt deshalb eine Rolle im Strafverfahren, die sich durch ein im Vergleich zur deutschen Rechtswirklichkeit weit höheres Verantwortungsbewusstsein auszeichnet. Die prominente Position des Popularklägers reflektiert sich dabei in der - wenn auch keine subjektive oder institutionelle Rechtsposition verleihenden - Vorschrift des Art. 125, 1 CE auf Verfassungsebene.

VII. Die Privatklage weist in beiden Rechtsordnungen hohe funktionale, systematische und strukturelle Ähnlichkeiten auf.

VIII. Ein gravierender Unterschied besteht darin, dass die deutsche Staatsanwaltschaft durch Bejahung des öffentlichen Interesses das Verfahren an sich reißen kann, während sich vor dieser Kulisse das Anklagemonopol des spanischen Privatklägers durch seine Totalität abhebt. Auch hier wird dem spanischen Bürger eine höhere Verantwortung zugestanden als seinem deutschen Konterpart, dem durch ein gerichtlich nicht überprüfbares Ermessen eine stete Quasi-Bevormundung durch die Staatsanwaltschaft droht.

Ausblick

... für den deutschen Gesetzgeber

Die Untersuchung hat gezeigt, dass Privatpersonen im spanischen Strafverfahren zu einer wesentlich aktiveren Beteiligung aufgerufen sind als im deutschen Recht. Offensichtlich zum Ausdruck kommt dies in der Befugnis zur Popularklage, die *a priori* einen lückenlosen – da nicht vom Verhalten der verletzten Person abhängigen - Schutz des Legalitätsprinzips bezweckt. Aber auch die fehlende Möglichkeit der Staatsanwaltschaft, bei Untätigkeit des Strafantrags- bzw. Privatklageberechtigten zu intervenieren, legt von der höheren Verantwortung, die dem spanischen Konzept einer strafprozessualen Mitwirkung des Bürgers anhaftet, beredtes Zeugnis ab.

Der Frage, ob sich der deutsche Gesetzgeber von der Idee einer Popularklage inspirieren lassen sollte, ist dennoch eine *grundsätzliche* Absage zu erteilen:

Abgesehen davon, dass dies neben dem Ende des staatsanwaltschaftlichen Anklagemonopols auch das des Opportunitätsprinzips zur Folge hätte, erscheint die Betrauung einer beliebigen Privatperson mit der Befugnis, andere Privatpersonen anzuklagen, als mit den gängigen deutschen Wertvorstellungen unvereinbar. Zu sehr ist das deutsche Strafverfahrensrecht von anderen Verfahrensordnungen verselbständigt, als dass immer wieder Anlehnungen am Begriff einer zivilrechtlichen Klage gesucht werden müsste, wie dies die spanische Prozessdogmatik tut[1]. Dementsprechend sind die Beteiligten eines deutschen Strafprozesses schon nach der Begrifflichkeit des Gesetzes und der Lehre nicht als „Parteien" ausgewiesen, während die spanische Terminologie durch den Ausdruck *partes* stets den Aspekt von auf gleicher Ebene agierenden Kontrahenten vermittelt.

Aber auch ohne Berücksichtigung dieser formellen Inkompatibilität eines nicht auf den überschaubaren Kreis der Privatklagedelikte beschränkten nicht-öffentlichen Anklägers mit der traditionellen deutschen Strafprozessrechtsdogmatik muss jedem, dessen Denken ein egalitäres Verständnis zu Grunde liegt, ein Gefühl des Unbehagens beschleichen, wenn ein Bürger einen anderen Bürger gewissermaßen in Prozessstandschaft des Staates - und dabei handelt es sich bei der Geltendmachung des staatlichen *ius puniendi* durch den Popularkläger - anklagt und damit unter Ausnutzung staatlich ratifizierter Strukturen den Vorwurf der Sozialschädlichkeit erhebt. Denn trotz der Wahrnehmung einer staatlichen Aufgabe steht der Popularkläger dem Angeklagten nicht in einer Funktion als Träger von Hoheitsgewalt gegenüber - was sich z.B. darin äußert, dass der Popularkläger nicht dem Legalitätsprinzip unterworfen ist - sondern als *quivis es populo*, als schlichter Mitbürger. Der - zwar traditionell im Völkerrecht verhaftete, aber das Prinzip der Souveränität unter gleichberechtigten Subjekten treffend zum Ausdruck bringende - Grundsatz *par in parem non habet imperium* steht einer solchen Verquickung zwischen privatem Handeln und öffentlichen Funktionen

[1] Wer die Bibliothek einer rechtswissenschaftlichen Fakultät in Spanien betritt, findet z.B. die strafprozessrechtlichen Werke nicht unbedingt in räumlicher Nähe zum materiellen Strafrecht, und die zivilverfahrensrechtlichen Abhandlungen nicht beim Zivilrecht, sondern gemeinsam unter der eigenständigen Rubrik „Prozessrecht" (*derecho procesal*).

zumindest insoweit entgegen, als es um die Verfolgung individuellen Rechtsgütern dienender Straftaten geht.

Auch die immer wieder beschworene Demokratie-Funktion der Popularklage deckt sich nicht mit dem Konzept einer nur indirekten Beteiligung des Bürgers an für die Gestaltung des Gemeinwesens relevanten Fragestellungen – dies umso mehr, als es bei der Klageerhebung nicht um eine gestalterische Tätigkeit geht, sondern um die bloße Feststellung des hinreichenden Verdachts eines Verstoßes strafrechtlicher Normen. Eine bloße Feststellung kann aber unmöglich Objekt einer demokratischen Willensfindung sein; allein das Wissen um bestimmte strafrechtsrelevanten Sachverhalte entscheidet über die Notwendigkeit einer Anklageerhebung, nicht aber ein – wenn auch nur symbolisch - der Mehrheit des Volkes entsprechender Wille.
Allenfalls in Gemeinwesen mit einer numerisch stark eingeschränkten Bevölkerung, wie sie z.B. die Stadtstaaten der griechischen Antike oder die frühe bis mittlere römische Republik darstellten, ist die Aufnahme öffentlicher Funktionen durch Privatpersonen nachvollziehbar, denn die *res publica*, also Fragen von öffentlichem Belang, werden den Einzelnen dort stets unmittelbarer betreffen, als dies in einem Flächenstaat moderner Couleur der Fall ist.
Andererseits sollte der deutsche Gesetzgeber seine Zurückhaltung gegenüber dem Klageerzwingungsverfahren überdenken. Denn die Beschränkung der Antragsteller auf den Kreis der Verletzten ist im Hinblick darauf, dass es vielen politisch sensiblen Tatbeständen eines individuell geschützten Rechtsguts ermangelt – man denke an die zahlreichen Straftaten im Amt – nicht dazu angetan, das Vertrauen der Rechtsgemeinschaft in die Einhaltung des Legalitätsprinzips durch die letztendlich politischen Entscheidungsträgern weisungsunterworfene Staatsanwaltschaft zu festigen[1]. Gerade im Zusammenhang mit der Verfolgung von Amtsdelikten können von der spanischen Popularklage wichtige Impulse ausgehen; nicht von ungefähr standen sämtliche moderne Vorgängermodelle der Popularklage im 19. Jahrhundert nicht im Dienste der allgemeinen Legalitätskontrolle, sondern zielten ausschließlich auf die Strafverfolgung von Amtsträgern ab[2].
Denn eine Schlussfolgerung lässt sich aus der Rechtswirklichkeit der Popularklage für den deutschen Gesetzgeber ziehen: Gerade die Praxis der spanischen Popularklage zeigt, dass sich nicht verletzte Personen nur selten, dann aber aus starken ideellen Motiven heraus, zur Erhebung einer Anklage und damit zur Überwindung der prozessualen Hürden wie Sicherheitsleistung und Prozesskostenrisiko verleiten lassen. Im Falle einer Ausweitung der Klageerzwingungsberechtigung ist deshalb eine Überlastung der Justiz angesichts des Kostenrisikos sicher nicht zu erwarten.

[1] Zum Widerhall dieser Problematik in den Medien vgl. jüngst den Spiegel-Online Artikel zur *Visa-Affaire* "Ministerium soll Druck auf Staatsanwaltschaft ausgeübt haben" (www.spiegel.de/politik/deutschland/0,1518,347985,00.html; 24.03.2005)
[2] S.o. 1. Abschnitt § 5 B II. 2.

... für den spanischen Gesetzgeber

Wie der spanische Gesetzgeber die Zukunft der Popularklage sieht, ist bei der Fertigstellung des Manuskripts völlig offen. Zwar sah der parteiübergreifende *Pacto de Estado de la Reforma de la Justicia* vom 31.05.2001 in Punkt 17 b) ausdrücklich eine umfassende Überarbeitung der Popularklage vor[1]; der Pakt wurde inzwischen jedoch schon totgesagt[2]. Auch schwieg er sich über die genauen Vorgaben einer Änderung aus, so dass gegenwärtig keine Anhaltspunkte erkennbar sind, die auf einen konkreten Willen zur Gesetzesänderung hindeuten. Eines aber steht fest: Wenn der Gesetzgeber Hand an die Popularklage legt, dann wird er allenfalls der unter dem 3. Abschnitt § 2 A. IX. aufgeführten Kritik in Teilbereichen Folge leiste; annullieren wird er die Popularklage schon auf Grund des gemeinhin falsch verstandenen Art. 125 CE nicht.
Zu hoffen bleibt, dass der spanische Gesetzgeber alle in dieser Untersuchung aufgeworfenen Ungereimtheiten eliminiert. Gerade die zahlreichen redaktionellen Widersprüche sind im Hinblick auf ihre leichte Behebbarkeit nicht dazu angetan, in der LECrim – aber auch im Strafantragsrecht des CP – die Krone an legislativer Eleganz zu sehen. Ob es der Gesetzgeber dann bei der Ausmistung seiner Augias-Ställe bewenden lässt oder ob er diese vollständig abreißen und wieder aufbauen soll, steht auf einem anderen Blatt.

1 ... 17 b) *la modificación de la regulación del ejercicio de la acción popular y la acusación particular.*
2 Juan José Martínez Zato: "Historia de un extraño pacto"; El País vom 11.10.2003

Quellenverzeichnis

Adomeit, Klaus/ Frühbeck, Guillermo — Einführung in das spanische Recht, München 1993

Altenhain, Karsten — Angreifende und verteidigende Nebenklage, JZ 2001, S. 791 ff.

Amira, Karl von/ Eckhardt, Karl August — Germanisches Recht, Berlin (Bd. I) 1960 (4. A.)

Amira, Karl von/ Eckhardt, Karl August — Germanisches Recht, Berlin (Bd. II) 1967 (4. A.)

Aragoneses Martínez, Sara — Introducción al régimen procesal de la víctima del delito (II): derechos; acción penal, ayudas públicas y asistencia, RDP 1998 (I), S. 7 ff.

Aragoneses Martínez, Sara — Introducción al régimen procesal de la víctima del delito. Deberes y medidas de protección, RDP 1995, S. 409

Arend, Susanne — Opferrechte im spanischen Strafverfahren in Kühne, Hans-Heiner: Opferrechte im Strafprozess, Kehl/Straßburg/Arlington 1988

Armenta Deu, Teresa — Auf dem Weg zu einer Reform des Strafprozesses? in Festschrift für Claus Roxin zum 70. Geburtstag am 15. Mai 2001, Berlin 2001, S. 1230 ff.

Armenta Deu, Teresa — Prinzipien und Systeme des Strafverfahrens: Das spanische Systen als Bezugspunkt, Auslandsrundschau der Zeitschrift für die gesamte Strafrechtswissenschaft 2002, S. 736 ff.

Bajo Fernández, Miguel — Compendio de Derecho Penal (Bd. II), Madrid 1998

Bar, Carl Ludwig von — Geschichte des deutschen Strafrechts und der Strafrechtstheorien, Aalen 1974 (Nachdr. der 1. A.)

Barreiros, José António — Processo penal (Bd. 1), Coimbra 1981

Bauman, Richard — Crime and punishment in ancient Rome, London 1996

Becher, Herbert — Diccionario jurídico y económico, München 1984

Beulke, Werner — Die Neuregelung der Nebenklage, DAR 1988, S. 114 ff.

Beulke, Werner — Strafprozessrecht, Heidelberg 2004 (7. A.)

Binding, Karl — Handbuch des Strafrechts, Aalen 1991 (Nachdr. der Ausgabe Leipzig 1885)

Blohm, Herbert — Feuerbach und das Reichsstrafgesetzbuch von 1871, Frankfurt am Main 1977 (Nachdr. der Ausgabe Breslau 1935)

Brähmer, Susanne — Wesen und Funktion des Strafantrags, Lübeck 1994

Brunner, Heinrich — Deutsche Rechtsgeschichte (Bd. I), Berlin u.a. 1961 (Nachdr. der 2. A.)

Brunner, Heinrich — Deutsche Rechtsgeschichte (Bd. II), Berlin u.a. 1958 (Nachdr. der 2. A.)

Brunner, Raimund — Abschlussverfügung der Staatsanwaltschaft, Neuwied u.a. 2000 (4. A.)

Bujosa Vadell, Lorenzo-Mateo — Notas sobre la protección procesal penal de intereses supraindividuales a través del Ministerio Fiscal y de la acción popular, Justicia 1990 (I), S. 101 ff.

Carey, Christopher — Trials from classical Athens, London 1997

Carsten, Ernst — Die Geschichte der Staatsanwaltschaft in Deutschland, Frankfurt am Main 1977 (Nachdr. der Ausgabe Breslau 1932)

Casado Giménez, César — El litisconsorcio necesario y el derecho de acusación en el proceso penal, La Ley 1981 (I), S. 947 ff.

Cerdá Ruíz-Funes, Joaquín — En torno a la pesquisa y procedimiento inquisitivo en el derecho castellano-leonés de la Edad-Media, AHDE 1962, S. 483 ff.

Ceres Montés, José Francisco — Lugar que desempeña la víctima en particular en la fase de instrucción: nuevas tendencias, PJ N° 38 (1995), S. 25 ff.

Chamorro Bernal, Francisco — La tutela judicial efectiva, Barcelona 1994

Christ, Carl — Geschichte der römischen Kaiserzeit, München 1988

Cobo del Rosa, Manuel — Problemas penales y procesales de la denuncia, CPC N° 57, S. 657 ff.

Conde-Pumpido Ferreiro, Cándido — La evolución del ministerio fiscal en España, Pamplona 1999

Conrad, Hermann — Deutsche Rechtsgeschichte (Bd. I), Karlsruhe 1962 (2. A.)

Conrad, Hermann — Deutsche Rechtsgeschichte (Bd. II), Karlsruhe 1966

Dahn, Felix — Zur Geschichte der Gesetzgebung bei den Westgothen (aus: Westgothische Studien), Würzburg 1872

Dareste, Rudolphe u.a. — Recueil des inscriptions juridiques grecques, Rom 1965

Däubler-Gmelin, Hertha — Überlegungen zur Reform des Strafprozesses, StV 2001, S. 359 ff.

De la Oliva Santos, Andrés/ Aragoneses Martínez, Sara/ Hinojosa Segovia, Rafael/ Muerza Esparza, Julio/ Tomé García, José — Derecho procesal penal, Madrid 2002, 5.A.

Díez-Picazo Giménez, Luis María — Régimen constitucional del poder judicial, Madrid 1991

Dulckeit, Gerhard/ Schwarz, Fritz/ Waldstein, Wolfgang — Römische Rechtsgeschichte, München 1995 (9. A.)

Elling, Karl	Die Einführung der Staatsanwaltschaft in Deutschland, Frankfurt am Main, 1977
Fabricius, Dirk	Die Stellung des Nebenklagevertreters, NJW 1994, S. 257 ff.
Fahl, Christian	Haftung wegen Einleitung gesetzlich vorgesehener Verfahren, JuS 1995, S. 1067 ff.
Fenech, Miguel	El proceso penal, Madrid 1978, 3. A.
Fischl, Otto	Der Einfluß der Aufklärungsphilosophie auf die Entwicklung des Strafrechts in Doktrin, Politik und Gesetzgebung und Vergleichung der damaligen Bewegung mit den heutigen Reformversuchen, Frankfurt am Main 1976 (Nachdr. der Ausgabe Breslau 1913)
García de Cortazar, Fernando/ González Vesga, José María	Breve historia de España, Madrid 1994
Garrido Falla, Fernando	Comentarios a la constitución, Madrid 2001 (3.A.)
Geerds, Friedrich	Zur Rechtsstellung des Verletzten im Strafprozeß, JZ 1984, S. 786 ff.
German Mancebo, Isabel	La víctima en el proceso penal: la protección del interés colectivo y difuso a través de la personación de las asociaciones y grupos de víctimas en el proceso, CPC N° 55 (1995), S. 239 ff.
Gimeno Sendra, José Vicente	La fianza del acusador particular: notas sobre la legitimación activa y "caución juratoria" en el proceso penal, RDP Ib 1976, S. 55 ff.
Gimeno Sendra, José Vicente	La acusación popular, PJ N° 31 (1993), S. 87 ff.
Gimeno Sendra, José Vicente	La querella, Barecelona 1977

Gimeno Sendra, José Vicente/ Moreno Catena, Victor/ Cortes/ Almagro Nosete, José Domínguez, Valentin	Derecho procesal - Bd. II - proceso penal, Valencia 1991 (zit. GMAC)
Gmür, Rudolf/ Roth, Andreas	Grundriss der deutschen Rechtsgeschichte, Neuwied 2000 (9. A.)
Gollwitzer, Walter	in Hassenpflug, Hellwig (Hg.), Festschrift für Karl Schäfer zum 80. Geburtstag am 11. Dezember 1979, Berlin u.a. 1980
Gómez Colomer, Juan Luis	Acción particular, acción popular y sobrecarga de la administración de justicia penal, PJ N° 8 (1987), S. 27 ff.
Gómez de Liaño González, Fernando	La legitimación colectiva y el artículo 7 de la Ley Orgánica del Poder Judicial, Justicia 1986, S. 549 ff.
Gomez Guillamón, Rogelio / Luzón Cuesta, José Mª/ Moyna Ménguez, José/ Ortiz Urculo, Juan/ Torres-Dulce Lifante, Eduardo	Código Penal, Madrid 1999 (4. A.)
Görg, Hans-Jürgen	Die Entstehung des strafprozessualen Anklageerzwingungsverfahrens als historische Konsequenz aus dem Wandel von der privaten zur staatlich monopolisierten Strafverfolgung, Regensburg 1995
Hahn, Carl	Die gesammten Materialien zur Strafprozeßordnung und dem Einführungsgesetz zu derselben vom 1. Februar 1877 (Bd. 3.1), Berlin 1880; zit. Hahn I
Hahn, Carl	Die gesammten Materialien zur Strafprozeßordnung und dem Einführungsgesetz zu derselben vom 1. Februar 1877 (Bd. Bd. 3.2), Berlin 1881; zit. Hahn II
Hefendehl, Roland	Die Popularklage als Alternative zum Strafrecht bei Delikten gegen die Gemeinschaft? GA 1997, S. 119 ff.

Heidemeier, Jochen Sinn und Zweck der Nebenklage, Passau 1985

Hellmann, Uwe Strafprozessrecht, Berlin u.a. 1998

Hinojosa, Eduardo de Das germanische Element im spanischen Recht, ZRG (Germ. Abt.) Nr. 31 (1910), S. 282 ff.

Hirsch, Hans Joachim Zur Stellung des Verletzten im Straf- und Strafverfahrensrecht (in Gedächtnisschrift für Hilde Kaufmann, Berlin 1986, S. 699 ff.)

Hölzel, Ursula Das Institut der Nebenklage, Erlangen 1980

Holzhaider, Hans Für ein paar Euro und sonst nichts, SZ vom 01.10.2003

Huerta Tocildo, Susana Omisión de los deberes de impedir y denunciar determinados delitos, La Ley 1983 (N° 4), S. 1047 ff.

Ibáñez López Pozas, Fernando Especialidades procesales en el enjuiciamiento de delitos privados y semiprivados, Madrid 1993

Jarass, Hans/ Pieroth, Bodo Grundgesetz für die Bundesrepublik Deutschland, München 2002, 6. A.

Jescheck, Hans-Heinrich Lehrbuch des Strafrechts. Allgemeiner Teil, Berlin 1996 (5. A.)

Jescheck, Hans-Heinrich (Hg.) Strafgesetzbuch Leipziger Kommentar (3. Bd.), 2001 (11. A.)

Jiménez Asenjo, Enrique Denuncia (in NEJ Seix [Bd. VI], Barcelona 1954), S. 818 ff.

Jung, Heike Die Stellung des Verletzten im Strafprozess, ZStW 93 (1981), S. 1147 ff.

Kaufmann, Hilde Strafanspruch, Strafklagerecht, Göttingen 1968

Kleinheyer, Gerd Tradition und Reform in der Constitutio Criminalis Carolina (in Landau, Peter/ Schroeder, Friedrich Christian [Hg.]: Strafrecht, Strafprozess und Rezeption, Frankfurt am Main 1984), S. 7 ff.

Kleinknecht, Theodor/ Meyer-Großner, Lutz Strafprozessordnung, München 2005 (47. A.)

Knauth, Alfons Die Rückwirkung verfassungsrechtlicher Normen zum Zwecke der Verfolgbarkeit im Strafrecht, StV 2003, S. 418 ff.

Köbler, Gerhard Deutsche Rechtsgeschichte, München 1990 (4. A.)

Kramer, Bernhard Grundbegriffe des Strafverfahrensrechts, Stuttgart 2002 (5. A.)

Krause, Friedrich Wilhelm Erfüllt die Nichtverfolgung durch den Staatsanwalt bei privat erlangter Kenntnisnahme einer strafbaren Handlung den Tatbestand des § 346 StGB? GA 1964, S. 110 ff.

Krause, Friedrich Wilhelm Verfolgungspflicht bei privater Kenntnis und Strafvereitelung im Amt, JZ 1984, S. 548 ff.

Krey, Volker Strafverfahrensrecht Band 1, 1988

Krey, Volker Strafverfahrensrecht Band 2, 1990

Kühne, Hans-Heiner Strafprozessrecht, Heidelberg 1999, 5. A.

Kunkel, Wolfgang Untersuchungen zur Entwicklung des römischen Kriminalverfahrens in vorsullanischer Zeit, München 1962

Lackner, Karl (Hg.) Strafgesetzbuch, München 2004 (25. A.)

Lalinde Abadía, Jesús Iniciación histórica al derecho español, Barcelona 1995 (4. A.)

Lanzarote Martínez, Pablo La acusación penal: ejercicio de soberanía? Ministerio fiscal versus acción popular, La Ley 1998 (I), S. 1820 ff.

Lanzarote Martínez, Pablo Algunas consideraciones en torno al Ministerio Fiscal y el proceso penal, RDP 1994 (Nr. 2), S. 227 ff.

Latorre Latorre, Virgilio La acción popular, Madrid 2000

Laubenthal, Klaus — Strafrechtliche Garantenhaftung von Polizisten und außerdienstliche Kenntniserlangung, JuS 1993, S. 907 ff.

Lichtner, Ulrich — Die historische Begründung des Strafantragsrechtes und seine Berechtigung heute, Heidelberg 1981

Link, Stefan — Der Kosmos Sparta, Darmstadt 1994

Lipsius, Justus Hermann — Das attische Recht und Rechtsverfahren, Leipzig 1905

Lomax, Derek — Die Reconquista, München 1980

López Pina, Antonio — Spanisches Verfassungsrecht, Heidelberg 1993

Lorca Navarrete, Antonio — Derecho procesal penal, Madrid 1986

MacDowell, Douglas — The law in classical Athens, London 1978

MacDowell, Douglas — Spartan law, Edinburgh 1986

Maiwald, Manfred — Die Beteiligung des Verletzten am Strafverfahren, GA 1970, S. 33 ff.

Mangoldt, Hermann von/ Klein, Friedrich (Hg.) — Das Bonner Grundgesetz, München 1985 (3. A.)

Manzini, Vincenzo — Tratado de derecho procesal penal (Bd. IV), Buenos Aires 1951

Marcos Ayjón, Miguel — La legitimación para la interposición de la denuncia en los nuevos delitos semipúblicos, BIJM N° 1841 (1999), S. 603 ff.

Marquardt, Hanno — Die Entwicklung des Legalitätsprinzips, Mannheim 1982

Martín Bernal, José Manuel — La acción popular y la tutela de los grupos, AP 1988 (I), S. 809 ff.

Martínez Soria, José — Die Garantie des Rechtsschutzes gegen die öffentliche Gewalt in Spanien, Berlin 1997

Martínez Zato, Juan José — Historia de un extraño pacto, El País vom 11.10.2003

Maurach, Reinhart/ Schröder, Friedrich-Christian/ Maiwald, Manfred — Strafrecht Besonderer Teil, 2. Teilband, Heidelberg 1999

Mayer, Hellmuth — Klageerzwingungsverfahren und Opportunitätsprinzip, JZ 1955, S. 601 ff.

Mayer, Ernst — Studien zur spanischen Rechtsgeschichte, ZRG (Germ. Abt.) Nr. 40 (1919), S. 236 ff.

Meier, Christian — Athen, Berlin 1994 (2. A.)

Meyer, Dieter — Anmerkung zum BGH-Urteil vom 28.01.1974 (III ZR 93/72), NJW 1974, S. 1325

Mitteis, Heinrich/ Lieberich, Heinrich — Deutsche Rechtsgeschichte, München 1988 (18. A)

Mommsen, Theodor — Die Popularklagen, ZRG (Röm. Abt.) XXIV, S. 1 ff.

Mommsen, Theodor — Römisches Strafrecht, Leipzig 1899

Montero Aroca, Juan/ Ortells Ramos, Manuel/ Gómez Colomer, Juan-Luis/ Montón Redondo, Alberto — Derecho jurisdiccional III (proceso penal), Barcelona 1994

Montoya Melgar, Alfredo (Hg.) — Enciclopedia jurídica básica, Madrid 1995

Muerza Esparza, Julio — Notas a la acusación privada, RDP 1990, S. 261 ff.

Muñoz Rojas, Tomas — En torno al acusador particular en el proceso penal español, RDP Ib 1973, S. 105 ff.

Muttelsee, Anna Bettina — Die Sicherung des Rechtsfriedens im Bereich der Privatklagedelikte, Bonn 1991

Oromí Vall-LLovera, Susana/ Armenta Deu, Teresa — Ejercicio de la acción popular (Pautas para una futura regulación legal), Madrid Barcelona 2003

Palandt, Otto (Hg.) — Bürgerliches Gesetzbuch, München 2005 (64. A.)

Patsourakou, Stavroula — Die Stellung des Verletzten im Strafrechtssystem, Bonn 1994

Pawlik, Michael — Der Polizeibeamte als Garant zur Verhinderung von Straftaten, ZStW 111 (1999), S. 335 ff.

Paz Rubio, José Maria — Ley de Enjuiciamiento Criminal, Madrid 1994

Peglau, Jens — Der Begriff des "Verletzten" iS von § 172 StPO, JA 1999, S. 55 ff.

Pérez Gil, Julio — La acusación popular, Granada 1998

Peters, Karl — Strafprozess, Heidelberg 1985 (4. A.)

Peuster, Witold — Código Civil. Das spanische Zivilgesetzbuch, deutsch-spanische Textausgabe, Frankfurt am Main 2002

Pfeiffer, Gerd — Strafprozessordnung, München 2005 (5. A.)

Pfeiffer, Gerd (Hg.) — Karlsruher Kommentar zur Strafprozessordnung und zum Gerichtsverfassungsgesetz, München 1999 (4. A.)

Pieroth, Bodo/ Schlink, Bernhard — Grundrechte. Staatsrecht II, Heidelberg 2004 (20. A.)

Planck, Johann Julius Wilhelm — Das Deutsche Gerichtsverfahren im Mittelalter, Hildesheim 1973 (Nachdr. der Ausgabe Braunschweig 1879)

Planitz, Hans/ Eckhardt, Karl August — Deutsche Rechtsgeschichte, Graz 1971 (3. A.)

Pulido Quecedo, Manuel — La Constitución Española, Pamplona 1996

Quintano Ripollés, Antonio — Naturaleza sustantiva y procesal de la querella privada, RDP 1952, S. 117 ff.

Quintero Olivares, Gonzalo — Comentarios al nuevo Código Penal, Madrid 1996

Ramos Méndez, Francisco — La tutela de la víctima en el proceso penal, Justicia 1995, S. 27 ff.

Ranft, Otfried — Strafprozessrecht, Stuttgart 2005 (3. A.)

Ranft, Otfried — Strafprozessrecht, Stuttgart 2001 (1. A.)

Rauchhaupt, Friedrich Wilhelm von — Geschichte der spanischen Gesetzesquellen von den Anfängen bis zur Gegenwart, Heidelberg 1923

Rieß, Peter — Die Rechtsstellung des Verletzten im Strafverfahren. Gutachten C für den 55. Deutschen Juristentag (in Verhandlungen des 55. DJT, Bd. I München 1984, S. C 9 ff.)

Rieß, Peter (Hg.) — Löwe/ Rosenberg, Strafprozessordnung und das Gerichtsverfassungsgesetz mit Nebengesetzen (3. Bd.), Berlin 2001 ff. (25. A.)

Rieß, Peter (Hg.) — Löwe/ Rosenberg, Strafprozessordnung und das Gerichtsverfassungsgesetz mit Nebengesetzen (6. Bd.), Berlin 1999 ff. (25. A.)

Rieß, Peter/ Hilger, Hans — Das Neue Strafverfahrensrecht, NStZ 1987, S. 145 ff.

Robles Garzón, Juan Antonio — El acusador privado, RDP Ib 1978, S. 533 ff.

Rodríguez Fernández, Ricardo — Ley de Enjuiciamiento Criminal, Granada 1998

Rodríguez Martín, Ciriaco — Consideraciones sobre el capítulo primero, título preleminar de la Ley Provisional de Enjuiciamiento Criminal de 22 de diciembre 1872, RGLJ N° 44 (1874), S. 297 ff.

Rodríguez Tirado, Ana María — La víctima en el proceso penal por los delitos contra los recursos naturales y el medio ambiente, Justicia 2000, S. 43 ff.

Roxin, Claus — Strafverfahrensrecht, München 1998 (25. A.)

Rudolphi, Hans-Joachim (Hg.) — Systematischer Kommentar zur Strafprozessordnung und zum Gerichtsverfassungsgesetz, Neuwied (Loseblatt)

Rüping, Hinrich Die Geburt der Staatsanwaltschaft in Deutschland, GA 1992, S. 147 ff.

Rüping, Hinrich Die Carolina in der strafrechtlichen Kommentarliteratur. Zum Verhältnis von Gesetz und Wissenschaft im gemeinen deutschen Strafrecht (in Landau, Peter/ Schroeder, Friedrich Christian [Hg.]: Strafrecht, Strafprozess und Rezeption, Frankfurt am Main 1984), S. 161 ff.

Rüping, Hinrich Grundriss der Strafrechtsgeschichte, München 2002 (4. A.)

Safferling, Christoph Audiatur et altra pars - die prozessulae Waffengleichheit als Prozessprinzip, NStZ 2004, S. 181 ff.

Salom Escrivá, Juan-Salvador La querella, Justicia 1996, S. 387 ff.

Sánchez Goyanes, Enrique Constitución Española comentada, Madrid 1994 (20. A.)

Santalucia, Bernardo Verbrechen und ihre Verfolgung im alten Rom, Lecce 1997

Sauer, Hubert Zur Verfassungsmäßigkeit der Nebenklagebestimmungen, DRiZ, 1970, S. 349 ff.

Schacky, Susanne von Das Privatklageverfahren und seine Berechtigung heute, München 1975

Schildt, Bernd Die Rezeption des römischen Rechts, JURA 2003, S. 450 ff.

Schlüchter, Ellen Strafprozessrecht, Thüngersheim u.a. 1999 (3. A.)

Schmidt, Eberhard Inquisitionsprozess und Rezeption. Studien zur Geschichte des Strafverfahrens in Deutschland vom 13. bis 16. Jahrhundert (in Festschrift der Leipziger Juristenfakultät für Dr. Heinrich Siber zum 10. April 1940 [Bd. 1], Leipzig 1941), S. 97 ff.

Schmidt, Eberhard Einführung in die Geschichte der deutschen Strafrechtspflege, Göttingen 1965

Schmidt, Eberhard Lehrkommentar zur Strafprozessordnung und zum Gerichtsverfassungsgesetz (Bd. II), Göttingen 1957

Schmidt, Eberhard Lehrkommentar zur Strafprozessordnung und zum Gerichtsverfassungsgesetz (Bd. III), Göttingen 1960

Schönke, Adolf/ Schröder, Horst (Hg.) Strafgesetzbuch, München 2000 (26. A.)

Schork, Stefanie Die Stellung des Opfers im Strafverfahren. Motive der Opferberücksichtigung und deren Folgen für die Verfahrensstruktur, JURA 2003, S. 304 ff.

Schorn, Hubert Das Recht der Privatklage, Neuwied u.a. 1967

Schröder, Richard/ von Künssberg, Eberhard Lehrbuch der deutschen Rechtsgeschichte, Berlin 1932

Schubert, Werner/ Regge, Jürgen Quellen zur Reform des Straf- und Strafprozessrechts, Berlin 1988

Schwarz, Otto Das Grundgesetz in der strafrechtlichen Praxis, NJW 1950, S. 124 ff.

Silguero Estagnan La tutela jurisdiccional de los intereses colectivos a través de la legitimación de los grupos, Madrid 1995

Silvela, Francisco La acción popular, RGLJ Nr. 73 (1888), S. 457 ff.

Slaby, Rudolf/ Grossmann, Rudolf Wörterbuch der spanischen und deutschen Sprache, Wiesbaden 1973

Söllner, Wolfgang Einführung in die römische Rechtsgeschichte, München 1989 (4. A.)

Soto Nieto, Francisco Posibilidad excepcional de ostentar la doble condición de acusador y acusado en un mismo proceso, La Ley 1999 (II), S. 1944 ff.

Stein, Friedrich/ Jonas, Martin Kommentar zur Zivilprozessordnung, Tübingen (21. A.)

Stöckel, Heinz Der Sühneversuch im Privatklageverfahren, München 1982

Strachan-Davidson, James Problems of the Roman criminal law, Littleton 1991(Nachdr. der Ausgabe Oxford 1912)

Stuckenberg, Carl-Friedrich In dubio pro reo, JA 2000, S. 568 ff.

Thomas, Sven Der Strafverteidiger in anderer Rolle: Nebenklage und Zeugenbeistand (in Brüssow, Rainer [Hg.]: Strafverteidigung und Strafprozess. Festgabe für Ludwig Koch), S. 279 ff.

Todd, Stephen The shape of Athenian law, Oxford 1993

Tomé García, José Antonio Denuncia (in Montoya Melgar, Alfredo [Hg.]: Enciclopedia jurídica básica [Bd. II], Madrid 1995), S. 2113 f.

Tröndle, Herbert/ Fischer, Thomas Strafgesetzbuch, München 2004 (52. A.)

Trusen, Winfried Strafprozess und Rezeption. Zu den Entwicklungen im Spätmittelalter und den Grundlagen der Carolina (in Landau, Peter/ Schroeder, Friedrich Christian [Hg.]: Strafrecht, Strafprozess und Rezeption, Frankfurt am Main 1984), S. 29 ff.

Ulmer, Peter (Red.) Münchner Kommentar zum Bürgerlichen Gesetzbuch, 5. Bd., München 2004 (4. A.)

Valladares, Luis Paciano de Ley Provisional de Enjuiciamiento Criminal de 22 de diciembre 1872, RGLJ N° 42 (1873), S. 140 ff.

Ver Steeg, Russ Law in the ancient world, Durham 2002

Vogt, Alfons Die Anfänge des Inquisitionsprozesses in Frankfurt am Main, ZRG (Germ. Abt.) 68 (1951), S. 234 ff.

Volkmann-Schluck, Thomas Der spanische Strafprozess zwischen Inquisitions- und Parteiverfahren, Baden-Baden 1979

Wassermann, Rudolf (Hg.) Kommentar zur Strafprozessordnung aus der Reihe Alternativkommentare, Bd. 2, Teilband 1, 1992

Wassermann, Rudolf (Hg.) Kommentar zur Strafprozessordnung aus der Reihe Alternativkommentare, Bd. 3, 1996

Weber, Carl Die Spartaner, Düsseldorf 1977

Weigend, Thomas Das Opferschutzgesetz - kleine Schritte zu welchem Ziel? NJW 1987, S. 1170 ff.

Werner, Karin Der Einfluss des Verletzten auf Verfahrenseinstellungen der Staatsanwaltschaft, München 1986

Wessing, Paul Der Entschädigungsanspruch des Straftatopfers in Deutschland und Spanien im Rechtsvergleich, Münster 1998

Winkel, Laurens Quelques remarques sur l'accusation publique en droit grec et romain, Rev. Int. D.A. 1982, S. 281 ff.

Woesner, Horst Der Privatkläger in der Hauptverhandlung, NJW 1959, S. 704 ff.

Wohlers, Wolfgang Entstehung und Funktion der Staatsanwaltschaft, Berlin 1994

Wohlhaupter, Eugen Das germanische Element im altspanischen Recht, ZRG, Nr. 66 (1948), S. 136 ff.

Wohlhaupter, Eugen Germanisches Recht auf spanischem Boden, ZADR Nr. 2 (1935), S. 859 ff.

Wohlhaupter, Eugen Studien zur Rechtsgeschichte der Gottes- und Landfrieden in Spanien, Heidelberg 1933

Abkürzungen

A.	Auflage
a.A.	anderer Auffassung
a.E.	am Ende
a.F.	alte Fassung
aaO	am angegebenen Ort
abgedr.	abgedruckt
abl.	ablehnend
Abs.	Absatz
Abt.	Abteilung
AG	Amtsgericht
AHDE	Anuario de Historia del Derecho Español
AK	Alternativkommentar zur Strafprozessordnung
ALR	Allgemeines Landrecht
Alt.	Alternative
Anw.Bl.	Anwaltsblatt
AP	Actualidad Penal
Arch.Krim	Archiv für Kriminologie
Art.	Artikel
art.	artículo (span.: Artikel)
bay.	bayerisch (-e, -es)
BayObLG	Bayerisches Oberstes Landesgericht
Bd.	Band
BGB	Bürgerliches Gesetzbuch
BGH	Bundesgerichtshof
BGHSt	Entscheidungen des Bundesgerichtshofs in Strafsachen
BGHZ	Entscheidungen des Bundesgerichtshofs in Zivilsachen
BIMJ	Boletín Informativo del Ministerio de Justicia
BOE	Boletín Oficial de Estado
BT-Drs.	Drucksache des Bundestages
BVerfG	Bundesverfassungsgericht
BVerfGE	Entscheidungen des Bundesverfassungsgerichts
CC	Código Civil (spanisches Zivilgesetzbuch)
CCB	Constitutio Criminalis Bambergensis
CCC	Constitutio Criminalis Carolina
CGC	Comisión General de Codificación
CP	Código Penal (spanisches Strafgesetzbuch)
CPC	Cuadernos de Política Criminal
d.h.	das heißt
DAR	Deutsches Autorecht
ders.	derselbe

dies.	dieselbe
DJT	Deutscher Juristentag
DRiZ	Deutsche Richterzeitung
dt.	deutsch
E	Entscheidung
EGGVG	Einführungsgesetz zum Gerichtsverfassungsgesetz
EGStGB	Einführungsgesetz zum StGB
EGV	Vertrag zur Gründung der Europäischen Gemeinschaft
Einl.	Einleitung
EJB	Enciclopedia Jurídica Básica
EOMF	Estatuto Orgánico del Ministerio Fiscal (Gesetz über die Staatsanwaltschaft)
EU	Europäische Union
EUR	Euro
f.	folgend (-es, -er, -e)
ff.	fortfolgende
Ffm	Frankfurt am Main
Fn.	Fußnote
FS	Festschrift
G	Gesetz
GA	Goltdammer's Archiv
GdS	Gedenkschrift
GG	Grundgesetz der Bundesrepublik Deutschland
GKG	Gerichtskostengesetz
GMAC	Gimeno Sendra/ Moreno Catena/ Almagro Nosete/ Cortes Domínguez
gr.	griechisch
grds.	grundsätzlich
GVG	Gerichtsverfassungsgesetz
Hg.	Herausgeber
hL	herrschende Lehre
hLit.	herrschende Ansicht in der Literatur
hM	herrschende Meinung
Hs.	Halbsatz
i.E.	im Ergebnis
i.e.	id est (das heißt)
i.e.S.	im engeren Sinne
i.H.a.(d.)	im Hinblick auf (den, die, das)
i.S.d.	im Sinne des/ der
i.Ü.	im Übrigen
i.w.S.	im weite(re)n Sinne
insbes.	insbesondere
J/P	Jarass/ Pieroth

JA	Juristische Arbeitsblätter
JR	Juristische Rundschau
Jrh.	Jahrhundert
JuS	Juristische Schulung
JVBl.	Justizverwaltungsblatt
JW	Juristische Wochenschrift
JZ	Juristenzeitung
KEV	Klageerzwingungsverfahren
KG	Kammergericht
KK	Karlsruher Kommentar zur Strafprozessordnung und zum Gerichtsverfassungsgesetz
KMG	Kleinknecht/ Meyer-Großner
KV-GKG	Kostenverzeichnis zum Gerichtskostengesetz
LAJG	Ley des Asistencia Jurídica Gratuíta
lat.	lateinisch
LEC	Ley de Encuiciamiento Civil (spanische Zivilprozessordnung)
LECrim	Ley de Enjuiciamiento Criminal (spanische Strafprozessordnung)
LG	Landgericht
LK	Strafgesetzbuch Leipziger Kommentar
LO	Ley Orgánica
LOPJ	Ley Orgánica del Poder Judicial (spanisches Gerichtsverfassungsgesetz)
LöRo	Löwe/Rosenberg
LPECrim	Ley Provisional de Encuiciamiento Penal (Vorläuferin der LECrim)
m.w.	mit weiteren
m.w.N.	mit weiteren Nachweisen
MDR	Monatsschrift für Deutsches Recht
MüKo	Münchner Kommentar zum Bürgerlichen Gesetzbuch
n.Chr.	nach Christus
N°	número (Nummer)
Nachdr.	Nachdruck
NC	Novísima Recopilación
NdsRePfl.	Niedersächsische Rechtspflege
NEJ	Nueva Encyclopedia Jurídica
NJW	Neue Juristische Wochenschrift
NStZ	Neue Zeitschrift für Strafrecht
NStZ-RR	NStZ-Rechtsprechungs-Report
o.g.	oben genannt (-e, -es, -er,
OLG	Oberlandesgericht
PJ	Poder Judicial
PKH	Prozesskostenhilfe

preuß.	preußisch (-e, -er, -es)
PS	Pieroth/Schlink
RAJ	Repertorio Aranzadi de Jurisprudencia
RDP	Revista de Derecho Procesal
RDP Ib	Revista de Derecho Procesal Iberoamericana
Red.	Redakteur
Rev. Int. D.A.	Revue Internationale du Droit de l'Antiquité
RG	Reichsgericht
RGLJ	Revista General de Legislación y Jurisprudencia
RGSt	Entscheidungen des Reichsgerichts in Strafsachen
RiStBV	Richtlinien für das Strafverfahren und das Bußgeldverfahren
Rn.	Randnummer
röm.	römisch (-e, -es)
RStPO	Strafprozessordnung des Deutschen Reichs
Rz.	Randziffer
S.	Seite
s.	siehe
s.o.	siehe oben
sog.	sogenannt (-e, -er, -es)
s.u.	siehe unten
Sch/Sch	Schönke/Schröder
SK	Systematischer Kommentar zur Strafprozessordnung und zum Gerichtsverfassungsgesetz
SSTC	Sentencias del Tribunal Constitucional (Urteile des TC)
SSTS	Sentencias del Tribunal Supremo (Urteile des TS)
STC	Sentencia del Tribunal Constitucional (Urteil des TC)
StGB	Strafgesetzbuch
StPO	Strafprozessordnung
str.	streitig
StrafV	Strafverteidiger
STS	Sentencia del Tribunal Supremo (Urteil des TS
SZ	Süddeutsche Zeitung
TC	Tribunal Constitucional (spanisches Verfassungsgericht)
teilw.	teilweise
TF	Tröndle/Fischer
TS	Tribunal Supremo (oberster spanischer Gerichtshof)
u.a.	und andere

u.a.	unter anderem
UrhG	Urheberrechtsgesetz
UWG	Gesetz gegen den unlauteren Wettbewerb
v.	von
v. Chr.	vor Christus
Var.	Variante
Verf.	Verfasser
vgl.	vergleiche
VRS	Verkehrsrechts-Sammlung
z.Zt.	zur Zeit
ZADR	Zeitschrift der Akademie des deutschen Rechts
Ziff.	Ziffer
zit.	zitiert
ZPO	Zivilprozessordnung
ZRG	Zeitschrift für Rechtsgeschichte
ZStW	Zeitschrift für die gesamte Strafrechtswissenschaft

Schriften der Deutsch-Spanischen Juristenvereinigung

Band 1 Santiago Gonzáles-Varas: Die Verwaltung in Privatrechtsform in Spanien und Deutschland. 2002.

Band 2 Eva Romanski: Sozialstaatlichkeit und soziale Grundrechte im Grundgesetz der Bundesrepublik Deutschland und in der spanischen Verfassung. 2000.

Band 3 Alexander von Kuhlberg: Änderung und Revision der spanischen Verfassung vom 29. Dezember 1978. 2000.

Band 4 Kai Christian Fischer: Verbraucherschutz im spanischen Vertragsrecht im Lichte der europäischen Rechtsangleichung. Eine Studie mit rechtsvergleichenden Bezügen zum deutschen Recht. 2000.

Band 5 Miguel Félix Rodríguez y Rowinski: Die Haftung für Hilfspersonen im spanischen Recht. 2001.

Band 6 Ole Brühl: Immissionsschutzrechtliche Vorhabengenehmigung in Deutschland und Spanien. Eine rechtsvergleichende Untersuchung unter besonderer Berücksichtigung der Rechtslage in den Autonomen Gemeinschaften Spaniens. 2001.

Band 7 Florian Pagenkemper: Die Mängelhaftung des Bauunternehmers in Spanien nach der *Ley de Ordenación de la Edificación* und dem *Código civil.* Eine Untersuchung der vertraglichen und gesetzlichen Haftung mit rechtsvergleichenden Bemerkungen zum deutschen Recht. 2002.

Band 8 Daniel Friedrich Berg: Die Rückabwicklung gescheiterter Verträge im spanischen und deutschen Recht. Eine rechtsvergleichende Untersuchung unter besonderer Berücksichtigung des Einheitsrechts. 2002.

Band 9 Maria Isabel Haas: Der Durchgriff im deutschen und spanischen Gesellschaftsrecht. Eine rechtsvergleichende Analyse. 2003.

Band 10 Sonja Kohtes: Das Recht der vorformulierten Vertragsbedingungen in Spanien. Die Umsetzung der Richtlinie 93/13/EWG über missbräuchliche Klauseln in Verbraucherverträgen. 2004.

Band 11 Markus Artz: Kollisionsrecht und ausländisches Recht in spanischen und deutschen Zivilverfahren. Eine rechtsvergleichende Untersuchung. 2004.

Band 12 Johannes F.K. Rheinheimer: Arbeitsrechtliche Fragen nationaler und internationaler Telearbeit in der Europäischen Union an den Beispielen Deutschland und Spanien. 2004.

Band 13 Julia B. Spaethe: Spaniens Abstammungsrecht in Geschichte und Gegenwart. Unter besonderer Berücksichtigung der Nichtehelichkeit. 2004.

Band 14 Thomas Reineke: Das Recht der Arbeitnehmerüberlassung in Spanien und Deutschland und sein Verhältnis zu der geplanten europäischen Regelung. 2004.

Band 15 Christian Gohm: Maßnahmen zur Beschleunigung und Konzentration im neuen spanischen und deutschen Zivilprozess.Eine rechtsvergleichende Analyse im Lichte der Europäisierung des Zivilprozessrechts. 2004.

Band 16 Till Pense: Das spanische Schwurgericht. Die Jury im Spannungsfeld von Rechtsstaat und Demokratie. 2006.

Band 17 Jan Hückel: Persönlichkeitsschutz und Geldersatz im deutschen und spanischen Zivilrecht. 2006.

Band 18 Ilja I. Selenkewitsch: Spanisches Tarifrecht. Mit spezieller Betrachtung der arbeitszeitrechtlichen Regelungen. 2006.

Band 19 Sven Klaiber: Mitwirkungsbefugnisse des Bürgers auf Seiten der Strafverfolgungsorgane in Deutschland und in Spanien im Rechtsvergleich. 2006.

FSC
www.fsc.org
MIX
Papier | Fördert
gute Waldnutzung
FSC® C083411

Kolibri 360 GmbH
Ferdinand-Jühlke-Straße 7
99095 Erfurt, Deutschland
produktsicherheit@kolibri360.de

Druck:
CPI Druckdienstleistungen GmbH
im Auftrag der
Kolibri 360 GmbH
Ferdinand-Jühlke-Str. 7
99095 Erfurt